"十四五"时期国家重点出版物出版专项规划项目

⭐ 转型时代的中国财经战略论丛 ◢

房地产市场
货币政策效应研究

Research on the Monetary Policy Effect
in the Real Estate Market

王先柱　吴义东　梁昌一　著

中国财经出版传媒集团

经济科学出版社
Economic Science Press

·北京·

图书在版编目（CIP）数据

房地产市场货币政策效应研究／王先柱，吴义东，
梁昌一著．--北京：经济科学出版社，2024.11.
（转型时代的中国财经战略论丛）． -- ISBN 978 - 7 - 5218
- 6453 - 3

Ⅰ. F299.233.5；F822.0

中国国家版本馆 CIP 数据核字第 2024NZ1795 号

责任编辑：王红英
责任校对：李　建
责任印制：邱　天

房地产市场货币政策效应研究

FANGDICHAN SHICHANG HUOBI ZHENGCE XIAOYING YANJIU

王先柱　吴义东　梁昌一　著

经济科学出版社出版、发行　新华书店经销
社址：北京市海淀区阜成路甲 28 号　邮编：100142
总编部电话：010 - 88191217　发行部电话：010 - 88191522
网址：www. esp. com. cn
电子邮箱：esp@ esp. com. cn
天猫网店：经济科学出版社旗舰店
网址：http://jjkxcbs. tmall. com
固安华明印业有限公司印装
710 × 1000　16 开　32 印张　600000 字
2024 年 11 月第 1 版　2024 年 11 月第 1 次印刷
ISBN 978 - 7 - 5218 - 6453 - 3　定价：128.00 元

前　言

　　在当今全球经济一体化和城镇化进程加速的背景下，我国经济运行延续回升向好态势，高质量发展稳步推进。其中，房地产业作为国民经济的重要组成部分，其健康发展不仅关乎国计民生，也是实现经济平稳运行和社会和谐稳定的关键因素。然而，当前外部环境更趋复杂严峻，全球经济增长动能不足，面临着有效需求不足、社会预期偏弱等挑战，房地产业的复杂性和不确定性日益凸显。特别是房地产市场供求关系发生重大变化的新形势下，这些状况都对货币政策调控提出了更高的要求。如何科学理解房地产业的发展过程，畅通货币政策调控房地产业的传导渠道，成为摆在我们面前的重要课题。《房地产市场货币政策效应研究》一书，正是针对这一重大问题展开深入探讨的力作，具有重要的理论价值和实践指导意义。

　　改革开放以来，中国的房地产调控政策经历了系统深刻的演变，房地产市场在配置住房资源的过程中发挥着决定性作用。近年来中央明确提出了要坚持"房子是用来住的，不是用来炒"的定位，推动房地产业向新发展模式平稳过渡，要求适应我国房地产市场供求关系发生重大变化的新形势，适时调整优化房地产政策，因城施策用好政策工具箱。党的二十届三中全会强调要"加快建立租购并举的住房制度，加快构建房地产发展新模式。加大保障性住房建设和供给，满足工薪群体刚性住房需求。支持城乡居民多样化改善性住房需求。充分赋予各城市政府房地产市场调控自主权，因城施策，允许有关城市取消或调减住房限购政策、取消普通住宅和非普通住宅标准。改革房地产开发融资方式和商品房预售制度。完善房地产税收制度"。这些中央关于房地产业发展和未来走向的宏观研判，对现行的货币政策提出了全新的要求，即要同时考虑宏观经济、区域分化、行业供需和公司金融等因素，逐步构建与房地产发展新模式相适应的金融政策。

本书围绕"货币政策如何影响房地产行业发展"这一核心主题，通过五个篇章层层递进地展开了深入探讨。开篇的背景篇从历史与现实的双重视角出发，为读者描绘了国内外房地产行业发展的现实状况。随后的理论篇则深入剖析了货币政策在房地产市场中的传导机制，为理解两者之间的关系提供了坚实的理论基础。企业篇和市场篇则以理论模型推导和实证检验分析为主，基于大量的货币政策数据和房地产数据，运用多种计量模型揭示了货币政策对房地产企业投融资行为、市场现实表现、行业供需结构等具体方面的影响。区域篇则进一步细化分析，揭示了货币政策在不同经济区域、行政区域上调控房地产市场的差异化效果。全书内容丰富，脉络清晰，为读者呈现了一个全面而深入的房地产市场研究框架。

本书的研究视角新颖，不仅从宏观层面分析了货币政策的整体效应，还深入企业和市场的微观行为中，揭示了货币政策影响房地产市场的多重机制。在理论上丰富了货币政策与房地产市场关系的研究体系，其中所提及的"金融加速器"效应、"财富效应"以及"信贷约束"等理论模型，为深入理解货币政策在房地产市场中的具体影响提供了有力工具。此外，书中对房地产市场"蓄水池"效应、供需结构变化等问题的深入剖析，也为相关领域的理论研究提供了新的视角和思路。书中众多研究成果对于政策制定者实施房地产调控政策具有有益的经验启示。通过对货币政策在不同经济区域、不同类型企业中的差异化效应进行分析，为政策制定者提供了因地制宜、分类指导的经验证据。书中关于房地产企业融资行为、资本结构动态调整等方面的实证研究，也为房地产企业优化投融资决策、提升市场竞争力提供了科学参考。

本书相关内容凝聚了课题组近15年的相关研究成果，既包含了对中国房地产市场调控的历史回溯，也体现了对未来中国房地产市场的改革前瞻。本书由安徽工业大学王先柱教授领衔，吴义东、梁昌一参著。在相关章节中，秦磊（第一章）、厉诗辰（第二章）、丁凯（第三章）、王云（第三章）、谷元超（第十章和第二十章）、陈梦凯（第十一章）、赵晨（第十二章和第十八章）、屠纪清（第十五章和第十九章）、杨义武（第十六章）、金叶龙（第十八章）、葛梦圆（第二十章）等课题组成员参与撰写。在此，对各位表示衷心感谢。

　　本书的创新性研究和系统性分析为经济学界提供了宝贵的研究范式和理论框架。书中运用了多学科交叉的研究方法，将货币金融学、微观经济学、房地产经济学等多个领域的知识融会贯通，得到了具有鲜明特色和广泛影响力的研究成果，有力地推动了房地产经济学领域发展。总体来说，《房地产市场货币政策效应研究》是一部兼具理论深度和实践价值的著作。期待本书的出版对学术界和实务界产生积极和广泛的影响，为加快构建房地产发展新模式贡献智慧和力量。

笔　者

2024 年 10 月

目　录

第一篇　背　景　篇

第二篇 理 论 篇

第三篇 市 场 篇

第四篇　区　域　篇

第五篇　企　业　篇

绪　　论

　　房地产业关联度高，带动力强，在大多数国家中，房地产业都是国民经济的支柱产业，在我国也不例外。据统计，房地产经济活动占 GDP 的比重接近三成，与房地产相关的贷款占银行信贷的比重接近 40%，房地产业相关收入占地方综合财力约 50%，房地产占城镇居民资产约 60%。作为资金密集型产业，资金是房地产业的血液。与此对应，房地产金融也是多数国家金融体系的重要组成部分。此时，货币政策作为中央银行为实现其特定经济目标而采用的各种控制和调节货币供应量以及信用量的方针政策，其政策趋向深刻影响着房地产市场的资金流动与转型变革。

　　房地产市场的货币政策效应，是指在由计划体制主导向市场体制主导的演变过程中，结合房地产市场发展水平等采用各种货币政策工具调控市场资金流通状况所产生的政策效果。回顾历史，在 1978 年以前，我国主要以社会主义实物福利方式配置住房资源。1978 年党的十一届三中全会正式开启了改革开放的历史序幕，对中国经济发展产生了巨大而深远的影响，一系列处于计划序列的商品逐渐走入市场流通，而住房商品化等字眼正在此时产生。1982 年，中央试点"三三制"补贴售房制度，此时仍处于住房商品化探索阶段。1984 年，国家计划委员会等相关部门批准发布的《国民经济行业分类标准和代码》中，房地产被首次正式列为独立的行业。1985 年，中国房地产行业协会成立，同年建设银行首次推出了职工购房抵押贷款业务，中国房地产首笔按揭贷款诞生。1988 年，国务院颁布《在全国城镇分期分批推行住房制度改革实施方案的通知》，鼓励员工购买公有旧房。同年，在第七届全国人大一次会议上宪法进行了调整，将"禁止出租土地"改为"土地所有权可以依照法律规定转让"，此政策也标志着中国房地产行业正式进入商业化阶段。1992 年，国务院发布《关于发展房地产若干问题的通知》明确指出，"房地产业在我国是一个新兴产业，是第三产业的重要组成部分，随着城镇国有土地有偿使用和房屋商品化的推进，将成为国民经济发展的支柱产业之一"。同年，党的十四大提出建立社会主义市场经济体制，并确立了社会主义市场经济体制的改革目标和主要任务，提出要努力推进城镇住房制度改革。1994 年，国务院发布《关于深化城镇住房制度改革的决定》，明确提出城镇住房制度改革作为经济体制改革的重要组成部分，其根本目的是建立与社会主义市场经济体制相适应的新的城镇住房制度，实现住房商品化、社会化，加快住房建设，改善居住条件，满足城镇居民不断增长的住房需求。

1998 年，国务院发布《关于进一步深化城镇住房制度改革加快住房建设的通知》，提出停止住房实物分配，逐步实行住房分配货币化。自此，福利分房的时代结束了，中国正式进入了全面住宅商品化的时代，这也是住房具有金融属性的开始。1999 年，随着国家对住房等消费信贷的需求逐渐增加，央行响应这一市场需求，下发《关于开展个人消费信贷的指导意见》，鼓励个人消费信贷，促进和规范个人消费信贷业务健康有序发展。2003 年，国内部分地区的房地产市场出现过热现象，政府为了稳定市场发展，开始进行全面的宏观调控。2003 年 8 月，国务院发布《关于促进房地产市场持续健康发展的通知》，指出房地产业已经成为国民经济的支柱产业，进一步明确房地产市场发展的指导思想，以及政府在保障最低收入家庭基本住房需求和保持房地产市场稳定健康发展方面的责任。同年，为了进一步落实房地产信贷政策，防范金融风险，规范商业银行的房地产信贷业务，支持中低收入家庭购房需求，央行发布《关于进一步加强房地产信贷业务管理的通知》。

自 2004 年起，随着宏观调控政策措施的贯彻落实，房地产投资过快增长势头得到了一定的控制。但由于市场需求偏大，部分地区投资和投机性购房大量增加，以及住房供应结构不合理，开发建设成本提高等，导致一些地方住房价格上涨过快，影响了经济和社会的稳定发展。2005 年至 2007 年，国务院为了抑制住房价格过快上涨，同时增加住房供应，满足不同收入群体的住房需求，促进房地产市场的平稳健康发展，先后颁布了"国八条"、"国六条"、提高首付比例等限制政策。2008 年，美国次贷危机引发全球经济危机，为应对危机对房地产市场产生的重大负面冲击，中央推出了进一步扩大内需、促进经济平稳较快增长的十项措施，国务院发布《关于促进房地产市场健康发展的若干意见》等政策，加大对自住型和改善型住房消费的信贷支持力度，进一步鼓励普通商品住房消费。随着相关政策的大力实施，2009 年至 2013 年我国房地产市场发生了急剧变化，有些城市的房价涨幅过大，出现了过热的苗头。国务院陆续出台了"新国五条""限购""限贷"等政策持续遏制房价过快上涨。2014 年至 2016 年，房地产市场成交下行，中央多次进行调控干预，逐步松绑限售限购，市场逐渐恢复。同时，持续推进房地产"去库存"，以及棚改货币化，宽松的货币政策驱动住房价格快速上涨。2016 年，中央经济工作会议首次提出"房住不炒"，自此房地产政策调控步入"回归住房基本功能"的规范发展阶段。2021 年，国家提出"稳地价、稳房价、稳预期"的政策基调，且为消除房地产业"高杠杆、高负债、高周转"的模式弊端，针对房地产企业融资的"三道红线"政策正式颁布实施，市场周期进入下行区间。

自 2022 年起，我国房地产市场供求关系出现重大变化，各地因城施策相继解除"限购""限贷"等政策，"金融 16 条"、住房租赁"金融 17 条"、改善优质房企资产负债表计划行动方案等政策相继出台，住建部、金融监管总局联合发布《关于建立城市房地产融资协调机制的通知》，旨在落实中央金融工作会议提出的一视同仁满足不同所有制房地产企业合理融资需求、促进金融与房地产良性循环等部署要求，更加精准支持房地产项目合理融资需求，促进房地产市场平稳健康发展。2024 年，党的二十届三中全会提出，加快建立租购并举的住房制度，加快构建房地产发展新模式，为今后一个时期我国住房制度改革和房地产市场发展奠定了主基调。

从上述梳理可知，我国城镇住房市场经历了由计划到市场、由传统模式到新发展模式的系统性变革历程，中国城镇住房制度改革是经济体制改革的重要方面和生动写照，是房地产市场机制和政策调控机制的高频互动过程，货币政策调控一直在其中扮演了逆周期调节的重要作用。本书的研究就是根据上述演变过程中货币政策调控情况，以房地产市场为研究场景，深入论证货币政策如何调控房地产市场以及产生怎样的调控效果等核心问题，旨在为加快建立租购并举的住房制度、加快构建房地产发展新模式提供历史启示和理论参考。

第一节　研究背景与意义

一、研究背景

从全球范围来看，近几十年来发生过的历次经济危机，无不与房地产市场剧烈波动相互联系。我们能够耳熟能详的是美国储贷危机、日本房地产泡沫、东南亚金融危机以及"次贷危机"。房地产业是资金密集型产业，其供给和需求均离不开金融的支持，因此货币政策对房价波动产生着极其显著的影响。从各国房地产的发展规律来看，房地产业的发展起伏与货币政策的松紧程度密切相关。适度宽松的货币政策，如调低房贷利率、扩大货币供应量、放松信贷控制等，能有效刺激房地产市场的投资和消费，推动房价上涨，促进市场繁荣。但是过度持续的放松货币政策则会出现金融支持过度现象，导致房地产业投资过热，滋生房地产投机现象，房价脱离基本面的过快增长导致泡沫经济，从而形成经济房地产化和房地产金融化，易诱发系统性金融危机。

"储贷危机"是美国以房地产金融为主要业务的"储蓄和贷款协会"（Savings and Loan Associations）自20世纪80年代开始直到90年代初才得以逐渐恢复的金融危机。美国20世纪80年代商业银行不动产贷款余额超常规速度增长，而美国银行法 Q 条款限制以及美国通货膨胀的加剧，大量资金从银行流向实际利率更高的国债市场和其他金融机构，银行业"脱媒"现象日趋严重。另外由于美国储蓄贷款协会经营的房地产金融业务多为长期贷款，最长的达30年之久，而它所吸收的多为短期贷款，因此其自身的经营存在严重的"期限失配"情况。1982年至1987年，约1/3左右的储蓄与贷款协会要么倒闭，要么被其他金融组织兼并而消失。

又如20世纪80年代后期，日本以股票和房地产为代表的资产价格极度膨胀，由此引发的泡沫经济以及泡沫破灭后的信贷紧缩与经济衰退，至今仍对日本产生了严重的负面影响。整个20世纪90年代被称为日本社会"失落的十年"。同期发生在挪威、瑞典等北欧国家的资产价格泡沫虽然破坏程度不及日本，但泡沫崩溃后北欧经济仍受到了严重的影响。1994 年由墨西哥引发的拉美金融危机以及 1997 年亚洲金融危机中，资产价格的崩跌更是由股市、楼市扩散到汇率和衍生品金融市场，使新兴市场经济国家经受了房地产、股票等资产巨幅波动的洗礼。

　　我们现在仍心有余悸的是美国次贷危机引发的全球经济危机。2007 年 3 月 12 日，美国第二大抵押贷款公司新世纪金融公司濒临破产，13 日该公司股票被纽约证交所终止交易后申请破产保护，标志着次贷危机的正式爆发。2008 年 3 月 16 日，摩根大通宣布，收购濒临倒闭的美国第五大投资银行贝尔斯登，危机进入第二阶段——由次贷危机演变成了金融危机。自 2008 年 9 月起，雷曼兄弟申请破产保护，花旗、汇丰、皇家苏格兰等昔日的金融之神一堆堆地轰然倒塌。大量金融机构面临生存危机，金融市场大幅动荡，美国、欧洲和日本的经济衰退趋势得以初步确定，次贷危机进一步恶化升级。美国房地产市场是次贷危机的源头，也是次贷危机的主要震中之一，而房价变化是美国楼市的核心要素。自次贷危机爆发以来，美国房价一路下跌，根据美国联邦住宅企业监管办公室（OFHEO）发布的数据显示，2008 年第三季度，美国名义房价指数为 369.42 点，较次贷危机爆发前 2007 年第二季度的 386.71 点下跌了 4.47%，剔除通货膨胀影响后的实际房价指数为 208.74 点，较次贷危机爆发前 2007 年第二季度的 223.27 点下跌了 6.5%。当时美国房地产价格未来的下跌空间、下跌速度、房价构筑底部的时机以及房价底部的形状都将对次贷危机的未来发展产生深远影响。

　　从我国来看，房地产市场健康发展问题一直是国家和社会共同关注的热点问题。1998 年 7 月，国务院发布了《关于进一步深化城镇住房制度改革加快住房建设的通知》，通知要求 1998 年下半年开始停止住房实物分配，逐步实行住房分配货币化。自此，中国房地产业向货币化、商品化和市场化全面推进，房地产市场出现了相对繁荣的格局，房地产开发投资占全社会固定资产投资的比重从 1997 年的 12.74% 上升到 2021 年的 27.51%，房地产开发投资占 GDP 的比重从 1997 年的 4.02% 上升到 2022 年的 10.58%，房地产在国民经济中的重要性日益突出，房地产业迅速发展为国民经济的一个重要产业群体，成为国民经济的基础性、先导性和支柱性产业（见表 0 - 1）。

表 0 - 1　　GDP、全社会固定资产投资和房地产开发投资情况

年份	GDP		全社会固定资产投资		房地产开发投资		房地产开发投资占全社会固定资产投资比重（%）	房地产开发投资占GDP比重（%）
	总量（亿元）	增长率（%）	总量（亿元）	增长率（%）	总量（亿元）	增长率（%）		
1997	78973.0	9.30	24941.1	8.85	3178.37	-1.20	12.74	4.02
1998	84402.3	7.83	28406.2	13.89	3614.229	13.71	12.72	4.28
1999	89677.1	7.62	29854.7	5.10	4103.202	13.53	13.74	4.58
2000	99214.6	8.43	32917.7	10.26	4984.053	21.47	15.14	5.02
2001	109655.2	8.30	37213.5	13.05	6344.111	27.29	17.05	5.79
2002	120332.7	9.08	43499.9	16.89	7790.922	22.81	17.91	6.47
2003	135822.8	10.03	55566.6	27.74	10153.8	30.33	18.27	7.48
2004	159878.3	10.09	70477.4	26.83	13158.25	29.59	18.67	8.23
2005	183217.4	10.43	88773.6	25.96	15909.25	20.91	17.92	8.68
2006	211923.5	11.60	109998.2	23.91	19422.92	22.09	17.66	9.17
2007	249529.9	11.90	137323.9	24.84	25288.84	30.20	18.42	10.13
2008	300670.0	9.00	172291.0	25.5	30580.0	20.90	17.75	10.17
2009	335353.0	8.70	224846.0	30.1	36232.0	16.10	16.11	10.80
2010	397983.0	10.30	278140.0	23.8	48267.0	33.20	17.35	12.13
2011	471564.0	9.20	311022.0	23.6	61740.0	27.90	19.85	13.09
2012	538580.0	14.21	263770.0	17.9	70643.0	15.70	26.78	13.12
2013	592963.2	10.10	308312.0	16.9	84246.0	19.30	27.32	14.21
2014	643563.1	8.53	349732.0	13.4	92839.0	10.20	26.55	14.43
2015	688858.2	7.04	379873.0	8.6	93582.0	0.80	24.64	13.59
2016	746395.1	8.35	406406.0	7.0	99842.0	6.70	24.57	13.38
2017	832035.9	11.47	431526.0	6.2	106674.0	6.80	24.72	12.82
2018	919281.1	10.49	456981.0	5.9	116425.0	9.10	25.48	12.66
2019	986515.2	7.31	480393.0	5.1	127747.0	9.70	26.59	12.95
2020	1013567.0	2.74	493208.0	2.7	136438.0	6.80	27.66	13.46
2021	1149237.0	13.39	517133.0	4.9	142248.0	4.30	27.51	12.38
2022	1210207.2	5.31	542366.0	4.9	128075.0	-10.00	23.61	10.58

资料来源：国家统计局；房地产开发投资占 GDP 比重由笔者计算整理而得。

　　然而，自城镇住房制度全面市场化改革之后，我国房地产价格出现过大幅度波动甚至区域性的房地产泡沫。从2002年起，我国的一些中心城市房价开始迅猛上涨，并且房价上涨开始向中小城市蔓延。2003年以后，房地产作为投资品的特征被更多的发掘出来，投资和投机资金大量涌入，进一步助推全国各地房价上涨势头。2004年全国商品房销售价格2714元/平方米，同比增长15.02%，其中东部、中部地区价格涨幅较高，有9个地区涨幅在20%以上。2005年全国商品房平均销售价格为3168元/平方米，同比提高16.72%。其中有5个地区商品房销售价格增幅超过30%。2006年全国商品房销售面积达到6.19亿平方米，销售额突破2万亿元。2007年1~10月，我国房价依然延续了上涨势头，销售面积和销售额分别达到了5.36亿平方米和2.13万亿元，同比分别增长31%和51%。销售额上涨幅度超越销售面积上涨幅度，2007年全国商品房平均销售价格为3864元/平方米，同比提高14.77%。其中有3个地区商品房销售价格增幅超过25%。受美国次贷危机等因素影响，2008年全国商品房销售价格为3874元/平方米，同比提高0.25%，但销售额和销售面积较前一年同比分别下降19.5%和19.7%。随着相关救市政策的颁布实施，2009年全国商品房平均销售价格为4733元/平方米，同比提高了22.17%，2010年全国商品房平均销售价格为5052元/平方米，同比提高了6.74%，销售面积和销售额同比增长10.1%和18.86%（见表0-2）。

表0-2　　　　　我国商品房销售面积、销售额和销售价格

年份	商品房销售面积（万平方米）	增长率（%）	商品房销售额（亿元）	增长率（%）	商品房平均销售价格（元/平方米）	增长率（%）
1998	12185.3	35.24	2513.303	39.67	2063	3.28
1999	14556.53	19.46	2987.873	18.88	2053	-0.48
2000	18637.13	28.03	3935.442	31.71	2112	2.88
2001	22411.9	20.25	4862.752	23.56	2170	2.75
2002	26808.29	19.62	6032.341	24.05	2250	3.71
2003	33717.63	25.77	7955.663	31.88	2359	4.86
2004	38231.64	13.39	10375.71	30.42	2714	15.02

年份	商品房销售面积（万平方米）	增长率（%）	商品房销售额（亿元）	增长率（%）	商品房平均销售价格（元/平方米）	增长率（%）
2005	55486.22	45.13	17576.13	69.40	3168	16.72
2006	61857.07	11.48	20825.96	18.49	3367	6.29
2007	77354.72	25.05	29889.12	43.52	3864	14.77
2008	62115.84	−19.70	24060.74	−19.50	3874	0.25
2009	93713.00	42.10	44355.16	76.94	4733	22.17
2010	104349.00	10.10	52721.24	18.86	5052	6.74
2011	109946.00	4.90	59119.00	12.10	5377	6.43
2012	110074.67	1.30	64020.59	8.29	5816	8.16
2013	128347.07	16.60	80531.21	25.79	6274	7.87
2014	118336.00	−7.80	75377.21	−6.40	6370	1.53
2015	125475.76	6.03	86010.17	14.11	6855	7.61
2016	152578.53	21.60	115425.65	34.20	7565	10.36
2017	163427.03	7.11	130874.14	13.38	8008	5.86
2018	164947.34	0.93	146129.88	11.66	8859	10.63
2019	164531.42	−0.25	155801.67	6.62	9469	6.89
2020	168560.41	2.45	169069.01	8.52	10030	5.92
2021	171414.60	1.69	176945.57	4.66	10323	2.92
2022	129766.39	−24.30	129655.57	−26.73	9991	−3.22

资料来源：国家统计局。

纵观国内外房地产业发展历程，我们发现房地产市场健康发展之所以引起了各国货币当局及金融监管部门的广泛关注，一方面是因为相对于其他产业而言，房地产业能够对国民经济增长作出较大的贡献，且不断波动的住宅投资是 GDP 的重要部分。在发达国家和地区中，房地产业的发展所创造的国民财富，在国民生产总值中都已经达到 10% 左右，有的甚至高达 20%（见表 0 - 3）。这表明房地产业已经成为这些国家和地区国民经济的支柱产业之一。另一方面，杠杆化的金融机构在投资组合中持有大量房地产资产，如按揭贷款、按揭贷款支持证券，而这些资产的价格波动在很大程度上取决于房价的波动。

表 0 - 3　　　1998 年部分国家和地区房地产业增加值占 GDP 的比重　　单位：%

国家/地区	美国	日本	英国	法国	韩国	中国台湾	中国香港
比重	11.4	10.4	12.2	10.8	8.0	10.86	19.0

资料来源：高波著，《现代房地产经济学导论》，南京大学出版社 2007 年版，第 52 页。

另外，房地产价格会通过一系列的机制和渠道对一国宏观经济产生重要的影响。具体表现为：房价的波动开始日益成为一国宏观经济的先行指示器，房价的大幅度上涨可能意味着未来物价与产出水平的高涨，而房价的大幅度下跌则可能预示着未来宏观经济的紧缩甚至衰退。房价与宏观经济之间的这种相互关联已经被许多的历史实践所证实。美国"次贷危机"给我们提供了最好的佐证。从 1997 年到 2005年，美国房地产价格经过通货膨胀调整以后的上涨率为 55%，2005年第二季度达到最大值 13.64%。其间，美国经济保持了快速的增长。而 2006 年以来美国房地产价格下跌与住房抵押市场危机的互动与强化，则引发了美国经济衰退、带来了全球性经济衰退。更为甚者，由房地产价格泡沫破灭所可能引发的信贷紧缩与金融体系的不稳定，甚至诱发系统性金融危机，这也是货币当局关注于房地产市场的重要理由之一。

既然货币当局有充足的理由关注房地产市场和防止房地产泡沫产生，那么货币当局必须了解货币政策在何时何种程度上、通过何种途径在房地产市场产生影响，这就是货币政策在房地产市场传导机制问题。对这一问题判断的准确程度直接影响到房地产市场健康发展的实现程度。学术界公认的货币政策机制理论主要有两大流派，即货币学派和信贷学派：前者重点关注银行资产负债表的负债方——货币的作用，认为货币政策的实施要以能够有效控制货币供给量为基础；后者则重点关注银行资产负债表的资产方——贷款的变化，认为货币政策的操作以能够有效调节私人部门的信贷可得性为基础。国内外相关研究没有逃离上述分析框架，所以本书研究的首要问题是货币渠道和信贷渠道在房地产市场传导的表现。

当我们把分析视角放到中国房地产市场，行业异质性和区域性是不容忽视的特征。在货币政策传导过程中，由于"金融加速器"效应，不同企业的融资能力受货币政策冲击力度是不一样的。在融资过程中，在不考虑商业银行的信贷供给状况的条件下，企业的资产负债表状况决定了企业的外部融资能力。而企业的资产负债表状况具有明显行业特征，且不同行业在货币政策实施过程中对利率、货币供给等变量的敏感程度也会有差异，那么货币政策的效果必然存在显著的行业差异。对于各种可贸易的产品来说，一个地区、一个国家甚至在全世界的任何一个地方都可以进行交易，而对于房地产这种不可贸易的产品来说，无法跨区域进行交易，因此房地产市场是一个区域市场；另一方面，在中国一个民族众多、地域广阔的大国内部，各区域内部经济并不完全同质，自然禀赋、产业结构、人口分布、收入水平等系统性差异决定了各地房地产市场的市场条件、供求关系、价格水平都存在明显的区域差异。所以，货币政策在房地产市场传导的异质性和区域效应也是本书研究又一重点。

关于资产价格波动与货币政策关系的问题，一直以来都是货币经济学研究的最前沿问题，学者们围绕二者的关系展开了大量的理论与实证研究。但不足的是，已有的大量研究都是以股票价格作为研究对象，单独以房地产价格作为研究对象的文献相对匮乏。只是到了近些年，学者们才开始逐渐将研究集中到房地产市场，单一研究房地产价格与货币政策变量（如货币供给量和信贷）之间的关系。与此同时，自 2003 年以来，中国政府频繁运用货币政策工具，稳定房地产价格，促进房地产市场健康发展。然而社会各界对于房地产市场货币政策调控取得的效果存在大量争论。更为甚者，2008 年全球金融危机产生的巨大破坏力至今仍令人心有余悸，在加快构建房地产发展新模式的背景下，采取科学的货币政策取向尤为关键。因此，本书将我国房地产市场货币政策传导机制作为选题，试图阐释货币政策变量与房地产价格之间相互作用微观机理，对中国房地产市场货币政策传导有效性进行实证检验，探究货币政策在房地产市场传导的行业异质性和区域效应，以及在企业维度上传导差异，最后在上述研究结果的基础上给出对策建议。总之，无论是对于货币政策的理论研究，还是对于政策当局的政策制定，本书的研究内容都将具有重要的理论价值与现实意义。

二、研究意义

第一，打开货币政策在房地产市场的传导"黑箱"，有助于厘清货币政策调控房地产市场有效性。由于房地产对经济增长、就业、财税收入、居民财富、金融稳定等都具有重大影响。房地产一头连着发展，另一头连着民生，是外溢性较强、具有系统重要性的国民经济支柱产业。然而，当前房地产市场风险隐患较多，要防范化解房地产"灰犀牛"风险，避免金融风险、地方债风险交织，发生系统性风险。同时，基于房地产具有较强的金融属性，因此货币政策正是房地产市场调控的有效工具。然而，当前虽然众多学者探讨了货币政策在我国房地产市场中的传导机制，但主要从宏观层面构建理论模型或计量模型，分析利率、货币供给量与房价之间关系，尚未进一步从行业差异和区域分化层面揭开货币政策影响房价的内在机理，也缺乏分析货币政策如何影响房地产企业"银根"和资本结构。因此，面向房地产行业转型发展的重大需求，从多维度视角系统性研究货币政策在房地产市场中的传导机制，具有重大的理论价值和现实意义。为此，本书在现有研究的基础上，从区域视角、行业视角、企业视角等打开货币政策在房地产市场的传导"黑箱"，深刻揭示中国情境下货币政策调控房地产市场的作用路径及其有效性。

第二，引入公司治理与财务管理等多学科理论，有助于拓展房地产经济学研究视角。本书之所以关注房地产市场的货币政策效应，是因为自改革开放以来，尤其自我国城镇住房全面市场化改革以来，房地产市场作为国民经济的重要组成部分，其独特的运行机制与市场表现为分析货币政策传导机制和效应提供了很好的试验场景。而本书不仅从理论维度和宏观视角探讨货币政策在房地产市场中的传导过程和作用效果，更注重从房地产企业这一微观维度出发，引入企业现金持有水平、资本结构动态调整、财务柔性等方面，全面且细致地剖析了货币政策对房地产企业"银根"——即房地产企业融资环境、资金流动性及财务稳健性的深远影响。这一视角不仅能够体现本书对我国宏观经济政策及微观经济主体的深刻洞察，也能进一步彰显对房地产企业管理实践的高度关注。与此同时，将公司治理和财务管理等学科理论自然引入本书分析框架中，这种多元化的分析思路不仅拓宽了相关领域的研究广度与深度，也进一步揭示了货币政策在房地产市场中的具体表现和作用机制，为后续房地产企业如何在复杂多变的宏观经济环境中优化其财务策略、增强自身抵御风险能力提供了宝贵的理论参考和实践指导，从而有效拓展房地产经济学的研究范畴。

第三，基于我国住房制度改革的新形势与新要求，根据国内外历史观察和系统性经验证据，为因城施策完善房地产市场调控政策、加快构建面向房地产发展新模式的房地产市场平稳健康发展新制度体系等提供决策依据。本书通过多维比较货币政策对房地产市场的异质性效应，尤其探讨了货币政策对不同地区房地产市场和不同类型房地产企业的差异化影响，为推动房地产市场平稳发展、探索货币政策调控下房地产市场可能存在风险的发生机制及传染路径、确保房地产开发项目的顺利完工提供理论参考。同时，从时空分异视角下探讨货币政策调控对不同地区房地产市场和不同类型房地产企业的作用效果，结合各城市在经济发展水平、人口规模、产业结构的客观差异，为制定城市层面的调控政策，实现货币政策在房地产市场中的精准调控、构建适应我国房地产市场供求关系重大变化的宏观政策调控体系提供了研究参考与政策启示。

第二节　主要内容和研究框架

本书系统性梳理了国内外学术界关于货币政策传导机制以及在房地产市场传导的相关文献和研究成果，在吸纳前人的研究成果的基础上，结合中国房地产市场的个性特征，探究中国货币政策在房地产市场的传导机制和影响效应。本书研究的主要内容包括五大篇章（见图0-1）。具体而言，本书首先从房地产行业发展背景切入，分析房地产行业与国民经济之间的动态关系，将房地产行业与其他行业进行多维比较，并且从国际视野分析中国房地产行业的共性特征与个性特征，彰显中国房地产行业的独特性与重要性。其次，本书基于现有国内外相关研究和分析框架，从理论视角剖析了货币政策在房地产市场的传导机制，并且从企业和市场维度、宏观和区域维度进行了分别论证。再次，本书从市场维度分析了货币政策对房地产市场的影响效应，主要从货币政策效果评价、

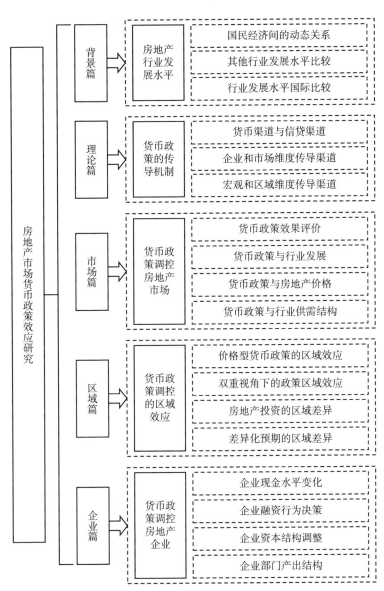

图 0 - 1　本书主要研究内容和框架结构

资料来源：笔者自行绘制。

货币政策与房地产行业发展、货币政策与房地产价格、货币政策与房地产行业供需结构等维度依次展开论述。其次，本书从区域视角分析了货币政策调控房地产市场的区域效应，且区分价格型货币政策和数量型货币政策工具的异质性影响效应，并分析了货币政策干预下房地产投资和房地产预期等方面的区域差异。最后，本书从企业维度深入探讨了货币政策调控与企业投融资决策之间的因果关系，重点从企业现金水平变化、企业融资行为决策、企业资本结构调整、企业部门产出结构等四个方面展开分析。总之，本书遵循理论与实证相结合、宏观与微观相结合、总量与结构相结合的思路，不仅回答了货币政策如何影响房地产市场这一科学问题，还从市场视角、区域视角、企业视角揭示了房地产市场的货币政策性差异化机制与效应，旨在为因城施策分类指导、提高货币政策调控房地产市场的精准性和有效性、加快构建房地产发展新模式提供理论依据。

第一篇 背 景 篇

房地产业是国民经济的支柱产业，随着改革的不断深化和房地产市场供求关系重大变化，加快构建房地产发展新模式已经成为当下破解房地产发展难题、促进房地产市场平稳健康发展的治本之策。本书从房地产业对国民经济的多维度影响效应出发，深入剖析其作为国民经济支柱的内在机理；同时，通过房地产业与其他行业的比较分析，揭示其产业链上下游的紧密联动与相互作用；此外，结合国际比较视角，探讨房地产市场在不同经济体中的表现与启示。通过上述三个方面的探讨，旨在全面理解并阐述房地产业对国民经济发展的重要性与特殊性。

在"房地产行业与国民经济关系分析"一章中，首先梳理房地产行业对国民经济的影响效应，再论述其影响效应的内在逻辑。其次，分析当前房地产行业的转型与困境，并进一步从房地产行业及相关行业、房地产消费和土地财政视角研究其对国民经济的影响。最后，结合加快构建房地产发展新模式等要求提出相关政策建议。

在"房地产行业与非房地产行业的对比分析"一章中，首先介绍了房地产行业和非房地产行业对比分析的理论基础。其次，分析了我国房地产行业发展状况，并从多维度、多视角比较分析房地产与非房地产行业的差异。最后，探讨了房地产行业对其他行业的拉动作用和挤出效应，并进一步论证了房地产行业的最优规模，在此基础上提出房地产行业平稳健康发展的对策建议。

在"房地产行业发展水平的国际比较分析"一章中，首先对比分析房地产行业投融资状况的国内外差异。其次，分析国内外房地产市场的季节性波动差异，为房地产市场政策调控提供理论参考。最后，从住房需求结构和人民币汇率视角分别分析其对房价波动的影响效应。

第一章　房地产行业与国民
经济关系分析

　　房地产业作为国民经济支柱性产业，对国民经济具有重要意义。2023 年 12 月召开的中央经济工作会议明确指出，完善相关基础性制度，加快构建房地产发展新模式。党的二十届三中全会也再次强调，加快建立租购并举的住房制度，加快构建房地产发展新模式。房地产市场的发展伴随着城镇化进程，其作为人口城镇化的重要物质载体，近年来在需求和供给两端已然发生了重大变化。从需求上看，截至 2023 年末我国常住人口城镇化率已经达到了 66.16%[①]，虽然未达到发达国家城镇化水平，但不少核心地区的城镇化率已然超过 90%。除此以外，我国处于 35 岁至 65 岁以上年龄段人口数量不断提升，这部分人群大多以改善型住房需求为主，人口结构的变化也预示着我国居民的住房需求从刚需型逐渐转向以改善型为主。从供给上看，截至 2024 年 5 月末，全国商品房待售面积为 7.43 亿平方米，同比增长 15.8%[②]，房地产市场库存依旧处于高位。且现有住房库存中小面积住房占据大部分比例，未能有效满足居民对住房品质高、物业服务优等方面的要求。

　　房地产市场不仅对国民经济具有直接促进作用，而且其关联广、链条长、规模大的特征带动着上下游行业产值的增长。长期以来，房地产市场与国民经济之间存在着相互影响的辩证关系，作为国民经济产业体系的支柱性产业，是重要的经济增长点之一。但当前经济增长仍旧面临着有效需求不足、部分行业产能过剩、社会预期偏弱、风险隐患仍旧较多的"四重压力"，房地产"三道红线"融资政策实施后市场销售下滑、融资受限等问题成为制约其转型升级的重要桎梏。特别地，房地产

[①]　数据来源于中国政府网，网址：https://www.gov.cn。

[②]　数据来源于国家统计局，网址：https://www.stats.gov.cn。

市场出现销售和拿地上的分化，不少民营房地产企业因经营模式转变困难逐渐被清出市场。在此背景下，推动房地产转型升级、实现高质量发展，加快建立房地产发展新模式成为社会各界关注重点。因此，本章首先厘清房地产市场对国民经济的作用路径，并分析其影响效应，从而更好地认识和把握房地产市场对国民经济的影响（见图1-1）。

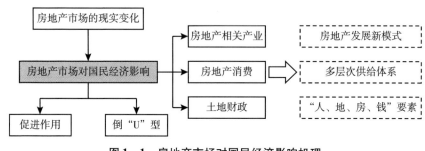

图1-1 房地产市场对国民经济影响机理

资料来源：笔者自行绘制。

第一节 房地产行业对国民经济 影响的文献梳理

一、房地产市场对国民经济影响的内在逻辑

房地产市场对经济增长存在着差异化的影响效应，那么造成这种现象的内在逻辑是什么？房地产投资和后周期消费作为市场的内生性需求，其对经济复苏具有重要意义。在房地产发展新模式下，原本以开发和高周转为主导的经营模式逐渐向城市更新、保障性住房、高质量住房等方向转变。房地产企业也逐渐转向轻资产重运营的新模式迈进，因此本部分系统梳理房地产市场对国民经济增长影响的内在逻辑，以期为构建房地产市场发展新模式提供参考。

房地产市场对国民经济增长的促进效果主要分为直接与间接带动作用，在经济发展初期，我国城市化水平较低、居民储蓄较高，各类财政支持的"三驾马车"之一，发挥了较强的带动作用。住房作为城市居民刚性需求，其价格远高于其他行业产品，因此在经济发展初期房地产投资发挥较强的带动作用，在这一期间政府也将其作为短期刺激经济的重要手段。从直接带动作用上看，房地产投资会直接促进建筑业、房地产开发等直接相关联产业链的发展，梁云芳等（2006）构建了变参数模型和向量自回归模型发现，房地产投资对经济增长具有长期影响作用，且对水泥、钢材、玻璃等上游行业也存在着较强的拉动作用。从间接带动作用上看，房地产具有稳定性强、价格波动小的特性，在居民总资产中占据较大比重，缺乏供给弹性，存在着较强的财富效应（李涛和陈斌开，2014）。因此，房价的持续上涨能够起到增加居民财富、减少预防性储蓄、提高居民短期消费边际倾向的作用，进而间接促进经济增长（刘建江等，2005；甘犁等，2015；Gan，2010；孔丹凤和王永冲，2022）。此外，房地产税收及土地出让金作为地方政府的"钱袋子"，极大程度上缓解了地方政府财政压力（周飞舟，2006）。地方收入的增长提高了地方政府基础设施建设及相关投资的积极性，除此以外政府通过土地供应吸引企业进驻，这些对经济增长存在显著的正向影响（杜雪君等，2009；辛波和于淑俐，2010）。以往的研究分别从居民消费和企业方面考察住房价格上涨对国民经济增长的抑制影响。从居民消费来看，对于无房者而言，房价的过快上涨会造成地区房价收入比处于异常部分，居民为购买住房需要付出更多的成本，从而对居民消费产生明显的"挤出效应"，进而对宏观经济产生抑制作用（许宪春等，2018；李江一，2018）。即使对于拥有住房的居民而言，受改善性住房需求、房地产投机等因素的影响，房价的持续上涨亦会对其消费产生抑制作用（傅东平，2017）。从企业来看，资本要素在市场经济条件下具有天然的逐利性，房价的持续上涨对市场资本产生较强的"虹吸效应"，从而反推房地产价格的进一步上涨，导致房价与经济基本面相脱离（王先柱等，2018）。除此以外，这种"虹吸效应"对市场中其他主体的资金借贷具有一定程度的"挤出效应"，资本在房地产市场长期空转，而制造业等实体经济大量"失血"，降低其他企业研发和个体创业积极性（王文春和荣昭，2014；吴晓瑜等2014；陈斌开等，2018），从而影响国民经济的平稳健康发展。进一步地，从影响经济发展的内生性因素来看，一方面，房价的过快上涨被视为一种产品相对价格扭曲，因此这种价格扭曲通过"资源再配置途径"形成生产效率较高的企业补贴生产效率较低的企业的现象，降低社会资源配置效率，阻碍经济增长（陈斌开等，2015；王丽莉，2023）；另一方面，房价上涨会推高本地企业的工资水平，增加企业在当地的用工成本，降低企业利润率与竞争能力，进而造成经济增长率的下降（陈斌开等，2018）。

二、文献梳理

改革开放以来，我国的城镇化率和人均住房面积不断提升，房地产逐渐成为国民经济的支柱性产业。不少学者从房地产业链条长、涉及面广、金融稳定器以及国际资本流动等视角探究其对国民经济的影响效应，本部分从房地产特征出发梳理其对经济发展的影响效应。

（一）产业链长——房地产业对产业链上下游行业影响效应

房地产作为其超长产业链的中枢行业，具有产业链长、拉动作用强等特点，能直接或者间接带动上下游 60 多个产业的发展（梁云芳等，2006；况伟大，2010）。一方面，房地产业有效承接上游材料建筑、机械设备等行业的产出；另一方面，其能够促进下游家具装潢、电器、金融等服务业的需求增长。目前国内外学者对房地产业链的影响效应进行较多的探讨，根据论证方法的不同可以分为以下两种。

第一，使用格兰杰因果检验、向量自回归模型等方法分析房地产经济对产业链上其他产业的影响效应。从 2000 年至 2023 年，房地产投资规模约从 0.49 万亿元增长到 11.09 万亿元。部分学者将研究视角聚焦于投资端的快速增长，并主要通过格兰杰因果检验分析房地产投资变化与经济增长的因果关系，发现房地产投资是引起国民经济变化的重要原因（Coulson & Kim，2000；Liu et al.，2002；刘皖青，2019），且房地产业的侧向关联作用带动了水泥、玻璃、钢铁等上下游产业的长期发展，对经济增长具有较强的间接拉动作用（梁云芳等，2006）。进一步地，王先柱（2007）从房地产销售和开发投资视角阐释房地产业对国民经济贡献度，发现房地产销售与开发投资对产出均具有明显的正向效应，但产出对房地产销售额的影响并不十分明显。农汇福（Nong，2024）使用中国 A 股 11 个行业指数的每日回报率数据，分析描述房地产业和其他十个行业之间的关联特征，发现从 2014 年至 2019 年，市场波动主要从房地产行业蔓延至金融行业。特别地，房地产业对电信服务、金融和能源行业造成了不少冲击；而在 2020 年初至 2023 年 6 月，这种冲击方向发生了逆转，冲击从金融部门蔓延到房地产部门。市场冲击一般会产生风险溢出效应，房地产市场风险溢出效应通常对上下游产业具有较高的传染性，从金融体系来看，房地产贷款是银行信贷业务占比最高的组成部分，房地产市场陷入极端风险时会产生较高的系统性风险（赵丙奇，2023）。

第二，使用投入产出模型分析房地产及相关产业上下游产业的推拉作用以及对国民经济整体贡献度测算。房地产行业在商业周期中起着至关重要的作用（Davis & Heathcote，2005），其中最为明显的是房地产企业通过直接或者间接的渠道向非房地产企业的溢出效应，首先受到房地产行业波动影响的是房地产上下游供应链垂直整合的行业。从房地产对国民经济的整体作用来看，房地产投资和房地产服务对国民经济增长具有较高的拉动作用（夏明，2009）。1996～2008 年房地产及建筑业对经济增长率的平均贡献为 0.99%（况伟大，2010），且这种经济增长的推拉作用在逐年增强（Li et al.，2015）。传统投入产出模型并未考虑到房地产企业的特殊性，即在计算过程中没有考虑到固定资产投资对经济的拉动作用，因此部分学者将固定资本形成内生化并纳入投入产出模型，测算出 2015 年房地产销售对经济的拉动效应达到 13 万亿元（陆子含等，2018）。同样，若房地产及相关产业活动下降 20%，可能会导致国民经济整体产出水平下降 5%～10%（Rogoff & Yang，2020）。从房地产对产业链上下游产业的影响来看，毋庸置疑，房地产行业带动了上下游产业的发展。其中，房地产对于建筑、交通运输、原材料等上游行业，主要表现出后向拉动作用；而对于金融服务业、家具装潢、批发零售业等下游行业，则主要表现出推动效应（Chan et al.，2016；Han et al.，2021）。

（二）牵涉面广——房地产业对居民生活、地方财政、其他产业的广泛影响

房地产不仅可以对产业链上下游行业产生影响，而且是涉及居民生活、城市建设、政府税收等多个领域的综合性产业。第一，房地产对居民消费、教育、主观幸福感等多个方面具有重要影响。在过去的 20 多年里，我国住房价格经历较快的上涨，家庭住房资产增值也会促进国民消费的增长，产生"财富效应"（宋勃，2007；黄静和屠梅曾，2009；张大永，2012；王重润等，2024）。对于拥有购房动机和偿还住房贷款的家庭来说，房价上涨对家庭消费具有挤出效应，被称为"房奴效应"（颜色，2013）。家庭的购房动机主要通过降低边际消费倾向挤出消费，且主要对食品衣着、教育文化娱乐支出产生挤出效应。偿还住房贷款使得家庭出现了严重的流动性约束，主要挤出了耐用品、住房装修支出（李江一，2018）。住房不仅是民众安居乐业的前提基础，而且是家庭财富的重要组成部分，因此对居民幸福感具有重要意义。拥有住房产权的居民对其主观幸福感具有显著的正向影响，但对小产权房和租房居民并不显著（李涛，2011）。与永久性收入相比，房价上涨引发的家庭住房财富增值是居民主观幸福感上升的重要影响因素（刘宏等，2013）。第二，住房市场快速发展对其他行业具有较强的挤出效应，房地产作为资金密集型行业，随着房价的快速上涨，市场中大量资金流入房地产企业，挤出制造业等实体产业资金，进而压低实体产业利润（黄静和屠梅增，2009；罗知和张川川，2015；王鹤和谭理，2023）。此外，工业用地价格上涨推高了实体企业潜在投资成本，对于企业员工而言，住房价格的快速上涨推高企业的人力成本，企业的盈利能力下降和竞争力下滑，造成企业利润率降低（陈斌开等，2018）。第三，我国土地市场随着城镇住房制度改革和城市工业、商业用地的大规模开发迅速扩张（孙秀林和周飞舟，2013）。随着分税制改革的实施，"层层上收"的地方税收使得地方政府需要依靠土地财政这个"钱袋子"聚拢资金。一方面，地方政府通过"招拍挂"垄断土地市场经营权，能够大幅增加地方政府收入。进一步地，地方政府能够推进基础设施建设、吸引外资，推动地方经济发展。另一方面，受近年大规模减税降费的影响，地方政府通过增加土地出让来筹措资金，土地以及相关收入作为地方政府获得银行贷款和地方债的重要担保，与地方债务风险相互交织（何杨和满燕云，2012；聂卓等，2023）。

（三）小冲击，大波动——房地产业的金融加速器作用

从稳定宏观经济的角度来看，不同经济学派对国民经济波动的原因及传导机制具有不同的理解。伯南克等（Bernanke et al.，1996）提出了"金融加速器"概念，认为信用市场是不完美的，其会引起市场波

动，而信贷市场会放大这种不利影响，进而加剧经济波动。房地产企业具有较高的资产负债率，且对金融机构具有较高依赖度，由此可见房地产市场也会具有"小冲击，大波动"的效果。青木康介等（Aoki et al.，2004）在金融加速器理论的框架下，构建一般均衡模型探究了房价在货币政策其中的传导作用。其中，住房即是家庭消费品，也是家庭借贷的抵押品，因此在一定条件下，金融加速器效应能够放大货币政策冲击在住房市场中的作用。住房作为广泛使用的借贷抵押品，决定了房地产市场具有明显的金融加速器效应。因此，部分学者认为在经济冲击中房地产抵押扮演了较为重要的角色，并认为房地产抵押放大了经济波动（Giuliodori，2005）。居民通过抵押房地产获得资金，并促进消费、投资等方面支出，而当经历紧缩性货币政策冲击后，房价会呈现出下降趋势，因此会放大这种冲击效果。在我国，房地产市场与金融机构、地方财政、居民生活相互交织，崔光灿（2006）在 BGG 模型基础上，运用包含金融加速器的两部门动态宏观经济学模型，考察了我国资产价格对宏观经济影响效应，并发现房地产价格传导的金融加速器机制是影响经济稳定的重要因素。进一步地，从房地产成本视角出发，证明房价的温和波动能够有效稳定经济发展（梁斌和李庆云，2011）。与此同时，若政府能降低社会融资成本时，能够明显弱化房地产市场的金融加速器效应（陈诗一和王祥，2016）。总而言之，房地产作为一种具备多种属性的特殊商品，在房地产借贷领域存在金融加速器效应，由于信贷需求增长会推动资产价格上涨（刘哲希等，2022），故外界冲击能够通过房地产借贷中的加速器效应，进而放大经济波动。这种金融加速器的核心在于房地产信贷抵押约束状况，若约束越宽松，金融加速器机制会越显著（刘一楠，2017）。

（四）危机的根源——开放视角下房地产业对经济稳定的影响效应

房地产市场在金融业危机中发挥着重要作用，例如在 20 世纪 90 年代初期英国的经济衰退和银行业困境，以及 1997 年的亚洲金融危机中，贷款人和投资者对房地产市场有相当大的敞口输出（Gentle et al.，1994；Quigley，2001）。伴随着房地产价值的迅速大幅下降，房地产企业的可支配收入也随之减少，这对银行业、普通投资者等都具有重要影响。而在过去的几十年里，世界各地房地产价格波动与跨境资本紧密相关，特别是伦敦、纽约等全球性城市（Badarinza & Ramadorai，2018），跨境资本流动可以作为国际风险传递的渠道。投资者在面对风险时，更倾向于将资金投向他们认为安全的资产中。20 世纪 80 年代日本推出银行资本金管理改革，银行为了维持资本充足率，更加倾向于贷款给房地产企业。在此期间，日本签订《广场协议》后，日元保持着升值状态，对于国际资本来说只要持有日元资产，就可以通过汇率变动获得收益。因此，在银行业和国际资本等因素的影响下日本房地产泡沫出现不断扩大，直至 20 世纪 90 年代初期房地产泡沫破裂。在加息、房地产贷款管制、国际资本逃离等背景下，日本经济也随着陷入"失去的二十年"。尽管，日本泡沫经济已经过去 30 多年，股票市场和房地产市场都未能恢复到 20 世纪 80 年代末期和 90 年代初期的高度，日本的银行业和金融体系在此次危机中受到沉重打击，也陷入长期的经济停滞和政府债务增长（任泽平等，2017；Hu & Oxley，2018）。与此相同的是，1997 年东南亚金融危机的爆发，同样是在低利率、金融自由化、国际资本自由流动等因素催生下，大量信贷资金流入房地产行业，催生出房地产市场泡沫（俞乔，1998；张来明等，2023）。然而，由于东南亚各国经济基础不稳定、金融体系不健全等原因，国际资本频繁的流动和投机行为使得其不能采取有效反制措施进行对抗。由此可见，房地产市场对金融体系稳定和经济发展具有深远影响，在经济高速增长时期，大量国际资本涌入房地产市场，房价大幅上涨形成资产价格泡沫；房地产作为金融机构主要的抵押品，房地产泡沫破裂导致大量不良贷款积累，对企业和家庭资产负债造成重大影响。

第二节　房地产行业与国民经济的关系

一、房地产市场的供求变化

2023 年 7 月 24 日召开的中央政治局会议提出，"适应我国房地产市场供求关系发生重大变化的新形势，适时调整优化房地产政策""要加大保障性住房建设和供给，积极推动城中村改造和'平急两用'公共基础设施建设"。同年 10 月底召开的中央金融工作会议强调，"加快保障性住房等'三大工程'建设，构建房地产发展新模式"。从人均住房面积上看（如表 1 - 1 所示），截至 2022 年末，全国人均住房面积已经达到 39.23 平方米，按照中国城市规划设计研究院 2021 年对"住有所居"的划分标准来看，我国人均住房面积已经达到舒适标准（30 平方米至 40 平方米）①。除此以外，在表 1 - 1 中能够发现东部地区绝大多数省份的人均住房面积均远超于全国平均水平，尤其是北京和上海地区的人均住房面积均超过 60 平方米。虽然对中西部和东北的部分地区而言，人均住房面积虽然小于全国水平，但仍旧处于"舒适标准"范围内。从住房库存来看，截至 2024 年 5 月全国商品房待售面积为 7.43 亿平方米，高于 2015 年至 2016 年历史高点②。上述指标从需求端和供给端衡量了居民的住房需求，表明了居民住房"有没有"的问题基本得到解决，并对住房品质提出更高的需求，希望住上更好的房子、获取更好的服务。

表 1 - 1　　　　　　　　2022 年地区人均住房面积　　　　　　单位：平方米

区域	地区	人均住房面积	区域	地区	人均住房面积	区域	地区	人均住房面积
东部	北京	64.85	中部	山西	37.30	西部	内蒙古	33.81
	天津	52.46		安徽	34.24		广西	33.19
	河北	31.84		江西	37.23		重庆	38.25
	上海	73.30		河南	34.16		四川	36.98
	江苏	48.80		湖北	36.95		贵州	41.64
	浙江	57.28		湖南	36.22		云南	35.29
	福建	40.99					陕西	30.71
	山东	35.96	东北	辽宁	30.57		甘肃	32.43
	广东	43.17		吉林	35.93		青海	33.84
	海南	40.01		黑龙江	31.42		宁夏	45.50
全国		39.23					新疆	32.17

注：西藏自治区由于数据缺失而并未统计，人均住房面积数据来源于 Choice 金融终端。

---

① 数据来源于《城镇家庭居民"住有所居"量化指标研究报告》。
② 数据来源于《消化存量房产的原因、规模及路径》，网址：https://www.pbcsf.tsinghua.edu.cn。

客观而言，当前我国经济依旧面临着需求收缩、供给冲击和预期减弱的三重压力，叠加供需结构的转变使得房地产市场进入逆周期阶段。特别地，2020年8月央行、银保监会等机构针对房地产企业杠杆率过高提出"三道红线"政策，该政策正式实施后，房地产企业不仅面临着融资约束，而且在销售端由于部分企业债务违约、"暴雷"等一系列问题出现"保交楼"的难题，导致居民对新房尤其是期房的需求量大幅下降。虽然，政府通过采取一系列措施从供给端和需求端放松对房地产市场管制，但其仍旧没有得到较大改善。此时，如何把握好房地产市场变化新形势，在需求上满足居民改善性和刚性住房需求，在供给上一视同仁满足不同所有制房地产企业的合理融资需求，成为构建房地产市场发展新模式的重要前提。

二、房地产及相关产业对国民经济的贡献度

上一部分我们探讨了当前房地产经济所面临的问题，这种变化是否意味着房地产经济对国民经济的贡献作用已经发展了变化，这种转变对于构建房地产市场发展新模式具有怎样的启示意义。本部分从房地产及相关产业对国民经济的带动作用出发，识别房地产经济对国民经济的影响是否已经来到拐点。

从直接效应来看，近年来，房地产增加值的特点以2019年和2022年为界，可以分为三个阶段（见图1-2）。第一阶段是2019年以前房地产增加值增速呈现出高速发展、大起大落的特征。例如2008年和2014年房地产增加值增速分别为6.46%和7.77%，而其他年份值均高于10%，甚至部分年份增速达到32.88%。第二阶段是2019年至2021年迈入平稳增长时期，房地产增加值的年均增速为7.06%。第三阶段是2022年以后房地产增加值出现负增长，虽然在2023年下降趋势有所减缓，但增速仍旧未能转正。那么现有阶段是否意味着房地产经济对国民经济已经具有负向的影响效应？我们从房地产增加值占GDP比重可知，其由2004年的4.42%上升至2020年的7.24%，在此以后该比重呈现出不断下降趋势，但仍旧处于5%以上，由此可见房地产业仍旧是国民经济的重要支柱。

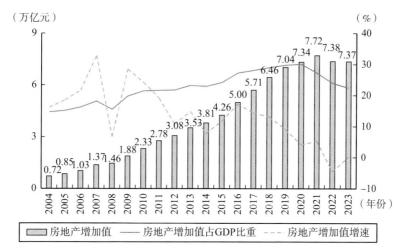

图1-2 房地产增加值及增速

资料来源：国家统计局，https://www.stats.gov.cn。

　　房地产开发投资作为全社会固定资产投资的重要组成部分，一直被认为是推动国民经济增长的重要路径。由图1-3可知，我国房地产开发投资增速也可以分为三个阶段。一是2013年及以前的高速增长阶段，我国房地产开发投资增速均于15%以上。在这一期间我国房地产开发投资占全社会固定资产投资比重迅速上升，并于2013年达到29.00%。二是在2014年至2021年的稳定增长期间，其增速均维持在10%以下，且占比均维持在26.00%以上。三是2022年及以后房地产开发投资增速出现负增长，且增速均处于-9.00%左右。虽然增速出现负向增长，但其占社会固定资产投资的比重仍旧处于20%以上，表明房地产投资对全社会固定资产投资仍旧具有重要带动作用。从房地产开发投资对GDP的带动作用（见表1-2），可以发现虽然其在2021年以后的带动作用有所下降，但其贡献率仍旧达到了9%以上。投资模式起作用的前提是较低的要素成本和巨大的市场需求，而随着居民基本住房需求的满足以及建筑成本的增加，房地产投资市场已经进入存量市场，以往高杠杆、高负债、高周转的经营模式早已难以为继。因此，房地产企业需要通过积极去库存，回笼市场资金，逐渐向物业管理、提高住房品质等轻资产重运营的发展模式转变。

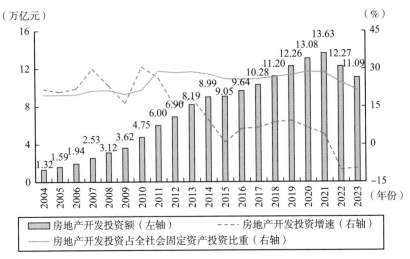

图1-3　房地产开发投资及增速

表1-2　房地产开发投资对支出法 GDP 贡献率　　　　单位：%

年份	固定资本形成总额占支出 GDP 总额	房地产开发投资对支出法 GDP 贡献率	年份	固定资本形成总额占支出 GDP 总额	房地产开发投资对支出法 GDP 贡献率
2004	39.65	7.88	2014	43.65	12.25
2005	39.35	7.73	2015	41.90	10.90
2006	38.70	7.70	2016	41.58	10.77
2007	37.84	8.09	2017	42.02	10.93
2008	39.21	8.46	2018	43.01	11.52
2009	43.92	8.76	2019	42.64	11.90
2010	44.32	9.62	2020	41.99	12.17
2011	44.21	12.94	2021	42.10	12.13
2012	44.21	12.63	2022	41.98	10.39
2013	44.27	12.84	2023	41.40	9.01

　　注：房地产开发投资对支出法 GDP 增长的贡献率＝房地产开发投资/全社会固定资产投资×固定资本形成总额/支出法 GDP 总额。
　　资料来源：国家统计局。

　　房地产关联广、带动作用强的特点一直是推动国民经济增长的重要路径。一方面，房地产投资开发与上游水泥、钢铁、玻璃等制造业企业生产活动密切相关；另一方面，住房消费促进了下游家具、销售、金融等行业的发展。表1-3使用2020年中国投入产出表计算房地产及相关产业对国民经济增加值的贡献值，可以发现房地产业对国民经济增加值的促进作用达到76.30万亿元，占比达到7.85%。与房地产密切相关的建筑业、电力、热力、燃气和水供应业等分别对国民经济增加值占比达到7.41%和2.15%。由此可见，房地产市场虽然已经进入结构调整时期，但当前去库存、开发与城市更新等业务对上下游产业具有不小的贡献，进而间接促进国民经济增长。

表1-3 2020年房地产及相关产业对经济增长作用

三次产业分类	增加值（亿元）	增加值占比（%）
第一产业		
其中：农、林、牧、渔业	810217.06	8.34
第二产业		
其中：采矿业	77340.36	0.79
制造业	2420720.58	24.91
电力、热力、燃气及水生产和供应业	243691.05	2.51
建筑业	719868.98	7.41
第三产业		
其中：批发零售业	930989.08	9.57
交通运输、仓储和邮政业	445931.39	4.59
住宿和餐饮业	142657.54	1.47
信息传输、软件和信息技术服务业	441870.11	4.55
金融业	814417.27	8.38
房地产业	762965.26	7.85
租赁和商务服务业	308992.86	3.18
科学研究和技术服务业	276769.00	2.84
水利、环境和公共设施管理业	45087.90	0.46
居民服务、修理和其他服务业	155418.59	1.60
教育	373062.08	3.84

三次产业分类	增加值（亿元）	增加值占比（%）
卫生和社会工作	208066.22	2.14
文化、体育和娱乐业	76766.70	0.79
公共管理、社会保障和社会组织	465093.93	4.78

注：2020 年投入产出表来自国家统计局；三次产业及内部行业类别划分参考《国民经济行业分类》（GB/T 4754—2011）。

三、房地产消费对国民经济的贡献度

住房消费是指居民生活用房以及与之相关的服务消费活动，房地产消费是居民消费的重要组成部分。本部分从房地产销售额与居民居住消费两方面共同衡量房地产经济对国民经济的作用效应。由图 1 - 4 可知，我国房地产销售市场可以分为三个阶段。第一阶段是 2016 年以前，这一时期商品房销售增长率波动幅度较大，这与外在经济冲击与房地产市场调整相关，例如在 2007 年房地产销售额增长率达到 43.5%，但 2008 年受金融危机的影响房地产销售额增幅下滑至 - 16.1%。第二阶段是 2017 年至 2021 年，在这一期间房地产市场销售额逐渐增长，且增长率趋于平稳，这是由于房地产市场精准的调控政策。第三阶段是 2021 年以后，房地产销售额出现大幅下滑，虽然在 2023 年下降趋势有所缓解，但依旧为负。居民可支配收入增速长期低于 GDP 增速加大了居民未来收入的不确定性，另外收入分配恶化的问题也制约着居民的消费。与此同时，2023 年全国二手房交易额为 7.1 万亿元，交易面积为 5.7 亿平方米，交易额与交易面积比上年分别上涨 36% 和 44%。居民在新房和二手房需求量上的差异，一方面反映住房市场由卖方市场向买方市场的转变，另一方面反映居民对房地产企业预期信心不足。

经过前文分析可知，商品房消费数额呈现下降趋势，制约消费回暖的重要因素是居民预期的减弱。由表 1 - 4 可知，2019～2023 年全国居民人均支出增速均值为 4.58%，期间受新冠疫情冲击，2020 年居民消费出现负增长。从近五年来人均住房消费支出上看，其维持在一个相对稳定的区间内，住房消费占人均消费支出比重约为 23.63%，对居民消费总额具有相当大的带动作用。近年来，服务业、文化娱乐等消费快速得到修复，但是对于商品消费而言其增速仍旧较为低迷，这既有房地产市场处于逆周期阶段的拖累，也有居民储蓄动机不断上升的因素。由此可见，住房销售及相关支出对居民消费存在相当的带动作用，房地产经济对当前市场具有重要意义。

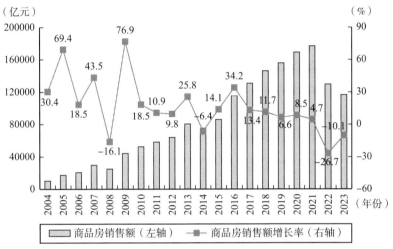

图 1－4　2004～2023 年我国商品房销售额与增长率

资料来源：国家统计局。

表 1－4　　　　　　　　　2019～2023 年全国居民消费支出结构

	2019 年	2020 年	2021 年	2022 年	2023 年
全国居民人均消费支出（元）	21559	21210	24100	24538	26796
其中：人均服务性消费支出（元）	9886	9037	10645	10590	12114
人均食品烟酒支出（元）	6084	6397	7178	7481	7983
人均衣着支出（元）	1338	1238	1419	1365	1479
人均生活用品及服务支出（元）	1281	1260	1423	1432	1526
人均交通通信支出（元）	2862	2762	3156	3195	3652
人均教育文化娱乐支出（元）	2513	2032	2599	2469	2904
人均医疗保健支出（元）	1902	1843	2115	2120	2460
人均其他用品及服务支出（元）	524	462	569	595	697
人均居住支出（元）	5055	5215	5641	5882	6095

	2019 年	2020 年	2021 年	2022 年	2023 年
人均居住支出增速（%）	8.80	3.20	8.20	4.30	3.60
人均居住支出占人均支出比（%）	23.45	24.59	23.41	23.97	22.75

资料来源：国家统计局，居住消费是指与居住有关的支出，包括房租、水、电、燃料、物业管理等方面的支出，也包括自有住房折算租金。

四、土地财政对国民经济增长的影响

改革开放以后，随着我国城市化进程和经济增长的不断加快，政府对土地财政的依赖程度不断提升，成为地区基础设施建设和经济发展的重要推动因素。自 1998 年分税制改革后，地方政府"事权"和"财权"上的不相匹配，导致地方政府只能在土地出让收入中聚集资金。而土地财政主要是通过带动地方政府积极性来促进经济增长，一是税制改革后，城市扩张，土地出让收入及相关税收归地方所有，因此城市扩张和建设投资不仅带动了城市土地出让收入的增加，也带动了房地产税和建筑税的增长，极大程度地缓解了地方财政压力；二是地方政府能够以廉价的土地出让吸引企业进驻，促进地区投资和经济增长，同样也可以借助土地出让收入进行基础设施建设和民生福利改善，为城市发展和人民生活提供基础保障。土地财政、地方政府收入和地方投资之间相互关联，共同促进地方经济增长。由图 1-5、图 1-6 可知，土地财政作为政府财政收入的重要来源，截至 2020 年房地产相关税收总额占地方财政一般预算收入比重达到 19.66%，且国有土地使用权出让收入占全国政府性基金收入比重也达到了 90%。这进一步说明了土地财政作为政府重要的"钱袋子"，其对地方经济发展具有重要助推作用。

从现有文献来看，部分学者认为土地财政能够推动地区经济增长（卢现祥和滕宇汯，2020），且随着地方政府土地财政依赖度的攀升，地方经济增长对土地财政具有依赖性（辛波和于淑俐，2010）。但自 2020 年起，房地产相关税收总额及国有土地使用权出让收入呈现出下降趋势，截至 2023 年末，房地产税收总额和土地出让金分别为 1.85 万亿元和 5.80 万亿元，相较于 2020 年分别下降了 5.85% 和 31.07%。房地产行业的深度调整使得土地财政大幅弱化，加上降费减税政策的实施，政府部门尤其是地方政府部门的财政收支缺口进一步扩大。地方政府为防止因房地产市场下行而诱发地方债务危机，通过国有企业购置土地，发挥稳定房地产市场的主体责任，国有房地产开发企业在这个过程中扮演了减震器的作用，缓冲了土地市场的过冷趋势。由此可见，国有企业在经济发展过程中的"压舱石"作用为加快构建房地产发展新模式提供了较好的过渡。

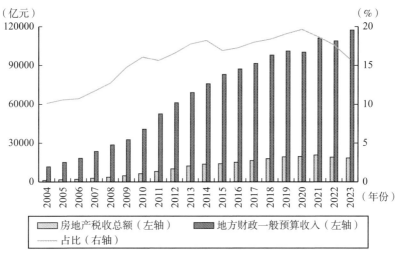

图1-5　房地产相关税收总额

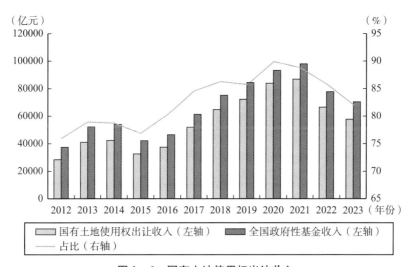

图1-6　国有土地使用权出让收入

资料来源：国家统计局、Choice数据库，国有土地使用权出让收入由于统计因素从2012年开始。

第三节　新形势下构建房地产市场
发展新模式的启示

一、积极适应供需模式的转变，构建房地产发展新模式

一是尊重市场客观规律，适应房地产供求关系的重大转变，短期内以稳定市场情绪为主要任务。改善型住房需求和存量市场决定了房地产市场供需结构已然发生了重大变化，但房地产作为典型的资金密集型产业，短时期内难以向开发和城市更新并重的业务模式迅速转变。部分房地产企业受融资约束和销售额下滑的影响，流动性风险逐渐增大。一方面，一视同仁满足不同所有制房地产企业的合理融资需求，避免简单的"一刀切"行为，继续用好"三支箭"的组合政策帮助民营房地产企业合理融资。另一方面，加大政策支持力度，通过放宽购房限制、降低首付比例、推行住房"以旧换新"等措施刺激房地产市场消费，促进房地产企业去库存回笼市场资金。

二是妥善引导房地产行业转型升级，从中长期来看房地产行业占GDP比重较为稳定，仍旧是促进国民经济复苏的重要支柱，但传统的"三高"发展模式已经显然不再适应现阶段行业转型发展的新要求。

从供给端看，房地产开发与城市建设、"三大工程"等项目能有效拉动上下游投资，推动地区基础设施建设，促进国民经济回暖。从需求端看，改善型住房需求能够带动建材、物业、安保等新模式的发展，未来有可能成为住房消费热点。由此可见，房地产由重资产轻运营向轻资产重运营的转型已经成为必然趋势。

二、明确政府与企业市场责任，坚持以市场化为主导构建多层次房地产供给体系

在经济新旧动能转换的过程中，房地产业仍旧具有重要作用，且随着市场的发展需要进一步明晰政府与企业的市场责任。对于房地产企业

而言，如何结合企业状况与发展战略，在新一轮改革发展中找准自身定位，主动在住房开发、服务等方面进行优化，以改善型住房需求为导向精准调研与适配，从住房品质、住房服务等方面满足市场需求。进一步地，推动建立房地产发展新模式需要政府做好新的制度设计，促进房地产供给侧结构性改革，实现供需相匹配的高质量发展。一方面，中央政府需要建立健全统一的房地产市场监测体系，从房地产市场库存、二手房交易、租房市场、保障性住房建设状况等方面承担起市场监测的主体责任。另一方面，政府需要承担起保障性住房建设、"平急两用"公共基础设施建设、城中村改造等"三大工程"的主体责任，保障居民刚性住房需求，牢牢抓住让人民群众安居这个基点，以让人民群众住上更好的房子为目标，从好房子到好小区，从好小区到好社区，从好社区到好城区，进而把城市规划好、建设好、管理好，打造宜居、韧性、智慧的城市，努力为人民群众创造高品质生活空间。

三、因地制宜、因城施策，实现"人、房、地、钱"要素联动新机制

地区人口、经济等方面的客观差异决定了房地产调控需要因地制宜、因城施策，对于地方政府而言，积极根据地区特征降低房贷成本、推进保交楼工作、化解债务危机等问题。特别是在房地产市场明显"遇冷"的情况下，土地财政收入持续下降，地方政府更应坚决扛起维护本地房地产市场平稳健康发展的主体责任，用好房地产调控自主权优化房地产政策。因此，地方住房市场需要加快实现"人、房、地、钱"要素联动，人口流动是导致地区间房价分化的重要因素，核心城市因人口持续流入，住房需求旺盛；大部分三、四线城市人口流出和持续的住房供应，导致房地产市场交易量和交易价格的持续下滑。未来房地产供应模式需要以人定房、以房定地、以房定钱，从而助推高质量发展。

第二章 房地产行业与非房地产行业的对比分析

在加快构建房地产发展新模式的方向指引下，将房地产行业与非房地产行业进行对比分析，能够以一种更全面透彻的视角洞察房地产行业在我国国民经济体系中的独特地位、房地产行业与其他行业之间的交互影响机制，这有助于房地产行业在当前供求关系发生重大转变的现实状况中识别其可能面临的外部挑战与内部瓶颈，为因城施策制定科学精准的调控政策、促进房地产市场平稳健康发展及产业结构转型升级提供合理依据和决策参考。

为此，本章首先从房地产行业整体发展状况及区域发展状况两个视角阐述房地产行业的现状，揭示出房地产行业自身的周期性、区域性及金融属性等固有特征。在此基础上，以行业基本状况、对整体经济拉动、货币政策资金传导以及行业发展前景这四个维度作为切入点，深入分析房地产行业与其他行业的异同之处（见图2-1）。与此同时，本章还将进一步探讨房地产行业与其他行业的协同效应与潜在冲突，并进而计算出房地产行业在国民经济中所应占据的最优规模。通过不同行业之间的对比及联动效应分析，能够揭示房地产行业在促进国民经济增长、拉动就业、优化资源配置等方面的作用路径，为构建房地产行业与实体经济、数字经济、绿色经济等深度融合的房地产发展新模式提供理论支撑与实证依据。

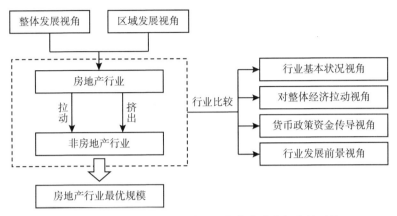

图 2 - 1　不同视角下房地产行业与非房地产行业的对比

资料来源：笔者自行绘制。

第一节　房地产行业与其他行业比较
分析的理论基础

自 1998 年我国城镇住房全面市场化改革以来，房地产市场进入快速发展的黄金时期。作为国民经济支柱产业，房地产行业具有关联度高、带动力强的突出特征。事实上，房地产行业的发展关联着土地开发、施工建设、经营销售、装修维护以及物业管理等市场交易活动。一般来说，产业链上下游各行业之间互为彼此的供给端和需求端，而房地产行业作为超长产业链的中枢行业，能够通过产业链条的结构形态对我国各行业市场及总体经济部门产生重要影响（赵丙奇，2023；黄徐亮等，2023）。

一方面，房地产行业开发项目的建设需要相应配套的基础设施支持，如道路、桥梁、排水系统等，这能显著促进城镇化进程，助推我国基建行业的不断发展。且房地产行业的繁荣发展能在一定程度上降低居民的预防性储蓄，提高其当期消费（万晓莉等，2017；刘建江和石大千，2019）。与此同时，由于房地产行业的开发项目往往耗时较长，且大多是多链条、多维度的，因此房地产开发项目也能创造大量的就业机会（何珊珊等，2019）。因此，不论是出于产业链联动，还是消费与投资、就业机会等视角，房地产行业均能够带动金融保险业、建筑业、社会服务业等行业的发展，并进而增强金融发展活力及市场活力。

但另一方面，房地产行业的高回报率也可能会使得大量投资者涌入其中，从而造成房地产行业发展的过度膨胀（张杰等，2016）。土地、资金及人力资源等重要生产要素过于集中发展房地产行业，可能会造成资源短缺，导致产业结构出现要素错配现象（Chaney & Thesmar，2012）。产能过剩、库存积压等问题也可能会对国民经济发展造成不利影响，并进一步对其他行业的发展产生挤出效应（Campello et al.，2010；Wang & Wen，2010；陈斌开等，2015）。关于房地产行业的资金挤出作用，有学者认为应当重视资本形成与资本积累对经济增长的关键作用，而房地产投资作为一种非生产性投资，在经济发展的特定阶段应当尽量压缩，从而增加对生产资料的投资（Howenstine，1957）。由此可见，关于房地产行业的双重影响效应始终是学术界所热议的话题。

更进一步地，由于房地产市场具有典型的周期性波动特征，其周期变化发展与经济周期能够基本保持一致，且往往会先于其他行业发生变化（Iacoviello & Neri，2010；何青等，2015）。凯恩斯经济周期理论认为，经济周期产生的原因在于投资的变动，在房地产行业逐渐发展后，新凯恩斯主义再次提出应重视房地产投资的作用。作为重要的投资需求冲击传导途径，房地产投资不仅可以直接对经济周期产生重要影响，也能通过关联产业的联动作用间接影响经济周期（张屹山和陈健，2021）。因此不论是出于何种视角，都能认为房地产市场的冲击是解释经济周期波动的重要因素。由此可见，房地产行业的繁荣发展在一定程度上能直接促进经济的快速增长。

然而，现阶段我国正处于房地产市场供求关系和城镇化格局发生深刻变化的关键时期，房地产行业多年依赖的"高负债、高杠杆、高周转"发展模式已经难以为继，房地产市场需要朝向价格稳、结构优、质量高的方向实现自我修复和转型升级，房地产业发展要从解决"有没有"转向解决"好不好"，开展现房销售试点，推动房地产业向新发展模式平稳过渡。从当前房地产市场发展状况看，在"房住不炒"指挥棒的作用引领下，基于供给和需求两侧发力的调控政策效果日益显现，房价逐渐回归理性，住房的金融属性被显著遏制。值得一提的是，近两年，受部分房地产企业资金链断裂、房地产供求关系转变等因素的影响，使得房地产市场预期变弱，行业下行压力加大。然而，由于房地产行业对于我国国民经济的重要地位及其关联度高、带动力强等突出特征，叠加房价收入比失衡、经济下行以及房地产企业长期以来的高杠杆经营模式等因素，使得房地产行业的长期稳定发展关系着人民群众的切身利益以及经济金融稳定运行大局（方意，2015）。

事实上，当前我国发展正处于战略机遇和风险挑战并存、不确定难预料因素增多的时期。在这样的环境背景下，需要谨防各种"黑天鹅""灰犀牛"事件的发生，而房地产行业是现阶段我国金融风险方面最大的"灰犀牛"（朱波和陈平社，2022；倪鹏飞和徐海东，2022）。因此，需要准确把握房地产行业与其他行业之间的关系。只有这样，才能在一定程度上将识别经济周期转换的信号前置，从而为防范系统性风险提供预警。有效的风险预警不仅能够为科学研究制定宏观经济政策提供重要依据，也能对健全房地产市场长效体制机制、推动房地产行业向新发展模式平稳过渡提供重要保障。

在当前百年未有之大变局的时代环境下，在适应房地产供求关系发生重大变化的现实情况下，在加快构建房地产发展新模式的目标指引下，不论是房地产行业还是其他任何行业，均需要服务于新的政治经济范式、国家战略与政策逻辑中。通过将房地产行业与其他行业进行对比分析和联动效应分析，能够精准识别房地产行业之于其他行业的重要意义，并可以在此基础上明确房地产行业与上下游产业的协同发展路径。这不仅是防范化解系统性金融风险、确保我国经济平稳健康发展的重要抓手，更是从宏观视角评估和制定各项房地产调控政策、进一步优化资源配置、提升产业链韧性、促进房地产行业平稳健康发展的重要议题。

第二节　房地产行业与其他行业发展状况的比较分析

一、我国房地产行业发展情况

从整体发展视角看，自改革开放以来，伴随着城镇化进程的不断推进，我国房地产行业得到了快速发展，已成为国民经济的重要支柱产业，在我国国民经济体系中处于先导性、基础性地位。从图 2 - 2 和图 2 - 3 中可以看出，2004~2021 年，不论是基于房地产投资视角还是销售视角来看，房地产行业整体均呈现出增长的趋势。具体而言，房地产投资额从 2004 年的 13158. 3 亿元增长至 2021 年的 136275. 2 亿元，商品房销售额从 2004 年的 10375. 71 亿元增长至 2021 年的 176945. 57 亿元。而值得关注的现象是，2021 年上半年，房地产市场仍然保持较高热度，但随着房地产调控政策的实施，叠加房企信用风险等因素，使得 2021 年下半年以来商品房销售市场明显处于疲软阶段。2022 年，为提振房地产市场主体信心，国家重点围绕保交楼、支持房企融资修复、刺激购房需求等方面出台一系列房地产支持政策，且多数地区出台房地产松绑政策，旨在引导市场预期。但短期内政策效果仍然不明显，房地产市场供需两端均没有明显恢复。从图 2 - 2 和图 2 - 3 中可以看出，2022 年和 2023 年不论是房地产投资额还是商品房销售额，均呈现一定程度的下滑。

从区域发展视角看，由于我国幅员辽阔，不同区域的城市在区位、自然禀赋以及社会经济条件等各个方面存在较大差异，这也为不同城市之间的房地产市场不断分化提供了条件。一般来说，房地产市场是区域经济状况的晴雨表（赵杨等，2011）。从表 2 - 1 中可以看出，不论是东部、中部还是西部地区，2020 年较 2017 年的房地产开发投资额、商品房销售额及销售面积均呈现上涨趋势，房地产市场发展态势较好。而这一阶段东北地区的商品房销售面积却呈现下降趋势，这可能与东北地区的经济发展状况以及人口外流趋势有关。商品房销售面积的下滑，不仅意味着该地区房地产市场发展状况欠佳，更是东北三省亟待经济转型的真实反映。进一步对比东部、中部、西部与东北地区 2023 年房地产市场发展状况与 2020 年发展状况可以发现，各地区房地产开发投资额、房地产销售额及销售面积均呈现下降趋势，这与我国当前房地产市场供求关系发生转变密切相关。当前，我国房地产市场已从增量市场向存量市场转变，未来房地产市场的发展趋势也将从增量扩张为主转变为以存量更新和转化为主。而值得关注的是，东部地区的下降态势远低于中部、西部及东北地区，城市之间房地产市场的分化格局正在进一步显现。一般来说，人口流入地、经济发展状况较好的地区由于自身较好的区位条件及经济发展基础，使得聚集在这些地区的人们有更多的交流和创新机会，有更为丰富的就业和消费选择，同时有着更加高效、更高质量的医疗教育等公共服务。因此，相较而言，这些地区将更加具有吸引力。东部地区通常而言是人口流入地，因此东部地区的住房需求相对而言也更为旺盛，这在一定程度上能够消化过热房地产投资所引发的房地产行业产能过剩、库存积压等现象。

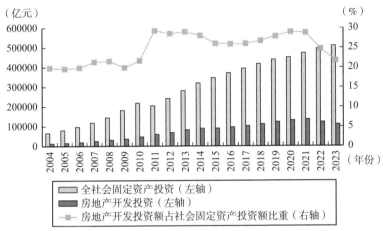

图 2 - 2　2004~2023 年房地产开发投资与全社会固定资产投资变化情况
数据来源：国家统计局。

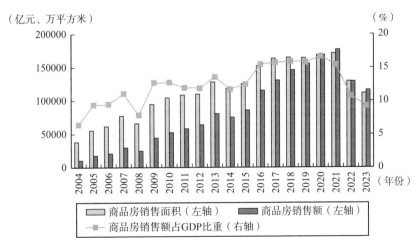

图 2 - 3　2004~2023 年商品房销售额及销售面积变化情况
资料来源：国家统计局。

表 2 - 1 不同地区房地产市场发展情况

东部地区			
年份	房地产开发投资额（亿元）	商品房销售额（亿元）	商品房销售面积（万平方米）
2017	58022. 546	74438. 8587	71199. 0278
2020	74563. 76	95689. 6657	71311. 42
2023	66704. 55	71938. 7383	51589. 68
2020 年较 2017 年变化情况	28. 51%	28. 55%	0. 16%
2023 年较 2020 年变化情况	- 10. 54%	- 24. 82%	- 27. 66%

中部地区			
年份	房地产开发投资额（亿元）	商品房销售额（亿元）	商品房销售面积（万平方米）
2017	23884. 0076	28664. 746	47459. 9024
2020	28802. 33	35854. 1836	49078. 06
2023	21423. 06	20809. 5345	28330. 06
2020 年较 2017 年变化情况	20. 59%	25. 08%	3. 41%
2023 年较 2020 年变化情况	- 25. 62%	- 41. 96%	- 42. 28%

西部地区			
年份	房地产开发投资额（亿元）	商品房销售额（亿元）	商品房销售面积（万平方米）
2017	23876. 5726	25231. 1082	42459. 4145
2020	32654. 3	36256. 7808	48628. 01
2023	19759. 74	21032. 2626	27829. 41
2020 年较 2017 年变化情况	36. 76%	43. 70%	14. 53%
2023 年较 2020 年变化情况	- 39. 49%	- 41. 99%	- 42. 77%

东北地区			
年份	房地产开发投资额（亿元）	商品房销售额（亿元）	商品房销售面积（万平方米）
2017	4015. 4026	5366. 5935	8289. 4707
2020	5422. 5555	5812. 0288	7068. 7359
2023	3025. 5276	2841. 6722	3985. 982
2020 年较 2017 年变化情况	35. 04%	8. 30%	- 14. 73%
2023 年较 2020 年变化情况	- 44. 20%	- 51. 11%	- 43. 61%

资料来源：Wind 数据库，限于数据可得性，此处年份数据采用的是各年份 12 月指标值。

二、房地产行业与非房地产行业的比较

（一）行业基本状况视角

由于房地产行业结构较为复杂，其产业链较长，关联度大，涉及土地供应、规划与建设以及销售等多个环节，同时其还连接着建筑业、物业管理以及家居装修等。这也使得房地产行业在我国国民经济中占据着举足轻重的作用，房地产行业的发展对我国地方政府财政收入具有很大的贡献度。如图 2–4 中可以看出，与房地产行业相关的税收在我国税收总收入中的占比始终较高，2020 年后该比例虽然有下降趋势，但总体仍然占据 10%以上，规模较为庞大，房地产行业对我国国民经济的重要性不言而喻。也正是因为这种高程度的产业关联性，使得房地产行业的竞争格局也较为复杂。如许多大型房地产企业会通过并购等方式扩大市场份额，在市场竞争和信贷约束等多重因素影响下，小型房地产企业通常面临较大的生存压力。

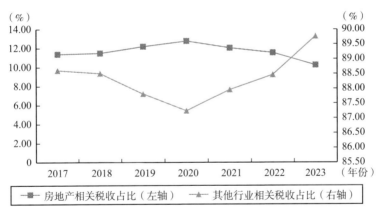

图 2–4　2017～2023 年房地产行业与其他行业税收占比

资料来源：国家统计局、Choice 数据库。

相比较房地产行业而言，其他行业的结构则相对较为简单，竞争格局也相对清晰。例如，制造业的产业链主要涉及原材料采购、生产加工及销售，服务业则更多关注服务质量及客户体验，因此这些行业的链条往往比较短，市场集中度也相对更高。并且，房地产行业相较于其他行业而言有着更为复杂的人员管理和施工项目管理流程，项目从开始到完结所

经历的时间跨度较长，其间所涉及的土地前期开支、施工过程管理以及人员劳资成本等均对房地产行业的综合管理水平有着较高的要求。而诸如批发和零售行业、住宿和餐饮、租赁及商务服务等行业均不需要如此高的管理要求。与此同时，从图2-5中可以发现，房地产业的固定资产投资比例仅低于制造业固定资产投资比例，而普遍高于其他行业。这一数据也再次说明房地产行业背后所蕴藏的庞大产业链带动效应，房地产行业的发展会促进钢铁、水泥、有色金属、家具、物业等相关产业的发展，房地产市场的繁荣发展也会直接推动这些行业的投资增长。房地产行业与制造业的固定资产投资比例高于其他行业，其背后的原因可能是经济支柱地位、产业链效应、地方政府依赖、投资回报与市场需求等多个方面，这些因素共同作用使得房地产业与制造业在固定资产投资中占据重要地位。但由于房地产市场供求关系发生重大变化以及经济下行压力等因素的影响，使得房地产投资增速亦受到影响。从图2-5中可以看出，虽然房地产投资比例仍然呈现上涨趋势，但其上涨的幅度不及制造业。

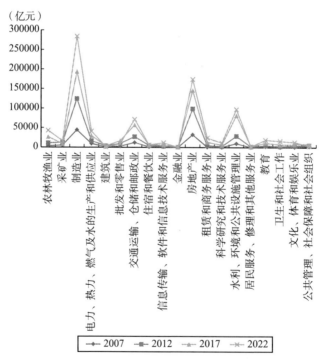

图2-5　2007~2022年不同行业全社会固定资产投资额对比

资料来源：国家统计局、《中国统计年鉴》《中国固定资产投资统计年鉴》。

（二）对整体经济拉动视角

为了对比不同行业对整体经济的拉动作用具体如何，本部分根据投入产出表测算不同行业对经济增长的拉动作用。具体公式如下：

$$X' = [I - (I - M) A]^{-1} \times (I - M) F \qquad (2.1)$$

分别计算：$A' = (I - M) A$；$B' = [I - A']^{-1}$；$F' = (I - M) F$；$X' = B' \times F'$

$$得出拉动的增加值 = VX$$

其中 A 为直接消耗矩阵、X 为调节后的投入产出表中的总产出列向量、I 为单位矩阵、M 为以各部门进口额占国内需求比例而形成的对角矩阵、F 为最终使用合计、V 为以各部门增加值率而形成的对角矩阵。

通过表 2 - 2 所测算出的数据可以发现，与 2010 年相比，排名前 20 的行业类型基本一致，但是内部顺序略有不同。金融业及批发和零售业赶超农林牧渔业，而建筑业和房地产业在经济增长中所占据的地位始终为前五，与 2010 年一致。这说明房地产业及其相关行业对国民经济的贡献率始终处于较高水平。值得关注的是，2010 年房地产业及建筑业对整体经济的拉动增加值为 48062. 6873 亿元，占比为 5. 31%，而 2020 年房地产和建筑业的拉动增加值为 1482834. 23 亿元，占比为 15. 26%，十年间增长近 30 倍。

表 2 - 2　　基于 2020 年投入产出表计算的各行业对整体经济拉动的影响

行业	拉动增加值（亿元）	拉动增加值占比（%）
批发和零售	930989. 0779	9. 58
金融	814417. 2656	8. 38
农林牧渔产品和服务	810217. 058	8. 34
房地产	762965. 2554	7. 85
建筑	719868. 9768	7. 41
公共管理、社会保障和社会组织	465093. 9256	4. 78
交通运输、仓储和邮政	445931. 3859	4. 59
信息传输、软件和信息技术服务	441870. 1142	4. 55
教育	373062. 0771	3. 84

行业	拉动增加值（亿元）	拉动增加值占比（%）
化学产品	352140.8736	3.62
租赁和商务服务	308992.8601	3.18
食品和烟草	302325.992	3.11
金属冶炼和压延加工品	265858.2654	2.74
非金属矿物制品	227589.9688	2.34
卫生和社会工作	208066.2211	2.14
电力、热力的生产和供应	204228.2089	2.10
综合技术服务	182223.7694	1.87
交通运输设备	174924.8992	1.80
居民服务、修理和其他服务	155418.5887	1.60
住宿和餐饮	142657.5369	1.47

注：限于篇幅，此处仅列示 2020 年各行业对经济增长拉动的前 20 位。

资料来源：国家统计局。

（三）货币政策资金传导视角

虽然央行实行的是总量货币政策，但由于不同行业的融资需要和融资能力有差异，因而不同行业对同一类型货币政策的反应时间和程度也会有所不同（战明华，2021）。房地产业是典型的资本密集型行业，其资金需求量大、回笼慢、循环周期长。近年来所出现的房地产企业债务违约、暴雷等问题，均与房地产企业的资金运行状况密不可分。通常而言，房地产企业的融资过程主要有三个阶段，第一阶段是前端用于购买土地开发权和使用权的拿地环节融资，第二阶段是中端施工环节用于项目施工的融资，第三阶段为终端销售环节的融资，即通过预售商品房偿还前期融资款项，实现资金回笼（周建军和鞠方，2024）。可以说，房地产行业的融资需求和融资能力始终处于较高水平。银行贷款是房地产开发项目中最主要的资金来源，从图 2－6 中可以看出，2005 年至 2019 年，房地产贷款余额占总贷款余额的比重始终逐年上升。2020 年至 2023 年，由于新冠疫情的暴发以及房企信用风险等事件的影响，叠加房地产市场供求关系发生转变的现实情况，使得房地产行业的融资状况受到影响。然而从图 2 - 6 中可以发现，房地产贷款余额占总贷款余额的比重虽然有下降的趋势，但整体均处于 20% 以上。也即在房地产市场供求关系发生重大转变、监管层压降房地产贷款的背景下，虽然房地产贷款的增速出现了一定程度的下滑，但房地产行业整体融资需求仍然较高。因此，当利率水平提高，则房地产市场的融资成本也会随之增大，也即房地产行业的较高融资需求将会使得该行业对货币政策的敏感程度偏高。

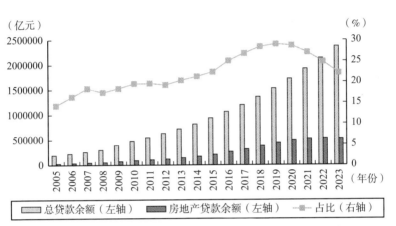

图 2 - 6　2005 ~ 2023 年房地产贷款额占总贷款额比重变化情况

资料来源：Wind 数据库。

同时，从图 2 - 7 中也可以看出，房地产业与金融行业的利润率普遍高于其他行业。一般来说，利润率高的行业在经营活动过程中更容易获得较高的现金流。当前，虽然房地产行业的发展处于相对疲软时期，但总体而言其利润率仍然高于其他行业，且其对于我国国民经济的贡献率仍然较高。因此不论是出于何种视角，房地产行业对于货币政策的敏感程度始终较高。

另外，如工业、制造业等行业对货币政策的敏感程度也较高。货币政策可能通过影响这些行业的融资成本、出口价格及投资意愿等渠道，对行业的生产和竞争力产生重要影响。特别是当采取紧缩性货币政策时，对于工业、制造业等资本密集型行业的影响会更为显著。同样地，当货币政策较为宽松时，这些资本密集型行业也更易识别到政策所带来的红利效应，借助各种渠道提升本行业的融资能力和竞争力，促进自身发展。因此，诸如房地产行业、金融业、工业、制造业等资本密集型行业对货币政策的冲击反应会十分明显。而对于服装、纺织、家具制造、服务业等劳动密集型行业而言，其发展也会受到一定程度的冲击。例如，在经济环境较为低迷时，由于消费者消费意愿的降低，进一步导致投资者投资意愿的降低，这些均可能致使这些劳动密集型行业面临困境。货币政策作为宏观经济调控的重要手段，均会在一定程度上影响这些行业的发展。

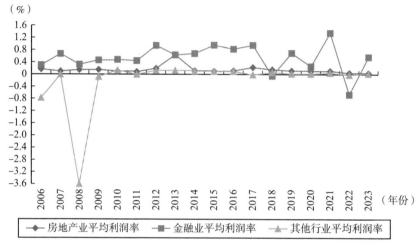

图 2 - 7　行业平均利润率对比情况

资料来源：CSMAR 数据库。

（四）行业发展前景视角

当前，我国房地产市场的供求关系发生重大转变，从过去的供不应求状态转变为供过于求的状态。统计数据显示，2024 年上半年，全国重点城市新房成交累计同比下降 39%，二手房成交面积累计同比下降 8%，这也进一步反映出我国房地产市场正逐步从增量市场向存量市场过渡。对比表 2 - 3 中不同行业的企业景气值也可看出，2019 年房地产行业的企业景气值超过许多行业，如批发和零售、交通运输及仓储、文化体育和娱乐等行业，而 2023 年房地产行业的企业景气值低于其他行业。且对比 2022 年和 2023 年各行业的企业景气值可以发现，房地产行业的恢复速度普遍低于其他行业。这些数据再次说明当前我国房地产市场整体仍然处于筑底阶段，房地产市场的发展信心有待进一步提振。事实上，为了应对房地产市场下行压力，提振市场信心，国家政策层面正持续宽松,包括降低首付比例、取消房贷利率下限、调整限购政策等,虽然短期内这些效果尚不明显,但从长期视角看,这些利好政策会在一定程度上引导市场预期和信心回暖。

表 2 – 3　　　　2019～2023 年不同行业景气值对比情况

行业	2019 年	2020 年	2021 年	2022 年	2023 年
采矿业	116.4	119.84	125.9	110.2	109.6
制造业	128.2	131.24	132.9	108.4	113.9
电力、热力、燃气及水生产和供应业	141.8	143.04	137.3	118.1	125.1
建筑业	114.8	113.58	114.5	95.6	100.4
批发和零售业	116.7	118.26	121.9	102.8	108
交通运输、仓储和邮政业	112.6	111.1	113.5	93.6	102.9
住宿和餐饮业	109.2	94.12	99.2	91.4	110.3
信息传输、软件和信息技术服务业	128.4	125.18	131.6	105.3	116.7
房地产业	121.5	118.2	114.5	95.9	98.8
租赁和商务服务业	122.1	111.2	116	96.2	113.1
水利、环境和公共设施管理业	125.6	120.12	119.3	99.3	112.9
居民服务、修理和其他服务业	117.4	116.76	117.8	98.3	115.9
教育	121.7	121.02	113.2	84.6	100.9
卫生和社会工作	117.3	114.02	114.8	96.6	114.7
文化、体育和娱乐业	118.3	103.7	111	89.7	113.4

资料来源:CSMAR 数据库。

第三节　房地产行业对其他行业的双重效应与最优规模探讨

一、房地产行业对其他行业的拉动作用分析

房地产行业开发流程长,上下游产业链覆盖行业众多。事实上,房地产行业不仅会影响产业链上游的钢铁、水泥及机械装备等生产性行业

49

的发展，包括土地购置、规划设计和建筑施工三大环节中所需的各项建筑材料、施工设备与建筑技术等，也与下游的家具家电、装修等消费型行业密切相关。与此同时，随着当前房地产发展模式的不断转变，房地产行业能够催生出诸如物业管理、房地产评估、法律咨询及中介、金融保险等新兴服务业的发展。也即，房地产行业与其他行业紧密相连，拥有复杂的网络关系。为验证这种效应，本章基于 2020 年投入产出表测算了房地产行业对其他行业增加值的拉动，结果如表 2-4 所示。通过表 2-4 结果可以发现，房地产行业的发展对建筑业的拉动最为明显，同时房地产行业对于公共管理和社会保障、教育、批发和零售以及金融业等行业的拉动作用也较为明显。此外，由于房地产投资是固定资产投资的重要组成部分，而这些资金不仅能够确保房地产行业得以持续发展，也能通过产业链传导机制带动诸如制造业、服务业等其他行业的投资增长。并且，房地产市场的繁荣发展在一定程度上能够为金融机构提供丰富的抵押物来源及贷款项目，有助于增强金融市场的流动性，降低金融机构的信贷风险（王仁曾和刘程，2019）。当然，房地产行业较长的项目流程也会使得其能够带动相关产业链上其他行业的就业增长。综上所述，房地产行业的扩张将对诸如上下游行业、房地产从业人员以及区域投资环境等具有较好的社会溢出效应。

表 2-4　　基于 2020 年投入产出表计算的房地产行业对其他行业拉动影响

行业	房地产行业拉动增加值 （亿元）	房地产行业拉动增加值 占比（％）
建筑	682528.4282	15.28
公共管理、社会保障和社会组织	455062.8857	10.19
教育	368859.3837	8.26
批发和零售	336305.0579	7.53
农林牧渔产品和服务	259054.6458	5.80
金融	252566.741	5.66
信息传输、软件和信息技术服务	233148.8571	5.22
卫生和社会工作	205958.8859	4.61
食品和烟草	149828.3614	3.36
交通运输、仓储和邮政	116775.4852	2.61

行业	房地产行业拉动增加值（亿元）	房地产行业拉动增加值占比（％）
研究和试验发展	95594.60262	2.14
交通运输设备	91388.65758	2.05
居民服务、修理和其他服务	88144.46353	1.97
住宿和餐饮	60838.23119	1.36
通信设备、计算机和其他电子设备	59627.70547	1.34
专用设备	58541.36553	1.31
通用设备	57189.92438	1.28
文化、体育和娱乐	49715.28984	1.11
化学产品	47644.39029	1.07
电气机械和器材	44432.24694	0.99

注：需要说明的是，限于篇幅，此处所列示的仅为 2020 年房地产行业对其他行业拉动效应排名前 20 的部门类型，而与 2010 年相比，房地产行业对其他行业拉动增加值排名前 20 的部门类型基本保持一致。

资料来源：国家统计局。

二、房地产行业对其他行业的挤出作用分析

在过去较长一段时期内，由于土地供给不足、房价上涨预期、巨大的人口基数以及城镇化进程等因素使得中国房地产市场处于供不应求的状态，"房价易涨不易跌""增速远超 GDP 和居民收入"等特点吸引着大量其他社会资本涌入房地产行业。与此同时，由于房地产行业具有高收益、低风险的特征，这使得金融体系也会更加倾向于房地产行业。相对而言，非房地产行业，特别是科技型创新企业便难以获得金融资本支持（余泳泽和张少辉，2017）。当房地产行业所占用的金融资源过多，将导致许多金融"活水"无法进入实体经济中。与此同时，房地产行业所能产生的超额利润使得部分非房地产企业会发生市场套利行为，即利用资源价格在时间与空间的不均等性，将资源进行时空转移而获利的一种市场行为（冯萍等，2019）。

在中国房地产行业发展所经历的黄金期内，房地产企业的"暴利"

特征使得许多实体企业的利润逐渐被挤出。在资本的逐利性驱动下，当实体企业进入房地产行业中时，会使得其逐渐偏离自身主营业务，最终形成制造业趋于空心化的现象。这种经济房地产化现象虽然能够在一定程度上助推房地产市场繁荣发展，但也致使"脱实向虚"现象不断加重（周建军等，2021）。"脱实向虚"现象不仅是资金上面存在对虚拟经济的涌入，从人力资源配置角度看，这种现象也可能会造成大量劳动力涌入至房地产行业中。因此，房地产行业也可能会造成人力资源的错配，使得实体经济的劳动力短缺，进而致使其劳动力成本增加，抑制其进一步发展。与此同时，房地产行业相对而言门槛较低、技术含量不高，难以有效带动相关行业的产业技术升级。由此可见，房地产行业不仅会对其他行业的发展产生拉动作用，也会存在对其他行业的挤出效应。

从图2-8中可以看出，2008～2022年，我国非房地产行业中投资房地产的企业始终占据40%左右甚至更高，且在该时间段内，这一比例整体呈现上涨趋势。在此基础上，再次对非房地产行业进行细分可以发现，多数行业类型的企业会选择投资房地产，且部分行业比例高达50%以上（见表2-5）。这也再次说明房地产行业可能会影响其他行业的主营业务发展，进而不利于经济的长期平稳健康运行。

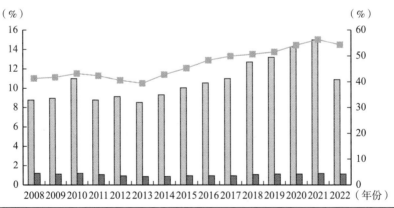

图2-8　我国非房地产行业涉房投资情况

资料来源：CSMAR数据库。

表 2 - 5 不同行业涉房投资情况

行业类型	是否投资房地产（％）	投资性房地产净额/固定资产净额（％）	投资性房地产/总资产（％）
卫生和社会工作	28.81	1.78	0.25
采矿业	39.13	2.49	0.42
制造业	43.32	5.52	0.65
农林牧渔业	45.12	5.25	0.54
科学研究和技术服务业	52.94	9.58	0.97
信息传输、软件和信息技术服务业	54.61	32.40	1.57
住宿和餐饮业	57.14	13.30	4.33
交通运输、仓储和邮政业	57.68	5.31	1.09
电力、热力、燃气及水生产和供应业	60.22	5.23	0.64
教育	62.50	31.05	1.98
水利、环境和公共设施管理业	64.16	6.21	1.21
居民服务、修理和其他服务业	66.67	88.65	0.70
文化、体育和娱乐业	68.03	28.52	2.31
公共管理、社会保障和社会组织	68.05	51.57	3.58
租赁和商务服务业	69.70	118.36	5.54
批发和零售业	73.68	43.57	3.21

数据来源：CSMAR 数据库。

为进一步识别哪些行业对房地产进行过度投资，本章参考理查森（Richardson，2006）、唐飞鹏和霍文希（2023）的做法，首先运用投资效率残差法识别企业是否过度房地产投资。具体的估计方法如下，首先估计出企业当年的预期房地产投资（"正常投资"），然后计算出企业实际房产投资（"现实情况"），采用实际投资超出预期投资的部分（"异常投资"）来衡量企业过度房地产投资程度，所构建的计量模型如下：

$$\mathrm{Invest}_{it} = \alpha_0 + \alpha_1 \mathrm{TQ}_{it-1} + \alpha_2 \mathrm{Lev}_{it-1} + \alpha_3 \mathrm{Cash}_{it-1} + \alpha_4 \mathrm{Age}_{it-1}$$
$$+ \alpha_5 \mathrm{Size}_{it-1} + \alpha_6 \mathrm{Ret}_{it-1} + \alpha_7 \mathrm{Invest}_{it-1}$$
$$+ \sum \mathrm{Industry} + \sum \mathrm{year} + \sigma_{it} \qquad (2.2)$$

其中，$Invest_{it}$ 表示企业 t 年的实际房地产投资水平，用投资性房地产占总资产的比重来衡量。TQ_{it-1} 表示 $t-1$ 年企业价值，用托宾 Q 值表示。Lev_{it-1} 表示 $t-1$ 年企业的财务杠杆率，用资产负债率表示。$Cash_{it-1}$ 表示 $t-1$ 年企业的现金流状况，用经营活动产生的现金流量净额和年初总资产的比值度量。Age_{it-1} 表示 $t-1$ 年企业的年龄，用上市年限表示。$Size_{it-1}$ 表示 $t-1$ 年企业的资产规模，用总资产的自然对数表示。Ret_{it-1} 表示 $t-1$ 年企业的股票收益率，用考虑现金红利再投资的年个股回报率表示。$Invest_{it-1}$ 表示 $t-1$ 年的房地产投资水平。$\sum Industry$ 表示行业虚拟变量。$\sum year$ 表示年份虚拟变量。σ_{it} 为残差项，捕捉了受未知因素影响的那一部分房地产投资。在此基础上，识别不同行业 t 年的房产投机效率，所测算出的残差大于 0 时，表明该行业过度进行房地产投资；当残差小于 0 时，则表明该行业并未过度对房地产进行投资，所得结果如表 2-6 所示，需要说明的是，此处所运用的数据均来自 CSMAR 数据库。

可以发现，采矿业、电力、热力、燃气及水生产和供应业、信息传输、软件和信息技术服务业、水利、环境和公共设施管理业以及卫生和社会工作这 5 个行业类型对房地产行业进行了过度投资。这再次佐证了前文所论述的内容，即房地产行业的过度发展会在一定程度上对其他行业的发展产生挤出效应。

表 2-6　　　　　　　　　　过度涉房投资行业的识别

行业类型	Richardson 模型残差	是否对房地产行业投资过度
农林牧渔业	− 0.0004842	×
采矿业	0.00162333	√
制造业	− 0.00002354	×
电力、热力、燃气及水生产和供应业	0.00012087	√
批发和零售业	− 0.00007124	×
交通运输、仓储和邮政业	− 0.00020802	×
住宿和餐饮业	− 0.00552728	×
信息传输、软件和信息技术服务业	0.00075047	√
租赁和商务服务业	− 0.00235439	×

行业类型	Richardson 模型残差	是否对房地产行业投资过度
科学研究和技术服务业	− 0.00113948	×
水利、环境和公共设施管理业	0.00342377	√
教育	− 0.00613558	×
卫生和社会工作	0.00017924	√
文化、体育和娱乐业	− 0.00045445	×
公共管理、社会保障和社会组织	− 0.00819415	×

资料来源：由 stata 估计所得。

三、房地产行业最优规模分析

从上述分析中可以看出，房地产行业通过房地产投资及土地财政背后的基建投资，能够带动其他行业乃至我国整体经济的发展，在我国国民经济体系中扮演着支柱性和基础性的重要角色。特别是在经济发展初期阶段，房地产行业对其他行业以及整体经济增长具有十分显著的带动作用。然而，过度依赖房地产行业可能会产生产业结构和经济结构畸形，进而对宏观经济造成结构性的扭曲和抑制作用，阻碍社会经济的高质量发展（冯贞柏，2019）。换言之，作为我国现代经济中的重要部门，房地产行业从整体上来看对其他行业及社会的经济发展都有着积极的影响，离开房地产行业可能会导致经济增速的下滑甚至衰退。然而，如果经济对房地产行业过度依赖，使得房地产行业的发展是建立在挤压其他行业发展的基础上，如通过政策倾斜、货币流入、信贷支持和预售制度等带来的资本杠杆等方式扩大房地产业投资，则可能会过度激发住房的资产属性。趋利性和资本的短视行为将使得许多非房地产行业选择投资房地产行业，这原本是各市场主体获取利润最大化的路径之一。但是，如果对房地产市场投机投资性需求监管不到位，则可能催生大量非理性市场需求，进而损害实体经济发展，甚至可能引发系统性金融风险、贫富差距、城乡分化等经济社会隐患，从而抵消房地产行业对经济的拉动作用。因此，在前文基础上进一步探讨房地产行业在我国经济发展过程中的稳态值或最优值显得尤为重要。值得一提的是，当前正处于经济转型以及构建房地产发展新模式的关键时期。因此，科学判断房地产行业的最优规模对于正确调整相关产业政策、促进房地产业平稳健康发展同样具有重要意义。

为验证上述所论述内容，本章首先选取房地产投资额与商品房销售额作为衡量房地产市场发展状况的重要指标，探讨房地产行业之于经济增长的重要性。构造的计量回归模型如下：

$$GDP_{it} = \lambda_0 + \lambda_1 realestate_{it} + \lambda_2 urban_{it} + \lambda_3 popu_{it} + \lambda_4 invest_{it}$$
$$+ \lambda_5 fiscal_{it} + \lambda_6 edu_{it} + \theta_i + \varepsilon_{it} \qquad (2.3)$$

其中，i 表示各省份及直辖市，t 表示年份；GDP_{it} 表示各省份及直辖市的经济发展状况，用 GDP 的对数衡量。$realestate_{it}$ 表示各地区房地产行业的发展水平，从房地产投资额及商品房销售额这两个供需维度的变量出发，分别使用它们的对数来衡量。同时参考现有学者做法，选择相应的控制变量加入模型中进行分析，$urban_{it}$ 表示地区城镇化水平，用城镇人口数量占总人口数量的比例来衡量；$popu_{it}$ 表示地区人口规模，以各地区常住人口数量的对数来衡量；$invest_{it}$ 表示地区物质资本投资程度，以各地区全社会固定资产投资占 GDP 的比例来衡量；$fiscal_{it}$ 表示各地区财政支出水平，以一般公共预算支出占 GDP 比例来衡量；edu_{it} 表示各地区人力资本水平，以各省份及直辖市的平均受教育年限作为衡量指标，其中平均受教育年限的计算方式为：（小学学历人数 ×6 + 初中学历人数 ×9 + 高中和中专学历人数 ×12 + 大专及本科以上学历人数 ×16）/6 岁以上人口总数。

更进一步地，为探讨房地产行业贡献度对经济增长的非线性影响，并在此基础上探讨房地产行业发展的最优规模，本章进一步使用商品房销售额占 GDP 比例来衡量各地区房地产行业发展在经济中的地位。具体而言，$ratio_{it}$ 表示各地区对房地产行业的依赖程度，为探讨其中的倒"U"型影响效应，本部分进一步引入各地区房地产依赖程度的二次项进行分析，其余控制变量与上式一致。此处计量回归模型如下：

$$GDP_{it} = \alpha_0 + \alpha_1 ratio_{it} + \alpha_2 ratio_{it}^2 + \sum_{j=1}^{5} \beta_j control_{it} + \theta_i + \varepsilon_{it} \qquad (2.4)$$

需要说明的是，本章所使用的数据为我国 2003～2022 年的省级面板数据，各数据来源于《中国统计年鉴》、Wind 数据库、CSMAR 数据库。所得结果如表 2－7 所示。第（1）和第（2）列的回归结果表明，不论是商品房销售额还是房地产投资额，均会对经济增长产生拉动作用，也即房地产行业的开发建设是有利于经济发展的。然而，在我国经济由高速发展阶段向高质量发展阶段转变的关键时期，在构建房地产发展新模式的要求下，过度依赖房地产行业可能会对经济产生诸多不良后果。如表 2 - 7 中第（3）列可以看出，各地区对房地产行业的依赖度与经济增长之间存在着倒"U"型的非线性关系。也即，在房地产行业的发展过程中，存在一个最优值，该最优值的计算方式为 $-\alpha_1/2\alpha_2$，根据表中系数可以算出该数值为 15.5%。换言之，各地区对房地产行业的依赖程度应尽量不超过 15.5%。具体而言，在达到 15.5% 这一峰值之前，房地产行业始终能够对经济增长起到促进作用，而一旦超过该峰值，则房地产行业对经济增长的促进作用可能会被削弱。

表 2 -7　　　　　　　　房地产行业的发展与经济增长

变量	经济增长		
	（1）	（2）	（3）
商品房销售额	0. 1719 *** (10. 2566)		
房地产投资额		0. 2768 *** (14. 7387)	
各地区对房地产行业依赖度			0. 9933 * (1. 8428)
各地区对房地产行业 依赖度的平方项			- 3. 2051 ** (- 2. 0147)
城镇化水平	2. 8486 *** (14. 0634)	3. 0958 *** (18. 7861)	4. 0184 *** (21. 0258)
人口规模	1. 1931 *** (11. 0453)	0. 8293 *** (7. 8850)	1. 4034 *** (12. 0834)
物质资本投入	- 0. 0057 (- 0. 1607)	- 0. 1983 *** (- 5. 2287)	0. 1432 *** (3. 7281)
地方政府财政支出	0. 5468 *** (4. 9044)	0. 2605 ** (2. 4586)	0. 6777 *** (5. 5987)

57

变量	经济增长		
	(1)	(2)	(3)
人力资本水平	0.3312 *** (16.4802)	0.2464 *** (12.3397)	0.3667 *** (16.7012)
个体固定效应	YES	YES	YES
样本数量	558	558	558
R^2	0.964	0.969	0.957
省份数量	31	31	31

注：括号内的值为 t 值；*** $p < 0.01$，** $p < 0.05$，* $p < 0.1$。

而从前文的分析中可以看出，2022 年全国商品房销售额占 GDP 比重为 10.76%，2023 年全国商品房销售额占 GDP 比重为 9.25%。说明近几年房地产市场的发展仍然处于合理范围内，尚未超过峰值。最高峰为 2020 年，超过最优规模值 15.5%，因此 2020 年国家开始颁布针对房地产企业融资的"三道红线"政策，从而抑制房地产市场过热发展。而当前由于经济下行、房地产行业发展处于筑底阶段等，国家层面正逐渐放宽对房地产行业的抑制性政策。在此过程中，应防止房地产行业过度发展或发展不足，也即在把握住"经济发展需要房地产行业"的基调上，也需要防止"脱实向虚"等现象的发生。

四、房地产行业持续平稳健康发展的对策建议

随着我国房地产市场供求关系发生变化，房地产行业的发展动态与经济发展之间的联系也更加紧密。房地产行业的传统发展模式已难以为继。因此，亟须建立适应房地产发展新模式的路径。首先，应坚持"房住不炒"定位，建立多元化融资方式，由此满足企业主体的差异化、合理性融资需求。其次，要因城施策用好各类财政政策与货币政策等，合理搭配房地产调控政策与各类财政政策、货币政策的实施，由此释放最大的组合效果。同时，还需重点围绕保交楼、房企纾困、"三大工程"建设、改善性住房需求等重点建设任务因地制宜健全完善配套制度和实施方案。此外，要更加关注房地产行业相关产品品质、服务提升以及可

持续发展，让人民住上好房子，为房地产行业的相关服务提质增效，进而使得其带动效应强于挤出效应。当然，还应当注意防范化解房地产行业可能会带来的系统性风险，严格控制房地产行业过度金融化，守住风险底线。具体而言，应从宏观视角出发，加强房地产行业与其他行业发展的协同性和精准性，以全局性、整体性视角制定房地产调控政策，并将调控政策的传导机制纳入其中，以此增强房地产市场发展韧性。并且，相关部门应建立好以城市为主体、以项目为单位的房地产融资协调机制，落实好房地产企业及属地城市的主体责任，由此促进房地产市场平稳健康发展。要坚决防范化解房地产"灰犀牛"风险，避免和金融风险、地方债风险交织，发生系统性风险。

第三章 房地产行业发展水平的国际比较分析

　　房地产行业一头连着经济发展，一头连着国计民生。近年来，我国房地产行业发展正处于转型升级的关键期，分析研究其发展状况的国际差异具有重要意义。为此，本章首先基于不同国家的城市化发展水平，对比分析其房地产行业投资状况的变化趋势，采用协整检验和格兰杰因果检验，考察不同国家信贷市场扩张与房地产价格波动的因果关系是否存在差异，进一步检验住房金融与国民经济增长之间因果关系的国际差异。其次，房地产市场波动的一个显著特征就是其季节性。本章利用 X－12 程序提供的季节稳定性 F 检验与 Kruskal－Wallis 检验及移动季节 F 检验，考察了房地产市场的季节特征的显著性，并分离出季节因子，从国际视角和国内区域视角进行对比分析。然后本章利用 OECD 中 31 个国家 1960～2014 年的面板数据，以不同的人口年龄结构为研究视角，分别采用面板校正标准误差估计方法（PCSE）和广义最小二乘法（FGLS）研究并检验了这些国家住房需求结构对房价的影响及程度。最后，本章利用协整检验、格兰杰因果检验、脉冲响应和方差分解等计量方法，分析汇率制度改革后人民币汇率与房地产价格的关系。通过上述不同视角的国际比较分析（见图 3－1），旨在为我国房地产市场调控政策的科学制定和精准实施提供国际经验，健全房地产市场的政策调控体系，畅通房地产行业发展与国民经济发展的内生循环。

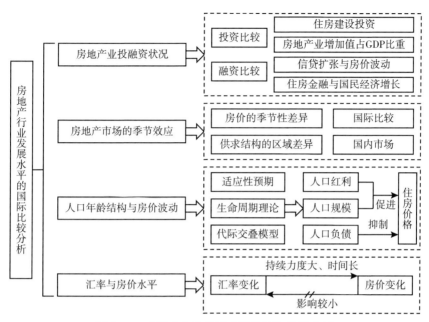

图 3 - 1　房地产行业发展水平的国际比较分析

资料来源：笔者自行绘制。

第一节　房地产行业投融资状况的 国际比较分析

一、房地产行业投资状况的比较分析

　　一国的城市化进程对房地产行业发展水平具有重要的影响。已有研究表明，城市化进程与房地产投资之间确实存在长期的均衡关系，并且城市化对房地产投资的短期影响更为显著（刘贞平，2014）。对此，在对房地产行业投资水平进行国际比较分析时，有必要明晰各个国家所处的城市化水平。如图 3 - 2 所示，自 2000 年以来，与美国、英国、日本相比，我国城市化率总体呈现持续上升态势且保持着较快的发展速度，但仍处于较为低水平的城市化。英国、美国、日本三个发达国家的城市率已达到 80% 以上，意味着城市化进程已基本完成。对比来看，我国仍处于城市化进程的加速阶段。

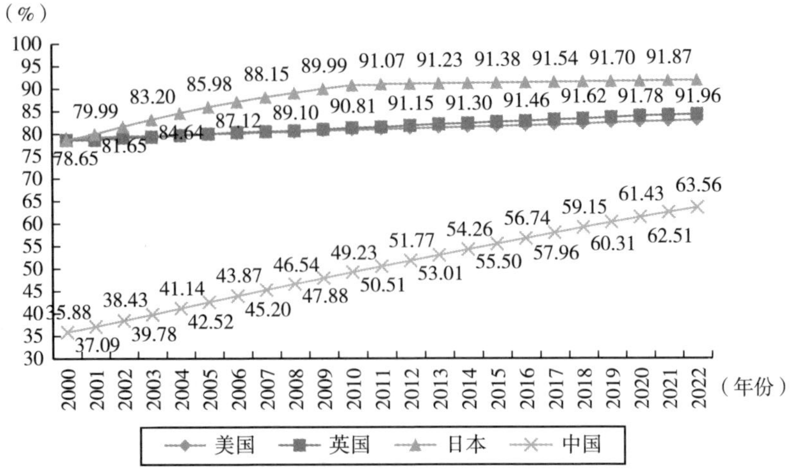

图 3－2　2000～2022 年中国、美国、英国、日本城市率变化情况

资料来源：Wind 数据库。

　　房地产开发投资中，住宅建设投资具有较高的占比，为了提高可比性，本节结合上述各国城市化进程，从中国、美国、英国和日本的住宅建设投资增速进行国际比较，发现住宅建设投资增速与各国城市化水平有着密切的关系。具体来看，在 2000 年之后，日本、英国、美国已基本完成城市化进程，城市化水平已超出 80％。其中，英美两国城市化水平较为平稳，而日本的城市化水平已经超过 90％并长期保持在该水平。从三个国家的住宅建设投资增速来看，2000～2022 年，英美两国住宅投资增速呈现出波浪式变化的趋势特征，住房投资增量与城市化的关系不明显，主要是因为该时期两国已较早完成工业化，进入了城市化的成熟阶段（见图 3－3）。同为发达国家的日本，虽然在 2000 年至 2010 年城市化再度升高，其住房建设投资并没有随之呈现增长的态势，有些年份甚至呈现负增长。然而，自 2000 年以来，我国城市化进程快速推进，住房建设投资增速长期保持在 20％以上，近些年受"房住不炒"等抑制房价泡沫的政策影响，住房投资增速有所减缓。总的来说，我国在不断推进城市化的进程中，住房建设投资长期保持着迅速增长的态势，但随着城市化水平的不断提高，住房建设投资的增速表现出下降的趋势。由此足见，在一国不断推进城市化的过程中，当其城市化水平处于加速的初期阶段，住房建设投资与城市化水平基本呈现同向变化的

关系，而当其城市化水平达到一定水平之后，其住房建设投资趋于平稳，增速放缓，与城市化水平的关系变弱。

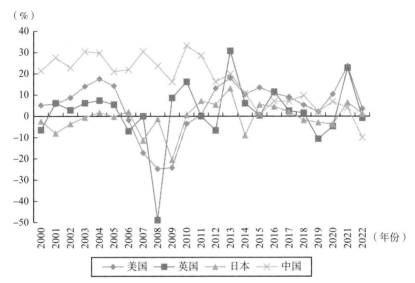

图 3 - 3　2000～2022 年中国、美国、英国、日本住房建设投资增速变化情况
资料来源：Wind 数据库及手动计算。

　　房地产行业的投资水平同一国的经济发展水平具有较高的相关性。关于我国房地产投资水平与经济发展之间的关系，国内学者也做了大量研究。从区域层面来看，房地产投资扩张对经济增长的影响具有非线性的特征，一方面随着服务业劳动生产率的提升而呈现倒"U"型特征，另一方面城市房地产投资与城市产出存在倒"U"型曲线关系，即在城市发展初期，城市产出会随着房地产投资的提高而增加，直至城市房地产投资达到一定水平后，城市产出会随着城市房地产投资的提升呈现减小趋势（彭路和张练，2024；崔广亮和高铁梅，2020）。区域的房地产投资活动还对本地区的经济增长具有正向促进作用，同时具有一定的空间溢出效应，房地产投资要素流动形成了房地产投资的空间溢出效应（张洪等，2014；张屹山等，2018；景刚和王立国，2020）。不过，房价上涨对经济增长的推动作用具有不稳定性，长期来看，房价过快上涨还会抑制经济增长速率（陈斌开等，2018；刘超等，2018）。鉴于此，本节进一步从房地产业增加值占 GDP 比重切入进行国际比较分析，探究房地产行业投资水平与经济发展关系的国际经验，为今后房地产业调控政策的制定与实施提供有益的参考。

从发达国家的房地产投资发展状况来看，当一国的城市化率超过70%之后，其住房投资量则会降速，趋于平缓（郭克莎和黄彦彦，2018）。房地产业增加值占GDP比重反映了一个国家房地产业的发展阶段（杨朝军等，2006）。如图3－4所示，2000年以来中国城市化率尚未突破70%，正处于城镇化快速推进的阶段，住房建设投资迅速增长，房地产业增加值占GDP比重不断提高，从2000年的4.13%持续上升至2020年的7.24%。较早完成城市化进程的英国、美国和日本，其房地产业增加占GDP比重始终保持在11%～14%波动。可见，目前我国房地产业仍处于初级发展阶段，较早实现城市化的英美日等国家房地产业已处于高级发展阶段。根据英美日的经验，我国房地产业在国民经济中的比重还有较大的提升空间。这也表明，随着一国城市化进程的不断推进，房地产业会由初级发展阶段逐渐过渡至高级发展阶段，之后会在一个较小的范围内合理波动。此时，如果一国房地产业在国民经济发展中的比重持续上升，应关注房地产业投资状况，及时通过货币政策等宏观政策工具防止房地产业过热投资，影响国民经济的良性发展。

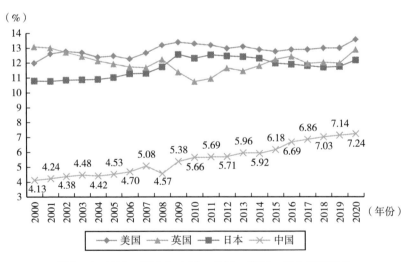

图3－4　2000～2020年中国、美国、英国、日本房地产业
增加值占GDP比重的变化情况

资料来源：Wind数据库及手动计算。

二、房地产行业融资状况的比较分析

(一) 我国近年房地产业贷款的发展趋势

在现代经济的运行体系中，房地产业具有工程建设周期长，资金需求量大等特点，是一个典型的资本密集型行业，这就决定了房地产投资开发过程中需要更多的资本投入。因此，金融市场环境与房地产业之间存在着密切的联系，尤其是银行信贷。近年来，中国在快速城镇化的过程中，房地产业贷款迅速增长。从房地产业贷款增长情况来看，2004年至2022年，商业性房地产业贷款持续上升，年平均增速超过19%，房地产开发贷款年均增长超过15%，个人住房贷款年均增长超过21%。其中，2009年商业性房地产贷款增速高达38.1%，房地产开发贷款增速高达30.75%，个人住房贷款增速高达43.1%（见图3-5）。从房地产业贷款占贷款总额的比重来看，2010年至2022年，我国房地产业贷款占贷款总额比重持续上升，由2010年的19.51%持续提高，最高达到29.69%。期间，新增房地产贷款占新增总贷款的比重增长速度更快，2016年达到峰值44.82%（见表3-1）。从上述统计分析可知，银行信贷在房地产业的聚集速度可能是所有信贷种类中最快的。银行信贷资金大量涌入房地产业，这也增强了房地产业与银行体系之间的联系，一旦房地产市场出现重大变化，银行业的风险水平可能将会急剧上升。

从房地产市场供给侧来看，我国房地产企业资金来源渠道较为单一，长期依赖银行信贷。自2005年以来，除了自筹资金之外，国内贷款、个人按揭贷款等银行信贷资金一直是房地产企业开发资金的主要来源，二者在房地产企业资金来源总计中占比长期处于25%以上（见图3-6）。这也意味着不管是从房地产市场的供给侧还是需求侧出发，银行信贷均与房地产业有着密切的联系。在我国，银行信贷体系作为货币政策调控实体经济的重要传导渠道，这就决定了货币政策是宏观调控房地产业发展的重要手段。具体而言，一方面货币政策会通过银行信贷体系，影响房地产企业的资产负债状况，进而影响房地产业的供给水平，另一方面货币政策会通过银行信贷体系，影响居民的住房购买力，进行影响房地产业的需求水平，二者共同影响着房地产市场的稳健发展。从国际经验来看，很多工业化国家在实行宽松货币政策的时期，伴随着房价快速上涨。因此，从信贷市场的角度切入，比较分析不同国家的货币政策调控与房地产市场发展之间的内在关系，对当前我国实施稳健的货币政策和推动构建房地产发展新模式具有十分重要的意义。

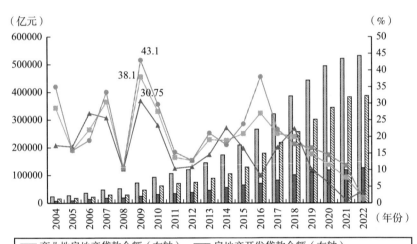

图 3 - 5　2004～2022 年我国房地产开发贷款和个人住房贷款的发展情况

资料来源：CEIC 数据库及手动计算。

表 3 - 1　　　　　　　　　　中国房地产贷款占总贷款比重　　　　　　　　单位：%

年份	2010	2011	2012	2013	2014	2015
房地产贷款占总贷款比重	19.51	19.58	19.22	20.32	21.27	22.36
新增房地产贷款占新增总贷款比重	25.41	16.87	16.46	26.32	28.12	30.63
年份	2016	2017	2018	2019	2020	2021
房地产贷款占总贷款比重	25.03	26.80	29.69	29.00	28.70	27.07
新增房地产贷款占新增总贷款比重	44.82	41.39	39.89	33.97	26.34	19.10

资料来源：中国人民银行发布历年《金融机构贷款投向统计报告》及手动计算。

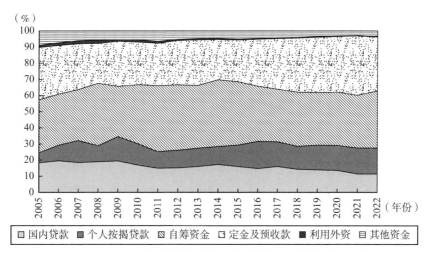

图 3 - 6 2005～2022 年我国房地产开发企业实际到位资金的构成情况

资料来源：Wind 数据库及手动计算。

（二）信贷扩张视角下货币政策与房价波动的比较分析

目前，学术界部分研究重点关注货币政策对房价波动的直接影响效果，体现为两方不同的观点。一方面，一些研究认为货币政策的主要目标是物价和产出稳定，金融稳定并非其主要作用对象，因此货币政策对房地产市场调控有效性较弱（易纲，2021）。较早的一些研究通过实证检验同样发现货币政策在房地产市场的传导机制并不顺畅，对房地产市场价格变动的解释力不足（Wadud et al.，2012；Berlemann & Freese，2013；郑挺国等，2018；倪鹏飞，2019；Deng et al.，2023），货币政策调整很难达到公众和中央政府稳房价的预期（王先柱等，2020）；另一方面，一些研究发现货币政策调控对房价有显著影响（吴迪等，2022）。货币政策通过引导公众预期，从而提高在房地产市场调控的有效性（Hansen & McMahon，2014）；通过配合宏观审慎政策和财政政策，采用单一目标的货币规则能够很好缓解房价波动（李言和毛丰付，2017；郭娜和周扬，2019；鞠方等，2022）。

除了关注于货币政策对房价波动的直接影响效果，还有一些研究聚焦于货币政策与房价的多元化关系。货币政策对房价反应具有"被动性"和"阶段性"的特点，存在一定时滞（郑挺国等，2018）。由于黏性存在，货币政策的房地产价格传导机制失效（郭娜，2019），货币政策与房价之间还存在非线性的关联机制（张小宇和刘永富，2019）。同时，货币政策非线性调控模式有助于加强对房价过快上涨的调控力度（邓伟和宋清华，2021）。此外，货币政策对房价的影响还存在区域差异，对东部城市房价影响高于中西部城市，且存在明显的溢出效应（余华义和黄燕芬，2015；兰峰和张毅，2018）。

综合来看，货币政策对房价影响效应研究经历了一个由粗略到具体的过程：从两者数量关系的直接讨论逐渐转变为货币政策作用的非线性、分异性、溢出性以及时滞性。房价是市场供求共同作用的结果，有必要从房价视角切入进行国际比较分析，总结货币政策通过信贷传导渠道影响房地产市场的国际经验，为今后我国货币政策优化提供有益的启示。鉴于此，为了进一步探讨各国信贷规模与房地产市场发展水平的内在关系，本节基于各国的宏观时间序列数据，采用协整检验和格兰杰因果检验考察信贷规模与房价上涨之间的因果关系。其中，用 X 表示各国信贷规模的对数差分，用 Y 表示各国房地产价格的对数差分。首先对 X 和 Y 进行单位根检验，检验序列是否平稳，其次进行协整检验，确认 X 和 Y 的协整关系，通过建立 VAR 模型和 AIC 准则确定最优滞后阶数，最后进行格兰杰因果检验考察信贷规模扩张与房价上涨之间的因果关系。

1. 中国信贷规模扩张与房地产市场的关系

对于中国而言，选取 1995 年第一季度至 2022 年第四季度的宏观时间序列数据，其中 X 用信贷总额占 GDP 比重的对数差分来刻画，Y 用商品房销售均价的对数差分度量。如表 3 - 2 所示，经 ADF 单位根检验，统计量分别为 - 17.374 和 - 15.002，均在 1% 显著性水平上拒绝了原假设，这表明二者都是平稳序列。协整关系检验的结果表明，二者之间存在显著的协整关系。格兰杰因果检验的结果表明，接受了原假设"房价增长率不是信贷规模的格兰杰原因"而在 1% 的显著性水平上，拒绝原假设"信贷规模不是房价增长率的格兰杰原因"。这说明中国信贷规模扩张显著促进了房价上涨，而房价上涨并没有显著促进信贷市场的发展。

表 3 - 2　　　中国信贷规模与房价增长率的格兰杰因果检验

单位根检验（原假设）	统计量	P 值	结论
序列 X 是非平稳的	- 17.374	0.000	拒绝
序列 Y 是非平稳的	- 15.002	0.000	拒绝

协整关系检验（原假设）	统计量	P 值	结论
X 与 Y 之间不存在协整关系	−3.695	0.004	拒绝
格兰杰因果检验（原假设）	统计量	P 值	结论
基于 AIC 准则选取的滞后阶数	4		
信贷规模不是房价增长率的格兰杰原因	18.738	0.001	拒绝
房价增长率不是信贷规模的格兰杰原因	3.833	0.429	接受

注：首先进行单位根检验，然后进行协整检验，通过建立 VAR 模型和 AIC 标准确定最优滞后阶数，最后进行格兰杰因果检验。

2. 美国信贷规模与房地产市场的关系

对于美国而言，选取 1975 年第一季度至 2022 年第四季度的宏观时间序列数据，其中 X 用信贷总额占 GDP 比重的对数差分来刻画，Y 用房地美房地产价格指数的对数差分度量。如表 3-3 所示，经 ADF 单位根检验，统计量分别为 −13.636 和 −4.560，均在 1% 的显著性水平上拒绝了原假设，这表明二者都是平稳序列。协整关系检验的结果表明，二者之间存在显著的协整关系。格兰杰因果检验的结果表明，接受了原假设"房价增长率不是信贷规模的格兰杰原因"而在 5% 的显著性水平上，拒绝原假设"信贷规模不是房价增长率的格兰杰原因"。这说明美国信贷规模扩张显著促进了房价上涨，而房价上涨并没有显著促进信贷市场的发展。

表 3-3 美国信贷规模与房地产市场发展的格兰杰因果检验

单位根检验（原假设）	统计量	P 值	结论
序列 X 是非平稳的	−13.636	0.000	拒绝
序列 Y 是非平稳的	−4.560	0.000	拒绝
协整关系检验（原假设）	统计量	P 值	结论
X 与 Y 之间不存在协整关系	−3.089	0.027	拒绝
格兰杰因果检验（原假设）	统计量	P 值	结论
基于 AIC 准则选取的滞后阶数	1		

格兰杰因果检验（原假设）	统计量	P 值	结论
信贷规模不是房价增长率的格兰杰原因	7.404	0.007	拒绝
房价增长率不是信贷规模的格兰杰原因	0.364	0.547	接受

注：首先进行单位根检验，然后进行协整检验，通过建立 VAR 模型和 AIC 标准确定最优滞后阶数，最后进行格兰杰因果检验。

3. 英国信贷规模与房地产市场的关系

对于英国而言，选取 1997 年第三季度至 2022 年第四季度的宏观时间序列数据，其中 X 用信贷总额占 GDP 比重的对数差分来刻画，Y 用英国平均房价的对数差分度量。如表 3 - 4 所示，经 ADF 单位根检验，统计量分别为 -9.717 和 -5.262，均在 1% 的显著性水平上拒绝了原假设，这表明二者都是平稳序列。协整关系检验的结果表明，二者之间存在显著的协整关系。格兰杰因果检验的结果表明，均可以接受原假设"房价增长率不是信贷规模的格兰杰原因"和原假设"信贷规模不是房价增长率的格兰杰原因"。这说明英国信贷规模扩张和房价上涨之间不存在格兰杰因果关系。

表 3 - 4　　　　英国信贷规模与房地产市场发展的格兰杰因果检验

单位根检验（原假设）	统计量	P 值	结论
序列 X 是非平稳的	-9.717	0.000	拒绝
序列 Y 是非平稳的	-5.262	0.000	拒绝
协整关系检验（原假设）	统计量	P 值	结论
X 与 Y 之间不存在协整关系	-5.079	0.000	拒绝
格兰杰因果检验（原假设）	统计量	P 值	结论
基于 AIC 准则选取的滞后阶数	3		
信贷规模不是房价增长率的格兰杰原因	6.026	0.110	接受
房价增长率不是信贷规模的格兰杰原因	5.423	0.143	接受

注：首先进行单位根检验，然后进行协整检验，通过建立 VAR 模型和 AIC 标准确定最优滞后阶数，最后进行格兰杰因果检验。

4. 日本信贷规模与房地产市场的关系

对于日本而言，选取 2008 年第二季度至 2023 年第四季度的宏观时间序列数据，其中 X 用信贷总额占 GDP 的比重来刻画，Y 用房价指数的对数差分度量。如表 3 − 5 所示，经 ADF 单位根检验，统计量分别为 − 11.498 和 − 13.681，均在 1% 的显著性水平上拒绝了原假设，这表明二者都是平稳序列。协整关系检验的结果表明，二者之间存在显著的协整关系。格兰杰因果检验的结果表明，均可以拒绝原假设"房价增长率不是信贷规模的格兰杰原因"和原假设"信贷规模不是房价增长率的格兰杰原因"。这说明日本信贷规模扩张和房价上涨之间存在双向格兰杰因果关系。

表 3 −5　　　　　日本信贷规模与房地产市场发展的格兰杰因果检验

单位根检验（原假设）	统计量	P 值	结论
序列 X 是非平稳的	− 11.498	0.000	拒绝
序列 Y 是非平稳的	− 13.681	0.000	拒绝
协整关系检验（原假设）	统计量	P 值	结论
X 与 Y 之间不存在协整关系	− 3.085	0.0277	拒绝
格兰杰因果检验（原假设）	统计量	P 值	结论
基于 AIC 准则选取的滞后阶数	4		
信贷规模不是房价增长率的格兰杰原因	37.616	0.000	拒绝
房价增长率不是信贷规模的格兰杰原因	20.921	0.000	拒绝

注：首先进行单位根检验，然后进行协整检验，通过建立 VAR 模型和 AIC 标准确定最优滞后阶数，最后进行格兰杰因果检验。

总体来说，从信贷市场发展的角度出发，不同国家货币政策调控与房价波动之间的内在关系存在着显著的差异。在中国和美国，信贷规模扩张是房价上涨的格兰杰原因，而房价上涨不是信贷规模扩大在格兰杰原因。在英国，信贷规模扩张和房价上涨之间不存在格兰杰因果关系。而在日本，信贷规模扩张和房价上涨之间存在双向格兰杰因果关系。这表明了信贷扩张与房价上涨之间的因果关系存在国别差异，也体现了各国货币政策影响房地产市场的信贷渠道传导效率有所差异。这可能与各国货币政策的操作体制有关，如美国主要实行利率下限体制，日本则主要实行更为灵活的利率走廊体制（肖筱林，2023）。通过上述国际比较分析发现，无论是房地产开发贷款，还是个人住房贷款，中国商业性房地产贷款的规模和增速都处于较高水平。适度宽松的货币政策通过扩大信贷规模，促进了房地产市场的发展，刺激了房价上涨。目前，我国仍处于城镇化演进阶段，面对需求转弱、预期不足等问题，房地产业亟须向新模式转变。因此，选取适当的货币政策中介目标和使用合理的货币政策工具，对推动构建房地产发展新模式具有重要的政策意义。

（三）住房贷款规模与国民经济关系的比较分析

从房地产市场的需求侧来看，住房金融的支持政策是促进住房消费的核心政策，其本质就是通过货币政策调节信贷释放水平，为居民购买住房提供长期可靠的资金来源。从各国住房贷款规模和增速的变化情况来看，完成城市化的发达国家拥有较为成熟的房地产市场，住房贷款的规模较大，增速较低。从英国、日本和美国的住房贷款变化情况来看，近年各国的住房贷款规模稳步提升，但是变化幅度较小，增速较低，基本不会超过10%，甚至有些年份受宏观环境的影响，出现了负增长。然而，在2006年至2021年，中国住房贷款始终保持着10%以上的增速，峰值更是达到52%（见图3-7）。

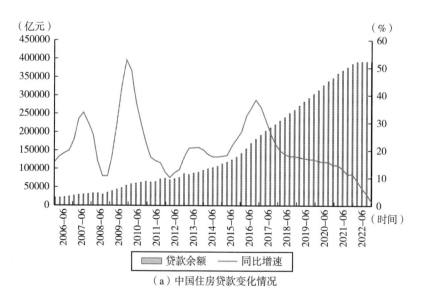

（a）中国住房贷款变化情况

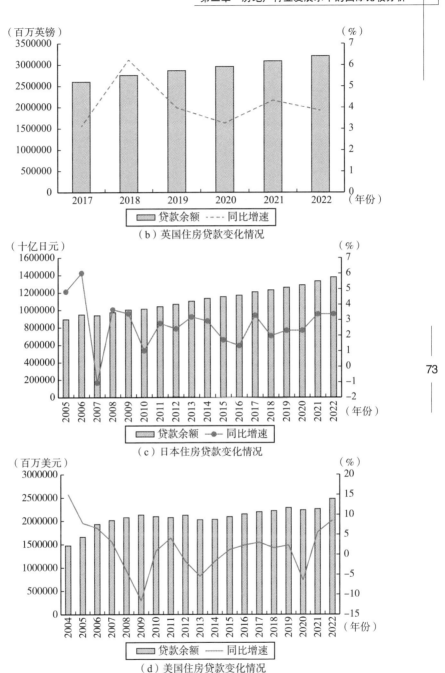

（b）英国住房贷款变化情况

（c）日本住房贷款变化情况

（d）美国住房贷款变化情况

图 3-7　中国、美国、日本、英国近年住房贷款变化情况

资料来源：CEIC 数据库、Wind 数据库及手动计算。

　　货币政策的宽松程度会通过调节居民住房抵押贷款的规模，进而影响住房消费和房地产市场供求关系。可以认为各国居民住房贷款的规模和增速是货币政策信贷传导渠道在房地产业的具体表现。因此，本节从住房抵押贷款视角切入，对各国住房金融水平与经济增长之间的关系进行比较分析。考虑到各国经济发展水平的差异，为提高可比性，本节使用住房抵押贷款占信贷总额的比重来刻画住房金融水平，采用格兰杰因果检验考察中国、美国、英国、日本住房金融水平与经济增长之间的因果关系。结果如表 3 - 6 所示，各国住房金融水平与经济增长之间的关系并没有表现出一致的结论。美国经济增长是住房金融发展的单向格兰杰原因，英国住房金融发展与经济增长之间存在双向的格兰杰因果关系，日本住房金融发展与经济之间不存在因果关系，而中国住房金融发展是经济增长的单向格兰杰原因。由此足见，不同国家的住房金融水平与经济增长之间的关系存在着显著的差异，这可能和各国住房金融政策密切相关。

表 3 - 6　　　　　　　住房金融水平与经济增长的格兰杰因果检验

国家	中国	美国	英国	日本
时间段	2006～2023	2004～2023	2009～2022	2000～2022
滞后阶数	5	4	9	4
结论	住房金融发展是经济增长的单向格兰杰原因	经济增长是住房金融发展的单向格兰杰原因	住房金融发展与经济增长存在双向格兰杰因果关系	二者不存在格兰杰因果关系

　　注：各国住房金融和经济增长分别用住房抵押贷款占信贷总额比重和 GDP 增速的一阶差分来衡量，采用 AIC 准则确定最佳滞后阶数，步骤同上。

第二节　房地产市场季节性波动特征的国际比较分析

　　"金九银十"，是大多数人对我国房地产市场季节性特征的最常见表述。但是，观察我国房地产市场，根据国家统计局提供的数据，2011 年 12 月全国商品房销售面积 10.99 亿平方米，而 9 月只有 7.13 亿平方米；2010 年 12 月是 10.43 亿平方米，而 9 月是 6.32 亿平方米。可见房地产市场众口相传的"金九银十"至少就销售面积来说是言过其实的。那么，所谓的"金九银十"是否体现在房地产价格上呢？进而言之，如果房地产市场真的具有显著的季节波动，那么这种季节性的根源在哪里？为什么理性的投资者没有消除房价的季节性呢？

资产市场的波动往往具有明显的季节性或月份效应，也一直受到学术界和大众的关注。如，自从瓦赫特尔（Wachtel，1942）关于股票收益存在 1 月效应研究以来，近 30 年来，关于资产市场月份效应的检验与解释如雨后春笋（王宝璐等，2023），房地产市场月份效应就是典型代表（Harris，1989；Kajuth & Schmidt，2011）。本节将利用 X – 12 – ARIMA 时间序列处理方法，以英国、美国、日本等国房价的时序数据，考察以二手房主导的发达国家房地产市场的季节性，同时，以新房开工面积和商品房销售面积以及住房租赁价格等指标分析我国房地产市场的季节性，并对房地产市场季节性的根源做一个简单的统计检验。

一、房地产行业季节性波动特征的测度方法

对时间序列季节性的确认和分离出季节因子，有多种程序和方法，包括最简单通过设置月份或季度虚拟变量回归然后检验联合显著性、移动平均法、X – 12 程序和 TRAMO/SEATS 程序等。目前，被广泛应用的季节调整方法是由美国普查局西斯金（Shiskin）等于 1965 年开发的 X – 11 方法，其思想是用移动平均来估计趋势成分和季节成分。为了进一步提高季节调整方法的效果，美国普查局于 1995 年引入了 RegARIMA 模型对 X – 11 – ARIMA 方法进行了改进，1998 年美国普查局正式推出了 X – 12 – ARIMA 方法及配套程序，这也是目前应用最广泛的季节调整方法。除了能够有效处理变量的季节性外，X – 12 – ARIMA 程序还提供了 3 种方法来检验时间序列的季节性。第一种是传统的参数 F 检验或者方差分析。这种方法是对于各个个体季节指数，检验各年的不同季节的均值是否相等。原假设是不同季节指数均值相等，意味着不存在季节性。备择假设是不同季节均值不等。第二种是非参数 Kruskal – Wallis 检验或者叫作秩方差分析。此检验与 F 检验的区别在于其不需要对总体分布做出任何假定。第三种是参数移动季节性检验，这种检验方法被应用到去除趋势和周期后的时间序列。原假设为时间序列

的年度变化不影响季节性，备择假设为季节性随着年度变化。如果拒绝了原假设，则意味着我们不可能获得准确的季度因子，因为季节因子在随着年度变化而改变。

最终的检验原则是如果在第一种检验不能拒绝原假设，则时间序列不能拒绝没有季节性。反之，则意味着季节性存在（按照美国普查局的标准，第一种检验的显著性水平为 0.1% 或者第二种检验的显著水平为 1%）。接下来，如果拒绝了第三种检验，则意味着季节性在每年的季节中都存在变化；反之，则季节性不存在年度改变。

要检验房地产市场的季节性，数据获取是一件重要的工作。对于本节所研究的数据，笔者除了在第三部分重点研究包括香港和台湾在内的中国房地产市场外，也收集了一些发达国家例如英国、美国和日本的季度或月度数据以比较不同发展阶段的房地产业是否存在季节性的差异。其中，英国的房价数据来自该国最大的按揭提供商 LLOYDS 银行集团开发的房价指数（Halifax），时间跨度为从 1983 年 1 月 ~ 2011 年 8 月；美国的数据来自美国联邦住房金融局开发的重复销售价格指数，起止时间为 1959 年 1 月 ~ 2011 年 4 月；日本的数据来自东京证券交易所开发的月度房价指数，指数基期设为 2000 年 1 月为 100 点，房价指数的计算方法与美国联邦住房金融局相同，即同一套房子的重复交易。数据起止时间为 1993 年 6 月 ~ 2011 年 6 月。国内的全国层面的数据主要利用国研网房地产数据库公布的新房开工面积和商品房销售面积。区域层面的数据即中国香港的数据来自中原地产城市指数，中国台湾的数据来自国泰银行与中国台湾房地产研究中心联合开发的房地产价格指数，上海的数据来自中房上海住宅指数和办公楼指数。

二、房地产行业季节性波动特征的实际测算

本节主要由三部分构成，首先是以英国、美国和日本为代表的国际实证研究；其次是利用国研网提供的数据做国内房地产市场的季节性的实证研究；最后是香港、台湾和上海这 3 个我国不同地区房地产市场季节性的实证研究。

（一）房地产市场的季节性：英国、美国和日本的实证结果

如表 3 - 7 所示，本章分别检验了英国、美国和日本的房价数据。

结果发现，无论是季节稳定性 F 检验还是 Kruskal - Wallis 检验都能证明
这些国家房地产市场的显著季节性。

从分离出来的季节因子月度数据来看，英美两个国家显露出相仿的
特征，即都是在 6 月和 7 月相对较高，而 1 月是一年中房价最低的；日
本的月度数据同样显示其房价在 1 月是相对较低，但其房价的高点是在
9 月。

表 3 - 7　　　　　　　　季节性检验结果（名义值）

项目	F 检验	Kruskal - Wallis 检验	移动季节性 检验	季节因子 （平均值）			时期	N
英国房价	62. 83 ***	228. 47 ***	2. 67 ***	98　98.7　99.5 100.5　100.8　101 101　100.6　100.5 100.3　99.9　99.1			1983. 1 ~ 2011. 8	344
美国房价	63. 58 ***	206. 07 ***	9. 05 ***	99.2　99.3　99.6 100　100.3　100.7 100.6　100.5　100.3 100.1　99.8　99.4			1991. 1 ~ 2011. 6	246
日本房价	3. 621 ***	37. 59 ***	1. 12	99.8　99.9　100 99.9　99.8　99.7 100　100.2　100.4 100.2　100.2　100			1993. 6 ~ 2011. 6	217

注：*** 表示通过最低 1% 的显著水平检验，** 表示通过 5% 的显著水平检验。

（二）我国房地产市场季节性的实证检验

针对我国的数据主要涉及 3 个指标。首先来看新开工面积和销售面
积这两个代表房地产供求形势的指标。F 检验和 Kruskal - Wallis 检验都
表明二者具有显著的季节性。随后的移动季节性 F 检验表明，新开工面
积的季节性指数不随时间变动，而销售面积相反。作为供给指标，计算
出的季节指数表明，新房开工面积在 12 月、3 月和 5 月达到最高，分别
比平均值高出 107.9% 、17.9% 和 21.4% ；2 月和 10 月是我国新房开工
面积最少的两个月。应该说这个结论总体上符合实际情况，即 2 月往往

是全国春节，气候也不适合开工；但 10 月也是个开工面积较低的月份就令人费解了；另外，12 月成为我国新房开工面积最高的月份也是难以理解的。对销售面积而言，销售面积的季节模式由于随着时间改变，计算的季节指数实际上是一个平均值。总体上看来，2 月是我国商品房销售最差的一个月，比平均值要低 74.4%，1 月次之，比平均值要低47.9%；销售面积最好的 3 个月分别是 12 月、9 月和 6 月。12 月超过 9月成为一年中商品房销售的最强月份。当然，除掉 12 月，9 月仍然是一个销售旺季。

就价格指标而言，笔者考虑的指标主要是房租指标而放弃了广遭诟病的销售价格指数和土地交易价格指数。结果显示，国内房租存在显著的季节性，在夏季和冬季明显高于春秋两季，其中秋季是一年中房租最低的季节，低于平均值 6.4%（见表 3 - 8）。

表 3 - 8　　　　　　　全国房地产市场季节性实证检验结果

项目	F 检验	Kruskal – Wallis 检验	移动季节性检验	季节因子（平均值）	时期	N
新开工面积	102.715 ***	121.3114 ***	1.59	93.5　44.3　117.9 96.1　99.4　121.4 89.0　81.1　89.9 77.3　80.1　207.9	1999.1 ~ 2011.7	151 月度
商品房销售面积	32.866 ***	93.9045 ***	1.996 **	52.1　25.6　81.0 72.5　77.9　101.6 81.4　81.7　93.0 83.2　89.3　358.3	1999.1 ~ 2011.7	151 月度
住房租赁指数	22.545 ***	31.324 ***	0.675	97.8　105.3　93.6 103.8	1998.1 ~ 2010.4	48 季度

注：*** 表示通过最低 1% 的显著水平检验，** 表示通过 5% 的显著水平检验。

（三）我国房地产市场季节效应的区域差异：香港、台湾和上海的实证研究

为了体现中国房地产市场实证分析的完整性，同时考虑到房地产市场的区域差异，笔者加入了香港、台湾和上海的房价指数作为分析项目

（见表 3 - 9）。检验结果确认了这 3 个地区房价显著的季节性，但季节因子存在显著的地区差异。香港房价最高月度为一年中的 4 月和 5 月，比平均值要高出 2.3% 左右，最低值出现在 11 月和 12 月，比平均值要低 2%；台湾房价最高的季节出现在秋季，比平均值要高出 0.4%，冬春两季稍微低一点；而上海住宅价格高值出现在 11 月和 12 月，比平均值高出 0.7%，低值出现在 5 月，办公楼价格指数高值出现在 5 月和 6 月，低值出现在冬季。

表 3 - 9　　　　　　　　　季节性检验结果（名义值）

项目	F 检验	Kruskal – Wallis 检验	移动季节性检验	季节因子（平均值）			时期	N
香港（中原城市指数）	17.873 ***	123.53 ***	3.29 ***	98.5　99.9　101.7 102.3　102.2　101.6 100.5　99.7　98.8 98.7　98　98			1991.1 ~ 2001.6	246 月度
台湾（国泰房价指数）	3.86 ***	14.47 ***	2.07 **	99.8　100　100.4 99.8			1993.1 ~ 2011.1	219 季度
上海（中房住宅指数）	3.665 ***	32.75 ***	7.71 ***	100.2　99.8　99.7 99.7　99.4　99.8 99.7　100　100 100.5　100.7　100.7			1997.1 ~ 2011.5	173 月度
上海（中房办公楼指数）	3.74 ***	44.55 ***	5.81 ***	99.8　99.9　100.0 100.2　100.3　100.3 100.1　100　100 99.8　99.8　99.8			1997.1 ~ 2011.5	173 月度

注：*** 表示通过最低 1% 的显著水平检验，** 表示通过 5% 的显著水平检验。

三、房地产行业季节性波动特征的根源分析

究竟是什么原因导致了房地产市场的季节性？第一种解释，罗森（Rosen，1973）认为，许多因素包括家庭的迁移模式、学生的假期、婚姻（结婚季节）和家庭形成率等综合导致了房地产市场的季节性，也

就是说，需求的季节性是主要因素。随后，古德曼（Good-man，1993）拓展了这种分析方式，认为尽管那些新婚夫妇和有学龄孩子的父母选择夏季搬家，其他家庭的迁移也会闻风而动。但根源在于其他家庭能从前者的迁移中获得外溢效应，增加其在迁移过程中匹配成功的概率和降低搜寻成本。迁移模式的季节性直接导致了房地产市场的季节性，魏玲玲和特内雷罗（Ngai & Tenreyro，2009）以及黄拓夫等（2021）的研究再次论证了这种模式。

第二种解释直接从房价的形成机制入手，无论是从一般的资产定价公式还是从住房的持有成本模型（user cost），房价都与租金、利率、折旧率、税收或补贴以及预期房价增长率等因素有关。如果这些因素中的一个或多个体现出季节模式，那房价必然会有季节性。当然这两种解释并不是完全无关的。从迁移模式和搜寻理论来看，如果夏秋二季搬迁增加，在住房市场短期供给受限的情况下，必然导致市场租金上升，基于资产定价理论，按照某一固定利率贴现的房价必然上升。

第三种解释从一般消费品的季节性或 CPI 的季节性入手来分析房地产市场的季节性。实际上，在美国股市"1 月—小市值效应"的研究中，已有间接或直接的证据表明消费可以对月份效应提供解释。例如，奥格登（Ogden，1990）在他的"资金流动性假说"中将年关的商业活动回落作为分析的基点，从而间接将商业活动变动（可用消费总量来衡量）与月份效应联系起来；克莱默（Kramer，1994）运用含消费增长率的多因素模型对低价股票的 1 月超额收益进行解释，结果发现该多因素模型能够解释大部分 1 月超额收益。一般消费品消费的季节性如何会导致像住房这种耐用消费品的季节性呢？简单的解释就是基本的消费者均衡原则。在受到一般消费品需求的季节冲击后，一般消费品消费增加，边际效用下降，为保持均衡，必然要求住房的消费上升，此时在住房的短期供给受限时，回到新的均衡的办法是住房消费或房价的上升，这必然导致了住房市场的季节性。CPI 的季节性导致房价的季节性的链条是相当清楚的，即 CPI 的波动直接推动房租的上升进而推动房价的上升。另外，CPI 的上升还会导致通胀预期，从而促进房地产投资需求，导致价量同时上升。

囿于数据可获得性，本节仅仅对第三种解释做探索性的数据分析。由于无法获得我国 CPI 的定基季度指数，笔者在此略过了检验我国房租的季节性与 CPI 季节性的相关性。笔者首先利用美国数据分析房价季节性与 CPI 季节性的相关性。接着再利用我国的社会商品零售总额（实际值）分析一般消费品消费的季节波动与房地产季节波动的相关性。

（一）房价的季节性与 CPI 的季节性的相关性：美国的数据

检验方法是首先确认 CPI 波动的季节性，然后分离出两个序列的季节因子，通过格兰杰因果检验（领先—滞后检验）来判断是否是 CPI 的季节性导致了房价的季节性。结果表明，在 CPI 的季节性的显著水平检验中，F 统计量为 23.99，Kruskal - Wallis 统计量为 148.25，移动季节性 F 统计量为 13.53，3 种检验都确认了美国 CPI 的季节性的高度显著。经过 ADF 单位根检验统计量分别为 - 7.652 和 - 5.439，都在 1% 的显著水平上拒绝单位根存在的假设，这表明二者经过一阶差分后都是平稳序列。通过不断实验，从滞后 2 阶开始直到滞后 8 阶，AIC 和 FPE 准则显示在滞后 2 阶取值最小。因此，我们最终选取滞后 2 阶作为格兰杰因果检验的滞后阶数。结果表明，第二个零假设通过了 10% 的显著水平检验。即如果放宽显著性水平到 10%（实际上到 7% 就可以），则笔者认为 CPI 的季节变动导致了房价的季节变动（见表 3 - 10）。

表 3 - 10　　　　　　房价的变动与 CPI 变动的格兰杰因果检验

零假设	样本数	F 统计量	P 值
房价的变动不是 CPI 变动的原因	243	0.62833	0.53437
CPI 的变动不是房价变动的原因		2.83957	0.06043

但是，问题在于即使考虑实际房价，即按照 CPI 缩减后的真实房价（真实房价目前仍然是一个有待统一的问题，即构建真实房价序列时，采用的缩减指数究竟是 CPI 还是投资价格指数或资本形成价格指数，这是有显著差异的。如果房价采用 CPI 缩减，则隐含的假设是住房为消费品，如果通过资本形成价格指数缩减则住房是投资品，而在国民经济核算中，无论中外，惯例都是将住房列入投资品的，而在国内所有文献中，真实房价几乎都是通过 CPI 缩减的。这可能是一个悬而未决的问题）仍然有季节性。按照 1991 年 1 月 ~ 2011 年 6 月的美国的月度数据，

最后的实际房价的季节性检验的 3 个统计量分别为 31.54、162.04、3.88，这 3 个统计量都是高度显著的。这表明，房价的季节性不仅来自 CPI 的季节性。即使 CPI 不变（更不用说季节变化），房价的季节性仍然是明显的。并且季节性的特征与名义价格的季节性如出一辙，即都是在第一季度最低，第三季度最高（见表 3 - 11）。

表 3 - 11　　　　　　　实际房价的季节显著性检验与季节因子

国家	F 检验	Kruskal - Wallis 检验	移动季节性检验	季节因子 (平均值)		时期	N
美国	34.52 ***	165.67 ***	3.23 ***	99.6　99.6　99.6 99.8　100.1　100.4 100.4　100.4　100.1 100　100　100		1991.1 ~ 2011.6	246

注：*** 表示通过最低 1% 的显著水平检验，** 表示通过 5% 的显著水平检验。

（二）商品房销售面积的季节性与社会商品零售总额的季节性：中国的数据

接下来利用我国的数据即社会商品零售总额来验证房地产的季节性是否来自消费的季节性。检验方法是首先确认社会商品零售总额变动的季节性。3 个统计量分别为 139.85、136.17 和 1.582。前两个统计量确认了我国社会商品零售总额的固定的季节性，第三个统计量表明没有足够的证据表明季节因子随年变动。季节因子表明，我国的消费从第 9 月开始，一直到第二年的 1 月都是旺季，而 2 月至 8 月是消费淡季。

对商品房销售面积和商品零售总额的季节因子进行 ADF 单位根检验，统计量分别为 - 1.624 和 - 3.382，分别在 10% 和 5% 的显著水平上拒绝单位根存在的假设。在格兰杰因果关系检验中，滞后阶数的选取原则与对美国数据的检验相同（见表 3 - 12）。商品房销售面积与社会商品零售总额表征的消费的变动互为格兰杰原因。这部分证实了如前所述的消费市场的季节性可以对房地产市场的季节性作出解释。

表 3 – 12　　　　　消费的变动与销售面积变动的格兰杰因果检验

零假设	样本数	F 统计量	P 值
消费变动不是销售面积变动的格兰杰原因	148	3.89880	0.02246
销售面积变动不是消费变动的格兰杰原因		9.98284	0.000087

（三）结论总结

本节再次确认了我国房地产市场的季节性，这种季节性不仅表现在以新房开工量和销售面积表征的供求上，也体现在房租的变动上，还展现在以上海、台湾和香港为对象的地区房地产市场的房价上。但是，无论是从销售面积还是从新房开工量以及上海房价上，在统计检验中都没有发现大众和媒体所称的"金九银十"现象。相反，真正的房地产市场旺季反而是 12 月。当然，这种年末效应是否与房地产企业的财务处理有关而并非真实的销售业绩还需要利用微观数据加以验证。

本节的研究不仅仅在于首次全面分析了我国房地产市场的季节性，其政策含义也是相当丰富的。例如，如果房地产市场无论是供求还是价格都体现出显著的季节性，那么政策调控的时机可能需要再斟酌；另外，房价的不同季节性对房地产市场中的不同参与者具有重要的参考价值。

本节仍然留下了诸多未解之谜。对于究竟是什么原因导致了我国房地产市场这种独特的季节性仍然是一个有待进一步探索的问题，我国明显的信贷的季节波动是否与房地产市场的季节性相关？随着数据的完善和研究的深入，例如开发出符合我国国情的特征价格指数或重复销售指数，将有助于推进我们对我国房地产市场季节性及其根源的了解。

第三节　住房需求结构与房价波动的国际经验

OECD 是世界上经济最为发达的国家和地区，自 20 世纪 60 年代以后，其主要成员国人口结构变动进入后人口结构阶段，主要表现为低出生率、低死亡率和低人口自然增长率并存的局面。人均预期寿命的延长和生育率的下降导致各国和地区人口老龄化程度不断加深，已然成为世界上人口老龄化最严重的国家和地区。人口作为住房消费的主体同时也是影响房价的主要因素之一，在人口结构不断发生变化的过程中，OECD 国家和地区的住房需求结构也在不断发生变化，房价也随之波动。对此，有必要从人口年龄结构视角切入，深入探究一国的住房需求结构如何变化以及对房价波动所产生的影响效应，以此为我国房地产市场调控提供国际经验。

如图 3 - 8 所示，1970 ~ 2018 年 OECD 国家的实际住房价格指数呈现波动上涨的趋势，少儿抚养比与老年抚养比之间形成"剪刀差"，老年抚养比与住房价格指数的变动趋势相同，少儿抚养比与住房价格指数的变动趋势相反。根据老年抚养比与少儿抚养比的含义以及参考已有研究文献，二者可以分别作为人口老龄化与出生率的代理变量，二者与实际住房价格指数之间的关系。与传统意义上有所不同，随着老年人口的增多与出生率的下降，住房价格呈现上涨的发展态势。目前，我国人口结构正发生变动，人口老龄化不断加深、出生率不断下降，人口结构对住房价格究竟有着怎样的影响，是我国亟须研究的问题。

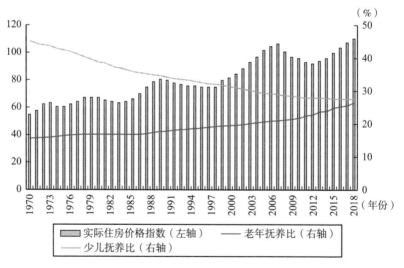

图 3 - 8　1970 ~ 2018 年 OECD 国家实际住房价格指数与抚养比情况

资料来源：OECD 数据库。

本节的创新点主要表现在以下两点：一是选取的样本是具有代表性

的 OECD 中的 31 个国家。OECD 主要成员国已经完成了人口结构的转变，研究其人口结构与房价之间的关系，有助于对后发国家尤其是对中国目前所面临的人口结构与房价之间的问题具有现实参考意义。此外，其在应对人口结构转变对经济带来的冲击方面取得的成功经验，也值得借鉴和学习；二是摒弃了以往研究中的人口抚养比，将人口年龄细分为各个年龄段，旨在找出不同年龄段群体对房价产生的影响程度以及目前导致住房价格不断上涨的主要人口因素。

一、理论基础

人口结构与房价之间的关系一直是学术界研究的焦点。综观已有研究，将人口结构影响房价的理论机制粗略分为以下五种，并根据理论影响机制提出几个待证命题。

（一）预期理论

根据国外最早提出的耐用商品的特性，住房可以视为一种特殊的耐用商品，兼具消费属性与投资属性。因此，人们对于住房的需求可以分为住房消费需求和住房投资需求两种。一般来说，根据理性预期理论，购房者对未来房地产市场看涨，会增加投资性住房需求，从而推高房价；若购房者对未来房地产市场看跌，会增加住房消费性需求，进而房价上涨。而理性预期理论受到多种因素的影响，其不能决定房价的走势。而完全理性预期的假设前提非常严苛，对房价的解释力也是微乎其微，因此在分析房价时应该加入非理性预期。适应性预期作为一种非理性预期，对房价波动具有很好的解释力。

（二）生命周期理论

莫迪利安尼（Modiglianni，1966）的生命周期理论从微观角度研究了人口结构因素对房价的影响。该理论认为，中年人口比重上升会促使房价上涨，老年人口比重上升，住房价格会下降。国内学者陈国进等（2013）基于生命周期理论研究了中国人口结构与房价之间的关系，他们认为少儿抚养比的下降是导致中国房价持续上涨的主要人口结构因素，同时老年抚养比的上升也是推动房价上涨的因素之一。根据莫迪利安尼的生命周期理论，青年人口和老年人口主要是以消费为主，而中年时期主要进行储蓄和投资行为。因此根据他的理论，在其他假定不变的情况下，仅从生命周期理论出发，可得出青年人口与老年人口对住房的需求主要是消费需求，尤其是刚刚步入婚育年龄的青年群体，他们对住房的需求几乎是刚性的。而对于老年群体，要视具体情况而定。西方发达国家比较注重医疗养老政策，因此很多刚刚步入老年的老年人更愿意选择住在养老院等，这就会相应减少住房需求；而中国的医疗和养老政策并不完善，很多老年人的养老问题都需要子女个人解决，这就无形中会增加老年人住房需求。处于中年的群体对住房的需求除了消费需求，还有投资需求。一方面，中年人口处在事业的高峰时期，随着子女的诞生，他们会扩大目前住房的规模和改善住房环境；另一方面，随着住房成为身份地位的象征，为了满足内心的虚荣，也会改善目前的居住环境，购买能够彰显自己身份地位的房屋，这种情况称为改善型住房需求。此外，中年时期，收入水平较高，在房地产市场看好的情况下，更多的人愿意把储蓄投入房产，这就会产生投资性住房需求，无论是消费需求还是投资需求，都会增加住房需求，进而促使房价上涨。

（三）代际交叠模型

曼彻斯特（Manchester，1989）构建世代交叠模型，考察婴儿潮、住房和可贷资金之间的关系，发现无论是在静态预期还是理性预期下，婴儿潮都是导致房价上涨的主要原因。从代际的角度讨论人口结构变动对房价的影响，主要是将不同的代际相互联系，再通过代际交叠模型进行分析，来说明不同代际对房价产生的影响。可以说，代际交叠模型为宏观经济领域的研究提供了微观理论基础。将代际交叠模型运用到住房市场，能很好地解释人口结构变动对住房市场的影响，因为可以通过不同代际人口规模的变化来分析人口年龄结构变动对住房需求的影响，进而对房价产生的影响。一般来说，代际交叠模型是建立在生命周期理论的基础上的，但是利用代际交叠模型分析人口年龄结构对房价的影响比生命周期理论分析人口结构对房价的影响更为准确，因为代际交叠可以将代与代之间相互联系，顾名思义可以将其上一代的财富转移到下一代，更为贴合实际。

假定代表性个体生命周期分为四个阶段：少年时期、青年时期、中年时期和老年时期。少年时期，个体与父母同享一幢房子，没有经济来源；青年时期，个体刚刚步入婚育年龄，自己结婚生子，收入不高，接受父母的资助买房；中年时期，个体处于人生事业的巅峰时期，收入水平较高，开始计划帮助自己的子女买房，还要留出一部分资金赡养老年父母；步入老年之后，自己的子女已成家立业，将自己的遗产留给子女。从代际模型分析得出，少年时期个体无住房需求，是主要的消费群体。因此，少年人口的增加会加重家庭经济负担，降低购房能力，购房需求下降，导致房价下跌。青中年群体是购房的主力军，其中青年群体依靠中年父母的资助有能力买房，中年群体收入水平较高，具有较高的购房能力和购房意愿，前者主要是住房刚性需求，后者主要是改善型住房需求，因而房价会随着这两个群体人口数量的增加而上涨。老年人口对房价的影响就比较复杂，对于刚刚步入老年的老年人口，身体素质还很好，因为祖孙之间存在较大的代际差异，很多老年人口会选择搬出去独住，这样就会衍生出额外的住房需求，即家庭规模趋于小型化会增加住房需求，造成房价上涨。对于进入高龄的老年人，可能要回归大家庭或者养老院，其住房空出来过继给重孙，这时家庭的住房需求就会受到影响，如果社会中进入婚育年龄的重孙辈人数高于高龄的老年人口数，则家庭的住房需求会上涨，房价上涨；反之，住房需求会下降，房价下跌。

（四）人口红利效应与人口负债效应

人口结构的转变不仅对社会和经济发展产生影响，同时也是影响住房价格的重要因素。在人口结构转变过程中，人口红利效应使得适龄购房人口增加，增加了住房需求，促进房价上涨。与人口红利效应起到相反作用的是人口负债效应，主要表现是净消费人口增加，如少儿抚养比的增加，全社会储蓄率下降，对社会经济发展造成影响，经济低迷，整个社会进入到不婚、不育和不买房的低欲望时代。人口增长效应主要表现为总人口规模的扩增，住房的消费主体是人，因此人口总规模的扩张会增加住房需求总量，房价上涨。

（五）美国"婴儿潮"与"抚养比"假说

霍兰德（Holland，1991）讨论了美国出生率与人口结构对美国房价的影响，他们认为20世纪50年代的"婴儿潮"是导致70年代美国房价上涨的主要原因,并预测 20 年以后,随着"婴儿低谷"一代的到来,美国的房价将会下跌 47%。但是,在 20 年后美国的房价非但没有下降,反而上涨了近 30%。之后许多文献指出,曼昆和威尔的预测不准确主要是因为忽略住房供给和收入水平等其他因素对房价的影响。陈斌开等(2012)认为中国历史上人口出生高峰是导致 2004 年以后我国房价不断上涨的原因之一。徐建炜等(2012)通过对 19 个 OECD 国家的研究发现,OECD 国家的人口抚养比与房价之间呈现负相关,而中国的老年抚养比与房价之间呈现正相关关系。基于美国"婴儿潮"对美国房价的影响,国内一些学者认为中国房价随着 20 世纪 80 年代的出生高峰和 90 年代的出生低谷呈现出倒"U"型。

假设 3-1:在适应性预期下,本期房价变动只与上期房价波动有关,与下期房价变动无关,因此上期房价变动越大,本期房价变动就越大。

假设 3-2:从生命周期理论的角度出发,青年群体与老年群体的增加主要带来住房刚性需求的增加,中年群体主要是改善性住房需求与投资性住房需求的源头。

假设 3-3:根据代际交叠模型,少儿群体的减少会增加住房需求,长期会促进房价的上涨,而老年群体的增加对住房价格的影响不确定。

假设 3-4:人口红利与人口规模增长促进房价上涨,人口负债增加会抑制房价上涨。

二、数据来源与模型设计

(一)变量选择

本节主要研究 OECD 中 31 个国家 1960~2014 年人口年龄结构与房价之间的关系,因此选取每个国家每年的实际住房价格指数(hpi)[①] 作为被解释变量。本节的解释变量包括人口年龄结构和人口分布两个方面。人口年龄结构包括 0~24 岁的少年组(sn)、25~44 岁的青年组(qn)、45~64 岁的中年组(zn)和 65 岁以上的老年组(ln);人口分布主要选取人口密度(dp)和城镇化率(ui)两个变量,人口密度反

---

① 这里的实际住房价格指数以 2015 年为基期获得。

映了一个国家或者地区内人口分布的经济特征，城镇化率反映了人口城乡分布情况和一定时期内人口向城市集聚的程度。本节还选取了居民消费价格指数[①]（cpi）、房价收入比（hir）、粗出生率（fr）和人均GDP[②]（gdp）等变量作为控制变量。

（二）数据来源

搜集整理了OECD中31个国家[③]1960～2014年的年度数据，其中实际住房价格指数、人口年龄结构、居民消费价格指数和房价收入比的数据来自OECD数据库，其中人口年龄结构数据是通过获得的实际数据经过一定的计算得到的；人口密度、城镇化率、粗出生率和人均GDP的数据来自世界银行数据库。

（三）模型设定

基于柯布－道格拉斯（Cobb－Douglas）生产函数模型和双对数线性模型进行分析。基本的函数模型表达式为：

$$Y = A(t)K^{\alpha}L^{\beta}e^{\mu} \tag{3.1}$$

其中，Y表示经济产出，表示的是实际住房价格指数。$A(t)$表示综合发展水平；K表示非劳动要素投入水平；L表示劳动要素投入水平；α、β分别表示非劳动要素和劳动要素的产出弹性系数，且α、$\beta > 0$。μ表示随机干扰项，$\mu \leqslant 1$。

本节研究的是人口结构与房价之间的关系。为了使得各变量之间呈现出线性关系，对各变量均进行了对数变换，模型具体可以表达为：

$$\begin{aligned}\ln hpi = \ln A(t) &+ \alpha_1 \ln sn + \alpha_2 \ln hir + \alpha_3 \ln ui + \alpha_4 \ln fr + \alpha_5 \ln gdp \\ &+ \alpha_6 \ln dp + \alpha_7 \ln cpi + \mu_1\end{aligned} \tag{3.2}$$

$$\begin{aligned}\ln hpi = \ln A(t) &+ \beta_1 \ln qn + \beta_2 \ln hir + \beta_3 \ln ui + \beta_4 \ln fr + \beta_5 \ln gdp \\ &+ \beta_6 \ln dp + \beta_7 \ln cpi + \mu_2\end{aligned} \tag{3.3}$$

---

①　这里的居民消费价格指数以2015年为基期获得。

②　人均GDP按照现价美元计算获得。

③　截至2014年OECD共有34个国家，鉴于数据可得性和完整性，本章选取其中具有代表性的31个OECD国家，分别是：澳大利亚、奥地利、加拿大、智利、爱沙尼亚、捷克共和国、芬兰、法国、爱尔兰、新西兰、葡萄牙、西班牙、韩国、日本、意大利、挪威、比利时、英国、美国、瑞典、瑞士、丹麦、希腊、荷兰、德国、卢森堡、波兰、匈牙利、斯洛伐克共和国、冰岛、以色列。

$$
\begin{aligned}
\text{lnhpi} = &\ \text{lnA}(t) + \gamma_1 \text{lnzn} + \gamma_2 \text{lnhir} + \gamma_3 \text{lnui} + \gamma_4 \text{lnfr} + \gamma_5 \text{lngdp} \\
&+ \gamma_6 \text{lndp} + \gamma_7 \text{lncpi} + \mu_3 \quad\quad\quad\quad\quad (3.4)
\end{aligned}
$$

$$
\begin{aligned}
\text{lnhpi} = &\ \text{lnA}(t) + \eta_1 \text{lnln} + \eta_2 \text{lnhir} + \eta_3 \text{lnui} + \eta_4 \text{lnfr} + \eta_5 \text{lngdp} \\
&+ \eta_6 \text{lndp} + \eta_7 \text{lncpi} + \mu_4 \quad\quad\quad\quad\quad (3.5)
\end{aligned}
$$

$$
\begin{aligned}
\text{lnhpi} = &\ \text{lnA}(t) + \lambda_1 \text{lnsn} + \lambda_2 \text{lnqn} + \lambda_3 \text{lnzn} + \lambda_4 \text{lnln} + \lambda_5 \text{lnhir} \\
&+ \lambda_6 \text{lnui} + \lambda_7 \text{lnfr} + \lambda_8 \text{lngdp} + \lambda_9 \text{lndp} + \lambda_{10} \text{lncpi} + \mu \quad (3.6)
\end{aligned}
$$

其中，人口年龄结构变量包括少年组（sn）、青年组（qn）、中年组（zn）和老年组（ln）。此外，还选取了反映人口分布的人口密度（dp）和城镇化率（ui）作为解释变量。

式（3.1）~式（3.5）是在传统的柯布—道格拉斯生产函数的基础上引入人口结构各变量的扩展 C – D 生产函数。考虑 OECD 国家的人口分布情况，在各式中加入了人口密度变量，以检验人口结构各变量在人口密度一定的情况下对房价的影响。

三、人口结构对房价影响的实证研究

90

（一）统计性描述

为了消除量纲的影响，本节对变量进行对数化处理，主要变量的统计性描述如表 3 – 13 所示。

表 3 – 13　　　　　　　　　　描述性统计

变量	样本量	平均值	标准差	最小值	最大值
lncpi	1705	3.338	1.468	− 5.521	4.645
lnhpi	1705	4.224	0.540	2.180	5.166
lnhir	1705	4.486	0.484	0.887	5.904
lnui	1705	4.274	0.191	3.322	4.583
lnfr	1705	2.650	0.292	2.067	3.744
lngdp	1705	9.012	1.337	4.541	11.689
lndp	1705	4.142	1.465	0.280	6.255
lnsn	1705	− 1.004	0.193	− 1.495	− 0.488

变量	样本量	平均值	标准差	最小值	最大值
lnqn	1705	-1.273	0.089	-1.559	-1.021
lnzn	1705	-1.522	0.163	-2.174	-1.203
lnln	1705	-2.131	0.324	-3.539	-1.384

（二）模型回归检验方法

本节主要采用 LLC、Fisher - ADF 单位根检验①判断变量是否为平稳时间序列。检验结果如表 3 - 14 所示。从检验结果来看，每个变量均通过了单位根检验，说明这些变量在时间序列上是平稳的。为了判断各变量之间是否存在协整关系，本节进行了 Kao 检验、Perdroni 检验和Westerriund 检验，检验结果如表 3 - 15 所示。结果显示，各变量之间均在 1% 的显著水平上拒绝原假设，即表明各变量之间存在长期均衡的稳定关系②。

表 3 - 14 单位根检验

变量	LLC 检验	Fisher - ADF 检验
lncpi	-2.6529 ***	-6.7873 ***
lnhpi	-3.4353 ***	-7.3241 ***
lnhir	-3.8400 ***	-12.1564 ***
lnui	-10.6132 ***	-36.2764 ***
lnfr	-2.4220 ***	-6.3909 ***
lngdp	-5.2855 ***	-12.0031 ***
lndp	-8.3985 ***	-17.4459 ***
lnsn	-2.8571 ***	-1.5092 ***

① 由于本节的样本数据为长面板数据，为此根据渐近理论检验的前提条件采用 LLC、Fisher - ADF 检验方法。

② 在对面板数据中各变量之间是否存在长期均衡关系进行检验时，Kao 检验、Perdroni 检验和 Westerriund 检验各有优势和不足，可以互补，因此通常是三者同时使用，以便尽可能排除一些干扰因素。

续表

变量	LLC 检验	Fisher – ADF 检验
lnqn	– 3. 6925 ***	– 5. 1398 ***
lnzn	– 2. 7982 ***	– 5. 5575 ***
lnln	– 1. 9830 **	– 5. 5620 ***

注：***、**分别表示在1%、5%检验水平上显著。

表 3 – 15　　　　　　　　　　协整检验结果

变量	Westerlund 检验	Kao 检验	Pedroni 检验
lnhpi、lnsn、lnqn、lnzn、lnln、lncpi、lnhir	– 3. 9694 ***	– 3. 8346 ***	– 2. 8622 ***
lnhpi、lnsn、lncpi、lnhir、lnfr、lngdp、lndp	– 3. 2852 ***	– 4. 1184 ***	– 2. 7227 ***
lnhpi、lnqn、lncpi、lnhir、lnfr、lngdp、lndp	– 2. 6388 ***	– 4. 1142 ***	– 3. 2342 ***
lnhpi、lnln、lncpi、lnhir、lnfr、lngdp、lndp	– 2. 3827 ***	– 4. 1549 ***	– 3. 6181 ***
lnhpi、lnui、lncpi、lnhir、lnfr、lngdp、lndp	– 3. 5495 ***	– 4. 1339 ***	– 3. 8121 ***

注：*** 表示在1%检验水平上显著。

通过建立实证模型分析 31 个 OECD 国家人口年龄结构的变动对房价的影响，采用的面板数据模型可以表示为：

$$y_{it} = x_{it}\eta_n + \mu_i + \varepsilon_{it}(i = 1, 2, \cdots, N; t = 1, 2, \cdots, T) \qquad (3.7)$$

式 (3.7) 中，N 表示截面个数，在本节即指所选取的 OECD 成员数；T 表示观测时期数。被解释变量为 y_{it}，在模型中表示的是实际住房价格指数；解释变量为 x_{it}，表示人口年龄结构等人口变量和其他控制变量向量；η_n 表示解释变量向量对应的 η 维系数向量，其中 n 表示解释变量个数。μ_i 表示个体异质性的截距项，ε_{it} 为随机误差项。

由于选用的面板数据为长面板数据，即时间维度 T 相对于截面维数 N 较大，对于可能存在的个体固定效应使用个体虚拟变量（LSDV）进行估计。同时鉴于扰动项 ε_{it} 可能存在组间异方差和组间同期相关，为此对面板数据模型进行了组间异方差的沃尔德检验和组间同期相关的半参数检验，结果拒绝同方差和无组间同期相关的原假设。本节采用两种方法对这个问题进行处理。一是使用 LSDV 法估计系数和面板校正标准误差模型（PCSE）对标准误差进行校正；二是先对面板数据中的扰动项可能存在的异方差的条件方差函数进行假设和修正，再使用广义最小二乘法（FGLS）进行回归估计[①]。

（三）实证结果分析

本节旨在研究人口年龄结构的变动对房价的影响，因此先整体将各国的人口年龄结构变量对房价进行回归，然后将各个年龄结构细分后再对房价进行回归。针对被解释变量，均选用 PCSE 和 FGLS 估计法依次对模型进行估计，以检验结果的稳健性。首先将所有的人口年龄结构变量都加入模型中，再分别对四个年龄层次的变量进行回归，回归结果如表 3－16 所示。模型 1 和模型 2 是分别采用 FGLS 和 PCSE 估计法将所有年龄结构的变量都加入模型中的回归结果。从结果中看到两种估计方法的结果近乎一致，说明估计结果较稳健。

表 3－16　　　　　　　　　总样本回归结果

解释变量	被解释变量：实际住房价格指数（lnhpi）					
	模型 1（FGLS）	模型 2（PCSE）	模型 3（FGLS）	模型 4（FGLS）	模型 5（FGLS）	模型 6（FGLS）
0～24 岁（lnsn）	−0.716 ***（0.176）	−0.716 ***（0.123）	−0.551 ***（0.100）			
25～44 岁（lnqn）	0.743 ***（0.152）	0.743 ***（0.143）		1.006 ***（0.113）		
45～64 岁（lnzn）	0.029（0.126）	0.029（0.120）			0.038（0.084）	
65 岁以上（lnln）	−0.208 **（0.070）	−0.208 **（0.065）				−0.099 *（0.048）
消费价格指数（lncpi）	−0.134 ***（0.010）	−0.134 ***（0.015）	−0.118 ***（0.010）	−0.136 ***（0.010）	−0.116 ***（0.010）	−0.117 ***（0.010）
房价收入比（lnhir）	0.745 ***（0.019）	0.745 ***（0.021）	0.789 ***（0.018）	0.754 ***（0.018）	0.781 ***（0.019）	0.764 ***（0.019）

① 由于 FGLS 比 PCSE 更有效，本节主要以 FGLS 的估计结果进行分析。

93

续表

解释变量	被解释变量：实际住房价格指数（lnhpi）					
	模型 1（FGLS）	模型 2（PCSE）	模型 3（FGLS）	模型 4（FGLS）	模型 5（FGLS）	模型 6（FGLS）
城镇化率（lnui）	- 0. 009 (0. 053)	- 0. 009 (0. 023)	0. 023 (0. 053)	- 0. 023 (0. 053)	0. 021 (0. 054)	0. 019 (0. 054)
粗出生率（lnfr）	- 0. 310 *** (0. 063)	- 0. 310 *** (0. 073)	- 0. 282 *** (0. 063)	- 0. 487 *** (0. 043)	- 0. 522 *** (0. 057)	- 0. 612 *** (0. 056)
人均 GDP（lngdp）	0. 065 *** (0. 011)	0. 065 *** (0. 012)	0. 063 *** (0. 011)	0. 077 *** (0. 010)	0. 082 *** (0. 010)	0. 087 *** (0. 011)
人口密度（lndp）	0. 039 *** (0. 006)	0. 039 *** (0. 005)	0. 041 *** (0. 006)	0. 046 *** (0. 006)	0. 047 *** (0. 006)	0. 048 *** (0. 006)
常数项	1. 269 * (0. 597)	1. 269 ** (0. 402)	0. 434 (0. 350)	3. 083 *** (0. 333)	1. 532 *** (0. 291)	1. 537 *** (0. 290)
样本量	1676	1676	1676	1676	1676	1676

注：系数值下方括号内数值为 z 检验值，*** 、** 、* 分别表示在 1% 、5% 、10% 检验水平上显著。

　　0 ~ 24 岁的少年组的系数显著为负，说明随着少儿群体的增加，房价将会下降，这与我们的假设 3 - 3 是相符的；25 ~ 44 岁的青年组系数显著为正，说明青年群体的增加会促进房价的上涨，与假设 3 - 2 相符。对于这个结果是不难理解的，从回归结果看出人口出生率与房价之间负相关，而 OECD 国家的出生率近几十年都是逐年下降的，且各国的生育率也是不断降低，这也解释了这些国家近几十年房价上涨的现象。45 ~ 64 岁的中年组，其回归系数也为正，但是并不显著，说明这一阶段的群体对房价的影响不稳定。模型 3.4、模型 3.5、模型 3.6、模型 3.7 分别是少年组、青年组、中年组和老年组对房价影响的回归结果。从回归结果上面看，与模型 3.2 中的各年龄结构变量对房价影响的方向是相同的，只有系数的变化。由于中年组对房价影响系数最大且最为显著，我们将对其年龄组细分进行研究。中年组和老年组对房价的影响，前者表现不显著，而后者的显著性降低，笔者已将其年龄组进行细分，以便找到其中不显著的原因。

　　表 3 - 17 是青年组和中年组部分年龄段群体对房价影响的回归结果。结果显示，30~34 岁年龄段群体对房价的影响最大且最显著，其经济含义可以表述为 30~34 岁年龄段人口增加一个百分点引起房价上涨近 0.5 个百分点。此外，25~29 岁、35~39 岁和 40~44 岁年龄段人口对房价的影响也是很显著的，说明人口年龄结构中影响房价的主体主要集中在青年适婚年龄群体和处在事业高峰的中年群体，与我们的理论假设 3 - 1、假设 3 - 2、假设 3 - 3 相符。从适应性预期来看，青中年群体对未来房地产市场看好，会增加现期住房购买活动，增加住房投资性需求，进而推高房价；从需求端的角度来看，青年群体正处在适婚年龄，购房是出于刚性需求；处在事业高峰的中年群体，追求的是一种改善型住房需求，这一年龄阶段的群体追求高档型的住房环境，会急于提高目前的住房水平来彰显自己的身份地位。在假设 3 - 2 中，老年群体对房价的影响是不确定的，在表 3 - 16 中，得出的结果是 64 岁以上老年群体对住房价格有负效应，即老年群体的增加会抑制房价上涨。

表 3 - 17　　　　　　　　　青中年各年龄段回归结果

解释变量	被解释变量：实际住房价格指数（lnhpi）					
	模型 7（FGLS）	模型 8（FGLS）	模型 9（FGLS）	模型 10（FGLS）	模型 11（FGLS）	模型 12（FGLS）
25~29 岁	0.417***（0.069）					
30~34 岁		0.481***（0.072）				
35~39 岁			0.378***（0.077）			
40~44 岁				0.352***（0.075）		
45~49 岁					0.307***（0.069）	
50~54 岁						0.143*（0.064）

解释变量	被解释变量：实际住房价格指数（lnhpi）					
	模型 7 （FGLS）	模型 8 （FGLS）	模型 9 （FGLS）	模型 10 （FGLS）	模型 11 （FGLS）	模型 12 （FGLS）
居民消费价格指数 （lncpi）	-0.124 *** (0.010)	-0.127 *** (0.010)	-0.125 *** (0.010)	-0.123 *** (0.010)	-0.119 *** (0.010)	-0.117 *** (0.010)
房价收入比（lnhir）	0.759 *** (0.018)	0.763 *** (0.018)	0.775 *** (0.018)	0.779 *** (0.018)	0.787 *** (0.018)	0.786 *** (0.018)
城镇化率（lnui）	-0.008 (0.054)	-0.004 (0.053)	0.009 (0.054)	0.014 (0.054)	0.022 (0.054)	0.025 (0.054)
粗出生率（lnfr）	-0.572 *** (0.044)	-0.535 *** (0.043)	-0.501 *** (0.044)	-0.470 *** (0.046)	-0.446 *** (0.048)	-0.481 *** (0.051)
人均 GDP（lngdp）	0.085 *** (0.010)	0.079 *** (0.010)	0.079 *** (0.010)	0.076 *** (0.010)	0.077 *** (0.010)	0.081 *** (0.010)
人口密度（lndp）	0.048 *** (0.006)	0.046 *** (0.006)	0.046 *** (0.006)	0.047 *** (0.006)	0.047 *** (0.006)	0.047 *** (0.006)
常数项	2.910 *** (0.367)	3.023 *** (0.364)	2.561 *** (0.356)	2.403 *** (0.343)	2.152 *** (0.321)	1.737 *** (0.305)
样本数	1676	1676	1676	1676	1676	1676

注：系数值下方括号内数值为 z 检验值，*** 、** 、* 分别表示在 1%、5%、10% 检验水平上显著。

为了证明假设 3 - 2 中老年群体对房价影响的不确定性，将 55 ~ 79 岁以上群体单独进行回归，将年龄在 80 岁以上的视为老年群体，如表 3 - 18 所示。从表 3 - 18 中可以很直观地看出每个年龄段对房价的影响方向及程度。其中，55 ~ 79 岁年龄段老年群体对房价有显著负向作用，80 岁以上老年群体的增加会促进房价的上涨，这可能与目前 OECD 国家家庭小型化发展有关。随着医疗水平和生活水平的提升，人们的寿命不断延长，与中国家庭观念不同的是，西方国家追求独立，老年人为了提高生活质量会选择搬出去独住，这样会产生一部分养老型住房需求，促进住房价格的上涨。结合表 3 - 17 与表 3 - 18 的回归结果，可以总结出目前导致高房价的主要人口因素，即住房刚需和改善型住房需求居高不下是引起房价过高的主要原因。此外，老年人口对住房的要求较低，他们所追求的是一种养老型的住房，随着老年人口尤其是 80 岁以后老人群体的增多，使得养老型住房需求也在不断上涨，这也是导致房价上涨的一个因素。

表 3 – 18　　　　　55 岁以上年龄段人群与房价之间回归结果

| 解释变量 | 被解释变量：实际住房价格指数（lnhpi） | | | | | |
	模型 13（FGLS）	模型 14（PCSE）	模型 15（FGLS）	模型 16（PCSE）	模型 17（FGLS）	模型 18（PCSE）
55 ~ 79 岁	- 0.247 ***（0.061）	- 0.247 ***（0.045）				
80 ~ 84 岁			0.054（0.034）	0.054 *（0.023）		
85 岁以上					0.183 ***（0.028）	0.183 ***（0.016）
消费价格指数（lncpi）	- 0.118 ***（0.010）	- 0.118 ***（0.013）	- 0.117 ***（0.010）	- 0.117 ***（0.013）	- 0.117 ***（0.010）	- 0.117 ***（0.013）
房价收入比（lnhir）	0.752 ***（0.019）	0.752 ***（0.020）	0.789 ***（0.019）	0.789 ***（0.019）	0.820 ***（0.019）	0.820 ***（0.020）
城镇化率（lnui）	0.014（0.054）	0.014（0.023）	0.021（0.054）	0.021（0.026）	- 0.004（0.053）	- 0.004（0.029）
粗出生率（lnfr）	- 0.694 ***（0.058）	- 0.694 ***（0.057）	- 0.494 ***（0.052）	- 0.494 ***（0.050）	- 0.376 ***（0.050）	- 0.376 ***（0.044）
人均 GDP（lngdp）	0.083 ***（0.010）	0.083 ***（0.013）	0.074 ***（0.011）	0.074 ***（0.012）	0.035 **（0.013）	0.035 **（0.011）
人口密度（lndp）	0.049 ***（0.006）	0.049 ***（0.006）	0.047 ***（0.006）	0.047 ***（0.006）	0.052 ***（0.006）	0.052 ***（0.006）
常数项	1.672 ***（0.292）	1.672 ***（0.213）	1.660 ***（0.302）	1.660 ***（0.187）	2.290 ***（0.310）	2.290 ***（0.185）
样本数	1676	1676	1676	1676	1676	1676

注：系数值下方括号内数值为 z 检验值，*** 、 ** 、 * 分别表示在 1%、5%、10% 检验水平上显著。

四、主要结论与启示

通过研究 OECD 中 31 个国家 1960~2014 年的人口年龄结构与房价之间的关系，发现人口年龄结构与房价之间存在密切的关系。进一步研究表明，少儿人口与老年人口的增加均会导致房价下跌，青年人口与中年人口的增加会造成房价上涨。青中年是购房群体的主力军，少儿人口的增加导致少儿抚养比的上升，造成家庭经济负担加重，从而削弱其购房能力；随着生活水平的提升，中年群体不再一味地追求物质层面的财富，转而更加关注精神层面的满足，对住房的要求不再仅仅满足住房的基本功能，尤其是对于 OECD 中的发达国家，越来越多的青年群体步入中年，改善型住房需求是造成其房价不断上涨的主要因素之一。老年人口的增加虽说是房价下跌的原因，但是本节中的实证结果并不显著，我们猜测老年人口对房价的影响存在一个界值，但是这个界值是多少不在本节研究的范围，在此不做赘述。

根据研究结果，可以了解到造成中国房价不断攀升的主要人口因素是少儿人口的不断减少和青中年群体不断增多。少儿人口没有购房能力，加重了家庭的经济负担，降低家庭的购房意愿与购房能力，因此少儿人口的下降提升了家庭购房意愿与购房能力，增加了住房有效需求；青中年人口是购房需求的主力，青年群体刚刚步入婚育年龄，根据中国的传统文化，房子是构成家和归属感的基础，有房才有家，才有安全感，因此青年群体在适婚年龄时期会促进住房需求上涨。中年群体处于事业高峰期，文化致使国人视房子为身份的象征，为了彰显自己的身份地位，中年群体会选择高质量的住房，从而产生大量的改善型住房需求。与国外有所不同的是，中国老年人口的增多会使房价上涨，一方面是因为一部分老年人得益于福利分房制，使得他们在步入老年时期拥有大量积蓄，步入老年之后他们选择投资房产；另一方面是因为中国老年人具有极强的"利他心理"，在国内房价不断上涨的过程中，大多数老人可能帮助子女购买住房，增加住房市场有效需求，从而抬高房价。

根据以上分析，结合中国的实际情况，本节提出三点建议。一是如果人口结构的变迁是影响房价的主要因素，且主要表现为青中年群体的增加促进住房刚性需求和改善型住房需求的增加，则中国目前所采取的调控房地产的政策（如提高二套房首付比例和贷款利率）对满足居民的住房需求具有负面影响。为了满足人们的住房需求同时稳定房价，政府应该从增加土地供应等房地产供给方面进行改革。二是中国政府应该采取有效措施抑制住房刚性需求和改善型需求，加强人口因素对房价影响的检测与预警机制；同时，应该大力推进养老和医疗等制度的改革，积极应对人口老龄化对房价造成的负面冲击，合理调整和平衡人口年龄结构对房价产生的影响。三是人口结构波动会引起房地产市场的周期性波动，从人口年龄结构来看，未来中国房价不具备快速上涨的趋势，因此，为了房地产市场稳定健康的发展，中国应该采取相应的政策，避免房价下行给经济带来的冲击。

第四节　汇率视角下货币政策与房价

在"保汇率还是保房价"这一现实命题中，房价和汇率之间逻辑关系及影响机制是什么？在"三元悖论"中提出，在开放经济下，本国货币政策独立性、汇率稳定性和资本的自由流动三者不能同时实现，最多只能同时满足两个目标。而自我国人民币汇率制度改革后，人民币与房价不断上涨，个中缘由如何？因此，本章通过研究汇改后，人民币价值变化与房价之间的因果关系，为更好地实现经济发展提供建议。

一、汇率与房价关系的理论分析

自 2005 年 7 月 21 日起，中国开始实行以市场供求为基础、参考一篮子货币进行调节、有管理的浮动汇率制度。人民币汇率不再单一盯着美元，而是形成更富弹性的人民币汇率机制。自此，人民币对美元汇率摆脱了长期在 8.27 附近的徘徊，开始了持续的升值旅程。与此同时，我国的房地产价格呈现加速上涨的态势，房地产市场的泡沫不断增多。从房价租金比来看，房地产销售价格与租赁价格的走势出现明显的"剪刀差"（高波，2009；张世伟等，2023），自 2003 年以来，这种趋势更加明显。人民币汇率与房地产价格的联袂上扬，证实了人民币升值是房地产价格上涨的催化剂：一方面，人民币升值导致"热钱"大规模流入中国房地产市场；另一方面，人民币升值压力的货币化导致货币供应量增加，促使房地产泡沫膨胀（高波，2006）。人民币升值究竟在多大程度上冲击房地产价格，会不会造成房地产泡沫的破灭？这些问题都需要实证检验。另外，2005年汇率制度改革之前，各年的人民币汇率波动没有超过2%的水平，在这种情况下，房地产价格泡沫的产生主要依赖于人民币升值预期，而不是人民币的现实升值。本章正是基于此前提，就汇率制度改革以来人民币汇率现实升值与房地产价格上涨之间的关系进行定量研究。

一般而言，汇率调整通过五种路径来影响房地产价格（高波，2006）。以东道国货币升值为例，一是流动性效应，主要表现为境外资金对东道国房地产市场的投机活动；二是预期效应，即如果投资者预期东道国货币会升值，他们就会在东道国的房地产市场投入更多的资金，刺激房地产市场的需求；三是财富效应，即货币升值意味着进口商品价格下降，会导致进口增加，进而带动国内一般消费价格走低，使货币的购买力增强，因而多余的购买力将进入房地产领域；四是溢出效应，即货币升值不仅影响东道国的产业增长，而且通过货币工资机制、生产成本机制、货币供应机制及收入机制等造成物价的下跌，导致国内经济的萎缩，激发东道国政府采取扩张性货币政策来刺激经济发展，从而促使更多的资金流入房地产市场，导致房地产价格上涨和泡沫的产生；五是信贷扩张或收缩效应，即在固定汇率制度下，本国货币升值或升值预期将吸引大量的资金流入，为了保持币值的基本稳定，货币当局将被动买进外币，同时放出本国货币，大幅度提高流动性，因而银行信贷资金会大量进入房地产领域，使房地产泡沫膨胀。

国内外学者对汇率与房地产价格之间的关系进行了大量的研究。米勒等（Miller et al.，1988）分析了汇率对夏威夷1987年至1988年房地产价格的影响，发现随着日元对美元的升值，房地产价格也随之上涨，汇率与房价之间的相关系数为0.753。侯和雷（Hau & Ray，2002）在新开放经济宏观经济学框架下分析发现，外部冲击会通过外汇市场的传导引发国内资产价格的变动，本国货币相对于外国货币的升值会导致国内资产价格的上涨和外国资产价格的下跌。本森等（Benson et al.，1999）利用特征价格模型对贝林翰的房地产价格影响因素进行了分析，发现汇率上升10%会导致房价上升7.7%。

近年来，人民币升值与房地产价格之间的关系也成为国内学术界研究的热点之一。高波等（2006）认为，人民币升值预期和人民币升值压力的货币化，增加了房地产泡沫，但在有管理的浮动汇率制度下，人民币的小幅升值不会诱致房地产泡沫膨胀或破灭。王爱俭等（2007）从供给和需求的角度探讨了房价与汇率之间的关系，认为当前的房价飞涨是汇率管制下市场自身为经济高速增长选择的应力释放点，是用一种价格的错位来应对另一种错位的价格，在部分缓解人民币升值压力的同时又进一步扭曲了资源的配置。杜敏杰等（2007）从房地产价格的现值理论入手，建立了房地产价格变动与汇率变动之间的数量模型，其分析结果表明，汇率的小幅变动可以通过久期杠杆使房地产价格大幅度变化；依据资产定价无套利规则，房地产价格的上涨需要同等幅度的地租上涨来支撑，如果上述关系不能满足，就会产生房地产价格泡沫。倪鹏飞等（2019）分析了货币和汇率政策对于房价上涨的影响，发现货币政策宽松和人民币升值的汇率变动是推动房价上涨的重要因素。

二、汇率对房价水平影响的实证分析

（一）数据选取以及数据描述

本章选取 2005 年 7 月 ~ 2008 年 3 月的月度数据，作为分析汇改后人民币升值与房地产价格关系的样本区间。人民币升值采用的是以直接标价法表示的人民币对美元名义汇率（ER）这个指标，即单位美元换取人民币的数量（名义汇率没有考虑通货膨胀因素），房地产价格采用的是全国平均房屋销售价格指数（HP）这个指标。同期的人民币名义汇率（ER）数据来自国家外汇管理局网站（www. safe. gov. cn），全国平均房屋销售价格指数（HP）数据来自中经网（www. cei. gov. cn），两组数据都进行了对数化处理。

我们用变量 TER_t 和 THP_t 表示序列当中的趋势成分，同时定义人民币汇率和房地产价格的波动成分为 $FER_t = ER_t - TER_t$，$FHP_t = HP_t - THP_t$。由于汇率和房地产价格中不存在明显的确定性线性趋势成分，因而可以通过 Hodrick – Prescott（HP）滤波方法脱离时间序列当中的趋势成分。图 3 – 9 分别为人民币汇率（A）和房地产价格（B）的时间序列路径。

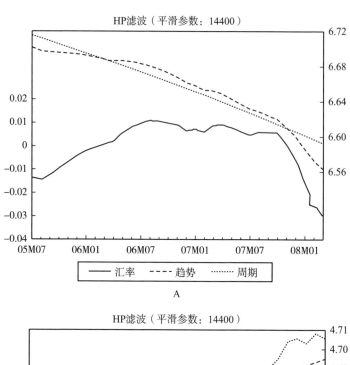

A

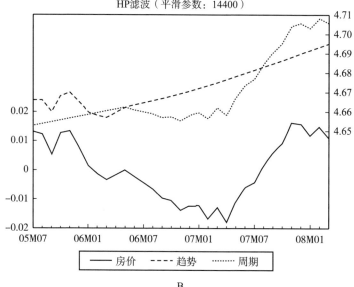

B

图 3 - 9　人民币汇率和房地产价格及其成分分解

　　从图 3 - 9 的趋势成分中可以看出，汇率与房地产价格具有近似的反向波动模式，单位美元换取人民币的数量呈现一路下滑的趋势，即人民币不断升值，而房地产价格出现一路上扬的态势。从波动成分来看，人民币汇率与房地产的波峰和波谷具有相互对应的迹象，说明无论是趋势成分还是波动成分，汇率市场与房地产市场走势紧密相关。

为了全面、准确地把握汇率与房地产价格之间的动态关系，在分析两变量水平值的基础上，还有必要探究究竟是由趋势成分还是由波动成分造成的。我们首先分析汇率与房地产价格及其波动成分之间的动态相关性，并对相关变量进行单位根检验，在此基础上对两变量进行格兰杰因果关系检验，然后应用协整检验和向量误差模型，判断汇率与房地产价格之间的长期和短期相关关系。

（二）实证研究

1. 动态相关系数

汇率与房地产价格之间的动态相关系数为：

$$p(j) = [cov(HP_t, ER_{t+j})] / [\sigma(HP_t)\sigma(ER_{t+j})] (j = 0, 1, 2\cdots)$$

$$(3.8)$$

其中，$cov(HP_t, ER_{t+j})$ 为两变量之间的协方差，$\sigma(HP_t)$ 和 $\sigma(ER_{t+j})$ 分别表示各自变量的标准差。$j > 0$ 表示当期房地产价格 HP_t 与滞后 j 期汇率 ER_{t+j} 之间的相关性，$j < 0$ 表示当期房地产价格 HP_t 与超前 j 期汇率 ER_{t+j} 之间的相关性。

从图 3 - 10 中可以看出，房地产价格与汇率之间在所有时滞长度内的动态相关系数都是负的。从相关系数的绝对值来看，超前 12 个月到滞后 2 个月的汇率与房地产价格的相关性最强，在当期达到最大值，为 0.86。另外，从图 3 - 11 中还可以看出，汇率与房地产价格之间的动态相关性具有很强的非对称性。超前汇率与房地产价格之间的相关性强于滞后汇率与房地产价格之间的相关性，这说明汇率调整对房地产价格的影响有预期效应。当市场预期人民币升值时，境外投资者在中国投资房地产的回报率将上升，这会吸引更多的境外资金流入中国的房地产市场，而外资的不断进入会增加房地产需求，从而拉高房地产价格。

从波动成分来看，与水平值不同的是，此时的非对称性明显减弱，超前影响与之后的影响表现出一定的对称性，且相关系数相当不稳定，符号存在更迭。此时的相关系数明显小于水平值，说明房地产价格的最大冲击还是来自汇率价格变动。

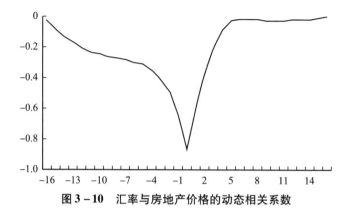

图 3 – 10　汇率与房地产价格的动态相关系数

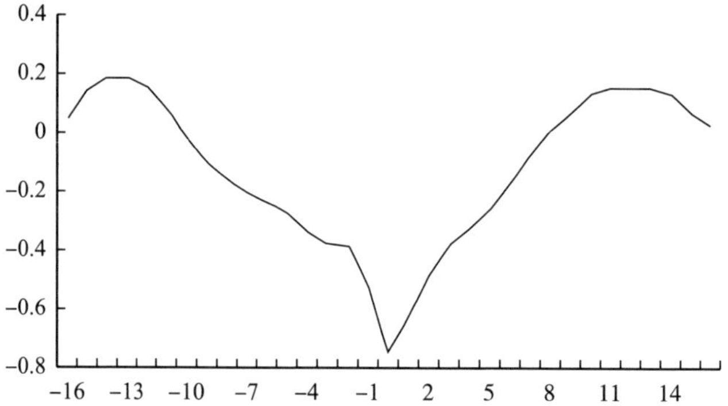

图 3 – 11　波动成分之间的动态相关系数

2. 单位根检验和格兰杰因果检验

当使用非平稳序列进行回归时，会造成虚假回归。沃深（1989）也证明，当变量存在单位根，即非平稳时，传统的统计量如 t 值、F 值、DW 值和 R^2 将出现偏差。因此，为了避免因变量的不平稳而产生虚假回归，我们用单位根检验来判断数据的平稳性。

我们采用迪基和富勒（Dichey & Fuller，1981）提出的 ADF（Augmented Dickey – Fuller）方法进行单位根检验，检验方程根据是否具有截距项或时间趋势分为三类，即方程（3.9）既有截距项又有时间趋势，方程（3.10）既无截距项又无时间趋势，方程（3.11）则含有截距项但无时间趋势。

$$\Delta y_t = \beta_1 + \beta_2 t + (\rho - 1) y_{t-1} + \alpha_i \cdot \sum_i^m y_{t-1} + \varepsilon_t \qquad (3.9)$$

$$\Delta y_t = (\rho - 1)y_{t-1} + \alpha_i \cdot \sum_{i}^{m} y_{t-1} + \varepsilon_t \qquad (3.10)$$

$$\Delta y_t = \beta_1 + (\rho - 1)y_{t-1} + \alpha_i \cdot \sum_{i}^{m} y_{t-1} + \varepsilon_t \qquad (3.11)$$

其中，ε_t 为纯粹白噪声误差项，滞后阶数的选择使得 ε_t 不存在序列相关。原假设 H_0 为 $\rho > 0$，备选假设 H_1 为 $\rho < 0$，接受原假设意味着时间序列含有单位根，即序列是非平稳的。我们用画图的方法来确立各组数据 ADF 检验中是否包含截距项和时间趋势，通过 AIC 和 SC 来确定最佳滞后项。

从表 3 - 19 中可以看出，各变量的时间序列在显著水平为 10% 的 ADF 检验中都存在单位根，说明原序列都不平稳，但各变量的一阶差分都在 10% 的显著水平上拒绝了单位根假设，说明各变量都是 Ⅰ（1）序列。

表 3 - 19　　　　　　　　　　各变量单位根检验结果

变量	检验形式 （C，T，K）	ADF 统计量	临界值 （5%）	变量	检验形式 （C，T，K）	ADF 统计量	临界值 （5%）
ER	（C，T，3）	1.455	-3.584	ΔER	（C，T，2）	-3.64	-3.574**
HP	（C，T，5）	-1.03	-3.56	ΔHP	（C，T，3）	-3.22	-3.58*
FER	（C，0，5）	-0.87	-2.98	ΔFER	（C，T，2）	-3.64	-3.57**
FHP	（C，0，0）	-1.20	-2.96	ΔFHP	（C，0，0）	-4.95	-2.96***
TER	（C，T，1）	-4.011	-3.580	ΔTER	（C，0，1）	-6.719	-2.989*
ER	（C，T，3）	-2.03	-3.584	ΔER	（C，T，2）	-4.21	-3.574**

注：*** 、** 、* 分别表示在 1% 、5% 和 10% 的水平上拒绝原假设。

前面的分析已经揭示了汇率与房地产价格及波动成分之间的动态相关性，反映出汇率与房地产价格的短期动态调整过程。我们还要分析汇率与房地产价格之间是否存在因果关系，汇率与房地产价格之间的长期均衡关系是否存在、如何存在、稳定性表现如何以及两者在长期均衡路径上的数量关系是怎样的。表 3 - 20 为汇率与房地产价格及其相关成分之间的格兰杰因果关系检验。

表 3 - 20　　　　　　　　　　格兰杰因果关系检验

原假设	观测值	F - 统计量	P 值
HP 不是 ER 的格兰杰因	31	1.14	0.33
ER 不是 HP 的格兰杰因	31	3.76	0.04
FER 不是 FHP 的格兰杰因	30	0.81	0.50
FHP 不是 FER 的格兰杰因	30	5.15	0.007
THP 不是 TER 的格兰杰因	32	0.09	0.76
TER 不是 THP 的格兰杰因	32	8.80	0.005

　　格兰杰因果关系检验结果显示，从水平值及趋势成分来看，汇率变化是房地产价格变化的单向格兰杰原因，这一点同前面分析的汇率与房地产价格非对称关系是一致的，说明汇率变化是我国房地产价格在过去几年里快速上涨的不可忽视的原因之一；从反向影响关系来看，房地产价格变化对汇率变化不存在格兰杰影响。另外，从波动成分来看，房地产价格波动成分对汇率波动成分存在单向的格兰杰影响。

3. 协整分析及向量误差修正模型

　　由于汇率与房地产价格的水平值均为 I（1）序列，所以需要进一步对变量之间是否存在协整关系进行检验。根据检验对象不同，协整检验可以分为两种：第一种是对回归系数的协整检验，如 Johansen 协整检验；第二种是基于回归残差检验的协整检验，如 CRDW（Cointegration Regression Durbin - Watson）和恩格尔 - 格兰杰两步法（Engle - Grange 两步法）。第二种方法需要对线性模型进行 OLS 估计，在应用时不太方便，所以我们采用 Johansen 协整检验（见表 3 - 21）。

表 3 - 21　　　　　　　　　　Johansen 协整检验

模型变量（HP，ER）			
原假设	特征值	迹统计量（P 值）	λ - max 统计量（P 值）
0 个协整向量	0.51	21.36 (0.0324) **	21.97 (0.0206) **
至少 1 个协整向量	0.16	5.39 (0.5407)	5.39 (0.5407)

　　注：** 表示在 5% 的显著水平上拒绝原假设。

协整检验结果表明，模型的变量组存在一个协整向量。根据估计，经标准化的协整向量为（1.00，0.85），协整关系的估计方程可以写为：

$$\text{HP}_t = -\underset{0.00103}{0.004121} - \underset{0.35459}{0.85}\text{ER}_t \tag{3.12}$$

协整关系表明，汇率与房地产价格之间存在长期均衡关系，并且具有显著的负相关性，这印证了动态相关系数以及格兰杰因果检验结果。

根据格兰杰定理，若一组变量具有协整关系，则一定存在其对应的向量误差修正模型。由于 ER 和 HP 为 I（1）时间序列，且存在协整关系，故可以建立 VEC（向量误差修正模型）来描述汇率与房价短期调整及长期均衡关系。

从表3 - 22 中可以看出，房地产价格受到长期均衡关系的显著影响（误差修正系数显著），但汇率变化并未受到长期均衡关系的影响。

表3 - 22　　　　基于 VEC 的汇率与房地产价格关系的检验结果

因变量	D（ER）		D（HP）	
自变量	系数	t 值	系数	t 值
ECM（ - 1）	0.057	1.78	- 0.13	- 1.98 *
D［ER（ - 1）］	0.50	1.95 **	0.30	0.53
D［ER（ - 2）］	- 0.12	- 0.051	0.72	1.35
D［HP（ - 1）］	0.05	0.09	- 0.13	- 0.56
D［HP（ - 2）］	- 0.02	- 0.27	- 0.05	- 0.23
常数项	- 0.002	- 2.12 ***	0.006	1.91 *

注：*** 、** 、* 分别表示在1%、5% 和10% 的水平上拒绝原假设；滞后项数的选取是在模型精简的条件下，参照 AIC 和 SC 准则确定的。

4. 脉冲响应函数及方差分解

脉冲响应函数描述的是一个内生变量对来自另一个内生变量的一个单位变动冲击所产生的响应，它能提供系统受到冲击时所产生的正负方向、调整时滞、稳定过程等信息。在 VAR 模型中，利用变量之间的动态结构对以后的各变量产生的一系列连锁变动效应，可将 VAR 模型改写成向量移动平均模型（VMA）：

$$Y_t = \mu + \sum_{k=0}^{\infty} \psi_k \varepsilon_{t-k} \tag{3.13}$$

其中，$\psi_k = \psi_{(k,y)}$ 为系数矩阵，$k = 0, 1, 2 \cdots$，对 y_i 的脉冲引起的 y_t 响应函数为 $\psi_{0,yi}$，$\psi_{1,yi}$，$\psi_{2,yi} \cdots$。

从图 3-12 中可以观察到汇率与房地产价格之间的动态影响关系。汇率的变化对第 1~2 期的房地产价格变化解释能力不强，从第 3 期开始对房地产价格有一定的冲击，因此，汇率变化对房地产价格变化的影响有一定的滞后，其后对房地产价格的解释能力逐渐增强，在第 4 期影响最为显著。房地产价格对汇率的变化则基本上没有解释力。

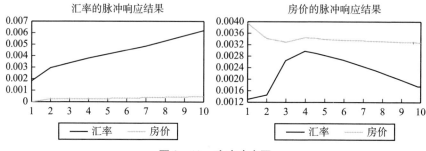

图 3-12　脉冲响应图

方差分解是将系统的预测均方误差分解成系统中各变量冲击所作的贡献，即将任意一个内生变量的预测均方误差分解成系统中各变量的随机冲击所作的贡献，计算出每个变量冲击的相对重要性。通过比较不同变量贡献百分比的大小，可以估计出各变量效应的大小。

根据贡献百分比随时间的变化，还可以确定一个变量对另一个变量的作用时滞。图 3-13 为汇率与房地产价格方差分解图，从中可以看出，汇率变化对房地产价格波动具有较强的解释力，从第 2 期开始解释力逐渐增强，在第 20 期之前，影响房地产价格变化最主要的因素是汇率变化，而在第 20 期之后汇率变化在相当大的程度上解释了房地产价格变化；从第 30 期开始，汇率变化对房地产价格变化的解释力达到最大区域，保持在 80% 左右，并且此阶段维持的时间相对较长。房地产价格变化对汇率变化的解释力不强，这与前面的脉冲响应函数分析是一致的。

总之，汇率变化对房地产价格的影响持续力度较大，持续时间较长，而房地产价格变化对汇率基本上没有造成影响。无论是长期还是短期，汇率变化都对房地产价格有较大的解释力度，而汇率变化主要是受自身的影响。

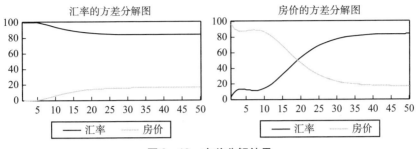

图 3 - 13　方差分解结果

三、汇率与房价水平的关系总结

本章运用动态相关系数、单位根检验、协整检验、格兰杰因果检验以及脉冲反应和方差分解的计量方法，对人民币现实升值以来汇率与房地产价格之间的关系进行了实证研究，并得出三个结论。

第一，名义汇率与房地产价格之间存在一种负向关系。汇改后，我国的房地产价格与人民币名义汇率无论从长期还是短期来看都具有密切的关系。房地产价格与人民币名义汇率具有长期稳定的协整关系，汇率的短期波动对房地产价格会产生显著的影响。尽管汇率冲击不是导致房地产泡沫破灭的充分条件，但汇率变化与房地产价格之间的紧密联系会引起人们对二者之间关系的更多关注，即要时刻提防房地产泡沫膨胀和破灭带来的负面影响。

第二，汇改后人民币名义汇率是房地产价格上涨的单向格兰杰原因。人民币现实升值推动了中国房地产价格的上扬，一方面，人民币升值预期以及现实升值是以人民币计价的房地产资产成为全球投机资本追逐的根本动因；另一方面，人民币现实升值促使企业和个人资本项目下的结汇大量增加，中国人民银行为了维持人民币汇率的稳定，必然被动地买入美元，投放基础货币。

第三，从脉冲响应函数和方差分解中可以看出，汇率变化对房地产价格的影响持续力度大、持续时间长，而房地产价格变化对汇率基本上没有影响。无论是长期还是短期，汇率变化都对房地产价格有较大的解释力度，而汇率变化主要受自身的影响。

从本质上讲，汇率作为本国货币的对外价格，现阶段房地产业已成为我国的支柱产业，在全球化背景下，我们既要确保货币政策的独立性，又要防止国际游资在我国房地产市场的投机行为。从长期来看，人民币升值与房地产价格之间最为核心的传导机制在于外汇制度，因此，应不断完善汇率制度改革，使汇率水平逐步趋向均衡，进而建立灵活的汇率制度。本章的重点仅放在汇率与房地产价格之间的联动关系上，要更深入地理解其关系，还要考虑包括体制因素在内的其他解释变量。

第二篇 理 论 篇

本篇章将集中讨论货币政策调控房地产市场的理论基础，首先考察货币政策调控房地产市场的传导渠道，其次分别从企业、市场、区域维度阐述货币政策调控房地产市场的理论机制，旨在为后续章节论述奠定坚实的理论基础。

在"房地产市场货币政策的传导机制"一章中，首先讨论货币政策机制理论中的两大流派，即货币学派和信贷学派；其次，在理论层面上探讨了利率渠道、资产价格渠道以及信贷渠道等多个传导路径，揭示了其对房地产市场的供需关系和价格水平的影响；最后，落脚到房地产市场中，具体探讨了货币政策在调控房价、稳定市场、防范风险等方面所面临的问题。

在"企业和市场维度房地产市场的货币政策效应"一章中，首先指出推动房地产业向发展新模式平稳过渡的重要性；其次，阐述了当前房地产市场"三高"运营模式带来的金融风险，强调了货币政策在引导房地产业健康发展中的关键作用；最后，分别论述货币政策对微观企业和房地产市场的影响。

在"宏观和区域维度房地产市场的货币政策效应"一章中，首先明确货币政策在当前以及未来一段时间内房地产市场发展中的关键作用；其次，分别从宏观维度与区域维度论证房地产市场货币政策的有效性；最后，对宏观和区域维度下房地产市场货币政策效应研究进行总结，强调货币政策在房地产市场中的重要性及其传导机制的复杂性，并在此基础上形成总结和展望。

第四章 房地产市场货币政策的传导机制

自凯恩斯建立宏观经济分析框架以来，各经济学流派从不同的经济条件出发，分别形成了各自的货币政策传导机制理论，至今没有形成统一的认识。而对货币政策传导机制，一般认为有利率渠道、资产价格渠道、财富效应渠道和信贷渠道等。但从金融机构的资产和负债角度看，学术界公认的货币政策机制理论主要有两大流派，即货币学派和信贷学派：前者重点关注银行资产负债表的负债方——货币的作用，认为货币政策的实施要以能够有效控制货币供给量为基础；后者则重点关注银行资产负债表的资产方——贷款的变化，认为货币政策的操作以能够有效调节私人部门的信贷可得性为基础。国内外相关研究没有逃离上述分析框架，具体可以表现为：

第一节 货币政策传导机制研究

一、货币传导渠道

货币渠道主要包括三种渠道：一是传统凯恩斯主义强调的利率渠道，通过货币供给的变化来影响价格预期，从而影响通胀预期，再影响实际利率水平，进而影响总投资，最终导致经济增长的变化；二是后凯恩斯主义强调的汇率渠道，即改变货币供给量，导致利率发生变化，进而改变汇率从而影响净出口；三是货币主义强调相对资产价格效应，包括投资方面的托宾 Q 效应和消费方面的财富效应。托宾 Q 效应是指货币供给量的变化将改变股本价格，从而托宾 Q 值发生变化，导致投资发生变化，从而影响经济增长；财富效应是指货币供给量的变化通过影响股本价格从而影响到财富的变化，进而影响消费支出的变化，导致经济增长。持货币观点的学者认为，金融资产只有货币和债券两种形式，银行贷款只是债券的一种，贷款和债券可以相互替代。货币政策的传导过程仅是通过"货币途径"完成的，主要是通过不同金融资产的价格（主要是利率）的变化发生作用，并影响投资水平和产出。

诸多学者通过计量找出了货币与产出之间的关系，证实了货币渠道的存在。麦坎德利斯和韦伯（McCandless & Weber，1995）通过对 110 个国家、跨时 30 年的数据研究发现，通货膨胀率和货币供给增长率的相关系数等于 1。卡尔·沃什（2004）通过对美国宏观经济数据研究发现，短期内货币滞后值和产出之间存在较强的相关性，较高 M2 数值预示着未来将会出现较高的产出，而较高的产出则表明未来 M2 数值较低。刘金全和刘志强（2002）通过格兰杰因果检验结果表明，货币供给对产出有影响。范志勇和徐赟（2008）通过国际比较研究发现中国货币供给与宏观经济波动之间的相关性远高于世界其他主要经济体。在名义利率黏性条件下，真实利率是中国货币政策冲击的重要渠道之一。当然，货币与产出之间的关系也存在一定的跨周期调控效果。如战明华和卢垚（2023）在对中国宏观经济周期进行识别与测算的基础上，采用 FAVAR 模型对货币政策的跨周期调控进行研究，结果发现货币政策对总量产出存在一定程度的跨周期调控效果，这种调控效果与经济不确定程度、货币政策立场与工具等因素密切相关。

实际利率渠道的核心问题就是价格黏性，即名义价格或工资不能瞬时、完全地反映名义货币量的变动。这样名义扰动才不会简单地通过价格消散掉，并最终影响到真实经济，也即只有未被公众预期到的货币政策调整才会影响实际利率和经济活动，而被公众预期到的货币政策调整则不会带来实际产出的任何增加，仅产生一个新的价格均衡。这一领域最新的研究成果是从市场结构出发探讨价格黏性产生原因。如伯德利和德弗罗（Beaudry & Devereux，1995）、金和沃森（King & Watson，1996）、夏利特（Chariet，2000）等学者在模型中引入一个处于垄断竞争状态的中间品市场，并在厂商最优化行为基础上沿袭泰勒（Taylor，1980）的交错定价假设（每个时期只有一半的中间品制造商在期初重新确定产品价格，而且价格在两期内保持不变），以此来模拟货币政策的传导机制。而随着数字经济的不断发展，这一种新模式正全方位地改变我国的经济形态和运行机制，战明华和卢垚（2023）发现，数字经济引起的价格黏性变化弱化了货币政策利率渠道调控总产出的效果。

另外一些学者，如奥伯斯费尔德和罗格夫（Obsfeld & Rogof，1995）、贝茨和德弗罗（Betts & Devereux，2000）、科尔曼（Kollmann，2001）、莱恩（Lane，2001）、恩格尔（Engle，2002）等，找到汇率传导的证据。他们在以个体最优行为和浮动汇率为基础的开放经济两国模型中引入垄断竞争市场和菜单成本价格黏性假设，来说明实际利率传导渠道中的汇率途径。随后，麦卡勒姆和纳尔逊（MaCallum & Nelson，2000）、克拉里达等（Clarida et al.，2002）在上述模型的基础上把封闭经济下新凯恩斯动态一般均衡模型扩展到内含 Cal Vo 价格黏性假设的开放经济系统中，同样得到实际利率在开放经济中对总需求的影响将因汇率途径存在而得到加强的结论。

也有学者通过货币渠道和信贷渠道的比较找到存在货币渠道传导的证据。拉米（Ramey，1993）使用向量误差修正模型和格兰杰因果检验对 1954～1991 年美国宏观月度数据进行实证研究，结果显示货币渠道远比信贷渠道重要。当广义货币供应量变动被引入时，银行信贷波动对产出没有显著的解释力，而唯一支持信贷渠道独立存在的证据是，大企业与小企业借贷行为的差异似乎在滞后 2～4 年内增强了初始冲击所产生的政策效应。莫里斯和塞隆（Morris & Sellon，1995）以及德拉阿里奇亚和加里波第（Ariccia & Garibaldi，1998）的实证分析也表明，中央银行不能显著影响银行贷款行为，信贷渠道数量效应是微不足道的。冯春平（2002）利用我国 1980 年第一季度至 2001 年第二季度的数据，对货币供给冲击对产出和价格的影响进行了实证研究，发现货币冲击有明显的变动性，货币冲击对产出的中短期影响逐渐下降，稍长期的影响也在后期降低，对价格的影响波动性更大，并有逐渐加大的趋势。陈飞等（2002）利用 1991～2000 年的季度数据进行了实证研究，认为货币渠道比信贷渠道对于产出具有更大作用。孙明华（2004）对我国从 1994 年第一季度至 2003 年第一季度的货币政策传导机制进行实证分析，结果表明目前我国货币政策通过货币渠道而不是信贷渠道对实体经济产生影响。刘泽琴等（2022）采用 Rubin 因果效应框架下的现代宏观经济政策评估方法，量化评估 2007～2017 年我国货币政策和宏观审慎双支柱调控框架对经济增长、物价稳定及金融稳定的影响，结果发现货币政策工具可通过货币渠道和信贷渠道共同影响实体经济，货币渠道传导以调整货币供应量为主，信贷渠道传导以调整信贷增速为主，但利率渠道的传导并不通畅。

货币观点只强调资产负债表中负债的一方，而忽视了资产的一方，认为货币供给变化的根源并不重要；不管货币总量的增加是银行发放贷款还是购买证券引起的，它对经济活动都将产生同样的影响。不容忽视的是，货币观点建立在完全信息的金融市场假设基础上，而忽视了事实上的信息不完全问题和金融市场的自身结构问题。许多研究在对货币渠道的质疑和批判的基础上逐渐发展成为信贷渠道。

二、信贷渠道传导机制

1. 货币政策如何影响信贷渠道

信贷渠道主要包括银行贷款渠道和资产负债表渠道。持信贷观点的学者认为，货币观点只强调资产负债表中的负债一方是不对的，作为资产的一方同样会对经济活动产生重要影响，其作用甚至超过货币。信贷渠道可以理解为一个有关货币、债券和贷款三种资产组合的模型，并且在债券和贷款之间不存在完全替代关系。不对称信息和其他摩擦因素造成了外部筹资的资金成本与内部筹资的机会成本之间的"外在融资溢价"。货币政策不仅影响到一般利率水平，而且还影响到外在融资溢价的大小，外在融资溢价的变化比单独利率变化能更好地解释货币政策效应的强度、时间和构成，银行信贷的可得性在货币政策的传导过程中占据重要地位。

由于信贷观点是在对货币观点的质疑和批判的基础上逐渐发展起来的，因此实证检验更多偏向于证实信贷渠道的存在性。伯南克和布林德（Bernanke & Blinder，1988）从银行贷款的角度出发，对传统凯恩斯主义 IS – LM 模型进行了修正，率先对货币政策如何通过信贷渠道传导的问题进行了正式探讨。他们指出，在信息不对称条件下，金融中介机构在金融体系中发挥着特殊作用，银行贷款融资对于特定贷款人特别是中小企业和个人是不可或缺的，因为它们不像大企业一样具有其他可以替代的融资渠道，只能依赖银行贷款融资。这样一来，货币政策可以通过中央银行的准备金操作降低商业银行金融头寸，减少银行可贷资金，从客观上限制商业银行提供贷款的能力，贷款依赖型借款者由于贷款资金来源减少及贷款成本提高，支出水平必然下降，总需求减少。

在对信贷渠道具体鉴别中，有许多学者发现银行贷款渠道存在的证据。罗默（Romer，1990）发现货币紧缩后外部融资构成中银行贷款的比例有所减少，不过，实证结果暗示这一变化可以解释为银行信贷利率与商业票据利率之间的差异导致商业票据发行量增加，而不是对银行贷款减少的替代；他们还发现，紧缩货币政策对银行放贷能力的显著影响是联储直接盯住银行贷款的行为引起的，而与货币政策传导的内在属性无关。因此，这些变量波动对紧缩政策的反应并不需要信贷渠道来解释。卡什亚普等（Kashyap et al.，1993）建立数量模型研究了银行贷款和商业票据的相对变动，证明了银行贷款渠道传导机制的存在。他们发现，货币政策变动能够改变银行贷款和商业票据的组合，货币紧缩导致企业外部融资结构的变动，当银行贷款下降时，商业票据的发行增加，这表明紧缩性货币政策确实能够减少贷款供给，从而影响到投资和产出。卡什亚普等（Kashyap et al.，1995）利用 1976～1992 年美国银行业数据证明了当美联储从金融体系抽走流动性时，银行无法在短期内无成本地获得非存款外部资金从而导致可贷资金及银行借贷下降，引起依赖银行资金的企业削减支出。其采用 1976～1993 年美国商业银行面板数据进行的实证研究找到了强烈支持银行贷款渠道存在的证据，他们发现货币政策冲击对流动性较差的银行信贷行为影响显著，且这一结果主要归因于小银行。卡克斯和斯特姆（Kakes & Sturm，2002）根据资产负债表结构的差异将德国银行分成六组，采用 VECM 模型和脉冲响应函数对相关数据进行计量分析，发现中小银行比大银行更倾向于持有更高比例的流动资产以便应付紧缩性政策冲击。此外，货币紧缩之后银行借贷行为出现较大的差异，其中小银行信贷下降的最多，而大银行却往往能够保护其信贷组合成功地平滑货币冲击。德哈恩（DeHaan，2003）采用 1990～1997 年银行样本数据，通过实证分析发现，一方面，在荷兰存在银行贷款渠道，货币紧缩对流动性和资本有限的小银行具有更大的效应；另一方面，货币政策通过信贷传导途径对企业产生的冲击要高于对家庭的冲击。

对资产负债表效应的实证研究集中在企业和消费者层面，多数实证结果显示资产负债表渠道是显著的，但是在各国的具体表现又有所不同。蔡伟华和金永山（Woon & Yung，2003）运用 1957～1997 年美国公司季度面板数据从企业层面上证明了信贷渠道的存在，它们发现货币紧缩时期，无论大企业还是小企业以及它们之间都显著地增加了商业信用的使用，说明货币紧缩导致银行贷款萎缩，企业倾向于采用商业信用来部分替代银行信贷和其他正规资金来源方式，缓解紧缩性货币政策带来的负面冲击。奥佳华（Ogawa，2000）采用 1975～1998 年公司季度面板数据建立向量自回归模型分析了日本 20 世纪八九十年代货币政策传导机制，发现企业固定投资与公司土地资产价值密切相关，货币政策通过改变地产价格进而影响企业外部融资溢价，导致企业固定投资变动，对小企业而言尤其突出。萨菲和卡梅隆（Safaei & Cameron，2003）利用结构 VAR 模型对加拿大 1956～1997 年的宏观经济季度数据进行计量研究，两个分别以基础货币和短期利率作为政策变量的模型检验结果均支持信贷在产出波动中扮演了重要作用的观点，另外，个人信贷在短期内对真实产出的解释力明显强于企业借贷，因此，是消费者而不是企业表现出信贷约束特征。艾弗里等（Avery et al.，2010）通过运用一些衡量银行稳健性和家庭部门负债表现的地方性指标，考察了银行和借款人的资产负债表如何影响地方经济活动。研究发现，在地方层面，与过去 10 年相比，在房地产繁荣和萧条时期银行资本水平与经济活动（失业率）之间存在更加紧密和直接的联系。然而，这种资本渠道的表现方式并不是家庭部门贷款扩大，这可能反映了在美国国家贷款主导了抵押借款和消费信贷市场的状况。这与资产负债表是影响家庭部门信贷主要渠道的观点是一致的，而且至少在地方层面可以说明，主要通过商业和工业贷款，银行信贷能够影响企业支出。

在国内，王振山和王志强（2000）利用 1981～1998 年的年度数据和 1993～1998 年的季度数据进行的研究表明，信贷渠道是中国货币政策的主要传导途径，而货币渠道的传导作用则不明显。李斌（2001）利用 1991～2000 年的季度数据进行的研究表明，信贷总量和货币供应量与货币政策最终目标变量都有很高的相关性，但信贷总量的相关性更大一些，这表明现阶段信贷总量对经济运行仍然具有举足轻重的作用。周英章和蒋振声（2002）对中国 1993～2001 年的货币政策传导机制进行实证分析，结果表明中国货币政策是通过信贷渠道和货币渠道共同发挥作用的，信贷渠道占主导地位，但转轨时期信贷渠道的传导障碍在很大程度上限制了以其为主要传导途径的货币政策有效性。王国松（2004）利用 1994~2002 年的年度数据进行的研究表明，在通货紧缩期间，我国货币政策传导的传统货币渠道"受阻"，而信贷渠道发挥了重要作用。而冯科和何理（2011）通过构建银行信贷传导渠道的理论模型并对之前学者所构造的模型进行修正，研究发现资本充足率和信贷规模呈现显著正相关，上市融资对信贷扩张有显著影响，银行信贷渠道对货币政策的传导作用有限。高歌和何启志（2021）发现，在短周期内由于传导时滞，利率渠道的货币政策难以引导企业增加投资，而信贷渠道的货币政策对企业投资有一定的引导作用。由此可见，在研究货币政策传导渠道的过程中，信贷渠道是极为重要的。当前，有关货币政策微观质效的研究大多也是从信贷渠道出发（刘海明和李明明，2020）。

2. 银行贷款渠道和资产负债表渠道哪个渠道更重要

尽管理论和实证研究都明确了信贷渠道对信贷供给的影响是一致的，但这些研究无法证明信贷渠道的影响是独立存在的，无法明确信贷变化是由贷款供给还是贷款需求的变化造成？进一步说银行贷款渠道和资产负债表渠道是哪个渠道发挥更重要的作用？西卡等（Cicca et al.，2010）采用机密的欧元区银行贷款调查数据和公开的美国高级信贷员调查结果分解贷款需求与贷款供给的影响，结果显示，贷款供给相对于贷款需求对货币政策冲击更为敏感。

通过观察数据可以发现，银行信贷渠道和借款人资产负债表渠道之间存在相互作用，理论模型有助于解释这种相互作用。德多拉等（Dedola et al.，2009）建立了模型，考察在包含金融加速器和内生性资产组合选择在内的两国经济体系中，高杠杆投资者资产负债表中的外汇风险是如何实现跨国传递的。在该体系中，即使资产负债表中对外国的风险暴露很小，银行业的冲击也会造成实体经济的大幅波动（只要跨境资产市场的一体化造成杠杆投资者所面临的外部融资溢价相等）。在这种情况下，全国性地向安全资产转移（fight to quality）可能导致类似的（去）杠杆化、跨国金融和宏观经济特征。迪西亚塔特（Disyatat，2011）对银行信贷渠道进行了重新审视，不同于货币政策传导中传统的银行角色即货币政策的变动直接影响到银行的存款情况，进而影响银行贷款行为，该文通过建立一个包括公司、银行和家庭三主体的一般均衡模型来研究存款和贷款的关系，认为货币政策在银行的传导机制是通过影响银行资产负债表状态以及风险预期来影响银行信贷规模的。

第二节 房地产市场货币政策
传导机制研究

一、货币渠道

在凯恩斯主义的基本分析框架 IS－LM 模型的基础上，新古典综合派第一次全面阐述了货币政策传导的货币机制观，它是以完善的金融市场结构为基础，从私人经济部门的资产结构调整效应与财富变动效应角度分析货币政策传导机制理论的总称。这一类货币政策的传导渠道被统称为"货币渠道"，具体包括利率渠道、汇率渠道和资产价格渠道三种途径。

（一）实际利率渠道

乔根森（Jorgenson，1963）、波特巴（Poterba，1984）、米什金（Mishkin，2007）认为资本使用成本（user cost of capital）是住房资本需求的重要决定因素。而货币政策通过利率变动对房地产需求产生直接影响，主要是通过改变资本使用成本来进行的。

资本使用成本（uc）可以写成：

$$uc = ph[(1-t)i - \pi_h^e + \delta] \qquad (4.1)$$

其中，ph 为新建住房相对旧住宅的资本价格，i 为银行贷款利率，π_h^e 为预期房价增长率，δ 为折旧率，t 为边际税率。如果考虑到通货膨胀因素，资本使用成本包含三个部分，一是真实的税后利率，二是房地产价格的真实增长率，三是折旧率。方程（4.1）改写为：

$$uc = ph[\{(1-t)i - \pi^e\} - (\pi_h^e - \pi^e) + \delta] \qquad (4.2)$$

可见，实际税后利率越高，房地产价格的实际预期增值率越低，资本使用成本越高；反之，资本使用成本越低。

当货币当局采用紧缩性政策提高短期名义利率时，由于长期利率是未来短期利率的预期，因此长期利率也开始上涨，从而导致资本使用成本也随之增加，使房地产市场的需求下降。房地产需求的降低将进而导致房地产投资与建设的缩减，因此致使经济中的总需求下降。大多数国家的中央银行都将这一渠道纳入其宏观经济计量模型中，只是各国所估计的住房投资对资本使用成本的弹性存在较大的差异。利用美国数据估计的该弹性系数为 -0.2 与 -1.0 之间（Hanushek & Quigley，1980；Case，1986；McCarthy & Peach，2002）。而美联储所使用的 FRB/US 模型中，所估计的该弹性系数为 -0.3。

资本使用成本的第二个组成部分是房价的实际预期增值率（$\pi_h^e - \pi^e$），这是货币政策影响房地产市场需求的另外一条有效途径。如凯斯和席勒（Case & Shiller，2003）所强调的，房价预期增值率的变动将对资本使用成本和房地产需求产生重要的影响。当货币当局采用紧缩性政策导致利率提高时，由于前述的资本使用成本的传导机制作用，房地产需求将下降，房价的上涨幅度下降。而关于未来紧缩性货币政策的预期将进一步降低实际房价预期增值率，因此提高当前的资本使用成本，这又更进一步导致房地产需求的下降，进而导致房地产投资与建设的缩减。

在以上的房价实际预期增值渠道中，需要强调的是，房价中不仅包含建筑物的价值，而且包含了土地的价值。如果房价中只包含住房建筑物的成本，则资本使用成本公式中的第二项房价实际预期增值率（$\pi_h^e - \pi^e$）不一定会发生大幅度的波动。理由是，总体来看，可以认为住宅建筑物的市场供给是具有弹性的，因此住宅建筑物价格的变动大体上可以反映建设成本的变化（如劳动力成本与物资成本），而从历史实践来看，建设成本的变动幅度是比较小的。

房地产市场货币政策传导效应研究又一切入点是直接给出货币政策变量与房价之间的关系。伯南克和格特勒（Bernank & Gertler，1995）观察得出，房地产投资对短期利率冲击反应通常强烈而且持续，但是对于长期利率动态反应却不是这样，而长期利率实际上应该是促进房地产消费的主要因素。对长期利率的反应比对短期利率的反应小，而且恢复很快。米什金（Mishkin，2007）认为，由于房地产建设住房的速度相对较快，对于住房建设的融资成本来说，重要的是短期利率，较高的短期利率将提高新住房的建设成本，减少新住房的供给。

兰德尔（Randall，1990）认为自20世纪80年代以来，由于美国大范围的金融自由化，使得利率与房地产市场之间的联系有了显著的变化，利率与房地产之间的联系在1982年末之后被明显削弱了。穆罕默德和马吉德（Mohammad & Majid，2002）基于莫迪利安亚尼（Modigliani，1971）的研究认为，通过利率、信用额和财富效应了解货币政策对于房地产的影响，对政策制定者和研究者来说是当务之急。他们研究了自1968~1999年第一季度英国房地产投资与宏观经济因素之间的关系，对VAR模型进行历史分解和方差分解，得出财政政策因素对房产消费有着温和而明显的影响，而货币政策因素则表现出更大且长期对房产消费有更深远的影响。高和基南（Kau & Keenan，1980）的研究表明，利率上涨导致房地产价格下降，二者呈反比。阿加瓦尔和菲利普斯（Agawal & Phillips，1984）认为，抵押贷款利率与房地产价格呈负向关系。哈里斯（Harris，1989）通过计量检验得出，名义抵押贷款利率与房地产价格呈反向关系。库（Cho，2004）认为实际利率越低，房地产的租押价格涨得越高。赵德浩和马承烈（Deokho & Ma，2006）根据韩国1991~2002年的月度数据，利用光谱分析和协整检验方法考察了利率与房地产价格之间的长期关系，得出房地产价格与利率之间的关系为长期负相关，短期关系为利率是房地产价格的格兰杰原因。惠顿和涅恰耶夫（Wheaton & Nechayev，2008）根据美国59个大都市统计区1998~2005年数据，实证结论为利率变动并不能有效解释房地产价格变动。而古德曼（Goodman，1995）、肯尼（Kenny，1999）则通过研究发现，房地产价格和利率之间存在正向关系。库珀（Cooper，2004）对英国房地产市场研究发现，英国抵押贷款利率与长期利率相关使得房地产价格波动幅度减弱。

在国内，陈淮和郑翔（2005）剖析了央行2004年利率调整的宏观经济背景，从房地产开发商、购房者、商业银行、房地产金融发展和房地产市场发展的影响等5个方面，分析利率调整对房地产市场发展的影响。张晓晶和孙涛（2006）通过对1992~2004年季度数据分析驱动我国房地产周期进行了计量分析，发现上期实际利率变动1个百分点会导致当前房地产投资增长率同向变动4.58个百分点。解释了二者之间同向变动与一般经济理论有悖的原因，一是长期以来中国的利率还没有市场化，利率作为资金价格，还不能完全反映资金成本。二是中国的投资有很多是政府驱动，房地产投资较少考虑利率因素，甚至在利率上升的时候，房地产投资仍然上升。宋勃和高波（2006）利用中国1998～2006年的一年期存款实际利率、一年期商业贷款实际利率、存款准备金实际利率、中央银行实际贷款利率、实际再贴现率与房屋销售价格指数、土地交易价格指数的季度数据建立误差纠正模型，分析得出，短期而言，中央银行实际贷款利率、存款准备金实际利率、一年期存款实际利率和一年期商业贷款实际利率对房价存在负向影响，一年期商业贷款实际利率对地价存在负向影响；长期而言，一年期存款实际利率对房价存在负向影响，而一年期商业贷款实际利率对房价存在正向影响。

梁云芳和高铁梅（2007）运用误差修正模型分析了我国东中西部房价的区域差异性，研究发现实际利率对短期内房价的波动没有显著影响，调整利率对于控制房价的效果不显著。况伟大（2010）考察了35个大中型城市1996～2007年利率与房价变动的关系，研究得出，利率对房价的影响不显著，中央实施的利率政策并不能起到有效地抑制房价的作用。王先柱和赵奉军（2010）在控制了房地产需求和供给影响的基础上，利用1999～2007年35个大中型城市面板数据分析利率与信贷对房地产价格的影响以及货币政策在房地产市场的区域效应。结果发现利率对房地产价格的解释力度不强，房地产信贷对房地产价格存在正向的影响。魏玮和王洪卫（2010）通过建立PVAR（面板向量自回归）模型，使用脉冲响应函数分析方法，测度各种货币政策工具对中国东部、中部、西部地区房地产市场价格动态影响的异同。而沈悦等（2011）利用从2000年第一季度到2009年第三季度的152个变量的时间序列数据，构建房价对货币政策传导效应的FAVAR模型，研究发现相较于货币供应量而言，利率对房价的影响较为明显，利率和房价呈反向关系。董凯和许承明（2017）同时运用NOEM-DSGE模型和MS-VAR模型研究利率、房产价格与汇率波动三者间的关系，结果表明扭曲的利率冲击导致了房价上涨和汇率贬值同时存在。顾笑雪和李向阳等（2023）在GMP（2019）的基础上，将房地产市场调控的三种货币政策和财政政策纳入统一的分析框架，定量分析了房产税、抵押贷款利率与限贷政策的调控力度及其异同和形成机理，价格型调控政策（房产税和利率政策）的调控力度和效果最强，均能有效抑制房价非理性上涨。

（二）汇率渠道

世界范围内经济国际化趋势的加强和浮动汇率制度的确立，使得货币政策如何影响汇率水平，进一步对进出口和总产出水平产生影响的问题，越来越引起人们的关注。汇率通过改变进出口商品的国内价格水平直接对国内物价水平施加影响。在汇率传导过程中，其实还包括利率水平的影响，国内实际利率水平的下降降低了国内货币存款相对于外币存款的吸引力。结果，本币存款的价值相对于其他外币存款价值下降，本币贬值。国内货币价值下跌使得本国货币相对外国同类商品更加便宜，因此会导致净出口增加，总产出水平也随之增加。这个过程可表示为：

货币供给↑⇒实际利率↓⇒本币贬值↓⇒净出口↑⇒产出↑

一般而言，汇率调整通过五种路径来影响房地产价格（高波，2006）。以东道国货币升值为例，一是流动性效应。主要表现为境外资金对东道国房地产市场的投机活动。二是预期效应。如果投资者预期东道国货币将会升值，他们就会投资更多资金在东道国的房地产市场，刺激房地产市场需求。三是财富效应。货币升值意味着进口商品价格下降，导致进口增加，进而带动国内一般消费价格走低，货币的购买力增强，多余的购买力将进入房地产领域。四是溢出效应。货币升值不仅影响东道国的产业增长，而且还通过货币工资机制、生产成本机制、货币供应机制、收入机制等途径造成物价的下跌，导致国内经济的萎缩，会激发东道国政府采用扩张性货币政策来刺激经济发展，这促使了更多资金流入房地产市场，导致房地产价格上涨和泡沫的出现。五是信贷扩张或收缩效应。在固定汇率制度下，本国货币升值或升值预期将吸引大量的资金流进。为了保持币值的基本稳定，货币当局将被动买进外币同时放出本国货币，即大幅度增加了流动性。银行信贷资金大量进入房产领域，致使房地产泡沫膨胀。

米勒（Miller et al.，1988）分析汇率对夏威夷在1987年至1988年房地产价格的影响，随着日元对美元的升值，房地产价格也随之上涨，汇率与房价二者之间的相关系数为0.753。侯和雷（Hau & Ray，2002）在新开放经济宏观经济学框架中下，分析外部冲击会通过外汇市场的传导引发国内资产价格的变动，本国货币相对于外国货币的升值会导致国内资产价格的上涨和外国资产价格的下跌。本森等（Benson et al.，

1999）通过特征价格模型对贝林翰的房地产价格影响因素进行分析，发现汇率上升 10% 会导致房价上升 7.7%。高波等（2006）认为近年来人民币升值预期和人民币升值压力的货币化，加剧了房地产泡沫。但在建立有管理的浮动汇率制度过程中人民币小幅升值不会诱致房地产泡沫膨胀或崩溃。王爱俭等（2007）从供给和需要角度探讨了房价与汇率之间的关系，认为当前的房价高涨是汇率管制下市场自身为经济高速增长选择的应力释放点，是用一种价格的错位来应对另一种错位的价格，在部分缓解人民币升值压力的同时却进一步扭曲了资源的配置。李慧敏等（2021）通过构建 DSGE 模型，同时运用中日两国 1998～2011 年以及 1977～2004 年数据，发现房价和汇率之间并不是替代关系，而是同时由第三方因素决定，即存在类似住宅偏好等冲击可以同时使得住宅价格下降。

杜敏杰等（2007）从房地产价格的现值理论入手，建立了房地产价格变动与汇率变动之间的数量模型。分析结果表明，汇率的小幅变动可以通过久期杠杆使房地产价格大幅度变化。依据资产定价无套利规则，房地产价格的上涨需要同等幅度的地租上涨来支撑，如果上述关系不能满足，就会产生房地产价格泡沫。

张晓晶和孙涛（2006）计量发现实际有效汇率指数变动 1 个单位，则实际房地产开发投资增长率反向变动 5.2 个百分点。自 1994 年并轨以来直到 1998 年，实际有效汇率基本上呈上升趋势，人民币存在了贬值预期。亚洲金融危机期间，人民币贬值预期尤为严重。贬值预期阶段，大量资金流出，房地产投资的吸引力减弱。1998 年以后，实际有效汇率下降，人民币存在升值预期，无论是国内资金还是国外资金，都认为升值预期会抬高未来的房地产价格。于是大量资金进入房地产，房地产投资高速增长。黄飞雪和王云（2010）利用 2005 年 7 月到 2009 年 9 月宏观经济数据构建 SVAR 模型，分别从货币供给的利率传导机制、现金余额效应、汇率传导机制以及房地产价格对货币供给的反馈机制四个角度进行实证分析，研究发现，在汇率机制传导过程中，中央银行为了稳定币值和升值预期引起的国际资本流入导致货币供应量被动增加，从而直接导致了房地产价格上涨。

（三）财富效应

詹姆斯·托宾创立了一种用于解释货币政策通过股票价值来影响经

125

济的机制的理论，成为托宾 Q 理论。托宾定义 Q 为企业的市场价值和资本重置成本之比。资产重置成本指的是在产品市场上购置企业的厂房、设备等所必需支付的费用。如果 Q 值高，那么企业的市场价值高于其资本重置成本，因而新的厂房和设备相对于企业的市场价值来说更为便宜。公司就会发行股票，股票价格相对于它所购买的厂房和设备的成本就会比较高。由于企业发行少量的股票就可以购买到大量的资本品，因此企业的投资支出就会增加。

相反，如果 Q 值低的话，由于企业的市场价值相对于资本重置成本比较低，企业就不会购买新的资本品。如果在 Q 值低的情况下企业希望增加资本，他们就会通过低价购买其他企业、获取旧的资本品来达到这一目的。因此，投资支出即对新的资本品的购买就会下降。托宾 Q 理论为大萧条时期投资支出的极度低迷提供了一个很好的解释。美国经济大萧条时期（1929～1933 年），股票价格暴跌，到 1933 年，股票总市值只有 1929 年的 1/10，Q 值也到达了前所未有的最低点。

当货币政策是扩张性的时候，公众发现自己手中持有的货币量超过了意愿持有量，他们希望将多出的部分支出。公众支出的一个方面就是将货币投入股票市场，这就会增加对股票的需求并提高股票的价格。而高股价会导致 Q 值的升高，并进而导致投资支出的增加，其传导机制如下：

货币供给↑⇒高股价↑⇒Q↑⇒投资↑⇒产出↑

将托宾 Q 理论应用房地产市场，Q 可以定义成市场的房地产价格和建造成本比值，即：

$$Q = 住房价格/单位建设成本 \tag{4.3}$$

当值大于 1 时，对于个人和房地产发展商来说，建造新的住房是有利可图的：因为新建造的住房可以在房地产市场上以高于要素市场上建造成本的价格出售，因此房地产投资将会增加；反之，当值小于 1 时，意味着建造新的住房是无利可图的，因此，住房投资也随之减少。并且房地产业对相关产业的带动作用，房地产投资的高涨将刺激其他部门的投资需求。

从长期来看，这个比值趋向于 1，即房地产价格趋近于建造成本。但是从短期来看，两者之间会存在一定的偏离。值越高，说明房地产的投资机会越好。此时托宾效应在房地产市场具体表现为：房地产价格的上涨会直接导致对房地产开发投资的增加，这会导致与房地产相关的上游产业，如钢铁、水泥、基础设施等投资的增加，并对全社会的产出增加起到带动作用。在欧洲大陆国家和日本，房地产价格的变化对投资的影响要远远高于股票价格波动对投资的影响。波特伯（Poterba，1984）以及托佩尔和罗森（Topel & Rosen，1988）在设立模型时都将住宅投资看成是住宅价格和重置成本的差距所决定的。巴洛特等（Barot et al.，2002）对 1970～1998 年英国和瑞典的住房投资与 Q 值进行了实证研究，发现两国的 Q 值都是住房投资格兰杰原因。

　　一般而言，房地产价格状况与全社会的信贷扩张与收缩紧密联系在一起。美国"次贷危机"中房地产价格与信贷之间的关系提供了最好的证据。2008 年 11 月，美国住宅开工环比下降 18.9%，同比下降 49.8%，创 1980 年以来的最差表现。2008 年第三季度，美国房贷的不良率上升至 6.99%，较次贷危机爆发前的 5.12% 较大程度恶化；美国房贷整体的抵押赎回权丧失率上升至 2.97%，较次贷危机爆发前的 1.4% 也较大程度恶化。与此同时美国信贷紧缩出现了非常明显的恶化，具有代表性的三月期美元 LO 利差急速跃升，一度在 10 月突破 300 个基点的大关。随着市场恐慌程度的逐渐削弱，美国货币市场信贷紧缩已有所缓解。但从利差绝对水平看，美国信贷紧缩依旧较为严重，截至 2008 年 12 月 31 日，一月期美元 LO 利差为 25.23 个基点，高于 2001 年底至次贷危机爆发前 295 周 8.95 个基点的平均水平；三月期美元 TED 利差为 140.5 个基点，三月期美元 LO 利差为 121.15 个基点，高于 2001 年底至次贷危机爆发前 295 周 11.11 个基点的平均水平。受次贷危机升级的影响，越来越多的金融机构面临亏损加大和流动性不足的挑战，在自身遭遇资金困难的背景下，金融机构向实体部门提供融资的意愿和能力都有所下降，进而导致信贷紧缩向实体经济传染。由于信贷紧缩已经由金融领域传染至实体经济，因此次贷危机难以迅速平复，且需要更大力度和更多次数的流动性注入才能进一步趋向缓解。

　　然而一些研究认为这并不是问题的全部，房地产价格与投资之间的因果关系并没有那么直接，如奇林科（Chirinko，1986）和奥利纳等（Oliner et al.，1995）的实证研究并没有发现足够的理论的支持。房地产价格的下降会降低借贷双方的净财富，使得信贷供应相应减少，从而降低投资。对于债权人来说，房地产价格的下降将导致违约率的提高，而借款者净资产的减少也会将直接或间接地降低债权人的放贷能力和愿望。

一些学者发现了房地产市场存在显著的财富效应。吉川浩和大竹文雄（Yoshikawa & Ohtake，1989）发现，当日本的土地价格上涨时，计划购买住房的租房者的储蓄率将提高，但是这部分人占租房者中的比例很低，于是，住宅价格上涨的净影响将提高租房者和房屋所有者的消费。斯金纳（Skinner，1989）利用居民收入来源的面板数据进行分析，发现住宅财富对消费有一个小的，但是显著的影响。凯斯（Case，1992）运用新英格兰的总体数据进行研究，发现20世纪80年代后期，房地产价格的上涨对消费产生影响。恩格尔哈特（Engelhardt，1994）研究加拿大的租房者的情况得出了类似的结论；上涨的房价将减少租房者的储蓄。住房价格上涨4000美元将减少储蓄一个百分点，并且导致减少1200美元的累积资产。坎贝尔和科科（Campbell & Cocco，2004）利用英国的居民支出和全国一系列地区的住房价格资料，观察住房价值的改变对租房者和房屋所有者的影响。他们发现住房价格对年老的房屋所有者统计上有显著的影响，然而对于年轻的租房者影响不显著。凯斯等（Case et al.，2005）研究14个国家在过去的25年里的面板数据和美国各州在20世纪80~90年代的面板数据，他们发现房地产的财富效应对居民消费有一个大的、统计上显著的影响。邓颖璐等（Deng et al.，2022）基于永久收入理论，认为对于拥有自住房的家庭来说，房价及其预期上涨带来的家庭资产的增加，将提升了家庭的消费水平。

有些学者认为房地产市场财富效应不显著。埃利奥特（Elliott，1980）把财富分为金融财富和非金融财富，运用总体数据研究了财富对消费的影响，发现非金融财富对消费没有影响。霍恩斯和麦克法登（Hoynes & McFadden，1997）使用微观的居民支出数据研究了个人储蓄率和住宅资本增值率之间的关系，与泰勒（Thaler，1990）的研究结果一致，作者没有发现多少证据支持这个结论：当预期住房资产增值时，居民会改变他们的储蓄。莱文（Levin，1998）通过分析了住房市场和股票市场的财富效应，发现住房市场的财富效应对消费没有本质的影响。还有一些学者对房地产市场财富效应提出了质疑。皮克（Peek，1983）对埃里奥特（Elliott）使用的估计房地产财富方法提出了质疑，对他的结论提出了挑战。迈尔斯（Miles，1994）对住房价格变动能够通过财富效应渠道影响个人消费支出提出疑问。

我国学者对房地产市场财富效应也进行了探索性的研究。沈悦和刘洪玉（2004）计算了1990～2001年我国房屋资产、城市土地资产和非城市土地资产的价值，对我国房地产资产价值和GDP的比例关系进行了研究，并与日本、美国和英国的相关比例进行了国际比较，指出房地产资产的价值应当和国家财富、国家资产和GDP保持稳定的比例关系，尤其是土地资产的价值更不能占国家财富和国家资产太高的比例，必须警惕房地产价格长时间持续的异常上涨，避免国家财富的损失。宋勃（2007）在考虑通货膨胀的条件下，利用我国1998～2006年的房地产价格和居民消费的季度数据建立误差纠正模型（ECM），使用格兰杰因果检验方法对我国的房地产价格和居民消费的关系进行实证检验。得出结论，短期而言，二者存在格兰杰因果关系；长期来说，房屋价格上涨是居民消费增加的格兰杰原因。通过脉冲响应分析，房地产价格一单位的正向冲击，对居民消费存在正效应，我国房地产市场存在财富效应。王岳龙等（2023）创新性地将2010～2017年中国家庭金融调查（CHFS）与家庭追踪调查（CFPS）的数据进行了综合，基于2006年5月颁布的《关于优化住房供应结构及稳定房价的指导性意见》（以下简称《国六条》），利用断点回归分析策略，聚焦《国六条》中针对特定面积（90平方米及以下）住宅实施的税收与信贷优惠政策，增强家庭对于未来房价升值预期，进而探讨了由此产生的潜在住房财富增值对家庭消费支出模式的深远影响。

二、信贷渠道

许多经济学家认为，除了传统利率或汇率渠道，货币政策对总支出还具有直接的效应。有大量的文章把重点放在信贷市场上，认为它在货币影响实际经济的传导中扮演了重要的角色。在宏观经济学和货币理论中，由于名义货币量与总价格水平之间的货币，货币一直是个特殊的角色。然而，理解货币决定总体价格水平和通货膨胀率的重要性并不意味着名义货币量是连接实际部门和金融部门的关键变量，也不是说它是金融部门对经济短期影响的最合适指标。

信贷观点强调金融资产和负债所扮演的特殊角色。这种观点不同意

129

将所有的非货币资产统一地归为债券，坚持认为宏观经济学应该区分非货币资产之间的区别，无论是按银行资金来源区分，还是按照内部的融资和外部融资来分都可以。信贷观点还强调借款者之间的异质性，认为有的借款者可能比其他人对信贷条件的变化更敏感。最后，如果由于存在不完全信息或高成本的监控而引致代理成本，使内部融资和外部融资成本不一致，投资者也会对净值或现金流量这样的变量非常敏感。信贷渠道可以分为银行贷款渠道、资产负债表渠道、现金流途径、意料之外的物价水平途径和对家庭流动性的作用等。

（一）银行贷款渠道

银行贷款渠道强调银行信贷的特性和银行在经济的金融结构中所扮演的角色。依照银行贷款渠道的观点，在货币政策行为对实际经济的传导机制中银行起到尤为关键的作用。政策行为改变了银行的准备金头寸，引起银行部门对利率和资产负债表的构成进行调整。传统的货币传导机制模型都抓住了这些利率变化对居民和企业货币需求以及消费投资决策的影响不放。而最终对银行存款和货币供给的影响都将反映到对银行部门资产负债表中负债方的调整上来。

对银行部门准备金和利率的影响还将改变银行信贷的供给，也即资产负债表中资产方。如果银行不能调整有价证券的持有者或者通货发行无准备负债来抵消准备金的减少，银行贷款将不得不收缩。如果银行贷款非常"特殊"，或者说借款人没有获得资金的相近的替代方式，银行贷款可获得量的变更就会对总支出产生独立的影响。于是银行贷款的关键在于缺乏银行资产负债表中负债方负债的相近替代品，同时对借款来说也缺乏银行信贷的替代品。

在信贷市场上不完全信息扮演着重要角色，银行信贷很可能是"特殊的"，由于银行在向企业提供交易服务和信用服务上具有优势，银行信贷没有相近的替代品。在获得非银行资金来源方面小企业尤其困难，于是银行贷款的收缩迫使企业收缩他们的业务。

银行贷款渠道认为，在信息不对称的环境下，商业银行的资产业务与其负债业务一样，具有独特的政策传导功能。由于银行贷款和其他金融资产（比如债券）并非完全替代，特定类型借款人的融资需求只能通过银行贷款得到满足。因此货币政策除经由一般的利率机制传导外，还可以通过银行贷款的增减变化得到进一步强化。具体而言，当货币当局实施紧缩货币政策时，银行的准备金减少，可贷资金下降，贷款随之收缩。那些依赖银行借款的投资者被迫减少投资支出，最终产出下降。这个过程表示为：

货币供给↑⇒银行储备↓⇒可贷资金↓⇒银行贷款↓⇒投资支出↓⇒产出↓

伯南克和布林德（Bernanke & Blinder, 1988）通过贷款供求函数引入数引入传统的 IS – LM 模型，构建了含有货币渠道和信贷渠道的 CC – LM 模型。假定在债券和贷款并非完全替代和不考虑信贷配给的情况下，家庭储蓄根据债券和存款两种资产利差进行选择，其中存款利率为 α，债券的利率为 β。房地产厂商通过债券融资和银行贷款进行投资。贷款利率为 γ。银行存款主要用于发放贷款、购买证券和准备金（通货为零）。银行面临的约束条件可表示为：

$$B^b + L^s + R = D \tag{4.4}$$

将 R 准备金分离为法定准备金和超额准备金，此时表达式为：

$$B^b + L^s + E = D(1 - \lambda) \tag{4.5}$$

其中，R 为准备金，B^b 为债券量，L^s 为贷款量（供给），D 为银行负债，E 为超额准备金，λ 为法定准备金率。

从家庭储蓄变为银行贷款量主要取决于两个因素：债券和存款的利差以及准备金的大小。因此可以将贷款供给函数表示为：

$$L^s = \varphi(\alpha, \beta)R \tag{4.6}$$

其中，$\dfrac{dL^s}{d\alpha} > 0$，$\dfrac{dL^s}{d\beta} < 0$，

贷款需求函数同样取决于 α，β 的大小，可表示为：

$$L^d = L(\alpha, \beta, y) \tag{4.7}$$

其中，$\dfrac{dL^d}{d\alpha} < 0$，$\dfrac{dL^d}{d\beta} > 0$，$\dfrac{dL^d}{dy} > 0$ 在信贷市场均衡条件下有：

$$L^s = L^d = \varphi(\alpha, \beta)R = L(\alpha, \beta, y) \tag{4.8}$$

从货币市场看，先假定超额准备金为 $\phi(\beta)D(1 - \lambda)$。在忽视通货的条件下，货币乘数 $k(\beta) = [\phi(\beta)(1 - \lambda) + \lambda]^{-1}$。货币市场的均衡要求：$D(\beta, y) = k(\beta)R$。其中 $D(\beta, y)$ 为货币需求。由货币市场和信贷市场共同均衡条件下求解可以得到均衡的贷款利率和债券利率，不妨表示为：

$$\alpha = \psi(\beta, y, R) \tag{4.9}$$

其中，$\frac{d\alpha}{d\beta}>0$，$\frac{d\alpha}{dy}>0$，$\frac{d\alpha}{dR}<0$

再考虑产品市场有 $I(\alpha，\beta，y)=S(\alpha，\beta，y)$，则可以得到：

$$I[\psi(\beta，y，R)，\beta，y]=S[\psi(\beta，y，R)\beta，y] \quad (4.10)$$

式（4.10）为信贷市场和商品市场同时出清下的均衡条件，即 CC 曲线（见图 4 - 1）。CC 曲线不仅反映了商品市场的均衡，也反映了信贷市场的均衡。通常 CC 曲线上的斜率为负，但不同的是它既可以受货币政策变动的影响而偏移，也会受信贷市场冲击的影响。

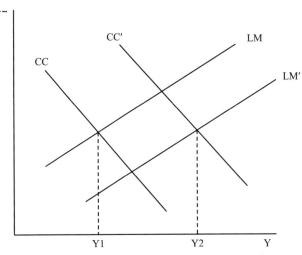

图 4 - 1　货币市场与商品信贷市场的一般均衡

（二）资产负债表渠道

和银行贷款渠道一样，资产负债表渠道也是由于信用市场的信息不对称造成的。这种信息不对称，影响了金融合同的特性，使得内部融资与外部融资的成本产生差异。这个差异性由于信息不对称和贷款人无法低成本地控制借款人引起的代理成本造成的。结果现金流量和资产净值成为影响成本和融资能力以及投资支出水平的重要因素。一次经济衰退提高了外部融资的相对成本，而企业又不得不更多地依赖高成本的外部资金。收缩性经济政策使经济慢了下来，也将减少企业的现金流量和资产净值。如果该项政策又提高了外部融资的费用，它对支出的收缩性效应更大。这样，资产负债表渠道可以传导并放大原来货币政策的效应。

当资产价格针对收缩性货币政策进行调整时，金融加速器效应就会出现。借款人可获款项将受制于它可以抵押的资产价值。如果提高利率，资产价值就下降，借款人抵押品的市场价值也收缩了。这一价值收缩降低了一些企业的借款能力，迫使他们减少投资支出。

资产负债表渠道的传导也可以从逆向选择和道德风险的角度来理解。银行在向净值低的企业发放贷款的过程中，更容易发生逆向选择和道德风险问题。净值低意味着借款人可供抵押的资产少，因此加大了由逆向选择问题引致的潜在损失，净值的进一步降低还会引起更为严重的逆向选择，从而减少投资支出所获融资的规模。企业净值低还意味着企业破产引起所有者的损失少，所有者就会有更大的动力从事风险投资项目。由于投资项目的高风险加大了贷款人无法得到偿付的可能性，因此，企业净值的降低会减少贷款和投资支出。具体传导过程可以表示为：

$$货币供给 \downarrow \Rightarrow 股票价格 \downarrow \Rightarrow \substack{逆向选择、\\道德风险} \uparrow \Rightarrow 贷款 \downarrow \Rightarrow 投资 \downarrow \Rightarrow 产出 \downarrow$$

下面通过数理模型解释货币政策在房地产市场传导中资产负债表渠道作用机理。假定居民从开发商手中以 Q_t/m^2 价格购得房地产资产，市场上租金价格为 R_t/m^2，且居民不能完全以自有资金来购置房产，需要外部融资。其中自有资金为 N_t，借贷资金为 b_t。居民 i 在时刻 t 效用函数定义为：

$$U = \ln c_t + j\ln h_t - l^x + \varphi \ln m_t \qquad (4.11)$$

其中，c_t 表示一般消费品，h_t 表示房地产服务，l 为劳动，m_t 为居民实际持有的货币。在 t 时刻，居民的在房地产资产投入方面的约束条件为：

$$q_t h_t = N_t + b_t \qquad (4.12)$$

其中，q_t 为房地产的实际价格 $\left(q_t = \dfrac{Q_t}{P_t} \right)$。

居民在 t 期到 t+1 期在配置房地产资产获取的收益由两部分组成，即租金收入和房地产价格上涨带来的资本利得。1 平方米的房地产资产的下期预期收益可以表示为：

$$E_t\big[R_{h,t+1} \big] = E_t\bigg[\frac{R_{h,t+1} + (1-\delta)q_{t+1}}{q_t} \bigg] \qquad (4.13)$$

其中，$E_t[R_{h,t+1}]$ 为房地产资产预期收益，$R_{h,t+1}$ 为租金收入，为折旧率（$0 < \delta < 1$）。

在信贷市场存在摩擦的情况下，银行对居民的收入以及还贷能力不是完全了解。居民存在破产的风险，且银行要增加对个人的审查费用，因此银行对居民要求的贷款利率要高于无风险利率，有一个风险升水。一般而言，在其他条件不变的情况下，可以认为居民从银行贷款额超过占净资产的比例越大，信贷的风险越大，银行就要求更高的利率。也就说风险升水程度可以通过函数 $f\left(\dfrac{N_t}{q_t h_t}\right)$ 来衡量，且 $f'(\cdot) < 0$。居民房地产贷款的边际成本为 $f\left(\dfrac{N_t}{q_t h_t}\right)I_t$，其中 I_t 为无风险利率。这样可以得到居民购置房产的最优条件：

$$E_t[R_{h,t+1}] = f\left(\frac{N_t}{q_t h_t}\right)I_t \qquad (4.14)$$

当 $f(1) = 1$ 表示居民完全依靠自有资金购置房产，此时要求的收益率为无风险利率。

上面的模型说明了居民的净资产数量受房地产价格变化，这样就将房地产价格波动与居民的融资成本联系起来，当货币政策紧缩时，会造成居民所持有的资产（包括房地产资产）的价格显著下降，居民的净资产数量减少，居民外部融资成本上升。当货币当局采取宽松的货币政策，会出现相反的情况，外部融资成本下降。

（三）现金流途径

现金流是指现金收入与支出的差额。扩张性的货币政策会降低名义利率水平，现金流会因此增加，进一步改善企业的资产负债表。资产负债表之所以可以得到改善，是因为现金流提高了企业（或者家庭）的流动性，贷款人可以更加容易了解企业（或者家庭）能否履行偿债义务，从而缓解逆向选择和道德风险，导致贷款总量增加，并刺激经济活动。

货币供给 ↑ ⇒ 利率下降 ↓ ⇒ 现金流 ↑ ⇒ 逆向选择道德风险 ↓ ⇒ 贷款 ↑ ⇒ 投资 ↑ ⇒ 产出 ↑

现金流途径的一个重要特点是，名义利率水平对现金流起着重要的作用，而传统的利率传导途径则是实际利率水平对投资支出起着重要的作用。因此这两种利率传导途径是不同的。而且，在现金流途径中，是短期利率水平而不是长期利率起着特殊的作用，因为对家庭和企业现金流影响最大的是短期债务的偿付，而非长期债务。

降低利率的扩张性货币政策还会通过另外一种与逆向选择问题有关的传导机制，达到刺激总产出水平的目的。其中，信用配给现象起着重要的作用，即当借款人即使愿意支付更高的利率也无法借到需要的款项。因为，投资风险最高的个人和企业，恰恰是那些愿意支付高利率的借款人（一旦高风险项目成功，他们将是最大的受益人）。因此，高利率加剧了逆向选择问题，而低利率有利于缓解逆向选择问题。在执行降低利率的扩张性的货币政策时，低风险偏好的借款人将占据贷款总量的更多部分，因此贷款人更乐于发放贷款，进而增加投资支出和提高总产出水平。

（四）对家庭流动性的作用

虽然大部分信用途径的文献都集中在企业的支出，信贷观点也应当适用于消费支出，特别是家庭对于耐用消费品和住宅的消费。货币紧缩引起银行贷款减少，对于无法通过其他信用途径获取资金的消费者而言，这会减少他们对耐用品和住宅的消费。同样，利率水平的升高对消费者现金流有负面影响，因而会恶化家庭的资产负债表。

流动性对耐用消费品和住宅支出的影响在大萧条时期表现得非常明显。以美国 1929～1933 年大萧条为例，当时美国消费者的资产负债表状况达到了历史最差水平。由于 1929 年股票市场崩盘引起的股市低迷一直持续到 1933 年，消费者财富减少了 6290 亿美元（用 1996 年的美元价值来衡量），如预料的那样，消费水平大大降低（减少了 1000 亿美元）。因为在这时期内物价水平降低，消费者的实际债务增长了 20% 以上。结果，金融资产相对于债务的价值大大降低，这使得许多消费者陷入经济困难。毫无疑问，耐用消费品和住宅的支出急剧下降：1929～1933 年，耐用品消费减少了 50% 以上，而住宅消费减少了 80%。

对家庭流动性作用的观点认为，这种资产负债表发挥作用是通过消费者的支出意愿，而非贷款人的放款意愿。由于不对称信息结构的存在，住宅和耐用品都属于非流动资产。例如，当消费者急需资金的时候，如果他们通过出售自己的耐用品和住宅来筹集资金，就不可避免地要遭受相当程度的损失，因为他们只有将这些资产的售价定得低于实际价值，这些资产才有可能被其他人购买。相反，如果消费者持有金融资产（例如银行贷款、股票或债券），就可以在需要资金的情况下十分容易地以市场价格迅速出售金融资产，从而筹集到资金。如果消费者预期自己遭遇财务困境的可能性比较大，他们就会更愿意持有流动性较高的金融资产，而不是流动性较差的耐用品和住宅。

消费者的资产负债表状况对于他遇到财务困境的可能性有重要的影响。具体而言，当消费者拥有的金融资产的规模相对于其债务规模较大时，这个消费者遭遇财务困境的可能性就较小，他就更乐于购买耐用消费品和住宅。当股票价格升高时，金融资产的价格随之增加，由于这会改善消费者的资产负债表状况，并且出现财务困境的可能性较小，耐用品的支出也随之进一步增加。

货币供给 ↑ ⇒ 股票价格 ↑ ⇒ 金融资产 ↑ ⇒ 遭遇财务困境的可能性 ↓ ⇒ 耐用品和住宅的消费支出 ↑ ⇒ 产出 ↑

耐用品和住宅的非流动性，从另一角度说明了扩张性的货币政策之所以会降低利率水平，增加消费者的现金流，进而增加对消费品和住宅的支出的原因。消费者现金流的增加降低了遭遇财务困境的可能性，增强了消费者购买消费品和住宅的意愿，从而增加了这些商品的支出，并进一步导致总产出水平的提高。

信贷渠道是货币政策传导机制极为重要的组成部分，主要有三个原因。第一，对单个企业行为的大量实证分析表明，信贷市场的这类不完善的确会影响企业雇用员工以及支出等方面的决策。第二，有证据表明，小规模的企业比大企业更容易受到货币紧缩政策的影响，因为小企业更容易受到信用约束。第三，原因是最重要的，信用途径的核心是信用市场的信息不对称，而信用市场的信息不对称能够很好地解释许多重要的现象，例如为什么会存在这么多金融结构？为什么金融危机对经济的破坏力这么大？迈尔斯（Miles，1994）、穆尔鲍尔和墨菲（Muellbauer & Muephy，1997）强调，住房抵押物权益抽取（mortgage equity withdrawal）为家庭的非住房消费提供了流动性，而这种将住房权益抽取的能力取决于抵押物市场的竞争条件，这种条件影响平均贷款/价值比，促进再抵押，影响二次抵押的可能性和抵押产品的可得性。清泷信弘和摩尔（Kiyotaki & Moore，1997）、陈（Chen，2001）分别建立了动态均衡模型，引入的耐用资产既是资本品又是抵押品，发现信贷约束和资产价格之间的相互作用使得外生冲击产生了持久的、放大的和外溢的巨大效应。

权恩庆（Eunkyung，1998）研究发现，货币政策对地产价格有很大的影响。他随后研究了地产价格在货币传导机制中的作用，认为地产价格波动与在货币紧缩情况下的信用减少二者在货币传导机制中都起到了显著的扩大作用。赫林和瓦赫特（Herring & Wachter，1999）证明了银行业与房地产业之间有着十分密切的关系，即使银行明知房地产市场已经出现过热，也有在产业上集中过多资产的激励。同时，银行资产和负债在流动性上具有天生的不对称性，为了满足存款人随时提现的要求，银行必须将吸收的存款投放到低收益、低风险且具有高度流动性的资产上；而为了获取更高的收益，银行又必须进行风险较大的投资。由于银行部门不得不在这两者之间进行权衡，所以极易遭受挤兑冲击并产生传染效应，从而给整个经济带来系统性风险。青木康介等（Aoki et al.，2002）基于 BBG 的金融加速器模型，建立了一个一般均衡模型分析了住房价格的波动对于家庭消费支出的影响。其中，住房为家庭提供住房服务的同时，还可以作为抵押物以降低家庭借款的代理成本。模型分析的结果是，在净住房财产（net housing equity）和抵押权益抽取（mortgage equity withdrawal）之间存在很强的关联性，住房价格的上涨增加了住房所有者的抵押物价值，这可能会鼓励他们以抵押权益抽取的方式进行更多的借款，从而使他们可以为更多的消费融资。

马泰奥和拉乌尔（Matteo & Raoul，2003）通过 VAR 的方法分析了芬兰、德国、挪威和英国的房地产市场后得出结论，信用传导渠道的有效性与房地产市场的结构特征相关。他们的跨国比较研究同时表明，信用渠道（银行借贷）与房地产市场的融资效率和借贷机构的形态有关。他们还分析了金融自由化对货币政策和房产价格之间联系的影响，建立了一个在信用约束下，小型开放经济的简单模型，该模型显示金融自由度越高，利率对房产价格的冲击就越大。随后，他们通过 VAR 模型分别研究了芬兰、瑞士和英国的货币政策冲击在房产价格波动中的作用，结果表明，在金融自由度越高的市场上，房价对利率冲击的反应越大而且越持久。马泰奥（Matteo，2004）建立了一个简单的动态一般均衡模型，其中，住房价格影响一部分家庭的负债能力和消费。他的研究结论是，在欧拉方程中存在抵押物效应，房地产价格波动通过影响家庭的借款能力，可以作为消费波动的动力因素。这种抵押物效应的存在说明了两个事实：一是存在信用约束的消费者，二是抵押物价值通过对于借款的影响，对消费波动产生作用。

哈齐乌斯（Hatzius，2005）的研究结果指出，1990~2004 年抵押权益抽取使私人储蓄降低了 2.5%~5%。如果私人消费支出占美国支出的 2/3，则意味着在研究期的 15 年间，这种效应直接推动了平均年度实际 GDP 增长的 0.3%。张晓晶和孙涛（2006）认为房地产贷款占整个信贷比率变动 1 个单位，导致房地产投资增长率同向变动 21.3 个百分点。房地产投资主要受房地产贷款的影响，这恰好说明了银行贷款是房地产投资的主要来源。同时，也反映出房地产投资高增长所带来的金融风险。房地产贷款占整个金融机构贷款的比率，也被称作是房地产贷款的风险暴露。这个风险暴露越大，房地产投资就越大。项卫星等（2007）通过对 20 世纪 80 年代以来先后在美国、日本以及东亚各国和地区发生的房地产泡沫危机的考察，找出银行信贷在房地产业的过度扩张不仅是造成房地产泡沫的重要原因，而且在泡沫崩溃和经济、金融危机中也起到了同样重要作用。

第五章 房地产市场货币政策
传导机制的理论分析

第四章从理论上明晰了房地产市场货币政策传导机制，要进一步深入的货币政策究竟是如何发生作用的。本章进一步从微观角度切入，基于多个数理模型推导，探究货币供给量影响房地产价格内在机制，讨论房地产价格波动泡沫和银行信贷扩张之间的关系。

第一节主要从数理模型角度研究货币供给量影响房地产价格内在机制。房地产资产被赋予同货币一样具有交换媒介功能，房地产资产价格是货币供给量的增函数。当货币供给量不断增加时，通货膨胀率增加和货币持有者的收益减少，在不存在套利的条件下，房地产资产价格势必要增加来应对房地产资产收益率的下降。通货膨胀率和房地产资产价格之间存在负向关系。

第二节讨论了房地产价格波动和银行信贷扩张之间的关系。通过两个基本模型可以发现，对于无弹性供给的房地产资产，当投资人从银行借贷获取资金来进行投资，且银行无法准确地监管投资的具体用途时，投资收益的不确定和银行信贷供给的不确定性会致使房地产价格上涨（甚至出现泡沫）。房地产泡沫产生从本质来说来自投资人的风险转移行为。当投资人把投资风险转移给银行的可能来自银行为投资失误"买单"而投资人独享，投资人更偏好风险资产，从而推高房地产资产价格。而当房地产投资收益或信贷供给没有达到投资人预期时，违约和银行坏账随之产生，并给整个金融系统带来巨大风险。

第一节 房地产价格与货币供给量的关系

从一般意义上来说，货币当局可以控制货币供给量，货币供给量又可以决定通货膨胀率和通货（现金）的收益率。而投资者通常持有不同的资产组合，而不是持有大量现金。这些资产组合在投资收益率和流动性方面存在着显著差别，不同偏好的投资者持有的组合是不相同的。卢卡斯（Lucas，1990）指出经济体中交易主要围绕资产流动性和利率之间进行权衡。因此，现在要关心的问题是：货币政策真的能影响资产的价格和收益吗？如果能，又是通过何种机制发挥作用的？本节就是围绕这两个问题从微观角度入手阐释货币政策变量与房地产价格之间的内在机制。

不少文献涉及了货币政策与资产收益率之间研究，探讨了当资产价格变动时最优货币政策选择路径。法玛（Fama，1981）、格斯克和罗尔（Geske & Roll，2001）分析通货膨胀率影响资产收益率的路径。伯南克和格特勒（Bernanke & Gertler，2001）认为，只有当资产价格中包含了未来通货膨胀预期的信息时，致力于稳定价格的中央银行才应该关注于资产价格。波尔多和让纳（Bordo & Jeanne，2002）分析了货币当局在资产价格膨胀时所面临的困境：主动的货币政策（proactive）与被动的货币政策（reactive）。一方面，如果对资产价格的膨胀不采取行动，则有可能会引发今后价格的猛跌，同时造成信用危机。因此紧缩的货币政策可以看作是对信用危机的防范或一种"保险"措施。然而另一方面，这种"保险"并不是免费的，紧缩的货币政策意味着即期的低产出与低通胀。最优的货币政策取决于其中成本与收益的比较。菲拉多（Filardo，2000，2001）研究结果发现，当资产价格对于宏观经济的影响不确定时，政策当局不应该作出反应。格伦等（Gruen et al.，2005）进一步研究了只对于那些影响未来通胀与产出的资产价格波动作出间接反应的货币政策。直接以房价作为研究对象的文献相对很少，洛佩兹（López，2005）以房价作为研究对象，研究了以通货膨胀为目标的货币政策在面对房价泡沫时可能的反应。克里斯托福等（Christopher et al.，1997）证明了当资产价格泡沫出现时，在一定的情形下，中央银行的货币政策应该紧缩，使资产价格泡沫在过度放大之前破灭。切凯蒂等（Cecchetti et al.，2000）支持对于资产价格应该采用更为积极的货币政策反应，也即"逆风向而动"。王维安和贺聪（2005）通过构建房地产均衡市场模型，在风险中性的假设前提下，利用无套利均衡定价原理，发展了从房地产价格波动中分离出市场通货膨胀预期的新方法。通过对中国房地产市场的实证研究发现，房地产预期收益率与通货膨胀预期之间确实存在稳定的函数关系。

另外，关于货币政策与资产价格之间的微观机制的研究也日益增多。拉戈斯和赖特（Lagos & Wright，2005）将搜寻模型应用于货币理论分析，最早将资产赋予同货币一样具有交换媒介功能，主要刻画了通货膨胀的福利成本，通过对美国的估计发现0~10%的通货膨胀可以提升3%~5%的消费水平。杰罗米恰洛斯等（Geromichalos et al.，2007）等从微观理论角度分析货币政策影响资产价格的内在机制，在货币模型中，资产的定价归咎于其收益率和流动性。同时分析了货币供给量、通货膨胀以及资产价格之间的内在关系。发现通货膨胀与资产收益之间具有反向关系。伍戈（2007）认为资产价格可以通过两种方式影响货币政策，资产价格可以作为传导货币政策的途径，也可以是货币当局所使用的信息的重要部分，并通过两种不同的实证方法探讨了美联储是否"真的"受到了资产价格波动的影响。本节以房地产资产为例，从微观理论角度来阐述政策影响资产价格的内在机制。

一、模型概述

假定作为集消费与生产于一身的消费者追求效用最大化，代表性消费者的偏好可以用一个离散的贴现效用函数来表示：

$$\sum_{t=0}^{\infty} \beta^t \zeta(c,l,C,L) \tag{5.1}$$

其中，β为贴现率，效用函数 $\zeta(\cdot)$ 为连续、可微、严格递增的凹函数。模型中设定二期，在第一期中生产者提供的产品是存在差别的，而在第二期中产品是无差别。c 和 l 表示在第一期中的消费和劳动，而 C 和 L 表示在第二期的消费和劳动。我们结合拉戈斯和赖特（Lagos & Wright，2005）、葛洛米查罗等（Geromichalos et al.，2007）的设定方式，假定代理人消费者的偏好，即效用函数可以设立为：

$$\zeta(c,l,C,L) = u(c) - t(l) + U(X) - T(L) \tag{5.2}$$

效用函数 $u(\cdot)$、$U(\cdot)$ 为连续、可微。严格递增的凹函数。为了简化分析不妨令 $t(l) = l$，$T(L) = L$。当每个子时期达到最优均衡时有，$u'(c) = 1$ 和 $U'(C) = 1$。

与凯恩斯和货币主义的理论模型不同的是，我们将货币供给内生化。拉戈斯和赖特（Lagos & Wright，2005）将搜寻模型较好地解释了货币内生性。因此在模型的第一期，不同的代理人进入市场交易，交易过程和搜寻模型相似。代理人的唯一的生产要素是劳动力，并按 1∶1 的比例生产产品，且代理人不消费自己生产的产品。对于两个代理人 i 和 j 来说，假设两个代理人相遇的概率是 α，在第一期中交易过程有四种情况：第一种是两个代理人互相消费对方生产的产品的概率为 δ；第二种 i 消费 j 生产的产品，但 j 不消费 i 生产的产品，此时概率为 σ；第三种 j 消费 i 生产的产品，但 i 不消费 j 生产的产品，同样此时概率亦为 σ；第四种二者都不相互消费对方的产品的概率为（1 - δ - 2σ）。在交易过程中，如果 i 购买了 j 生产的产品，我们称 i 为买者，j 为卖者。

在第二子时期里，所有产品都是同一的，不存在差别化的产品。假设同一的产品价格为 1。劳动与产品之间的转换比例仍为 1∶1。代理人有 m 数量的货币，货币是可分的并且价格为 φ。经济中总体货币供给在第一期 M，跨期之间的自然增长率为 μ。在经济体中存在房地产资产，首先假定房地产资产是可分的①，房地产资产总量为 T，房地产资产的初始价格为 ψ。与一般消费品不同的是，房地产具有增值功能，其跨期收益率为 R。同时，代理人可以通过拥有的资产换消费品，也就意味着房地产资产可以充当交换媒介。

代理人将 a 单位房地产资产留在手中，不进入市场交易，将 b 单位的房地产资产带入市场进行交易。定义代理人的房地产资产组合 ω =（a，b），这样一来，代理人的最优化问题可由下述价值方程（value function）来描述：

$$W(\omega) = \max_{C, L, \omega_{+1}} \{U(C) - L + \beta V(\omega_{+1})\} \qquad (5.3)$$

$$\text{s.t. } C + \phi m_{+1} + \psi(a_{+1} + b_{+1}) = L + \phi m + (R + \psi)(a + b) \qquad (5.4)$$

其中，a_{+1}，b_{+1} 表示在下一期中留在手中及带入市场交易的房地产资产数量。假定当（5.3）存在最优解时，有 $C = C^*$。将式（5.4）的约束条件代入式（5.3）中有：

$$W(\omega) = \max_{\omega_{+1}} \{U(C^*) - C^* - \phi m_{+1} - \psi(a_{+1} + b_{+1}) + \phi m$$
$$+ (R + \psi)(a + b) + \beta V(\omega_{+1})\} \qquad (5.5)$$

---

① 房地产资产可分性可以理解为一个代理人进入市场拥有很多套住房，每次交易至少 1 套。为了和现实逼近，不妨认为众多要进入房地产市场交易前住房所有者将资产的交易权赋予一个代理人。

从式（5.5）可以看出，由于 ζ 具有准线性特征，W 那么具有线性特性。

二、搜寻过程

对于将货币引入一般均衡框架这个目的而言，效用函数中货币和现金先期都是非常有用的方法。然而，两种方法却都未能把握货币在现实经济中所发挥的真正的作用。MIU 模型通过假定货币能够提供直接的效用（相对于货币在交易过程中所提供的服务）而将货币引入了均衡分析框架。但 MIU 模型却没能进一步阐明交易的本质、交易可能引致的成本以及交易的具体方式。现金先期模型所提出的思路则是：必须使用某种形式的名义资产以便利交易的进行。该假定意味着不存在其他形式的交易，这显然过于严格。现金先期约束意在强调货币的交易媒介职能，但是有效的分析应该是从对交易技术的分析开始，以便了解为什么有些商品和资产能够充当货币，而有的却不行。

已经有大量的文献运用搜寻理论对货币的交易媒介进行了深入的研究（Jones，1976；Diamond，1983；Shi，1995；Ritter，1995）。这些模型假定单个基金主题必须用自己生产（或是被赋予的）的产品换取消费品。在每一期中，经济主体随机地与其他经济主体相遇，并在互利的基础上进行交易。基于搜寻理论，我们的分析如下：

现在考虑 i 消费 j 生产的产品，但 j 不消费 i 生产的产品的情况，买者 i 的状态变量为 ω，卖者 j 的状态变量为 ω，此时面临双边讨价还价问题，关键是找出 Nash 谈判解。买者的谈判力定义为 $\theta(\theta \in (0, 1])$，卖者对应的谈判力为 $1-\theta$。买者 i 用单位 d_b 房地产资产、d_m 单位货币去交换卖者 j 生产的 q 单位异质性商品。此时 d_b、q 是方程（5.6）的解：

$$\max_{q,d_{bq}}\left[u(q) + W(a, m-d_m, b-d_b-W(\omega)) \right]^{\theta}$$
$$\times \left[-q + W(\tilde{a}, \tilde{m}+d_m, \tilde{b}+d_b) - W(\tilde{\omega}) \right]^{1-\theta} \qquad (5.6)$$

由于 W 具有线性特性，在 $d_b \leq b$，$d_m \leq m$ 条件下可以将方程（5.6）简化为：

$$\max_{q,d_{bq}}\left[u(q) - \phi d_m - (R+\psi)d_b \right]^{\theta}\left[-q + \phi d_m + (R+\psi)d_b \right]^{1-\theta} \qquad (5.7)$$

对式（5.7）取对数得到等价的最优化问题：

$$\max_{q,d_b,d_m} \theta\ln[u(q) - \phi d_m - (R+\psi)d_b] + (1-\theta)\ln[-q+\phi d_m + (R+\psi)d_b]$$

$$(5.8)$$

分别对 (5.8) 式求关于 q, d_b, d_m 的偏导函数等于 0 得到：

$$\begin{cases} \theta[-q+\phi d_m + (R+\Psi)d_b]u'(q) = (1-\theta)[u(q) - \phi d_m - (R+\Psi)d_b] \\ \theta[-q+\phi d_m + (R+\Psi)d_b] = (1-\theta)[u(q) - \phi d_m - (R+\Psi)d_b] \end{cases}$$

$$(5.9)$$

定义 $z(q) = (R+\psi)b + \phi m$, $z(q)$ 的最优解为：

$$z(q) \equiv \frac{\theta u'(q)q + (1-\theta)u(q)}{\theta u'(q) + (1-\theta)} \tag{5.10}$$

q, d_b, d_m 的最优解要分为两种情况进行讨论：

当 $b < b^*$, $m < m^*$ 时，当 $b \geq b^*$, $m \geq m^*$ 时，

$$\begin{cases} q(m, b) = \hat{q}(m, b) \\ d_b(m, b) = b, \ d_m(m, b) = m \end{cases} \tag{5.11}$$

$$\begin{cases} q(m, b) = q^* \\ d_b(m, b) = b^*, \ d_m(m, b) = m^* \end{cases} \tag{5.12}$$

其中，b^*, m^* 是为交易过程中最优量，可以通过方程 (5.13) 求出：

$$(R+\psi)b + \phi m = z(q^*) = \theta q^* + (1-\theta)u(q^*) \tag{5.13}$$

同理，$\hat{q}(b)$ 是方程 $(R+\psi)b + \phi m = z(q) = \dfrac{\theta u'(q)q + (1-\theta)u(q)}{\theta u'(q) + (1-\theta)}$

的解。

引理 1：当 $b < b^*$, $m < m^*$ 时，$\hat{q}'(m, b) > 0$ 和 $\hat{q}(m, b) < q^*$。

当代理人代入市场交易的房地产资产及货币量小于最优交易量时，那么代理人交换所得的商品量也小于最优量，且是房地产资产及货币量的增函数。

证明：运用隐函数定理，根据方程 $(R+\psi)b + \phi m = z(q) = \dfrac{\theta u'(q)q + (1-\theta)u(q)}{\theta u'(q) + (1-\theta)}$ 可以得到：

$$\hat{q}'(b) = \frac{(R+\psi)}{z'(\hat{q})} = \frac{(R+\psi)(\theta u' + 1 - \theta)^2}{u'(\theta u' + 1 - \theta) - \theta(1-\theta)(u-q)u''} \tag{5.14}$$

很显然，当 $b < b^*$, $m < m^*$ 时，$\hat{q}'(m, b) > 0$。

三、均衡路径

上面模型找出了两个代理人在交易过程中讨价还价的 Nash 均衡解，

下面考虑代理人在第一期的价值函数，$F(m, b)$ 为货币及房地产资产的分布情况。贝尔曼方程为：

$$V(\omega) = \alpha\sigma \int \{u[q(m, b)] + W[a, m - d_m(m, b), b - d_b(m, b)]\}dF(m, b)$$

$$+ \alpha\sigma \int \{-q(m, b) + W[a, m + d_m(m, b), b + d_b(\tilde{m}, \tilde{b})]\}dF(\tilde{m}, \tilde{b})$$

$$+ (1 - 2\alpha\sigma)W(\omega) \tag{5.15}$$

运用 $W(\omega)$ 的线性特性和 Nash 均衡解，式（5.9）可以改写为：

$$V(\omega) = \kappa + v(\omega) + \max\left\{\begin{array}{l}(-\phi + \beta\phi_{+1})m_{+1} + [-\psi + \beta(R + \psi_{+1})](a_{+1} + b_{+1}) \\ + \beta\alpha\sigma\{u(q_{+1}) - \phi_{+1}d_{m,+1} - (R + \psi_{+1})d_{b,+1}(b_{+1})\}\end{array}\right\}$$

其中，$\kappa = U(X^*) - X^* + \beta\phi_{+1}\mu M + \alpha\sigma \int \{-q(\tilde{m}, \tilde{b}) + \phi d_m(\tilde{m}, \tilde{b}) + (R + \psi)d_b(\tilde{m}, \tilde{b})\}dF(\tilde{m}, \tilde{b})$ 为常数，$v(\omega) = \alpha\sigma\{u[q(m, b)] - \phi d_m(m, b) - (R + \psi)d_b(m, b)\} + \phi m + (R + \psi)(a + b)$

现在关键问题是求解 $V(\omega)$ 中的最大化值部分，即：

$$\max\left\{\begin{array}{l}(-\phi + \beta\phi_{+1})m_{+1} + [-\psi + \beta(R + \psi_{+1})](a_{+1} + b_{+1}) \\ + \beta\alpha\sigma\{u(q_{+1}) - \phi_{+1}d_{m,+1} - (R + \psi_{+1})d_{b,+1}(b_{+1})\}\end{array}\right\}$$

$$\tag{5.16}$$

式（5.16）可以分为三个部分，$(-\phi + \beta\phi_{+1})m_{+1}$ 货币的跨期转移收益，$-\psi + \beta(R + \psi_{+1}) \leq 0$ 表示房地产资产的跨期转移收益，

$u(q_{+1}) - \phi_{+1}d_{m,+1} - (R + \psi_{+1})d_{b,+1}(b_{+1})$ 表示代理人从交易中获取的收益（效用）。

引理 2：当经济体处于均衡状态时，货币及资产的跨期转移不存在垄断收益，即：$-\phi + \beta\phi_{+1} \leq 0$，$-\psi + \beta(R + \psi_{+1}) \leq 0$。

下面继续对式（5.16）进行讨论，并找出代理人的最优选择。定义式（5.16）为 $J(\omega_{+1})$，对 b 求导得到：

$$\begin{cases}J_b(\omega_{+1}) = -\psi + \beta(R + \psi_{+1})，当 b \geq b^* 时 \\ J_b(\omega_{+1}) = -\psi + \beta(R + \psi_{+1}) + \beta\alpha\sigma\{u'[\hat{q}(b)] - (R + \psi_{+1})\}，当 b \leq b^* 时\end{cases}$$

$$\tag{5.17}$$

对 m 求导有：

$$\begin{cases}J_m(\omega_{+1}) = -\psi + \beta\phi_{+1}，当 m \geq m^* 时 \\ J_b(\omega_{+1}) = -\psi + \beta\phi_{+1} + \beta\alpha\sigma\{u'[\hat{q}(b)] - \phi_{+1}\}，当 m \leq m^* 时\end{cases}$$

$$\tag{5.18}$$

其中，$e(q) = \alpha\sigma\dfrac{u'(q)}{z'(q)} + 1 - \alpha\sigma$。

由引理2可知，当 $b \geqslant b^*$，$m \geqslant m^*$ 时，$J_m(\omega_{+1}) \leqslant 0$，$J_b(\omega_{+1}) \leqslant 0$，这样无法求出最大值。因此只有在 $b \leqslant b^*$ 的条件下找出 $J(\omega_{+1})$ 的最大值。定义：

$$e(q) = \alpha\sigma\frac{u'(q)}{z'(q)} + 1 - \alpha\sigma \tag{5.19}$$

简化一下此时的表达式有：

$$\begin{cases} J_b(\omega_{+1}) = -\psi + \beta(R + \psi_{+1})e(q) \\ J_m(\omega_{+1}) = -\psi + \beta\phi_{+1}e(q) \end{cases} \tag{5.20}$$

同时在 $e'(q) < 0$ 条件下，有 $J_{bb}(\omega_{+1}) = \beta(R + \psi_{+1})e'(q)\hat{q}'(b) < 0$，因此必然存在唯一 $b_{+1} = b^*$，能够使 $J(\omega_{+1})$ 存在最大值并且是唯一的。同理对必然存在唯一 $m_{+1} = m^*$，能够使 $J(\omega_{+1})$ 存在最大值并且是唯一。

引理3：假设存在 $e'(q) < 0$，m_{+1}，b_{+1} 都存在唯一解，并且满足 $b_{+1} \in (0, b^*]$，$m_{+1} \in (0, m^*]$。另外 $a_{+1} = \begin{cases} 0 & \text{当 } \psi > \beta(R + \psi_{+1}) \\ \mathfrak{R}_+ & \text{当 } \psi = \beta(R + \psi_{+1}) \end{cases}$。

引理4：当 $a_{+1} = 0$，$\psi = \psi_{+1}$ 时的均衡条件下，有：$\dfrac{\phi}{\phi_{+1}} = 1 + \mu$。

证明：在均衡时有：

$$z(q^s) = (R + \psi)T + \phi M = (R + \psi_{+1})T + \phi_{+1}M_{+1} \tag{5.21}$$

简化式（5.21）有：

$$M[\phi - (1 + \mu)\phi_{+1}] + T(\psi - \psi_{+1}) = 0 \tag{5.22}$$

即当 $a_{+1} = 0$，$\psi = \psi_{+1}$ 时，有 $\dfrac{\phi}{\phi_{+1}} = 1 + \mu$。

当 $a_{+1} = 0$ 时的均衡条件下，有 $z(q^s) = (R + \psi)T + \phi M = (R + \psi_{+1})T + \phi_{+1}M_{+1}$，将等式后面部分乘以 β，并减去等式中间部分有：

$$M[\phi - \beta(1 + \mu)\phi_{+1}] + T[\psi - \beta(R + \psi_{+1})] = (1 - \beta)z(q^s) - RT \tag{5.23}$$

明显可以看出的是，等式左边是非负的，这样可以得到：

$$T \leqslant \frac{[(1 - \beta)z(q^s)]}{R} \leqslant \overline{T} \tag{5.24}$$

这意味着此时房地产资产无法满足经济体中流动性需要，货币必然发生重要作用。结合式（5.19）及引理 4 有：

$$e(q^s) = \frac{1 + \mu}{\beta} \qquad (5.25)$$

$$\psi = \frac{\beta Re(q^s)}{1 - \beta e(q^s)} \qquad (5.26)$$

拉戈斯和赖特（Lagos & Wright, 2005）已经证明了在效用函数 $u(\cdot)$、$U(\cdot)$ 为连续、可微，严格递增的凹函数的条件下，$e(q)$ 具有单调递减的性质。这样式（5.25）暗含着货币供给量的增长率与交易获取的商品数量呈反比关系。进一步，结合式（5.25）和式（5.26）有：

$$\psi = \psi(\mu) = \frac{(1 + \mu)R}{-\mu} \qquad (5.27)$$

从式（5.27）看出，货币供给增长率和房地产价格之间存在负向的关系。当货币当局不断发行货币，经济中有通货膨胀时即 μ 不断增大，货币持有者的收益 $\frac{\phi_{+1}}{\phi} - 1$ 随之减少，货币及房地产资产都可以充当交换媒介，在均衡状态下，不存在套利行为，那么房地产价格必然要增加。

而当 $T \geqslant \bar{T}$ 时，均衡条件必然要求 $a_{+1} > 0$，同时有资产的跨期转移的收益为 0，即 $\psi = \beta(R + \psi_{+1})$。均衡条件下每一期的 ψ 都应该相等（$\psi = \bar{\psi}$）。则 $\psi = \frac{\beta R}{1 - \beta}$。货币的跨期转移收益相应的也为 0，即 $\phi = \beta \phi_{+1}$，有引理 4 又推出 $\mu = \beta - 1$。即货币政策应该满足弗里德曼货币规则。在此时，只要名义利率为正（$\beta \phi_{+1} \geqslant \phi$），均衡条件将无法达到。综合以上我们可以得到推导结论 1。

结论 1：假定 $e'(q) < 0$，当 $T \geqslant \bar{T}$ 时，有 $q^s = \bar{q}$，$\psi = \bar{\psi}$ 和 $a_{+1} = T - \bar{T}$，但此时是非货币均衡。当 $T < \bar{T}$ 时，货币和房地产资产都可以充当交换媒介，$\mu'(T) < 0$，$\psi'(\mu) > 0$，$q^{s'}(\mu) < 0$。通货膨胀率和房地产资产价格之间存在负向关系。

第二节　房地产价格与信贷的关系

根据货币政策传导机制的分类，还应该关注信贷渠道，即信贷扩张与房地产价格之间的关系。在各国房地产价格"泡沫"出现的过程中，银行信贷和房地产价格上升往往是相互支撑，相互促进，螺旋式上升的。银行信贷扩张会引起房地产价格上涨，房地产投资收益率提高。对房地产价格继续上涨的预期会诱导投资人增加信贷，扩大投资。对于以资产作抵押，向银行申请贷款的投资人而言，房地产的上涨能使他们获得更多贷款，这会进一步推动房地产价格的上涨，如此循环往复，使泡沫越吹越大。具体路径可表现为：

信贷↑⇒房地产价格↑⇒投资收益率↑⇒抵押资产↑⇒信贷↑⇒房地产价格↑

然而一旦房地产价格，逆向反馈机制同样会发生作用。此时银行会收紧信贷，投资人失去了资金来源，这会导致房地产价格的进一步下降，银行进一步收紧信贷。这种恶性循环甚至会将房地产价格降至低于实际价值之下，给经济带来严重的负面影响。

卡明斯基和莱因哈特（Kaminsky & Reinhart，1999）研究 20 多个国家的泡沫危机发现，泡沫危机的前奏一般是各国的金融自由化以及信贷的显著扩张。这会导致各国股价较往常高出 40% 的涨幅，以及房地产和其他资产价格的显著上涨。但资产价格上涨到一定程度后，就会有一些原因引发泡沫破裂，价格回落（比如日本泡沫破灭的直接导火索是新任央行行长宣布提高隔夜拆借利率，挪威 1986 年的泡沫破灭是因为高企的油价回落）。资产价格的回落使借款人的违约大大增加，也使银行和其他提供信贷的金融中介暴露在价格下跌的风险中。如果违约事件不断增加，银行危机就发生了。如果此时该国还实行固定汇率制度，则汇率危机和银行危机可能同时发生，因为央行在降低汇率以缓解银行危机和提升利率以维持固定汇率的两个选择中进退维谷。最后，这场金融危机会蔓延到实体经济之中，导致产出显著下降和通货紧缩，危机一般会持续一年半之久。

伯南克和格特勒（Bernanke & Gertler，1995，2000）在一系列的论文中考察了资产价格波动对于银行信贷的影响。他们认为，由于资产价格所具有的抵押物特征，资产价格波动将通过改变融资双方的融资溢价，而对银行的信贷供给产生影响。戴维斯和朱海斌（Davis & Zhu，2004）、杰拉赫和彭文生（Gerlach & Peng，2005）等的研究发现，房地产价格的上涨对银行信贷起到推动作用。我国关于房地产价格影响银行信贷的理论研究十分有限，武康平和皮舜（2004）建立房地产市场与银行信贷市场的一般均衡模型，通过对均衡解的比较静态分析，揭示了中国房地产市场与金融市场的共生性存在内在作用机制：房地产价格的上升，导致银行信贷供给的增加；银行信贷供给增加，导致房地产的价格的增加。房地产的价格与银行的信贷存在正反馈的作用机制，这种作用机制能够膨胀房地产信贷规模，促长金融信贷的风险。

　　本节将借鉴并扩展艾伦（Allen）和盖尔（Gale）于 1999 年和 2000年提出的基于信贷扩张的资产价格泡沫模型，建立基于微观基础的模型来说明信贷与房地产价格之间的关系。该模型基本思想是认为投资者用自有资金投资时所形成的资产价格是资产的基础价值，当投资者利用借来的资金进行投资且只富有有限责任时，投资者表现出对风险资产的偏好并采取风险转移行为，对风险资产的过度投资，不断推高资产的价格，从而导致泡沫的形成。

一、模型假设

　　（1）假设经济体持续两期，$t = 1$ 和 $t = 2$；在每期开始的时候初始禀赋均为 1。

　　（2）假设市场上有两种资产，安全资产和风险资产。安全资产的供给是充分弹性的（或无限的），这些资产可以是公司发行的债券或公司租入的资本品，其每期回报率固定为 r，即投资者如果在 $t = 1$ 时购买了 x 单位的安全资产，则在 $t = 2$ 时投资者的回报为 rx；风险资产的供给是固定的（或有限的），这些资产可以是房地产或股票，我们这里把它仅仅当作房地产资产。我们假定 $t = 1$ 时风险资产的数量为 1。风险资产的回报率为 R，R 是一个非负的随机变量，其概率密度函数为 $h(R)$，取值区间为 $[0, R_{max}]$，均值为 $\bar{R}$。

　　（3）投资安全资产（比如公司债券）的回报率等于资本的边际产出。假设全社会的生产函数为 $f(x)$，即在 $t = 1$ 时 x 单位的投入在 $t = 2$时的产出为 $f(x)$，很显然 $r = f'(x)$。生产函数 $f(x)$ 满足通常的新古典主义的假设：对所有 x 均有 $f'(x) > 0$，$f''(x) < 0$，$f'(0) = \infty$，$f'(\infty) = 0$。

　　（4）投资者可获得贷款量 L 与货币供给量 M 呈正向关系，与利率 i 反向变化，即有：$L = f(M, i)$，$\dfrac{\partial f(M, i)}{\partial M} > 0$，$\dfrac{\partial f(M, i)}{\partial i} < 0$。艾伦和盖尔（Allen & Gale）假定银行可以无弹性地提供总量为 Loan 的贷款

量，而肖本华（2008）的研究，一方面货币供给量 M 不是完全由中央银行控制，而是由包括商业银行、企业、居民等经济主体的行为一起决定的，即货币供给的内生性。并且从中国目前实际来看，货币供给的内生性特征比较明显：人民银行通过调整存款准备金等手段控制货币供给量 M 的效果是有限。也就是说投资者可获得贷款量 Loan 与货币供给量 M 之间关系无法准确定位，但投资者可以理性预期货币供给量的扩张和收缩。

（5）风险资产最初掌握在企业家手中，不过在 t = 1 期企业一定会将这些风险资产卖给投资者，这些风险资产在不同投资者之间进行转手，在 t = 2 期转入最终投资者。投资者风险资产的初始成本为 c(x, δ)，房地产资产不同于股票资产，持有成本除了与数量有关，还有相关税费支出，包括发生在交易环节、持有环节、转让环节等。这些费用的最终承担者是不同的，用 δ 表示投资成本的可转嫁程度。这个成本函数对于资产数量 x 同样满足一般的新古典假设条件。即 $\frac{\partial c(x, δ)}{\partial x} > 0$，$\frac{\partial c(x, δ)}{\partial x^2} < 0$。当资产数量为 0 时，无论投资成本的可转嫁程度 δ 如何，投资成本都为 0；费用的最终承担者的支出费用随可转嫁程度 δ 增加而减少。即 c(0, δ) = 0，$\frac{\partial c(x, δ)}{\partial δ} < 0$。

（6）社会上有许多小的、风险中性的投资人，假定他们自己没有财产，因此需要向银行借贷去投资风险资产或安全资产。当然也可以假定他们有一些自己的财产，但只要他们向银行借贷去投资，本模型的基本结论就不会改变。

（7）存在大量风险中性的银行，代表性银行的可贷资金为 Loan > 0 单位的资金可供放贷。银行不能准确把握好的资产或坏的资产，只是把资产带给投资者。假设银行自身不能去投资，因此只能向投资人借贷，这一假定与许多国家对银行经营范围的限制相符合。所有的银行的行为可以通过代表性银行加以分析。

（8）银行只能和投资人签订简单的债务契约，并统一贷款利率为 r。由假设 2 可知，r 也是安全资产的回报率。银行不能根据投资人的借款用途和借贷规模去差别化贷款条件。利率 r 恰好能使银行的可贷资金全部出清。这一假定主要是为了简化模型。

根据假设 8，银行的贷款利率统一为 r，也就是投资人可以在该利率水平下借到所需任何数量的借款。那么，如果借贷市场是充分竞争的，则贷款利率应等于安全资产的收益率。因为如果贷款利率过低，则投资人可以无限借贷，并在安全资产投资上进行无风险套利。而如果贷款利率过高，则不会有人投资安全资产，这会导致安全资产的收益率低于资本的边际产出，从而与假设相矛盾。因此，均衡条件下的贷款利率一定等于安全资产的收益率。

为了分析方便，该模型中仅分析有代表性的投资者的行为，并且所有的投资者都选择相同的投资组合（同位的）。这些投资者都是事前统一的，金融中介不能通过贷款契约条款约束投资者的借款行为。假设代表性投资人对安全性资产和风险性资产的持有量分别为 X_s 和 X_R。

二、资产收益的差异与房地产价格波动

根据前面的假定，所有的投资者都受到同等的待遇，他们的贷款利率均为 r，同时假定银行提供一定总额的贷款量。通过利率调整使市场出清，均衡时贷款需求与资金供给相等。这样，在银行与投资者签订的契约中不能发现投资的投资风险，因此这就会产生"风险转移"或"资产转移"问题。当投资人借款投资风险资产时，如果投资发生亏损且亏损不足以弥补借款本金，投资将会违约，并宣布破产以逃废债务；而如果投资收益较高时，投资人在偿还完银行借款本息后，还能获取超额利润。这种"风险转移"问题使投资人更偏好于风险资产。

代表性投资者面临的问题是选择借款量和在安全资产和风险资产之间进行权衡，以最大化在 t = 2 时收益。如果投资者购买的安全资产的数量为 X_s，价格为 1，购买风险资产的数量为 X_R，价格为 P，则投资者借款总量为 $X_s + PX_R$，到期应付本息为 $r(X_s + PX_R)$，投资者获取的利润为：

$$rX_s + RX_R - r(X_s + PX_R) = RX_R - rPX_R \qquad (5.28)$$

前面已经假定在市场出清的条件下，安全资产的收益率和银行贷款利率相等，所有投资于安全资产无法获取超额利润。故投资于安全资产的数量与投资者的最优决策无关，而投资于房地产资产的收益具有不确定性，投资者的最优决策为：

$$\max_{X_R \geq 0} \int_{R^*}^{R_{max}} \left[RX_R - rPX_R \right] h(R) dR - c(X_R, \delta) \qquad (5.29)$$

式（5.29）中 $R^* = rP$ 是投资于房地产资产的临界回报。当投资回报低于临界回报，投资者将会违约。即当 $R^* < rP$，则投资者将会违约。

房地产资产出清的条件是：

$$X_R = 1 \tag{5.30}$$

信贷市场出清的条件是：

$$1X_s + RX_R = X_s + P = Loan \tag{5.31}$$

投资品市场出清条件是：

$$r = f'(X_s) \tag{5.32}$$

由于安全资产的收益率等于银行贷款利率，投资者在安全资产上不能获取超额利润，使他们对安全资产的需求是不确定的。在均衡时由安全资产的收益等于资本的边际产出额，得到投资者的最大化投资决策：

$$\int_{R^*}^{R_{max}} (R - rP)h(R)dR = c'(1, \delta) \tag{5.33}$$

根据预算约束条件 $X_s = L - P$ 代入上式有：

$$r = f'(L - P) \tag{5.34}$$

由式（5.34）可以看出，存在着投资风险转移和房地产资产的供给固定两个问题。房地产投资风险可以向银行转移，导致借款人更多地投资房地产资产；房地产资产的固定供给又将使其供不应求，投资人借贷购买风险资产无疑会推高风险资产的价值，使其偏离"基础价值"（fundamental value）。投资者均衡所决定的房地产资产的实际价格 P 可表示为：

$$P = \frac{1}{r} \frac{\int_{R^*}^{R_{max}} Rh(R)dR - c'(1, \delta)}{P_r(R \geqslant R^*)} \tag{5.35}$$

作为对比，我们需要确定房地产资产的基本价值。我们假定投资者是风险中性，在不存在风险转嫁且其他条件相同时，房地产资产的基本价值可以认为是个人购买单位房地产资产所愿意支付的价格。如果代表投资者利用自有财产（财产量和从银行获取的贷款量相等），其投资于安全资产与房地产资产的最优决策是：

$$\max_{X_s, X_R \geqslant 0} \int_0^{R_{max}} [rX_s + RX_R]h(R)dR - c(X_R, \delta) \tag{5.36}$$

$$s.t. \ X_s + PX_R \leqslant L \tag{5.37}$$

与前面相比而言，此时唯一区别在于此时投资者利用都是自有财产，故不存在违约问题。对其一阶条件：

$$\int_{R^*}^{R_{max}} Rh(R)dR - rP = c'(1, \delta) \tag{5.38}$$

令 $X_R = 1$，代入上式求解房地产资产的基本价值：

$$\overline{P} = \frac{1}{r}[\overline{R} - c'(1, \delta)] \tag{5.39}$$

房地产资产的基本价值是其未来净收益的折现。比较房地产资产的基本价值和实际价值，不难发现，其实际价值明显大于其基本价值。即 $P \geqslant \overline{P}$。我们可以得出如下命题：

命题 1：当投资者通过借贷投资房地产资产的情况下，房地产资产收益不确定会导致存在违约可能。而主要存在违约概率，就会导致房地产价格脱离其基本价值，甚至出现房地产泡沫。

证明：

$$P = \frac{1}{r} \frac{\int_{R^*}^{R_{max}} Rh(R)dR - c'(1, \delta)}{P_r(R \geqslant R^*)}$$

$$= \frac{1}{r} \frac{\int_{0}^{R_{max}} Rh(R)dR - c'(1, \delta) - \int_{0}^{R^*} Rh(R)dR}{P_r(R \geqslant R^*)}$$

$$= \frac{1}{r} \frac{rP - \int_{0}^{R^*} Rh(R)dR}{P_r(R \geqslant R^*)}$$

根据定义 R^* 的定义：$R^* = rP$，有

$$\int_{0}^{R^*} Rh(R)dR \leqslant R^* Pr(R < R^*) \tag{5.40}$$

因此，$P \geqslant \dfrac{1}{r} \dfrac{r\overline{P} - rPPr(R<R^*)}{P_r(R \geqslant R^*)} = \dfrac{\overline{P} - PPr(R<R^*)}{1 - P_r(R \leqslant R^*)}$

即：$P \geqslant \overline{P}$，且当 $Pr(R<R^*)>0$ 时，不等式严格成立。

命题 1 表明了由于风险转移和房地产资产的固定供给，使房地产资产的价格超过了基本价值，形成了房地产泡沫。因为假定借款人都是同质的，所以只要 $R<R^*$，每个投资人都会违约，这会普遍地增加银行坏账，并最终酿成一场金融危机。当然，现实情况是借款人是不同质的，因此违约比例可能不同，因而危机的程度也可能不同。命题 1 所描述的房地产泡沫和金融风险主要来自对房地产资产的过度投资和房地产

资产的收益波动。我们可以证明，房地产资产的收益波动越大（方差越大），资产价格的泡沫也就越大，相应地，借款人的违约风险也越大，即命题2。

命题2：如果房地产资产的收益分布函数的方差越大，则房地产基本价值将减小，而房地产实际价值增大，房地产泡沫会扩大，违约风险也会增加。

证明：由 $r = f'(L - P)$ 和 $f(x)$ 的性质可知，r 和 P 之间存在正相关关系。所以当如果房地产资产的收益分布函数的方差增大，会导致 R^* 变大，同时 r 和 P 也相应变大。

由 $\bar{P} = \dfrac{1}{r} [\bar{R} - c'(1, \delta)]$ 可知，如果 r 变大，将会导致房地产资产的基本价值 $\bar{P}$ 变小。综合 P 和 $\bar{P}$ 会发现，二者之间的差距会越来越大，表现为房地产价格过快上涨，形成房地产泡沫。

不难发现，由于 R^* 增加了，房地产投资需要的偿付也增加了，这会导致投资者更多的风险转嫁行为和违约行为，从而增加外生的直接风险。

三、信贷变化与房地产价格波动

上面主要阐释房地产价格波动是由于实际部门的冲击引起，这些冲击表现在各种资产的收益差异上面，然而，金融部门的行为也会在一定情况下也会导致房地产价格波动，甚至房地产泡沫的产生。在许多情况下，由于过去宽松的金融环境、金融自由化等会导致信贷过度扩张引起房地产泡沫。日本就是一个典型的案例。信贷扩张是金融自由化的伴生物，但由于各国货币政策偏好、金融监管、外部环境等不同，信贷扩张带有强烈的不确定性，在新兴市场经济国家更是如此。在艾伦和盖尔（Allen & Gale，1999，2000）研究的基础上，现在阐释信贷变化对房地产价格波动的影响。模型假设和前面类似，不过有几点需要拓展：

（1）假设经济体持续三期，$t = 0$、$t = 1$ 和 $t = 2$；增加前面一期 $t = 0$。

（2）与前面的模型不同的是，贷款量 L 是动态变化的，在各期中央银行通过控制存款准备金率等货币政策工具间接影响信贷供应，从而影响银行的可贷资金余额和投资者对房地产资产的购买。在 $t = 0$ 时，投资者预期贷款量 L 是个随机变量，在 $[0, B_{max}]$ 内具有正的、连续密度函数 $K(L)$，相应的，在 $t = 1$ 和 $t = 2$ 期，房地产价格 P 是 L 的函数。

（3）投资者可以在 $t=0$、$t=1$ 期进行短期借贷。

（4）安全资产在 $t=1$ 和 $t=2$ 期的回报是 $r_t X_S$，$t=1$，2；房地产资产在 $t=2$ 期的回报为 $\overline{R} X_R$。

（5）企业家最初拥有固定数量的房地产资产，并在 $t=0$ 时将其出售给投资者，投资者持有房地产资产的成本函数 $c(x, \delta)$ 和前面假定一样。安全资产的收益率为贷款利率。

如同两期模型一样，在 $t=1$ 期可以求解出房地产资产的均衡价格为 $P_1 = \dfrac{1}{r}\left[\overline{R} - c'(1, \delta)\right]$

由于 $r = f'(L - P)$，对于每一个预期 L 的值，满足该唯一的 P_1 是唯一的，所以 $P_1(L)$ 可以表示为当预期获取的贷款为 L 时房地产资产价格相对应的均衡价值。同时根据 $f(x)$ 的性质可知，$P_1(L)$ 是关于 L 的增函数。

在 $t=0$ 时，我们用 X_{0R}、X_{0S} 分别表示投资者持有的房地产资产和安全资产的数量，他面临的最优化问题是选择借款的数量及其在两种资产之间的配置以使得在 $t=1$ 期的预期收益最大化。如果投资者购买的安全资产的数量为 X_{0S}，价格为 1，购买房地产资产的数量为 X_{0R}，价格为 P_0，则投资者借款总量为 $X_{0S} + P_0 X_{0R}$，在 $t=1$ 到期应付本息为 $r_0(X_{0S} + PX_{0R})$。现在代表投资者面临的最优化问题是：

$$\max_{X_{0R} \geqslant 0} \int_{L_1^*}^{L_{1\max}} \left[P_1(L_1)X_{0R} - r_0 P_0 X_{0R}\right]k(L_1)dL_1 - c(X_{0R}, \delta)$$

（5.41）

$$X_{0R} = 1$$

s. t. $X_{0S} + PX_{0R} = L_0$；$r_0 = f'(X_{0S})$ （5.42）

其中，L_1^* 表示信贷供给的临界值。如果央行的实际信贷供给低于临界值，投资者将会违约。即：

$$P_1(L_1^*) = r_0 P_0$$

（5.43）

对上面进行一阶导数处理得：

$$\int_{L_1^*}^{L_{1\max}} \left[P_1(L_1) - r_0 P_0 - c'(1, \delta)\right]k(L_1)dL_1 = 0$$

（5.44）

进一步可以得到借贷条件下房地产资产价格：

$$P_0 = \frac{1}{r}\frac{\int_{L_1^*}^{L_{1\max}} P_1(L_1)k(L_1)dL_1 - c'(1, \delta)}{P_r(L_1 \geqslant L_1^*)}$$

（5.45）

同理，可以得出投资者在没有借贷条件下，用自由资产投资所决定的房地产资产的基本价值。这类投资人面临的最优化问题是：

$$\max_{(X_{0S}, X_{0R}) \geq 0} \int_0^{L_{1\max}} [r_0 X_{0S} + P_1(L_1) X_{0R}] k(L_1) dL_1 - c(X_{0R}, \delta)$$

$$s.\ t.\ X_{0s} + PX_{0R} \leq L_0$$

可以求出房地产资产的基本价值：

$$P_0 = \frac{1}{r_0} [E(P_1(L_1) - c'(1, \delta))] \tag{5.46}$$

不难发现，$P_0 \geq \bar{P}_0$，且当 $Pr(L < L_1^*) > 0$ 时，不等式严格成立。我们可以得到命题3：

命题3：在投资人通过借贷投资房地产资产的情况下。当对信贷扩张的预期值越大，房地产价格泡沫就越大。

银行信贷实际上有着很大的不确定性，因此由银行信贷导致的资产价格泡沫很容易产生。比如实行金融自由化的国家、中央银行的贷币政策偏好经常发生改变的国家、银行业进行私有化或股份制改革的国家等，信贷量都是经常变化的。这些情况和借贷的代理问题、风险转移，以及该国风险资产的有限供给等情况结合在一起，可能导致资产价格泡沫积等到相当的程度。

命题4：如果投资人投资成本越低，投资成本中可转嫁成本比例越高，资产价格的泡沫就越大。

命题4可以通过数字模拟来证明（见表5-1）。

假设 L_1 在 $[0, 1]$ 上均匀分布，$L_0 = 1$，$f(x_S) = 4x_S^{0.5}$，$\bar{R} - c'(1, \delta) = 4$。因此有 $P_1(L_1) = 2 \times [(1 + L_1)^{0.5} - 1]$，当交易成本 $c'(1, \delta)$ 发生变化时，可得出银行信贷供给、违约概率等经济变量：

表5-1　　　　　　　　不同交易成本下的房地产泡沫预测

$c'(1, \delta)$ 交易成本	L_1^* 临界信贷供给	$Pr(L < L_1^*)$ 违约概率	$\bar{P}_0$ 房地产的基本价值	P_0 房地产的实际价值	$P_0 - \bar{P}_0$ 房地产泡沫
0.2	0.9	0.45	0.25	0.31	0.06
0.1	1.21	0.61	0.27	0.38	0.11
0.01	1.74	0.87	0.29	0.47	0.18

不难发现，随着交易成本的不断降低，投资人预期的信贷供给扩张不断增加，而信贷供给一旦达不到预期要求，就会造成违约和金融风险。

第六章 企业和市场维度房地产市场的货币政策效应

　　房地产市场的货币政策效应是在货币政策实施后，房地产市场对政策响应的过程。2022年中央经济工作会议指出"要坚持房子是用来住的、不是用来炒的定位，推动房地产业向新发展模式平稳过渡"。而且在其后的相关重要会议和文件中，不断对这一表述进行了强调，足见中央对抑制房地产金融属性和推动房地产业转型发展的决心。正是由于房地产具有较强的金融属性，房企投融资决策对利率的反应较为敏感，货币政策正是房地产市场调控的有效工具（Fratzscher & Rieth，2019；王先柱等，2020；张龙等，2021）。然而，当前研究普遍从宏观视角探究货币政策对房地产市场的调控路径（倪鹏飞，2019；张龙和申瑛琦，2023），难以揭示货币政策如何影响微观房企投融资模式的"黑箱"。并且我国当前经济面临着需求收缩、供给冲击、预期转弱三重压力。在此背景下，非常有必要梳理评述现有的文献研究，厘清房地产市场的货币政策效应研究的发展状况和脉络。

　　在过去20多年发展中，房地产行业"高负债、高杠杆、高周转"的"三高"运营模式带来了巨大的金融风险。防范化解房地产业引发系统性金融风险，消除房地产行业长期以来"三高"发展模式弊端，推动房地产业向新发展模式平稳过渡，是当前我国经济社会稳定发展的关键任务。货币政策恰好是调控和引导房地产业平稳健康发展的重要"指挥棒"和"风向标"。总体而言，房地产市场的货币政策效应是一个历久弥新且又至关重要的话题，吸引了社会公众的广泛关注和国内外学者的共同探讨。经梳理，已有文献主要沿着四条主线对房地产市场的货币政策效应展开了深入的研究。具体而言：首先是探讨货币政策在房地产市场的传导路径；其次是探究货币政策对房价、住房供给和住房需求的作用强度、作用方向以及时变效应；再次是剖析货币政策调控以及房地产供需失衡导致的市场风险问题；最后是聚焦在未来政策取向上。基于此，本章将立足于货币政策调控与房地产行业应两个支撑点，从作用机理、影响效应、风险防范和政策取向四个方面梳理评述货币政策调控下中国房地产行业发展问题研究的理论基础。

第一节 货币政策调控与房地产 企业投融资决策

宏观货币政策为微观企业行为与价值创造提供了基础和背景，而微观企业的最终行为又会对经济产出产生影响，进而影响宏观货币政策落地实施的效果，继而影响宏观货币政策的制定和调整（姜国华和饶品贵，2011；王朝阳等，2024）。因此，宏观货币政策对住房供给影响的研究不能脱离微观企业层面，这需要厘清宏观货币政策的制定和实施与微观企业行为之间的互动关系（齐杨等，2017；王彦平等，2024），对政府制定调整政策及企业发展具有一定的启示和现实意义。

一、货币政策对微观企业的传导机制研究

"银根"是企业的"主心骨"，因而货币政策调整直接关乎企业资金流状况。在不完全市场上，由于信息不对称，货币政策通过改变经济前景预期来实现对企业投资行为产生影响。一方面，货币政策影响企业投资决策主要是通过两种渠道，一是货币渠道，即货币政策紧缩引起银行可贷资金减少；二是信贷渠道，即货币政策紧缩导致企业的借款成本、道德风险增加，企业受到的外部融资约束程度增大（李四海等，2014）。这两种渠道相互影响，并导致企业财务能力弱化以及现金流减少，进而投资支出减少（Fazzari & Petersen，1993；Bernanke & Gertler，1995）。其中，信贷渠道在我国占据主导地位（盛朝晖，2006）。另一方面，宏观货币政策也会通过调节企业融资成本和融资规模来改变企业投资行为（Beaudry et al.，2001；徐光伟和孙铮，2015），首先影响国债到期收益率（关禹等，2019）和政策利率；其次影响资本成本，进

而影响公司投资行为（彭方平和王少平，2007）。另外，企业的投资效率（刘星等，2014）、投资机会（张西征等，2012）、投资规模（马红和王元月，2017）等也会明显地受货币政策的影响。研究表明，宽松的货币政策会加剧企业过度投资，缓解投资不足，而紧缩的货币政策则可以有效抑制过度投资，但会加剧投资不足（耿中元和朱植散，2018）。杜传文和黄节根（2018）采用改进的 FHP 方法构建了融资约束指数，并研究了货币政策、融资约束与企业投资三者之间的动态关系，发现紧缩型货币政策使得企业的投资依赖内部现金流的程度增加，而融资约束程度越高，越不利于企业投资和企业价值的积累。

二、货币政策对房地产企业行为的影响研究

房地产企业属于典型的资金密集型企业，对货币政策反应理应更为敏感，但从实际情况来看，一系列紧缩性货币政策的出台，我国房地产价格仍然居高难下，这就使得我国房地产市场身陷越调越涨的"怪圈"。部分学者开始思索房地产企业的微观特质与货币政策效应之间的关系。冯科（2011）采用 2000～2009 年沪深房地产上市公司和货币政策代理变量的年度面板数据，运用 SVAR 模型实证发现货币政策会对房地产企业的财务指标产生显著的影响，但是对企业投资行为的影响却有限。王先柱和刘洪玉（2011）通过引入实际控制人类型和企业成长性变量，运用固定效应模型发现房地产企业的现金持有水平随着货币政策紧缩程度的变化而变化，当货币政策趋于从紧时，外部融资约束增强，企业会提高现金持有水平。王先柱和金叶龙（2013）基于财务柔性视角，运用计量经济学模型实证分析发现，货币政策能够有效影响房地产企业的融资行为，但对财务柔性不同的房地产企业来说，货币政策的调控效果存在显著差异。陈创练和戴明晓（2018）首次构建了时变参数结构式模型，研究发现价格型和数量型货币政策盯住杠杆目标的政策偏好均存在适时调整迹象，且数量型货币政策在管控房地产市场价格上更为有效。吴璟和郭尉（2017）认为在开发企业层面上，过去粗放、单一的经营模式同样是不可持续的，企业管理者的眼光不应局限于投资额的增长，而应该注重多元化的发展策略。黄娴静等（2023）发现货币政策偏紧时限购政策对房地产企业融资的抑制效果会显著强于实体企

业，说明偏紧的货币政策与房地产限购政策组合可以明显地抑制金融资源倾向房地产。

第二节 货币政策调控对房地产行业的影响机制

货币政策是我国现阶段调控房地产市场的重要手段之一，厘清货币政策实施和发生效应的过程是精准有力实施货币政策的前提保证（楚尔鸣等，2019）。货币政策对房地产市场影响效应的研究可分为三个层次，分别是对房价调控的有效性及对住房需求和供给的作用效果，为理解房地产市场变化提供了不同维度下由表及里的见解。在此部分，本节将在房价、住房需求和住房供给视角下阐述货币政策调控对房地产市场的影响效应和传导机制。

一、货币政策对房价的影响

目前，学术界部分研究重点关注货币政策对房价波动的直接影响效果，体现为两方不同的观点。一方面，一些研究认为货币政策的主要目标是物价和产出稳定，金融稳定并非其主要作用对象，因此货币政策对房地产市场调控有效性较弱（易纲，2021）。较早的一些研究通过实证检验同样发现货币政策在房地产市场的传导机制并不顺畅，对房地产市场价格变动的解释力不足（Wadud et al.，2012；Berlemann & Freese，2013；Deng et al.，2023；郑挺国等，2018；倪鹏飞，2019），货币政策调整很难达到公众和中央政府稳房价的预期（王先柱等，2020）。另一方面，还有一些研究发现货币政策调控对房价有显著影响（吴迪等，2022）。货币政策通过引导公众预期，从而提高在房地产市场调控的有效性（Hansen & McMahon，2014）；通过配合宏观审慎政策和财政政策，采用单一目标的货币规则能够很好地缓解房价波动（李言和毛丰付，2017；郭娜和周扬，2019；鞠方等，2022）。

除了关注于货币政策对房价波动的直接影响效果，还有一些研究聚焦于货币政策与房价的多元化关系。货币政策对房价反应具有"被动性"和"阶段性"的特点，存在一定时滞（郑挺国等，2018）。由于黏性存在，货币政策的房地产价格传导机制失效（郭娜，2019），货币政策与房价之间还存在非线性的关联机制（张小宇和刘永富，2019）。同时，货币政策非线性调控模式有助于加强对房价过快上涨的调控力度（邓伟和宋清华，2021）。此外，货币政策对房价的影响还存在区域差异，对东部城市房价影响高于中西部城市，且存在明显的溢出效应（余华义和黄燕芬，2015；兰峰和张毅，2018）。

总的来说，货币政策对房价影响效应研究经历了一个由粗略到具体的过程：从两者数量关系的直接讨论逐渐转变为货币政策作用的非线性、分异性、溢出性及时滞性。房价是市场供求共同作用的结果，后续研究有必要从需求端和供给端分别探讨货币政策对房地产市场的影响效果。

二、货币政策对住房供给的影响

较早的研究主要关注货币政策对住房供给的总体影响。在房地产市场，货币冲击对住房供给有实际的影响（William，2002；王先柱和陈梦凯，2023）。在此过程中，货币政策对住房供给作用的区域差异性得到证实，王先柱等（2011）发现货币政策对住房供给的调控具有明显的区域效应，东部地区房地产开发投资受利率变动的影响更为显著。张红和李洋（2013）进一步验证了货币政策在房地产市场传导的区域差异性，发现货币供应量增长会推动房地产投资，且中部地区受影响程度最低。在此基础上，倪鹏飞（2019）构建了"货币政策冲击→住房供需相应→城市房价分化"的分析框架，解释了宽松货币政策如何引致城市间的房价分化问题，这进一步拉大了城市间的经济差距（张传勇和刘学良，2017）。对供给总量的研究无法提供中国住房供给结构变化的见解（张祚等，2018），因此部分研究更加侧重于对住房供给过程的研究，包括土地购置、项目施工、住房销售三个环节。相关研究表明，土地资产价格和基础货币供给之间呈现较高的相关性。基于实物期权理论，货币政策调整对企业项目投资决策有显著影响（王超发和孙静春，2017），郭杰和饶含（2022）发现基础货币供给会通过影响土地的流动性价值来引导土地资产价格。郑思齐等（2014）还分析了土地出让、城市建设和土地价格三者之间的互动机制，发现土地出让对房价具有溢出作用（黄静，2021；张凯等，2021）。

总体而言，上述研究主要侧重宏观视角，从微观角度分析货币政策的传导机制已成为近期理论前沿的一个重要方向，此部分重点梳理评述货币政策对房企投融资行为的影响效应研究。刘洪玉等（2015）对房企"投资—资本成本"敏感性进行实证分析发现，中小型房企在财务韧性、负债水平、偿债压力等方面要弱于大型房企，因此其投资行为对于债务资本成本较为敏感，宽松货币政策会通过缓解企业的融资约束而促进企业加快投资（谢军和黄志忠，2014）。货币政策还会助推房企的过度投资行为，林朝颖等（2015）基于过度投资模型发现中国房地产上市公司存在过度投资行为，紧缩的货币政策能抑制过度投资，而宽松的货币政策会助推过度投资。货币政策还会影响房企的投资效率，与投资效率之间呈现非线性的关系（靳庆鲁等，2012）。此外，货币政策还通过影响房地产企业"银根"、现金持有、盈利能力以及企业成长性来作用于房地产市场的产出（王先柱和金叶龙，2013；蔡卫星等，2015；王朝阳等，2018）。企业资本结构调整具有异质性（龚朴和张兆芹，2014），王先柱等（2020）从房企资本结构视角出发，探讨货币政策对不同类型房企的调控效果。研究表明，货币政策对房地产企业具有异质性调控效果，呈现"船大好挡浪"的效应，同时能够增强大型房企的垄断竞争优势，产生"浪大造大船"的现象。该研究表明货币政策在微观企业层面同样存在差异性的调控效果。

基于上述文献梳理，现有研究揭示了货币政策对住房供给的影响效应，如图 6-1 所示，充分验证了货币政策在房地产市场传导的区域效应和企业效应。然而，现有研究却未从项目的层面进一步探索货币政策对住房供给调控的微观机制和影响效应，这也为理解房地产"三高"模式的形成提供一个新的切入口。

1998 年房地产市场化改革以来，逐渐形成了"市场供给为主、住房保障为补"的住房供给侧结构。为保障中低收入人群的住房需求，国务院办公厅对住房供给类型进行控制，用行政手段保障不同类型住房供给（吕萍等，2021）。此外，还通过各类型保障性住房，如公租房、廉租房、经济适用房、限价房等来改善住房市场的供给结构（姚玲珍，2016；邹旭等，2021）。保障性住房虽然可能通过减少商品房供给来影响房价,但大多数研究表明保障性住房在长期对住房供给影响较小(虞晓芬等,2015)。在供给侧结构性改革背景下,从企业层面出发研究货币政策对住房供给的调控机理更具现实意义(周密和刘秉镰,2017)。由此可见,房地产企业作为房地产市场供给侧的主体,货币政策调控如何作用于房地产企业的投融资行为已然成为国内外学者关注的前沿问题。

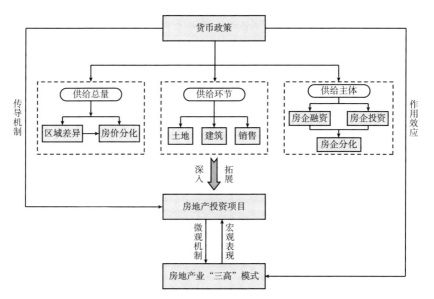

图6-1 货币政策对住房供给的作用机理

一方面,货币政策对企业的融资行为有显著的影响(刘冲和刘莉亚,2022)。货币政策通过影响房企的"银根"而作用于产出,具体则包括信贷供给、利率渠道、抵押贷款渠道以及股权融资渠道四个具体的作用路径。从信贷供给来看,伯南克等(1992)早在20世纪就提出货币政策发生微小变动会通过信贷渠道放大,经过企业和金融机构之间的相互作用而使得实体经济体产出的大幅波动,即金融加速器理论。货币政策的信贷传导理论认为银行贷款是企业除货币资金和债券资产外非常重要的一项资产(Kashyap & Stein,2000;Pascal,2023),而我国房地产行业融资主要依赖于银行,货币政策对房地产融资规模具有显著的调控作用(陈创练和戴明晓,2018),信贷政策的变化对于企业流动负债

163

的影响要显著大于长期负债（伍中信等，2013）。紧缩型货币政策冲击还会带来市场流动性水平的下降，增加房企的融资成本，加大房企项目融资的困难（王先柱和赵晨，2014）；从利率渠道来看，货币政策通过改变货币供给影响价格预期，从而改变实际的利率水平，最终作用于企业的投资行为（McCandless & Weber，1995；张成思等，2022；Liu et al.，2023；Lu et al.，2023）。基于中国房地产市场的实证检验发现，房地产公司的资产负债率与贷款利率和存款准备金率呈现出显著负向相关（顾海峰和张元娇，2014）；从抵押贷款渠道来看，房地产资产价格的波动带来抵押品价值波动，进而影响公司的融资能力（曾海舰，2012）。宽松的货币政策会推动资产价格上涨、抵押物价值上升，使得房地产企业财务费用下降、现金流增加（徐明东和陈学彬，2012）。对于不同规模的房企而言，抵押贷款渠道作用效果并不相同，小企业融资渠道较为单一，更容易受到货币政策调控的影响（Adelino et al.，2015；Zhu et al.，2017）；从股权融资渠道来看，在货币政策紧缩情况下，股票市场的资金流入量减少，导致股票的价格下降，因此房地产企业想通过增发新股等渠道获得外部融资会更加困难（Tobin，1969）。我国房地产企业股权融资受到严格管制，只有少数发展良好且实力雄厚的房企才能获得上市机会，具有一定的特殊性。

另一方面，货币政策通过类似的渠道对房地产企业的投资行为产生直接影响。从信贷渠道来看，货币供给量的增加会刺激房地产投资和商品房销售额的增长，信贷资金对中国房地产市场投资及房价具有推动作用（荣昭等，2020）；从抵押品价值渠道来看，在不完全的资产市场中，货币政策可以通过新的抵押贷款借款成本影响房地产企业的住房投资，且货币政策冲击在浮动利率的情况下比固定利率具有更大的影响（Garriga et al.，2017）。结合上述分析，现有文献针对货币政策调控对房地产企业投融资行为的作用机理进行了深入探讨。例如，李仲飞等（2019）通过构建双重差分模型，比较了"限贷"政策对房企融资规模、结构和成本的影响，对理解货币政策的作用机理提供了新的参考。

三、货币政策对住房需求的影响

经典的房地产理论认为，住房需求是为了满足生活工作的基本需要，因此住房需求是房价波动的首要因素（Rosen，2002；郑思齐等，2012）。较早的研究探讨了货币政策和住房需求之间的关系，发现不同类型货币政策对住房需求的影响在大小和方向上存在差异，且具有时滞性。货币政策供应量对总的住房需求有显著影响，而利率工具则对总的住房需求量影响不明显（何鑫和朱宏泉，2012；曾国安和胡钢剑，2018）。后续研究对此进一步深化，将住房需求划分为市场型需求和保障型需求（孙伟增和张思思，2022），市场型需求可细分为刚需型和投资（投机）型两类，货币政策的调控效果具有较强的结构性和层次性。从占比来看，我国经济中刚需型、投资型以及投机型家庭占比分别为55%、41%与4%（赵玮和李勇，2022）。紧缩型货币政策主要抑制消费类型的住房需求，而对投资性的住房需求影响不大（王先柱和赵晨，2014）。此外，房价的过快上涨又会刺激家庭部门的刚需型住房需求和投机型购房需求，二者相互促进还会带来明显的金融隐患（周广肃和王雅琦，2019；阮健弘等，2020）。

货币政策对住房需求的调控还具有明显的时空分异性。从空间维度来看，随着人口老龄化时代加速到来，城镇新增住房需求规模在2020年后的十年间将出现较为明显的下降（徐辉和荣晨，2021）。我国东部、中部、西部省份在新增需求规模和需求结构等方面表现出明显差异：东部省份新增住房供不应求情况明显扭转，但部分中部、西部省份新增住房供需比反而出现下降（吴璟和徐曼迪，2021）。从时间维度来看，家庭住房需求和资产配置受生命周期、代际和时间的不同影响（张吉鹏等，2021）。国外学者从房地产周期视角分析住房需求波动，通过构建包含房地产部门在内的多部门经济周期模型，引入家庭部门异质性和借款摩擦来提高对需求周期的解释，发现货币政策在不同房地产市场周期调控效果具有显著差异性（Davis & Heathcote，2005；Iacoviello，2005；Iacoviello & Pavan，2013）。而我国住房市场周期呈现"上行长、下行短"的特点，"限制性调控"相比"刺激性调控"更多地发生（冯长春，2019；郭菲和冯长春，2020）。反之，面对住房需求冲击时，信贷类政策也更为有效，能够实施更为有效的逆周期调控（司登奎等，2019）。

通过梳理货币政策对住房需求影响效应相关的研究，如图6-2所示，为后续理论研究和政策调控提供了较好的启示。首先，应区别对待刚性住房需求与投资住房需求，在政策上分类指导，不宜采取"一刀切"的措施进行干预。通过抑制投资需求反向调节供给总量（赵玮和李勇，2022），结合供给侧的调控更好引导房价理性回归；其次，随着人口结构的长期调整，不同地区住房需求存在分异，需要因城、因地施策来有效发挥货币政策的调控效果；最后，货币政策对住房需求的调控存在时滞性，且在不同房地产周期调控效果各异。有必要通过结合货币政策和宏观审慎政策来实施逆周期调控，通过建立房地产长效机制以维护市场稳定。

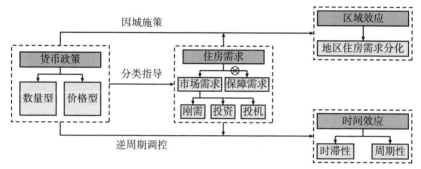

图 6 - 2　货币政策对住房需求的作用机理

在传统的发展模式下，房地产行业重需求管理轻供给调节，中国主要从住房需求着手对房地产市场实行宏观调控（郭克莎，2017），针对货币政策对住房需求的作用机理，国内外许多研究对此开展了有益的探讨。总体来说，货币政策对住房需求的调控研究分为两条脉络，一是将货币政策作为一个整体来探讨对房地产市场的影响；二是区分不同的货币政策工具来分析对房地产市场的影响（周小川，2013）。

货币政策分别通过信贷渠道、利率渠道、资产价格渠道和价格预期渠道对住房需求产生影响。存准率工具主要通过调节基础货币供应量来影响商业银行的信贷资金投放规模，从而对房地产市场需求产生影响（顾海峰和张元姣，2014）。房地产需求包括刚需型、投资型和投机型三种类型（周广肃和王雅琦，2019），当提高市场利率时，会增加了借贷成本，使得投机者减少投机需求（赵玮和李勇，2022）。科尔和弗里德里克（Kearl & Frederic，1977）从金融资产价格渠道来分析货币政策对住房需求的影响，货币政策通过影响信贷可获得性作用于居民的负债水平，从而对住房需求产生显著影响。价格预期渠道则体现在宽松的货币政策还会给房地产市场释放向好的信号，从而影响购房的心理预期并进一步影响住房需求（曾国安和胡钢剑，2018；董纪昌等，2020）。需求侧的调控在短期内能起到较好的效果，但随着房地产市场供需逐渐走向平衡，需求侧的调控效果可能会逐渐减弱（王先柱和陈梦凯，2023），这也凸显了梳理货币政策调控对住房供给侧作用机理相关研究的必要性。

第三节　货币政策调控与房地产行业的风险防范问题

有效防范化解重大经济金融风险作为我国金融稳定的重中之重，目前是备受学术界关注的热点问题。房地产对经济增长、就业、财税收入、居民财富、金融稳定都具有重大影响。房地产一头连着发展，另一头连着民生，是外溢性较强、具有系统重要性的国民经济支柱产业。然而，当前房地产市场风险隐患较多，要防范化解房地产"灰犀牛"风险，避免和金融风险、地方债风险交织，发生系统性金融风险。因此，此部分从房地产金融风险测度、成因分析以及货币政策调控下房地产金融风险防范三个维度分别进行文献梳理评述。

一、房地产系统性金融风险测度及成因分析

系统性金融风险的测度经历了金融机构个体风险刻画、资产组合风险刻画以及金融关联网络的拓扑结构分析三个时期。一是对金融机构的个体风险刻画时期，各国监管部门使用在线价值等指标监测资产组合的市场风险（VaR），如杨晓冬和王要武（2008）运用神经网络对房地产泡沫进行预警。但考虑到 VaR 指标无法正确地刻画尾部事件下的预期损失（Escanciano et al.，2017），一些文献提出了预期损失指标，弥补 VaR 模型的缺陷（Acerbi & Tasche，2002）。二是对资产风险组合风险刻画时期，代表性方法包括边际期望损失和系统性期望损失等，此类指标大多是在预期损失指标基础上进一步计算得出（杨子晖等，2022）。三是对金融关联网络的拓扑结构研究时期，其基于关联网络考察风险的

联动关系与传染效应。借鉴杨子晖等（2022）的定义，将房地产业系统性金融风险定义为"外部冲击被房地产业自身特征所放大，导致房地产业体系崩溃并对其他实体经济有较大负外部性的可能性"。白鹤祥等（2020）通过构建并测算房地产市场系统性金融风险指数发现，一旦房价下跌30%，我国的金融体系的潜在总损失呈现出级数上升的趋势。

现有研究从宏微观层面分别探讨了系统性金融风险的诱发因素。微观层面的研究主要聚焦财务指标（Bostandzic & Wei，2018）、业务结构（Wagner，2010）、地理多元化（Goetz et al.，2016）和公司治理（Anginer & Deniz，2018）几个方面；宏观层面则从风险管理约束（Adrian & Shin，2014）和经济政策不确定性（Matousek & Panopoulou，2020）等视角展开。从货币政策调控来看，宽松的货币政策能够为金融机构提供流动性支持、抑制信贷利差的扩大，从而有效缓解宏观经济风险（郑贤等，2019）；在全球一体化的背景下，汇率可以作为传导渠道对于高度宽松或者过度紧缩的货币政策传导至其他经济体的金融部门，影响其平稳运行（范小云等，2015）。

二、货币政策调控与房地产业风险防范

在货币政策调控视角下，现有研究往往从房地产企业、居民、地方政府等多个部门出发来厘清房地产市场系统性金融风险的形成过程（赵胜民和罗琦，2013；孟宪春等，2017；沈悦等，2018），如图6-3所示。当房地产业受到货币政策等外生冲击时，房价作为其最直观的表征会出现下降或上升的状况，乃至超过正常波动范围（谭政勋和王聪，2015）。房地产企业的破产会导致债务违约、居民对房贷的断供导致的损失、地方政府由于土地财政收入的减少而发生的债务违约风险最终都会传导至金融机构（张莉等，2019；易成栋等，2022）；由于金融机构之间存在相互关联的关系，因此部分机构的破产清算导致其他债权方金融机构遭受传染损失（肖璞等，2012；刘晓东和欧阳红兵，2019）；同时，受市场预期的影响，会加速金融机构之间的资产挤兑，导致流动性危机（陈建华和程杞国，2000）。此时，金融机构的风险进一步向实体经济传染，可能引发经济危机（盛松成和谢洁玉，2016；陈斌开等，2022）。

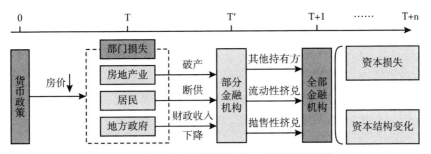

图6－3　房地产业引发系统性金融风险时间轴

从金融监管实践来看，各国货币政策呈现出持续低利率倾向。在此背景下，"影子银行"成为其重要的融资渠道（李仲飞等，2019）。然而，该融资模式具有非常高的脆弱性（陈昆亭和周炎，2020），难以支撑房地产中长期项目的运营。一些学者从货币政策、金融宏微观审慎政策对房地产市场监管效果的视角进行研究（王先柱等，2020；孟宪春等，2018；司登奎等，2019；江振龙，2023）。但微观审慎政策不能充分抑制金融风险积聚、维护金融系统稳定（Rubio等，2014），因此国内多数研究聚焦于货币政策与宏观审慎政策的双支柱宏观调控，二者配合使用能有效支撑宏观经济平稳运行（黄益平等，2019；马理和范伟，2021）。从监管理念来看，金融机构的传统监管理念，如"太大而不能倒、太多而不能倒、太关联而不能倒"，同样适用于房地产业（朱波和陈平社，2022）。

综上所述，现有研究提出了房地产业系统性金融风险的定义，并提供了相应的测度方法。房地产业如何引发系统性金融风险也得到了深入的研究。然而，货币政策调控下房地产行业内部风险的形成机制却仍是一个"黑箱"，较少有研究从这个视角展开研究。此外，货币政策调控如何配合宏微观审慎政策更好实现对房地产业的有效监管也有待进一步研究。

第四节　货币政策调控与房地产行业转型发展

房地产对经济增长、就业、财税收入、居民财富、金融稳定都具有重大影响，房地产市场平稳健康发展对改善民众生活、提升居民福祉有着重要意义。为此，我国不断出台相关政策对房地产市场实施宏观调控，以加快建立房地产市场健康平稳发展的长效机制，现有研究从逻辑梳理、政策制定、效应评估等多个维度入手展开分析，对后续理论研究和实践开展提供了诸多有益的启示。

一、房地产转型发展的现实需求

当前，我国房地产业亟须转型升级，以实现包容性增长（黎蔺娴和边恕，2021），在房地产市场快速发展阶段，行业进入门槛较低，房企开发企业资质参差不齐，为行业健康持续发展留下隐患（孟庆玺等，2018）。当前，我国房地产市场发展主要存在以下四个问题：一是房地产市场价格的非正常上涨，市场多次出现阶段性过热现象，房价上涨在一定程度上抑制消费需求的释放，不利于扩大内需（颜色和朱国钟，2013；Callan & Jarkko，2015）；二是房地产市场供需结构失衡，商品房局部供给过剩和短缺并存的现象，表现为商品房、写字楼等供大于求，而保障性住房和普通商品住房（中低价位、中小套型）等供不应求，市场供给与需求间匹配度不高（陈杰，2012）；三是房地产行业融资结构单一，过度依赖银行借款，我国房企资金来源包括自筹、银行贷款、定金及预收款（间接来自银行），银行对房地产业大量的资金支持，对其他实体经济的投资产生了挤出效应，不利于经济的健康稳定发展（祝继高等，2017）；四是不同城市房价分化进一步加剧，随着城镇化进程的不断深入，各地区都在大力推动房地产发展，使得一、二线城市房价水平居高不下，供不应求，三、四线城市房价相对较低，房地产库存较大（韩立彬和陆铭，2018；赵扶扬等，2022）。

二、货币政策调控与房地产市场长效机制构建

传统宏观经济管理工具主要包括财政政策和货币政策（杨子晖等，2022）。2016 年的中央经济工作会议首次提出"房子是用来住的，不是用来炒的"的定位。"房住不炒"在对打击投机需求的同时，也在支持住房回归居住需求（马理和范伟，2021），有助于构建房地产长效机制（陈英楠等，2022；赵静，2022）。为遏制一、二线等热门城市房价过快

上涨，出台了一系列"限价、限购、限贷"等政策，对抑制房价均有一定效果（王频和侯成琪，2017；陈小亮等，2018），且对抑制地方债风险有显著影响（况伟大和王湘君，2019）。

房地产行业具有较强的金融属性，而在金融市场的调控中，货币政策往往发挥着核心作用（Fratzscher & Rieth，2019）。货币政策常作为逆周期调控的有效手段（陈创练等，2016），用以促进经济或市场繁荣抑或是阻止经济或市场低迷发展。王先柱和陈梦凯（2023）研究认为，需要强化货币政策对供给侧的调控、因城施策和分类指导，畅通货币政策调控的传导效果。此外，货币政策作为一种宏观总量政策，难以解决不同层级的城市间房价分化问题和城市内的住房结构问题。因此，在使用货币政策推动长效机制建设的同时，应结合宏观审慎等政策，通过政策组合更好实现调控效果（江振龙，2023），具体则包括完善的住房制度以及金融、税收、土地等配套制度（赵奉军和高波，2018）。从住房制度来看，我国在坚持"房住不炒"定位的基础上，以市场为主导满足居民住房需求，以政府为主导提供基本保障，有效推动住房供给侧结构性改革（孙聪等，2019），同时还需要关注农村劳动力转移带来的城市住房需求，保障农民工权益（程名望等，2018）；从土地制度来看，目前，大城市实施的集中供地试点就是在不断实践中探索长效机制，旨在解决房地产市场目前存在的严重分化问题（黄奕淇和曲卫东，2022）；从税收制度来看，房地产税是房地产市场需求侧最重要的长效机制，发挥内在稳定器的作用（刘华等，2021）；从金融制度来看，加快金融改革至关重要（张一林等，2021），有助于降低开发商对银行贷款的过度依赖，更多利用社会闲散资金，改善房企的资产负债情况，防止无序扩张，促进房地产平稳发展。

在"房住不炒"的基本定位下，现有研究探讨了如何通过财政政策、货币政策以及宏微观审慎政策来推动房地产市场长效机制的构建。然而，作为构建房地产市场长效机制的重要环节，如何推动房地产业向新发展模式平稳过渡在现有研究中探索较少。如何更好地发挥货币政策在房地产行业转型过程中的引导作用，对促进我国房地产市场平稳健康发展具有重要的现实意义。

第七章 宏观和区域维度房地产市场货币政策效应

货币政策与房地产市场内在关系是一个历久弥新的话题。针对当前及未来房地产市场发展，如何制订及执行货币政策一直是经济学界倍受争议与关注的重点。货币政策是我国现阶段调控房地产市场的重要手段之一，其传导机制是实现货币政策目标的中介作用，这也是货币政策实施和发生效应的过程，即由中央银行政策信号变化所引起的经济过程中各中介变量的连锁反应，以及最终引起实体经济变化的作用途径和机理（任木荣和苏国强，2012）。辜胜阻等（2018）在探讨建设房地产长效机制时，认为应从"银根"入手，重构支持"住"、抑制"炒"的稳健的房地产投融资制度。通过文献梳理发现，国内外学者基于不同的时空背景以及不同的假设和前提对货币政策的调控效应进行了很多有益的研究。

第一节 宏观维度房地产市场货币政策效应

一、货币政策传导机制研究

自凯恩斯建立宏观经济分析框架以来，各经济学流派从不同的经济条件出发，形成了不同的货币政策传导机制理论，但至今没有形成统一的认识。总结货币政策传导机制的渠道，一般包含利率渠道、资产价格渠道、财富效应渠道和信贷渠道等。但从金融机构的资产和负债角度看，学术界公认的货币政策机制理论主要有两大流派，即货币学派和信贷学派。很多国内外相关研究都是基于上述分析框架而展开的。

货币渠道传导机制研究。货币渠道可以分为三种渠道：一是传统凯恩斯主义强调的利率渠道，即通过货币供给的变化来影响价格预期，从而影响通胀预期与实际利率水平，进而影响总投资乃至经济增长的变化（McCandless & Weber，1995；Chariet，2000；范志勇和徐赟，2008）；二是后凯恩斯主义强调的汇率渠道，即改变货币供给量使利率发生变化，进而改变汇率来影响净出口（Obsfeld & Rogof，1995；Betts & Devereux，2000；Kollmann，2001；Engle，2002；MaCallum & Nelson，2000；Clarida et al.，2002）；三是货币政策的非货币资产价格传导渠道，即非货币资产价格在货币政策传导中的作用，包括投资方面的托宾Q效应、财富效应、资产负债效应、净出口效应等（Meltzer，1995；Mishkin，2001）。然而，货币渠道只强调资产负债表中负债方，而忽视了资产方，并认为货币供给变化的根源并不重要。经验研究表明，以信贷渠道为代表的数量化渠道效应要强于以利率和汇率渠道为代表的价格渠道，且该结果并不因金融市场化的推进而发生改变（战明华和李欢，2018）。于是，许多研究在对货币渠道质疑和批判的基础上逐渐转向到信贷渠道传导机制的研究。

信贷渠道传导机制研究。信贷渠道主要包括银行贷款渠道和资产负债表渠道。（Bernanke & Blinder，1988）修正了传统凯恩斯主义 IS – LM 模型，率先对货币政策如何通过信贷渠道传导的问题进行了探讨，并指出货币政策可以通过中央银行的准备金操作来降低商业银行金融头寸、减少银行可贷资金，从客观上限制商业银行提供贷款的能力，而贷款依赖型借款者由于贷款资金来源减少及贷款成本提高导致支出水平下降并减少总需求。此后，许多学者的研究为银行贷款渠道的存在提供了证据（Kashyap et al.，1993；Kashyap & Stein，1995；王振山和王志强，2000；李斌，2001；Kakes & Sturm，2002；De Haan，2003；冯科和何理，2011；顾海峰和杨立翔，2017）。资产负债表渠道传导机制的研究主要集中在企业和消费者层面。多数研究结果显示资产负债表渠道效应的存在，但在各国的具体表现又有所不同（Ogawa，2000；Woon & Yung，2003）。此外，还有学者认为，货币幻觉会导致过度自信和房价波动（孔煜，2017）。

173

根据现有研究，我国货币政策是通过货币渠道与信用渠道两个传导途径共同影响实际经济总量，同时利率传导渠道的作用也得到发挥，且资本市场传导渠道效应开始显现，但总体而言信用渠道占主导地位（周英章和蒋振声，2002；盛朝晖，2006）。

二、房地产市场货币政策有效性争论

一些研究也发现，货币政策在房地产市场的传导机制并不顺畅，其传导效果并不明显。肯尼（Kenny，1999）、惠顿和涅恰耶夫（Wheaton & Nechayev，2008）认为货币渠道的利率变动无法有效解释房地产价格变动。戴维斯等（Davis et al.，2004）通过因果检验发现，信贷渠道的贷款扩张并不能传导至现实中商业房地产价格，而是相反的影响过程。特别是继 2008 年次贷危机之后，外界更加怀疑货币政策和货币当局对于房价的影响效果。马克和沃纳（Marco & Werner，2011）、瓦度德等（Wadud et al.，2012）、博勒曼和菲利斯（Berlemann & Freese，2012）、（Cupta et al.，2012）等通过实证研究均发现，货币政策对房价没有实质性的影响。（Aregger et al.，2013）发现利率、税收以及土地政策对房产价格的影响并不显著。在国内，相关学者研究也发现了房地产市场货币政策调控失灵的经验证据（梁云芳和高铁梅，2007；况伟大，2010；赖文炜和陈云，2015）。

此外，一些研究认为货币政策能够通过引导公众预期来影响其经济行为（Bemanke，2004；万志宏和曾刚，2013）。因此，近年来世界各国中央银行越来越重视预期管理，并通过前瞻性引导影响公众预期形成，从而提高货币政策的有效性（Woodford，2003；徐亚平，2009；马文涛，2014）。预期管理，往往聚焦于通胀预期和利率预期管理（Woodford，2003；姚余栋和谭海鸣，2013；Hansen & McMahon，2014），并以预期的通胀率和利率为中介目标使货币政策发挥对宏观经济或微观资产定价的影响（Clarida et al.，2000；Burstem，2006；Mojtahedzadeh & Emami，2011；张吃山和张代强，2007；万晓莉，2011；陆军等，2012）。张炜（2017）运用 2006～2016 年我国 30 个省份的面板数据，采用动态面板系统广义矩估计（SYSGMM）对货币政策因素、预期因素、需求因素、供给因素与人口因素等方面进行实证检验，发现预期、货币政策与非住房消费是影响房地产泡沫的主要因素，其中消费者预期对房地产泡沫变动的影响最大。

通过归纳总结国外文献，发现多数研究都支持货币政策效应在房地产市场的存在性。实证研究表明，宽松的货币政策将引起房地产价格的上涨，而紧缩的货币政策将使房地产价格下跌（Collyns & Senhadji，2002；Iacoviello，2005）。货币政策的实际利率渠道（Kau & Keenan，1980；Mohammad & Majid，2002；Mishkin，2007）、汇率渠道（Benson et al.，1999；Hau & Rey，2002）、财富效应（Yoshikawa & Ohtake，1989；Campbell & Cocco，2004）、信贷渠道（Eunkyung，1998；Matteo & Raoul，2003；Hatzius，2005）等在房地产市场也同样存在。普尔（Poole，1970）以产出的方差作为目标函数，在 IS – LM 模型的基础上引入随机冲击变量，对调控房地产市场的价格型货币政策工具与数量型货币政策工具的选择问题展开研究。比约兰和贾克布森（Bjornland & Jacobsen，2008）对美国货币政策传导机制进行分析，发现房地产价格在货币政策的传导机制中有非常重要的作用。弗拉帕和梅索尼耶（Frappa & Mesonnier，2010）、索默等（Sommer et al.，2011）从货币政策对房地产泡沫影响的视角出发，论述了房地产业宽松的货币政策与房地产开发贷款占银行贷款总额比重不断增长对房地产泡沫产生的影响及风险。比约兰（Bjornland，2008）研究了美国房地产市场房价与利率冲击的关系，发现资产价格会受到货币政策的影响，进而影响经济总体产出，且当利率上升 1% 房价会立刻下降 1% ~ 2%。古普塔（Gupta，2010）利用 FA-VAR 模型分析了南非的货币政策对其房价的影响，认为房价会对货币政策作出负响应，且这种响应在不同层次的住宅市场具有异质性。佐藤雄（Sato，1995）分析了 20 世纪七八十年代日本城市土地市场价格波动及其与货币市场的关系，认为利率、货币供应导致了土地价格的波动，也导致了宏观经济的波动，但从长期来看货币政策比信贷政策对土地价格的影响更大。哈钦森（Hutchison，1994）通过对日本土地市场的分析，指出折现率、银行间拆解率、货币供应量对土地价格有重要影响。权（Kwon，1998）根据金融加速器理论，通过 VAR 分析指出土地抵押品效应在货币效应传导中扮演着重要角色，且货币政策对土地价格有持续显著的影响；同时，运用不同类别的土地数据进行实证分析，结果表明土地价格对货币政策的响应不受用地类型差异的影响。陈

（Chen，1998）对我国台湾地区的房地产市场进行分析，认为房价受到居民家庭收入、短期利率、股票价格、建筑成本、建筑投资完成额等几个基本要素的影响。（Chen，2001）分析了我国台湾证券与不动产价格的波动，认为银行信贷比利率对资产价格的影响更为显著。

国内学者多数围绕政府实施的既定货币政策对我国房地产市场调控效果评价而展开，并借助各种计量经济学工具进行定量评估（崔光灿，2008；余华义，2010；李秀婷等，2012）。周京奎（2012）的研究表明，信贷约束对住房消费的影响比市场风险的影响更显著，因而为了抑制过度住宅需求，未来仍需采取适度的信贷约束政策。高波和王先柱（2009）通过协整检验和脉冲响应函数分析，探讨了我国房地产市场货币政策传导机制的有效性。邓国营等（2012）选取2005年1月至2010年12月月度时间序列数据，利用VAR模型比较分析了货币政策与资本流入两种因素对房地产价格的影响，并认为中国房地产价格受到货币政策的影响强于资本流入影响。郭娜和李政（2013）在房地产市场调控的背景下，采用有向无环图（DAG）技术和基于DAG的预测方差分解方法探讨了我国货币政策工具对房地产市场调控的有效性问题。顾海峰和张元姣（2014）以货币政策的两大主要工具——利率与存准率为切入点，选取2003~2013年月度时间数据作为样本，研究了货币政策与房地产价格的关联性，并进一步分析了货币政策对房地产价格的调控机理。侯成琪和龚六堂（2014）将房地产生产部门引入包含抵押贷款约束的DSGE模型中进行研究，并认为我国货币政策应该对房价波动作出反应。陈诗一和王祥（2016）将"金融加速器"机制纳入房地产部门融资约束环境，并构建了多部门DSGE模型研究货币政策对房地产价格的传导机制，认为房地产部门融资约束显著影响了房价，且采取盯住房价波动的货币政策能够显著改善社会福利。何玉洁和赵胜民（2019）认为，货币政策会对金融稳定造成影响，即宽松的货币政策会导致房价上升，而对信贷的影响在短期上升但中长期下降。郭克莎和沈少川（2023）建立一个包含房地产要素的DSGE模型对预期管理与房地产价格的关系进行实证分析，要求货币政策更多采取结构性调控的方式，避开对房地产市场和房价预期的直接影响，并对房地产融资、购房信贷等实施特别的政策。

综上所述，国内外针对房地产市场货币政策有效性的实证检验存在不同结论。实际上，由于经济社会环境差异，国内外房地产市场发展、性质与政策差异较大，尽管我国货币政策传导机制具有本国属性，但国外货币政策方面的实践与研究为我国提供了宝贵经验与参考。目前，我国货币政策对房地产市场有效性基本得以肯定，但应该认识到不同货币政策传导渠道在具体实践上表现出差异性。

三、不同货币政策传导渠道的异质性研究

考虑到货币政策是由多种政策工具构成的"工具包"，有不少学者着眼于多种货币政策工具效果的评价分析。研究表明，不同货币政策传导渠道对房地产市场的影响具有异质性。就利率政策研究方面，伯南克和格特勒（Bernanke & Gertler，1995）的研究认为短期利率冲击对房地产投资的影响强烈且持续，而长期利率的冲击反应则较小且短暂。汉森等（Hasan et al.，2002）基于利率渠道、信贷渠道和财富效应渠道诠释了房地产市场在货币政策传导机制中的不同作用。（Xu & Chen，2012）选取季度数据进行实证检验，探究中国货币政策对房地产价格的影响，发现扩张性的货币政策加剧房地产价格的上涨，而紧缩性的货币政策则减缓房地产价格的上涨。吴立元和龚六堂（2018）总结并阐述了异质性条件下货币政策的新传导机制，即实际利率变动的收入效应机制、再分配机制、谨慎性储蓄机制与流动性保险机制。邱强（2010）利用 2004～2009 年的月度数据建立向量误差修正模型，实证检验了我国三大金融调控政策对住房价格的影响，发现我国的房地产市场主要依靠资金推动，其中货币供应量的增加会显著提高房地产价格，贷款利率在短期内几乎不会影响房地产价格，但在长期则与房地产价格存在正相关关系，利率上升并不能达到政策预期的降低房价目标。顾海峰和张元姣（2014）研究发现利率是房地产价格的格兰杰原因，但利率对房地产价格的调控效应却不显著；存准率是房地产价格的格兰杰原因，对房地产价格的调控效应显著，且两者之间存在长期稳定的正向均衡关系。

从类型来看，货币政策通常被划分为数量型货币政策和价格型货币政策。胡志鹏（2012）曾指出我国目前主要依赖数量型货币政策，但由于货币需求函数越发不稳定，数量型货币政策的局限性已逐步显现，央行应更侧重于价格型货币政策。郭娜和李政（2013）认为我国以数

量机制为主导的货币政策调控体系比以价格机制为主导的调控体系更为有效，并据此提出了相应的政策建议。然而，相对于数量型货币政策而言，价格型货币政策更能有效调节宏观经济波动（杨源源等，2017），但鉴于其持续时间相对较短（马鑫媛和赵天奕，2016），因此在短期上运用价格型货币政策更为有效，但长期上采用数量型货币政策来调控宏观经济运行更为适合（卞志村和胡恒强，2015），特别是通过加强预期管理可以进一步激发货币政策功效（郭豫媚等，2016）。在运用货币政策稳定房市方面，谭政勋和王聪（2015）通过 SVAR 模型进行动态检验，发现数量型货币政策对房价的调控效果更为显著，而价格型货币政策则对房价波动不是很敏感。特别是在东部地区尤其是一、二线城市，数量型货币政策在管控房价上效果更突出（余华义和黄燕芬，2015）。当杠杆率高企时，房价与杠杆率之间的关联会被放大（贾庆英和孔艳芳，2016），同时过高的杠杆率还会导致资产价格泡沫激增（刘晓星和石广平，2018），并由此催生金融体系蕴含的系统性风险从而危及宏观金融稳定。黄忠华和杜雪君（2014）认为应该建立合理稳健的房地产金融制度，实时监控和及早防范房地产金融风险。

一些学者聚焦于银行信贷与房价之间的关系研究。经验研究表明，银行信贷与房地产价格之间具有因果关系（李健飞等，2005），且住房按揭贷款的扩张可增加购房者的支付能力，从而刺激购房者消费需求，提升房地产价格（Lastrapes，2002；袁志刚和樊潇彦，2003；王维安和贺聪，2005）。王云清等（2013）将房地产生产部门纳入包含抵押贷款约束的 DSGE 模型中，并采用方差分解技术发现住房偏好冲击和货币政策冲击能够解释近年来我国绝大部分房价波动。郑忠华和邸俊鹏（2015）从银行信贷角度构建了包含银行部门的 DSGE 模型，发现过多货币通过信贷渠道流入房地产业才是高房价的根本原因。杨洋（2016）采用动态面板模型进行实证研究，发现数量型和价格型货币政策通过银行风险承担渠道发挥作用时，其影响方向是相同的，但前者的影响程度更大，并认为应该关注银行微观特征异质性，以降低其内部特征可能给货币政策执行效果带来的抵消效应。郭培利和沈悦（2016）研究发现一类城市住宅价格对区域内银行信贷与经济增长的联动效应最敏感，且存在信贷推高住宅价格的显著现象，三类城市住宅价格波动在调控下较二类城市更剧烈。1999～2012 年 14 年间 35 个大中城市均显著存在经济增长逐步推高住宅价格的经济关系，而银行信贷对住宅价格的推动作用则存在着三类城市与一、二类城市相反的现象，2012 年一、二、三类城市住宅价格受影响因子作用程度与 1999 年的初始次序完全相反。另外，也有部分学者关注到货币政策效果在时间维度的差异。货币政策对房地产市场的冲击在冲击态势、力度和持续时间上呈现出差异化特征（Iacoviello，2005；况伟大，2010）。周祥和孔刘柳（2013）实证分析了房地产市场在低迷期和扩张期两种区制下货币政策冲击对房地产价格的不同影响，发现在低迷期时货币供应量的变动并不会立即影响房地产价格，而是存在一定的时滞，但在扩张期时货币供应量的变动会迅速影响到房价。

综上所述，国内外文献分析了货币政策对房地产市场上的有效性，且不同类型货币政策在实践中的效果存在一些差异。另外，大多数学者将房地产价格作为房地产市场研究的对象，而较少从房地产投资等供给方面考虑。

四、货币政策对住房需求端和供给侧的影响

货币政策影响住房需求端的研究。凯尔和米什金（Kearl & Mishkin，1977）假设货币政策可以通过两种渠道来影响住房需求，一是通过影响金融资产的价格来改变消费者所持有金融资产的价值，二是通过影响信贷成本和可获得性来改变消费者所持有债务的规模，然后利用美国的季度数据进行了实证检验，并检验了假设的成立。宋勃和高波（2007）利用 1998~2001 年的季度数据，采取误差修正模型对中国房地产价格和各种存贷款利率之间的关系进行实证检验，结果表明中央银行实际贷款利率上升会在短期内提高开发商和购买者的贷款成本，从而使商品住房需求和供给都出现下降，同时一年期存款实际利率的上升使得投资性购房者增加储蓄资产而降低对商品住房的需求，通过借贷购房的消费性购房者则会因为购房机会成本的增加而降低购房需求。刘洪玉和张宇（2008）结合 2007 年年底中国实施的从紧的货币政策进行研究，并指出从紧的货币政策通过提高利率降低了购房者的支付能力从而导致商品住房需求的下降，同时针对货币政策的数量型影响机制和价格型影响机制对商品住房需求量的影响分别进行了探究，发现数量型影响机制

主要影响商品住房供给，对商品住房需求的影响不大，而价格型影响机制则同时影响商品住房供给和需求，并对商品住房价格造成显著影响。魏玮和陈杰（2017）运用面板门槛模型对我国 2006～2015 年省际面板数据的实证分析，证实房贷杠杆对房价的影响存在显著的非线性双重门槛效应。但较之中西部地区，东部地区的双重门槛效应出现得更早，东部地区房价对房贷杠杆率变动也最为敏感。王先柱和赵晨（2014）从微观视角实证分析货币政策对消费需求和投资需求的影响，认为紧缩性货币政策在很大程度上能够抑制消费需求，特别对婚房这类消费需求有显著的抑制作用，但对投资需求的抑制并不明显，并发现货币政策对住房需求的调控效果具有较强的结构性和层次性。肖忠意等（2017）利用马尔科夫区制转换自回归模型检验货币政策对居民投资的影响，认为不同货币政策对居民住房参与具有显著差异，且货币政策对住房投资参与的影响强度和持续时间存在显著的非线性特征。曾国安和胡钢剑（2018）采用误差修正模型，利用中国 2001～2016 年的季度统计数据，实证分析了货币政策对商品住房需求量的影响，发现货币供应量增减对商品住房需求量有着显著的影响，而利率对商品住房需求量则无明显的影响。

货币政策影响住房供给侧的研究。埃尔本（Elbourne，2008）的研究发现，货币政策的变化通过改变房地产商融资成本来影响房地产市场供给方行为，并通过改变其他资产相对收益、购房者首付和利息支付来改变房地产市场需求者行为，从而影响整个房地产市场。韩冬梅等（2007）构建了一个小型的联立方程模型，分析了房地产价格泡沫的形成机制，同时指出信贷手段可以直接影响房地产市场中的需求与供给。王先柱等（2011）采用 2000～2009 年 35 个大中城市的面板数据，分别从房地产需求和房地产供给两个层面讨论了利率对房地产市场的影响。任木荣和苏国强（2012）指出利用货币政策工具对房地产价格进行调控，就是将住房的实物供求调控转化为房地产开发与需求的资金供求调控，并认为利率政策、信贷政策以及选择性货币政策工具可以影响房地产的供给方与需求方的成本以及资金预算约束从而影响房价。王云清等（2013）构建一个包含商业和房地产两部门的 DSGE 模型，并运用贝叶斯方法估计模型参数，考察了中国房地产价格及其产量的波动机制。易斌（2015）构建信贷摩擦和房地产担保效应的新凯恩斯模型，考察了住房需求抑制和土地供给调节这两大类房地产调控政策。李斌和张所地（2015）建立了基于异质环境的商品住宅供给调控动态模型，对中国35个大中城市1999～2010年住房供给调控政策的实施效果进行了实证分析。研究发现异质预期环境下同一政策工具对商品住宅供给的作用效果存在明显差异，预期不仅对商品住宅供给产生了直接影响，而且还会弱化货币和土地等政策工具的实施效果，异质城市环境下同一政策工具对商品住宅供给的作用效果也存在明显差异（Huang & Du，2017）。

　　根据现有文献，发现货币政策对房地产市场的研究着力点在房价上，而房价是各种综合性因素作用的结果，难以识别出货币政策对住房供给的影响。因此，现有研究主要关注于住房需求侧，缺少基于住房供给侧的深入研究。

第二节　区域维度房地产市场
货币政策效应

　　国外学者较早地针对货币政策区域效应展开了研究。加里森和张（Carrison & Chang，1979）通过考察1969～1976年美国8个主要BEA地区制造业的收益状况，发现货币政策在各区之间存在差异。弗拉坦托尼和舒（Fratantoni & Schuh，2003）利用区域代理VAR方法（HAVAR）研究了房地产市场货币政策区域效应，发现货币政策冲击房地产投资的区域差异很明显。欧旺和霍华德（Owang & Howard，2004）对美国各大经济区的研究表明，利率渠道和信贷渠道都对美国货币政策区域效应存在着一定的解释力。欧旺和霍华德（Owang & Howard，2006）进一步考察了货币政策区域效应随时间变动的趋势。内格罗和奥特罗克（Negro & Otrok，2007）利用贝叶斯估计方法研究了1986～2005年美国房地产价格波动趋势，厘清了波动原因是由共同趋势还是由地区因素导致的问题。杨等（Yang et al.，2010）研究了1991～2002年货币政策对瑞典地区房价的不同影响，发现货币政策对房地产市场具有显著的区域效应。经验研究也表明，我国货币政策传导机制亦存在区域差异性，且这种区域差异性体现在国民经济中各个行业层面。宋旺等（2006）利用VAR模型和IRF检验证实了我国货币政策存在显著的区域效应，且从传导机制上看，信贷渠道和利率渠道是导致我国货币政策区域效应的主要原因。梁云芳等（2007）基于误差修正的 panel data 模型讨论了房价区域波动的差异，发现货币政策变量对房地产价格影响具有显著的区域性，且无论是房价的长期趋势还是短期波动，信贷规模对东、西部地区影响都比较大，对中部地区较小。常海滨等（2007）研究表明央行货币政策在我国黄河、西北、长江中游三个区域不具有有效传导机制，而利率政策的区域传导效应时滞为一年。蒋益民和陈璋（2009）运用 SVAR 模型及脉冲响应函数进行实证研究，发现我国八大经济区存在明显的货币政策区域效应。王先柱和赵奉军（2010）以 35 个大中型城市为样本，分析货币政策在房地产市场中的传导机制，明确了货币政策在房地产市场存在区域效应。魏亿钢等（2014）根据 2003～2010 年的一组区域数据，采用供给决定模型来衡量政策对房地产投资总量的影响，研究发现我国房地产投资的货币政策效应存在区域异质性。余华义和黄燕芬（2015）的研究表明，货币供应量对一线城市和东部地区城市房价的冲击具有较大的正向影响，但对中西部城市房价的影响较弱。张清源等（2018）运用交互效应动态面板模型检验了货币政策对我国 295 个城市房价的异质性效应及其传导机制，发现货币供给量增长对我国不同城市房价存在显著的异质性效应，且货币供给量是加剧我国城市房价结构性分化的主要外部诱因，而利率调整发挥的作用并不明显，同时发现货币政策冲击主要通过供给侧的土地价格这一传导渠道对房价产生影响。金春雨和张龙（2018）通过构建带有随机波动率的时变参数因子扩展向量自回归模型和异质性指数，单纯从"量化"的视角研究了中国货币政策冲击的异质性，发现货币政策的冲击并不具有绝对异质性，但对于不同的经济部门，其异质性影响程度也存在差异。卢建新（2014）发现地区因素（如收入水平、建造成本、市场化程度及人口规模等）差异导致了房价的结构性震荡。

针对货币政策在房地产市场产生区域异质性的原因，可以归纳为两类：一是由基本面因素差异导致，如房地产市场发达程度（Giuliodori，2005）、房地产融资结构（Lacoviello & Minetti，2008）、经济和金融发展水平（宋中权，2010）等，但这些研究并未深入阐释基本面因素导致异质性现象的内在机理。二是认为是由货币政策传导机制引起，包括利率渠道、信贷渠道和预期渠道。余和黄（Yu & Huang，2016）、余华义和黄燕芬（2015）分析了货币政策在房地产市场产生的区域异质性问题，但并未说明哪个渠道在产生区域异质性过程中发挥作用，也缺乏对各个渠道作用机理的理论阐释。

综上所述，货币政策在房地产市场上存在明显的区域效应，但这些研究（尤其是国内的研究）主要从影响区域房地产价格波动变异的视角考察，没有进一步深入到房地产需求和供给两个层面来研究货币政策的区域效应。房地产市场货币政策效应研究应该关注房地产需求和供给，因为供求是房地产市场运行的基础，也是房地产价格的基本决定因素。房地产需求反映了消费者和投资者的选择行为和决策过程，而房地产供给则体现了房地产开发企业或房地产所有者对市场的判断和对成本与收益的权衡。米什金（Mishkin，2007）指出，货币政策通过利率变动对房地产市场需求产生直接影响，且主要是通过资本使用成本（user cost of capital）来影响未来房价波动预期，而资本使用成本决定于实际利率和房地产价格预期增值。同样，利率的变动也会对房地产开发企业融资成本产生影响，进而影响房地产市场的住房供给。除了利率因素之外，信贷供给状况还通过资金可得性渠道对房地产供求产生影响。

在研究方法方面，现有研究多基于传统计量模型的静态分析，如VAR 模型、面板向量自回归（PVAR）模型、全局向量自回归（GVAR）模型、区域代理 VAR（HAVAR）模型，相关研究如张红和李洋（2013），但方法运用上比较单一。在数据方面，大多使用的是我国 31 个省市或大中城市的数据，样本选择存在一定的局限性，且只能将区域粗略地划分为东、中、西三部，缺少更细致深入的讨论。

货币政策的房地产区域异质性研究，着力点仍然聚焦于房价，但影响房价的因素众多，从而导致一些研究结论存在较大偏误。为了进一步打开货币政策到房价之间的"黑匣子"，着眼于区域房地产供给方来研究货币政策的区域异质性，能够更好地因地施策。

第三篇 市　场　篇

房地产业不仅是国民经济的一个重要产业群体，还是国民经济的基础性、先导性和支柱性产业。从国际经验来看，房地产业的健康发展已经引起了各国货币当局及金融监管部门的广泛关注。作为宏观经济调控的重要手段，中国的货币政策通过金融体系传导实现对整体经济的调控，并不局限于调控单一行业，而是对各个微观主体的经济行为产生影响。剖析货币政策调控效应的行业异质性，并考察货币政策对房地产业供给侧和需求侧的影响效应，不仅是提高货币政策调控有效性的重要切口，也是科学制定房地产业健康发展模式的重要条件。

基于此，本篇从房地产市场视角出发，先后验证了房地产货币政策有效性、货币政策对房地产行业的影响效应、房地产市场的"蓄水池"效应、货币政策调控对房地产业供给结构的影响、货币政策调控对房地产业需求结构的影响及效应。具体而言，前两章分别从货币渠道和信贷渠道验证货币政策对房地产行业影响的有效性，并进一步开展行业层面的比较研究。后三章分别从房地产市场的"蓄水池"效应和房地产市场供需结构视角验证货币政策的影响及效应。

在"房地产市场货币政策有效性研究"一章中，首先，介绍了货币政策传导两大机制：货币渠道和信贷渠道；其次，分别从理论和实证两方面分析了货币政策在房地产市场中的传导机制；最后，通过建立计量模型，使用经济统计数据对房地产市场货币政策传导机制的有效性进行深入探讨。

在"货币政策对房地产行业发展的影响"一章中，首先，回顾了以往关于货币政策行业效应的相关研究，并深入行业层面探究货币政策调控效果的重要性；其次，构建数理模型分析了货币政策对不同行业的异质性影响；最后，实证检验了货币政策对耐用消费品部门和非耐用消费品部门的影响差异，并提出相应的政策建议。

在"货币政策调控对房地产市场价格的影响"一章中，首先，介绍了在扩张性货币政策背景下，货币供应量的大幅增加并未带来物价的大幅上涨，进而提出问题："消失的货币"与物价和房价之间有着怎样的关系？其次，通过构建理论模型证实了房价的快速上涨会对货币产生"虹吸效应"；最后，通过实证分析检验了房价上涨会使得大量货币流入房地产"资金池"，进而削弱货币流动性。

在"货币政策调控对房地产业供给结构的影响"一章中，首先，从基本路径、时效差异、政策工具异质性和区域效应四个方面入手，厘清货币政策调控与房地产企业供给之间的逻辑关系；其次，具体分析了房地产企业对货币政策调控的现实响应，并探究不同类型的房地产企业的市场行为对货币政策调控的响应是否存在差异；最后，根据相关结论，从房地产业供给侧改革角度提出相应的政策建议。

在"货币政策调控对房地产业需求结构的影响"一章中，首先，梳理现有文献，厘清货币政策如何影响房地产市场的需求结构；其次，区分消费需求和投资需求，深入分析了货币政策对房地产需求结构的异质性影响；最后，通过总结得出相关结论，并提出相应政策建议。

第八章　房地产市场货币政策有效性研究

　　央行根据不同时期的经济发展情况，通过调节货币供应量和信用量的方式达到促进经济增长、实现充分就业、稳定物价等政策目标。房地产业作为国民经济的支柱产业之一，其对国民经济具有长期影响。但由于存在市场失灵和信息不完全等因素，房地产市场货币政策传导的有效性值得受到密切关注，图8-1为房地产市场货币政策传导机制。

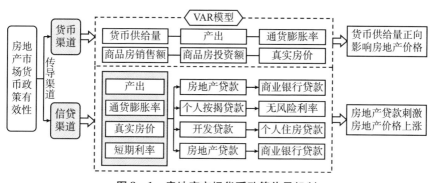

图8-1　房地产市场货币政策传导机制

资料来源：笔者自行绘制。

第一节　货币政策有效性的理论基础与文献述评

　　货币政策有效性的关键在于其传导机制是否通畅，房地产市场也不例外。通常而言，根据货币与其他资产之间的不同替代性，货币政策传导机制可以分为两大类：货币渠道和信贷渠道。货币渠道以完善的金融市场和完全信息为前提，并假定贷款对债券、股票具有完全的替代性，传导过程通过"货币"来实现，并主要通过不同金融资产之间价格的变化发生作用。从外部融资升水的影响路径，可以将信贷渠道分为两种情况：银行贷款渠道和资产负债表渠道。银行贷款渠道侧重于中央银行运用货币政策影响商业银行的贷款供给能力。资产负债表渠道则强调货币政策通过影响借款人的资产负债表，来改变借款人外部融资升水的大小，进而影响其投资以及消费决策。

货币渠道的研究仍有两个方面有待完善：其一，只强调资产负债表中的负债方，而忽视了资产方，认为货币供给变化的根源并不重要；其二，过于宽松的假设忽视了现实经济中信息不完全问题和金融市场的自身结构问题，导致更多学者从信贷渠道角度来解释货币政策的传导机制。例如，卡夏普等（Kashyap et al.，1993）建立数量模型研究了银行贷款和商业票据的相对变动，证明了银行贷款渠道传导机制的存在。卡克斯和斯特姆（Kakes & Sturm，2002）通过建立 VECM 模型，研究发现德国的中小银行更倾向于持有更高比例的流动资产以应对紧缩性政策冲击，大银行平滑货币冲击的能力强于中小银行。不过，拉莫（Ramer，1990）、阿里恰和加里波第（Ariccia & Garibaldi，1998）以及莫里斯和赛伦（Morris & Sellon，1995）的研究均表明，银行贷款渠道存在的数量效应并不明显。崔温圭和金永山（Choi & Kim，2003）也通过美国上市公司季度面板数据，证明了资产负债表渠道的存在。在通货紧缩时期，银行贷款处于萎缩状态，企业偏好使用商业信贷来代替银行信贷，以缓解紧缩性货币政策带来的负面冲击。此外，奥利纳和鲁德布什（Oliner & Rudebuseh，1996）研究表明，在紧缩性货币政策实施之后，企业投资行为与其内部资金的联系变得更加紧密，投资将趋减。

许多学者对中国货币政策的货币渠道以及信贷渠道的存在性和有效性进行了相应分析。例如，周英章和蒋振声（2002），蒋瑛琨等（2005）认为中国的货币政策通过信贷渠道和货币渠道的共同传导发挥作用，相比之下信贷渠道占主导地位。方显仓（2002）认为中国货币政策信贷传导机制弱化的根源在于银行业垄断、银行资产结构和私人部门融资结构不合理、投资的利率弹性偏低等。盛朝晖（2006）则认为，信贷渠道在货币政策传导机制中发挥了主要作用。具体而言，利率传导渠道的作用得到发挥，资本市场传导渠道效应开始显现，汇率传导渠道具有一定的被动性。李小林和司登奎（2024）认为，地方政府债务的快速扩张会收紧货币政策的信贷传导渠道并弱化货币政策调控的有效性，从而对企业的信贷融资（包括信贷规模和信贷价格）形成硬约束，由此会加剧企业对劳动和资本要素的配置失衡，甚至会对实体企业的有序运营与健康发展产生严重威胁。

研究货币政策在房地产市场中传导机制的文献，大致可以分为两大类：理论分析与实证研究。其中，在理论分析方面，最早的相关研究从莫迪利亚尼（Modigliani，1975）开始，认为虽然信贷额在抵押市场上对房地产建设具有间接作用，但是货币政策的传导主要通过资本投资和消费进行。之后，伯南克和格特勒（Bernanke & Gertler，1995）认为，房地产投资对短期利率冲击反应通常强烈而且持续，但是对于长期利率的动态反应却非如此，长期利率实际上是促进房地产消费的主要因素，房地产投资对长期利率的反应更小，且恢复更快。青木康介等（Aoki et al.，2004）将 BGG 模型引入了房地产部门经济，研究了房地产在货币政策中的传导作用。该模型中，住房既提供一定的消费流，也是家庭借贷的抵押品，在一定条件下，金融加速器效应放大了货币政策冲击在住房投资、住房价格和消费中的作用。以英国为例，由于信贷市场结构的变化，在减小住房抵押的消费借贷成本后，虽然可以增加货币政策冲击对消费的影响，却对住房价格和住房投资产生了不利影响。

相关的实证研究主要通过向量自回归（VAR）方法来动态解析货币政策对房地产市场的冲击。穆罕默德和吉德（Mohammad & Majid，2002）利用英国 1968～1999 年的季度数据，构建房地产投资与宏观经济变量之间的 VAR 模型，通过方差分解发现财政政策对房地产投资具有温和而重要的影响，而从长期来看，货币政策对房地产投资具有冲击力度大、持续时间长的效应。雅科维罗和米内蒂（Iacoviello & Minetti，2007）通过构建 4 组 VAR 模型，分析芬兰、德国、挪威和英国的房地产市场与货币政策，发现信贷传导渠道的有效性与一个国家的房地产市场结构特征相关联。具体而言，芬兰和英国属于银行信贷渠道，存在资产负债表渠道的可能性，而德国货币政策传导机制则表现为纯粹的资产负债表渠道，挪威则没有显示出信贷渠道的迹象。

货币政策在中国房地产市场以何种方式进行传导以及效果如何呢？国内现有的研究大多局限于货币政策在国民经济中的传导机制，很少涉及个别产业部门，尤其是关于房地产业。因此，这一问题亟待解决。不过，本章在区分货币渠道和信贷渠道的基础上，分析重点放在对信贷渠道的辨别。原因有以下几点：首先，根据上述文献回顾，可以发现信贷渠道不拘泥于传统货币渠道的严格假设条件，能更好地阐释货币政策在现实经济中的传导机制。其次，从理论上看，房地产市场短期利率对房地产投资的冲击更加显著，但是实际上长期利率应该是促进房地产消费的主要因素（Bernanke & Gertler, 1995），二者的解释相矛盾。货币渠道认为，中央的货币政策影响力体现在短期利率上，而长期利率由市场决定。中央银行通过改变货币供给，影响短期利率，进而影响总需求、消费和投资。最后，中国房地产市场是名副其实的"银行主导型"，信贷市场是中国房地产开发资金的主要来源。银行贷款对房地产业的支持除了房地产开发贷款，更重要的是提供了按揭贷款，因此可以发现房地产市场存在信贷传导机制。

190

第二节　货币政策有效性的模型设定

一、有效性的测评方法

向量自回归模型

货币渠道以凯恩斯学派和货币主义学派的货币政策传导机制理论为基础，侧重于分析银行资产负债表的负债方——货币对经济的影响；它重点关注银行资产负债表的资产方——银行贷款对经济的影响。目前，研究货币政策在房地产市场传导机制的最佳方法是构建向量自回归模型（Mohammad & Majid, 2002；Matteo & Raoul, 2007）。两个时间序列变量 $\{y_{1t}, y_{2t}\}$ 二者构成一个初步的二元 VAR(p) 系统：

$$\begin{pmatrix} y_{1t} \\ y_{2t} \end{pmatrix} = \begin{pmatrix} \beta_{10} \\ \beta_{11} \end{pmatrix} + \begin{pmatrix} \beta_{11} & \gamma_{11} \\ \beta_{21} & \gamma_{21} \end{pmatrix} \begin{pmatrix} y_{1,t-1} \\ y_{2,t-1} \end{pmatrix} + \cdots + \begin{pmatrix} \beta_{1p} & \gamma_{1p} \\ \beta_{2p} & \gamma_{2p} \end{pmatrix} \begin{pmatrix} y_{1,t-p} \\ y_{2,t-p} \end{pmatrix} + \begin{pmatrix} \varepsilon_1 \\ \varepsilon_2 \end{pmatrix}$$

$$(8.1)$$

其中，ε_{1t} 和 ε_{2t} 均为白噪声过程，记 $y_t = \begin{pmatrix} y_{1t} \\ y_{2t} \end{pmatrix}$、$\varepsilon_t = \begin{pmatrix} \varepsilon_1 \\ \varepsilon_2 \end{pmatrix}$，系数矩阵记

为 $\Gamma_i (i = 0、1、2、\cdots)$，可得最终的 VAR 模型为：

$$y_t = \Gamma_0 + \Gamma_1 y_{t-1} + \cdots + \Gamma_p y_{t-p} + \varepsilon_p \tag{8.2}$$

二、变量及数据说明

（一）货币渠道传导模型

根据周英章和蒋振声（2002），蒋瑛琨（2005）的研究，使用 M1 作为货币渠道的代理变量，以房地产价格作为检验货币政策有效性的代理变量。为了能有效地刻画货币政策在房地产市场的传导效应，这里引入 4 个控制变量：国内生产总值（GDP）、通货膨胀率（CPI）、房地产投资额（HI）和商品房销售额（HS）。其中，房地产投资额是反映房地产市场供给力度的重要指标，而商品房销售额是反映购买需求的变量。因此，能够确立第一个 VAR 模型变量：货币供给量（M1）、产出（GDP）、通货膨胀率（CPI）、商品房销售额（HS）、商品房投资额（HI）和真实房价（HP）。

（二）信贷渠道传导模型

根据佳利（Gali，1992）、马特奥和拉乌尔（Matteo & Raoul，2007）等考察信贷渠道传导机制的方法，将利率作为货币政策的代理变量，构造 4 个 VAR 模型，对信贷渠道在房地产市场的传导机制进行分析。

第二个 VAR 模型变量：产出（GDP）、通货膨胀率（CPI）、短期利率（SR）、真实房地产价格（HP），房地产贷款（DL）和商业银行贷款余额（BL）。房地产贷款主要包括房地产企业开发贷款和个人住房贷款。第二个模型无法完全分辨货币政策是否通过信贷渠道传导，不过可以发现一些关于可能存在信贷渠道的数量表现。一般来说，当货币当局实施从紧的货币政策时，会出现银行贷款量下降和贷款需求的减少，这一点在传统的货币传导机制下也是如此。

第三个 VAR 模型变量：产出（GDP）、通货膨胀率（CPI）、短期利率（R）、真实房地产价格（HP）、个人住宅按揭贷款利率和无风险利率的利差（SP）。这里利差的扩大可以用来捕获是否存在外部融资升水，即是否存在广义的信贷渠道（资产负债表渠道或银行贷款渠道），但无法区分开资产负债表渠道和银行贷款渠道。在信贷市场不存在摩擦的情况下，企业外部融资成本等于内部融资成本，等于无风险利率，然而在信贷市场存在摩擦的情况下，Townsend 的信贷合约理论认为当企业的收益大于一定界限时，企业以约定的利率偿还银行贷款，而在现实经济中存在企业经营失败或隐瞒收益的情况，银行要多支付一定的成本对企业进行审查，并且获得企业的剩余资产，使得银行要求的贷款利率要高于无风险利率，即有一个风险升水。

这里需要说明如何定量利差。雅科维罗和米内蒂（Iacoviello & Minetti，2007）认为在计算利差时遇到三个难题，其一，若商业银行贷款中违约率增加，将导致银行要求更多的抵押品而不是更高的贷款利率。其二，许多国家商业贷款经历了从固定利率向浮动利率转变的过程，通过浮动利率计算的利差反映的是流动性外部融资升水，无法刻画代理者的成本。其三，如果贷款通过信贷配给给定，利差不能捕获到通过信贷配给形成的贷款需求的增加，它们通过使用不同基准利率和抵押贷款实际期限进行匹配来解决上面的困境。在模型三里，可以通过国债收益率代表无风险利率，因为国债收益率曲线又称为利率期限结构，为某个时点上不同期限的零息债券到期收益率所组成的一条曲线，从直观上理解，不同期限对应的到期收益率就代表了市场所要求的最低无风险利率。个人住宅按揭贷款利率按银行要求的贷款利率，它们之间的利差反映的是风险升水。

第四个 VAR 模型变量：产出（GDP）、通货膨胀率（CPI）、短期利率（R）、真实房地产价格（HP）、房地产开发企业的银行贷款（RL）和个人住房贷款（PL）。第四个 VAR 模型主要用来分析信贷渠道在房地产市场的具体表现。一般来说，从紧的货币政策会造成商业银行的授信规模减小，房地产开发企业和个人从银行渠道获取的贷款难度增加，相应地增加从非银行渠道获取资金。

第五个 VAR 模型变量：产出（GDP）、通货膨胀率（CPI）、真实房地产价格（HP）、房地产开发企业的银行贷款（RL）和个人住房贷款（PL）。第五个 VAR 模型主要用来分析房地产贷款对房地产价格的影响。

本章样本区间为 2000 年 1 季度~2007 年 4 季度，所有的季度数据来源于中经网、中国人民银行网站和《中国经济景气月报》。我们从上海证券交易所选取 5 支期限为 10 年期，付息方式为 1 年的国债，分别是 99 国债（8）（009908）、20 国债（4）（010004）、21 国债（12）（010112）、02 国债（15）（010215）和 03 国债（11）（010311）。先计算各自的平均到期收益率（季度），在此基础上再计算这五只国债平均收益率值，用此值作为无风险利率的代表。

由于我国尚未公布 CPI 的季度定基比指数，所以我们首先使用 CPI 的月环比指数计算出月度定基比指数，然后在此基础上构造出季度定基比指数，最后对季度定基比指数取对数并差分得到通货膨胀率。为消除样本数据的季节趋势，本章使用 X－11 法对各变量进行了季节性调整，除利率、利差外，其他变量都进行对数化处理。

第三节　货币政策有效性的实际测算

一、实证结果分析

（一）基于单位根检验的货币政策有效性分析

格兰杰和纽博尔特（1974），菲利浦（1986）指出当使用非平稳序列进行回归时，会造成虚假回归，并且沃深（1989）也证明当变量存在着单位根，即非平稳时，传统的统计量，如 t 值、F 值、DW 值和 R^2 将出现偏差。因此，为了避免金融变量的不平稳产生虚假回归，本节采用蒂奇和福勒（Dichey & Fuller，1981）提出的 ADF（Augmented Dickey－Fuller）方法进行单位根检验，检验方程根据是否具有截距项或时间趋势分为三类：方程 8.3 既有截距项又有时间趋势，方程 8.4 中既无截距项又无时间趋势，方程 8.5 中含有截距项但无时间趋势。

$$\Delta y_t = \beta_1 + \beta_2 t + (\rho - 1) y_{t-1} + \alpha_i \cdot \sum_i^m y_{t-1} + \varepsilon_t \qquad (8.3)$$

$$\Delta y_t = (\rho - 1) y_{t-1} + \alpha_i \cdot \sum_i^m y_{t-1} + \varepsilon_t \qquad (8.4)$$

$$\Delta y_t = \beta_1 + (\rho - 1) y_{t-1} + \alpha_i \cdot \sum_i^m y_{t-1} + \varepsilon_t \qquad (8.5)$$

其中，ε_t 为纯粹白噪声误差项，滞后阶数的选择使得 ε_t 不存在序列相关。原假设 H_0：$\rho = 1$，备选假设 H_1：$\rho < 1$。接受原假设意味时间序列含有单位根，即序列是非平稳的。我们使用画图的方法来确立各组数据 ADF 检验中是否包含截距项和有时间趋势。通过 AIC 和 SC 来确立最佳滞后项。

从表 8 - 1 中可以看出，各变量的时间序列在显著水平为 10% 的 ADF 检验中都存在单位根，说明原序列都不平稳，但各变量的一阶差分都在 10% 的显著水平上拒绝了单位根假设，从而说明各变量都是 I（1）序列。这样我们就可以在平稳序列的基础上进行协整分析。

表 8 - 1　　　　　　　　各变量单位根检验结果

变量	检验形式 (C, T, K)	ADF 统计量	临界值 (5%)	变量	检验形式 (C, T, K)	ADF 统计量	临界值 (5%)
LnM1	(C, T, 1)	0.589	-2.986	ΔLnM1	(C, 0, 0)	-3.407	-2.986 **
LnM2	(C, T, 1)	-2.555	-3.580	ΔLnM2	(C, 0, 0)	-4.047	-2.989 *
LnCR	(C, T, 1)	-1.936	-3.580	ΔLnCR	(C, 0, 1)	-3.282	-3.584 ***
LnHI	(C, 0, 1)	-1.108	-2.986	ΔLnHI	(C, 0, 1)	-6.282	-2.989 *
LnHS	(C, T, 1)	-4.011	-3.580	ΔLnHS	(C, 0, 1)	-6.719	-2.989 *
LnGDP	(C, T, 1)	-1.566	-3.580	ΔLnGDP	(C, 0, 1)	-3.439	-2.989 **
CPI	(C, T, 1)	-0.877	-2.986	ΔCPI	(C, 0, 8)	-3.878	-1.950 **
SR	(C, T, 1)	1.393	-3.580	ΔsR	(C, 0, 0)	-3.670	-3.580 **
HP	(C, T, 2)	-2.903	-3.584	ΔHP	(C, 0, 1)	-1.905	-1.602 ***
LnRL	(C, 0, 2)	-1.108	-2.986	ΔLnDL	(C, 0, 1)	-2.455	-1.950 **
LnBL	(C, T, 1)	-2.740	-3.580	ΔLnBL	(C, 0, 3)	-4.166	-2.657 *
SP	(C, T, 1)	-1.678	-3.580	ΔSP	(C, 0, 0)	-3.216	-3.716 *
LnPL	(C, T, 3)	-1.398	-3.588	ΔMIX	(C, 0, 3)	-2.612	-1.950 **

注：*、**、*** 分别表示在 1%、5% 和 10% 的水平上拒绝原假设，其中 Δ 表示一阶差分。

（二）基于协整检验的货币政策有效性分析

根据检验对象不同，协整检验可以分为两种，一种是对回归系数的协整检验，例如 Johansen 协整检验；另一种是基于回归残差的协整检验，如杜宾—瓦特森检验（Cointegration Regression Durbin - Watson）和

194

恩格尔—格兰杰（Engle – Granger）检验两步法。后一种方法需要对线性模型进行 OLS 估计，在应用时不方便。下面分别对 5 个模型进行 Johansen 协整检验（见表 8 – 2）。

表 8 – 2　　　　　　　　　　Johansen 协整检验

第一个 VAR 模型（M1、CR、HI、HS 和 HP）			
原假设	特征值	迹统计量（P 值）	λ—max 统计量（P 值）
0 个协整向量	0.75	81.78 (0.0041)**	40.54 (0.0069)**
至少 1 个协整向量	0.55	41.25 (0.1809)	23.24 (0.1633)
第二个 VAR 模型（GDP、CPI、R、HP、RL 和 TL）			
0 个协整向量	0.76	114.89 (0.0013)**	42.14 (0.0288)**
至少 1 个协整向量	0.61	72.45 (0.0287)**	28.28 (0.2007)
第三个 VAR 模型（GDP、CPI、R、HP 和 SP）			
0 个协整向量	0.84	107.41 (0.0000)**	53.24 (0.0001)**
至少 1 个协整向量	0.66	53.91 (0.0121)**	31.24 (0.0162)**
第四 VAR 模型（GDP、CPI、R、HP、RL 和 PL）			
0 个协整向量	0.94	147.18 (0.0000)**	81.44 (0.0000)**
至少 1 个协整向量	0.70	65.75 (0.0005)**	35.36 (0.0041)**
至少 2 个协整向量	0.48	30.39 (0.0427)**	19.17 (0.0919)
第五 VAR 模型（GDP、CPI、PL、RL 和 HP）			
0 个协整向量	0.73	74.13 (0.0000)**	39.26 (0.0010)**
至少 1 个协整向量	0.54	34.87 (0.0120)**	23.61 (0.0219)**

注：** 表明在 5% 的显著水平上拒绝原假设。

由于协整方程定义的不同，迹检验和最大特征根检验存在冲突，如方程 8.3 和方程 8.5，前者认为存在 3 个协整向量，而后者检验结果为 2 个协整向量。不过可以肯定的是，检验结果表明这 6 组方程中的变量之间存在协整关系，表明了货币渠道和信贷渠道成为货币政策在我国房地产市场进行传导的可能性，为了进一步分析货币渠道和信贷渠道在货币政策传导中的相对重要性，下面采用基于向量自回归模型的方差分解进行检验，在厘清货币渠道和信贷渠道的基础上，利用脉冲响应函数辨别资产负债表渠道和贷款渠道在房地产市场传导的重要性。

（三）基于脉冲响应的货币政策有效性分析

脉冲响应函数描述一个内生变量对来自另一内生变量的一个单位变动冲击所产生的响应，提供系统受冲击所产生的相应正负方向、调整时滞、稳定过程等信息。在 VAR 模型中，通过变量之间的动态结构，对以后的各变量将产生一系列连锁变动效应，将 VAR 模型改写成向量移动平均模型（VMA）：

$$Y_t = \mu + \sum_{k=0}^{\infty} \Psi_k \varepsilon_{t-k} \tag{8.6}$$

其中，$\Psi_k = \psi_{(k,y)}$ 为系数矩阵，$k = 0，1，2\cdots，\cdots$，则对 y_t 的脉冲引起的 y_t 响应函数为 $\psi_{0,yi}，\psi_{1,yi}，\psi_{2,yi}，\cdots$。

1. 货币渠道：货币供给量正向影响房地产价格

图 8-2 是货币渠道在房地产市场传导的脉冲响应函数图。由图 8-2 可以看出，在当期货币供给量一个正向的冲击之后，房地产价格将会出现长期稳定增长的趋势，且上涨速度不断递增。也就是说货币供给量上涨导致房地产价格上涨，并且影响幅度大，持续时间长。房地产业发展对金融支持的依赖度高，房地产投资、开发和销售都需要大量的资金。货币供给量对房地产投资和商品房销售额的正向带动作用也非常显著。房地产企业开发资金主要为国内贷款、利用外资和自筹资金与其他资金来源（其他资金来源包括预付款、定金和按揭贷款等），一般以国内贷款和其他资金来源为主。《2004 年中国房地产金融报告》指出，自 1997 年以来，我国房地产开发资金中来自银行资金的占比一直在 50% ~ 60%。这样，货币供给量的增加会给房地产开发企业带来相对宽松的金融环境，带动了房地产投资的持续增加。

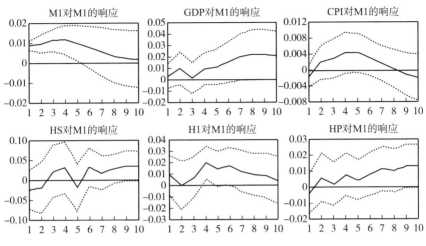

图 8 - 2 模型 1 的脉冲响应图

房地产需求包括自住需求、投资需求和投机需求，无论哪一种需求都要具备充足的资金来源，货币供给量的增长带动了房地产的需求。值得注意的是，货币供给量的增长促使了房地产投资，使房地产供给量增加，有利于抑制房地产价格上涨，但这不能致使房地产价格下降。这是因为：一方面，货币供给量增加也会推动原材料、人工价格等的上升（从货币供给量对通货膨胀率的冲击可以看出）增加了房地产开发成本，推动房地产价格的上涨；另一方面，土地价格的上涨和住宅档次的提高要占用房地产开发企业的大量资金，造成房地产市场有效供给不足，从而引起了房价的上涨。从土地成本看，2003 年全国住宅用途的平均地价为 1070 元/平方米，2007 年上升到 1941 元/平方米，增长了 81%。屠佳华和张洁（2005）的研究也表明房地产投资占固定资产投资的比重每提高 1% 将致使房地产价格上升 0.67%。因此，货币供给量的增加对需求的影响所产生的对房价向上的推力要远远大于对供给量影响所产生的向下的压力。

2. 信贷渠道：房地产贷款刺激房地产价格上涨

以个人住宅按揭贷款利率和基准利率的利差作为检验信贷渠道作用的代理变量。以房地产贷款（房地产开发企业贷款和个人住宅贷款）对房地产价格的影响作为检验信贷渠道在房地产市场传导的表现。

从图 8 - 3 可以看出，利率提高带来的是房地产价格的正向冲击，在初始期，房地产价格呈现下降趋势，从第二期开始，表现为上升趋势，并且持续相当长的时间，这一点与 2004 年以来银行贷款利率提高和房地产价格上涨的事实相一致。利率对房地产贷款的冲击处于波动状态，但以正向为主，只是在第 3 期有下降趋势，第 5 期就反弹为正。利率对商业银行贷款的抑制作用很明显，在初始期，商业银行贷款余额开始减速，从第 3 期变为负值，并持续很长时间。这表明利率提高减少了商业银行贷款的供给，但不能有效抑制房地产贷款，即货币政策在整个国民经济与房地产市场的传导效应是不一致的。

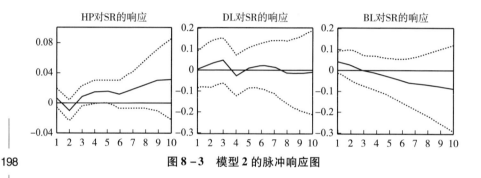

图 8 - 3　模型 2 的脉冲响应图

图 8 - 4 是模型 3 的脉冲响函数图，刻画了利差在货币政策的冲击下呈现出不断扩大的趋势，表明在我国房地产市场上存在广义的信贷传导机制。下面分析信贷渠道在房地产市场传导的具体表现。

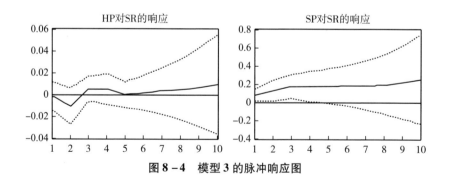

图 8 - 4　模型 3 的脉冲响应图

图 8 - 5 为模型 4 的脉冲响应函数图，利率调整分别对房地产价格、房地产开发企业贷款和个人住房贷款的冲击。不难发现，利率的提高能

有效抑制房地产开发企业贷款，但未能抑制个人住房贷款，在快速城镇化进程以及人民币升值条件下，确实存在强劲的房地产需求。银行支持房地产业发展体现在两个方面，一是直接支持企业的房地产开发投资，二是通过发放个人住房按揭贷款间接转化为房地产开发投资。由于对个人住房贷款的限制较小，仍有较多资金由个人住房贷款间接转化为房地产开发资金，这正好印证了图 8-2 中房地产贷款在利率的冲击下不减反增的现象。其实，利率提高抑制房地产开发贷款仅仅限于银行对房地产企业的直接贷款，而房地产企业的自筹资金、向省外企业借款以及销售回款再投资等方法拼凑自有资金。

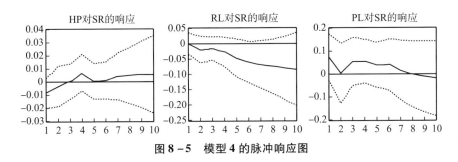

图 8-5　模型 4 的脉冲响应图

因此，在信贷渠道的传导过程中，利率提高没有起到紧缩房地产"银根"的作用，房地产开发贷款和个人住房贷款的增长趋势没有得到抑制，商业银行对房地产的贷款供给也没有减少，结果造成房地产价格的上涨。图 8-6 显示了房地产开发贷款和个人住房贷款对房地产价格的正向带动作用。房地产开发贷款刺激房地产价格上涨的作用机理和货币渠道传导对房地产价格的影响是一致的。

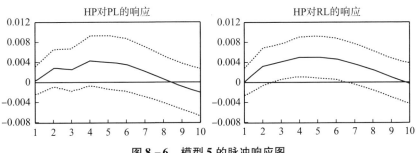

图 8-6　模型 5 的脉冲响应图

二、结论及建议

本章根据构建的 5 个向量自回归模型，对货币政策在房地产市场的传导机制进行实证检验。Johansen 协整检验结果表明各组边框之间存在着长期稳定的均衡关系，这就意味着货币渠道和信贷渠道在我国房地产市场存在着传导的可能性。在此基础上，进行脉冲响应函数分析，发现中国房地产市场上货币政策的传导机制确实存在，并弄清了货币渠道和信贷渠道在房地产市场传导的具体表现。

在货币渠道的传导过程中，货币供给量的增加既推动了房地产投资的增长，也促进了商品房销售额的增长，其效应是助长了房地产价格的上涨。而在信贷渠道的传导过程中，提高利率对控制商业银行在整个国民经济中贷款供给是有效的，但对抑制商业银行在房地产市场的贷款供给效果不明显。提高房地产贷款利率，抑制了房地产开发企业从银行的直接融资，但无法有效阻止房地产开发企业以个人住房按揭贷款的增加等途径从银行间获得更多贷款。因此，在房地产贷款增加的条件下，提供房地产贷款利率，不能有效抑制房地产价格上涨。

这些研究结论，同样可以对 2008 年中国房地产市场出现的房地产交易量萎缩，房地产价格涨幅回落，部分城市房价出现下跌的现象作出解释。这是因为房地产贷款利率的提高，使房地产开发企业融资成本增加，从而对房地产开发企业从银行直接融资产生抑制。2008 年上半年，房地产开发贷款增加 1834.3 亿元，新增购房贷款余额为 2154 亿元，同比少增加 1022.3 亿元。与此同时，美国次贷危机的外部冲击，促使消费者信心下挫，加剧了房地产市场观望气氛。这些证据从另一个层面验证了中国房地产市场确实存在货币政策的传导机制，调整货币供给量，对房地产价格有一定影响。当稳定资产价格成为货币政策的调控目标时，调节货币供给量和调整利率手段的有效配合，将产生一定效果。

第九章 货币政策对房地产行业发展的影响

全面、准确地认识货币政策效应，必须深入行业层面具体探究货币政策对不同行业的影响。本章将房地产业作为耐用消费品的代表，同时选取一些非耐用消费品代表，通过比较研究，重点考察中国货币政策对房地产行业产生的效应（见图9-1）。

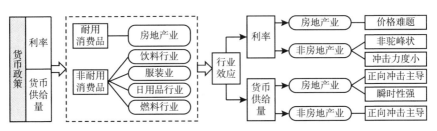

图9-1 货币政策调控下房地产行业的行业效应

第一节 货币政策影响房地产行业的研究基础

研究发现，以总量调节为目标的货币政策往往会引起货币政策反应强烈部门的过度波动（Raddatz & Rigobon，2003）。因此，要全面、准确地把握货币政策效应，必须深入行业层面具体探究货币政策对不同行业的影响。在货币政策实施过程中，由于"金融加速器"效应，融资能力不同的企业受货币政策冲击力度是不一样的。在融资过程中，企业的资产负债表状况决定了企业的外部融资升水程度（由于信贷市场的信息不对称，企业的外部融资成本高于内部融资成本，二者之差称为外部融资升水)。而企业的资产负债表状况具有明显的行业特征，不同行业在货币政策实施过程中对利率、货币供给量等变量的敏感程度也会有差异，因此货币政策效应必然存在一定的行业差异。遗憾的是，当前对中国货币政策效应的研究更多地集中在对国民经济的传导机制和影响力上，而忽视了不同行业的差异。

从行业层面深入探讨货币政策效应，比从宏观经济层面研究货币政策效应更有价值。原因如下：首先，货币政策效应的决定因素在一个经济体内部各产业之间是存在差别的。例如，资本密集型产业如钢铁、汽车、房地产等行业，对利率的敏感程度要高于服装、纺织业、家具制造业等劳动密集型产业。这意味着货币政策在行业间存在分布效应（distributional effects），选择行业层面的数据可以验证效应的存在以及识别效应的大小。伯南克和格特勒（Bernanke & Gertler，1995）从信贷传导渠道角度研究了货币政策行业效应问题，货币政策对耐用消费品与非耐用消费品冲击的影响存在显著差异。其次，由于可以收集到更丰富、更翔实的产业数据，从行业维度研究货币政策效应能够更清晰地辨别问题的本质。以测度不同规模企业所面临的信贷摩擦为例，迦叶波和斯坦（Kashyap & Stein，1994）、格特勒和吉尔克里斯特（Gertler & Gilchrist，1994）的假设前提条件是小企业可能面临更大的信贷摩擦。然而，对于相同规模的企业，由于所属行业不同，在货币政策冲击时所受到的信贷摩擦存在差异。艾肯鲍姆（Eichenbaum，1994）的研究发现并不是所有小企业都存在信贷摩擦，信贷摩擦多数情况下存在于与经济周期相关的敏感性行业。利用不同国家（区域）行业层面数据，控制行业层面的相关变量如投资倾向、企业借款能力、企业规模以及企业利息负担等，进行实证研究得出的结论会更精确。最后，从行业层面定量分析货币政策效应，根据货币政策效应的不同，制定相应的货币政策，具有更强的政策指导价值。

货币政策行业效应的研究始于 20 世纪 90 年代。伯南克和格特勒（Bennanke & Gertler，1995）最早从货币政策传导机制中引申出货币政策行业效应的有关命题，同时证明了货币政策在传导过程中的确存在行业效应。甘利和萨尔蒙（Ganley & Salmon，1997）应用 VAR 模型和冲击响应函数研究了英国货币政策的行业影响，发现货币政策的影响力存在显著的行业差异，不同的行业特征决定了货币政策的传导效力。哈约和乌伦布洛克（Hayo & Uhlenbrock，2000）考察了德国的货币政策在制造业和采矿业（含有 28 个行业）的行业效应，分析了同一货币政策下不同行业的价格指数和产业指数的表现。其中，5 个行业对紧缩性货币政策产生负向反应，而 8 个行业表现出了明显的正向反应。此外，导致货币政策行业效应存在差异的因素还有各行业的异质性特征，包括各行业的资本要求、出口依赖度和政府补贴等。皮尔斯曼和斯梅茨（Peersman & Smets，2005）研究了 7 个欧元区国家 11 个行业的货币政策效应，分析货币政策的跨国差异以及在经济周期的不同时期货币政策的行业效应，结果发现不同行业的产品生产期限、投资倾向、企业借款能力、企业规模以及企业利息负担等因素都会影响这些国家货币政策的行业效应。此外，该研究从货币政策传导渠道角度探讨货币政策行业效应的根源，认为金融加速器机制可以解释一部分货币政策效应的行业差异。德多拉和里皮（Dedola & Lippi，2000）同样从产业层面考察了 5 个经济合作与发展组织（OECD）国家（德国、法国、意大利、英国和美国）货币政策传导机制的差异，结果显示货币政策对耐用消费品的冲击力度较大，同时金融加速器机制在货币政策传导过程中不容忽视。徐涛（2007）研究发现，中国货币政策存在明显的行业效应，且行业效应与各行业的产品特征以及财务状况等因素有关。

在关于货币政策行业效应的研究中，一些研究将房地产业纳入耐用消费品部门，从产业层面分析货币政策在房地产业与其他产业（非耐用消费品）之间的影响差异。埃尔塞格和莱文（Ereg & Levin，2006）构造了一个包含两部门的一般均衡模型，根据经验观察选择变量，并运用向量自回归模型（VAR）进行分析，对不同部门货币冲击的反应情况进行校准，发现货币政策冲击对耐用消费品的影响非常大，高于其他消费品数倍。有研究认为，最优货币政策应该引入一个概念更加宽泛的通胀目标（由最终产品价格和总劳动成本构成）。崔光灿（2006）在 BGG 模型的基础上，运用包含金融加速器的两部门动态模型，考察了房地产价格波动影响经济稳定的金融加速器效应，指出在资产价格（房地产价格）波动较大的时期对不同部门应该采取差异化信贷政策。李英和马文超（2020）以我国 2003～2017 年沪深 A 股上市公司为样本，检验企业受到货币政策冲击时行业特征对其银行债务获取的影响。研究发现，对于行业劳动力越密集、行业竞争越激烈的企业，货币政策紧缩对于债务融资的不利影响会被显著削弱。

与国内外研究不同，本章将房地产业作为耐用消费品的代表，同时选取一些非耐用消费品的代表，通过比较探讨货币政策在房地产市场传导的行业效应。2000 年以来，随着与社会主义市场经济相适应的新型住房制度的建立，中国房地产业得到了快速发展，房地产投资和房地产价格呈现波动上涨态势。2003 年以来，中国政府频繁运用货币政策工具，以抑制房地产投资过快增长，稳定房地产价格，促进房地产市场健康发展。然而，中国房地产价格快速上涨趋势并没有明显改善。2008 年以来，在美国次贷危机和全球经济衰退的背景下，中国房地产市场发生了逆转，商品房成交量萎缩，房地产价格涨幅有所回落，部分城市的房价出现下跌。房地产价格与货币政策之间的关系更加扑朔迷离。为了厘清二者之间内在的、本质的、动态的关系，必须深入到产业层面分析货币政策在房地产业的特殊传导效应，比较货币政策在房地产业与其他行业传导过程中的不同表现，探寻支持房地产业健康发展的货币政策优化路径。

第二节　货币政策影响房地产行业的理论模型

本节构建的理论模型中，下标 m 表示耐用消费品行业（如房地产业），下标 s 表示非耐用消费品行业（如服务业）。在每个部门内，由垄断竞争企业组成的统一体（用单位间隔来表示）生产不同的产品 $Y_{j,t}(f)$，其中 $j \in \{m, s\}$ 和 $f \in [0, 1]$。假定家庭拥有相同的迪克西特－斯蒂格利茨（Dixit – Stiglitz）偏好，每个部门只生产一种产品，用一个单一部门产出指数 $Y_{j,t}(f)$ 来表示总产出水平。

$$Y_{j,t} = \left[\int_0^1 Y_{j,t}(f)^{1/(1+\theta_{0,1})} df \right]^{1+\theta_{0,1}} \tag{9.1}$$

其中，$\theta_{p,j} > 0$。在每种产品 $Y_{j,t}(f)$ 的价格 $P_{j,t}(f)$ 给定的条件下，生产者选择的产品组合，使得生产给定数量的部门产出 $Y_{j,t}$ 的成本最小化。生产者按成本价（$P_{j,t}$）卖出产品，将 $P_{j,t}$ 解释为部门价格指数。总价格指数 P_t 可简单地定义为式（9.2）：

$$P_t = P_{m,t}^{\psi_m} P_{s,t}^{1-\psi} \tag{9.2}$$

其中，ψ_m 为生产耐用消费品的部门产出占总产出的比重。对每

种产品 $Y_{j,t}(f)$ 的总需求，可表示为：

$$Y_{j,t}(f) = \left[\frac{P_{j,t}(f)}{P_{j,t}}\right]^{-(1+\theta_{0,1})/\theta_{0,1}} Y_{j,t} \tag{9.3}$$

每种产品由一个单独企业来生产，该企业使用资本 $K_{j,t}(f)$ 和劳动 $L_{j,t}(f)$。每个部门内所有企业都面对相同的 C – D 生产函数，面对一个相同的全要素生产率 $A_{j,t}$。

$$Y_{j,t}(f) = A_{j,t} K_{j,t}(f)^{\alpha_j} L_{j,t}(f)^{1-\alpha_1} \tag{9.4}$$

每个部门的资本总量等于上期的资产存量加上本期的投资总额，即：

$$K_{j,t} = K_{j,t-1} + I_{j,t} \tag{9.5}$$

按照凯恩斯的理论，投资总额与利率（投资的机会成本）成反比，因此可以假定部门的投资总额的函数形式为：

$$I_{j,t} = I_{j,0} - b_j i \tag{9.6}$$

其中，$I_{j,0}$ 表示在第 t 期的自主投资额，一般而言，耐用消费品部门 $I_{j,0}$ 偏大，而非耐用消费品部门 $I_{j,0}$ 偏小。b_j 反映的是部门的投资水平对利率的反应程度，即利率变动对该部门投资的影响程度。需要进一步分析的是，行业的特性（b_j）如何影响投资水平。由于金融市场存在信息不对称，与作为资金需求者的企业相比，金融机构处于信息劣势，他们难以判断企业质地的好坏。通常来说，一方面，金融机构要求贷款企业提供资产作抵押或根据企业的财务指标作为企业质地的显示信号。当企业拥有的资产，如土地（所有权或使用权）、房屋、机器、股票甚至应收账款、未来收入现金流等，被用作抵押时，这些资产的市场价格变化将影响企业获得的贷款数量。另一方面，若企业的财务指标较好，金融机构将企业作为优质客户，在一定的利率水平下愿意提供更多的资金；反之，则减少资金提供量。耐用消费品部门和非耐用消费品部门的企业在这两个方面很难具有相同的表现，故对利率的反映程度不一样。

根据凯恩斯的有关理论，利率决定于货币的需求和供给。当货币市场处于均衡状态时，货币市场供求双方的相互作用将决定一个均衡的市场利率，也就是说，在此时的利率水平下货币市场的供求相等。根据流动性偏好理论，货币需求与收入成正比，与利率成反比，所以存在式 (9.7)。

$$MS = MD = kY - hi \tag{9.7}$$

其中，MS、MD、k 和 h 分别是货币供给、货币需求、货币需求的收入弹性和货币需求的利率弹性。

结合式 (9.5)、式 (9.6) 和式 (9.7) 得到:

$$K_{j,t} = K_{j,t-1} + I_{j,0} - b_j \frac{kY - MS}{h} \qquad (9.8)$$

综合式 (9.3)、式 (9.4)、式 (9.6) 和式 (9.8) 可以看出, 货币政策的部门效应是否显著取决于不同部门对利率和货币供给量变动的反应程度。$I_{j,0}$ 和 b_j 在不同部门的差异最先影响各部门的资本总量, 进而产生了各部门产出的不一致, 最后反映到各部门生产的产品的价格水平差异上。

第三节 货币政策影响房地产行业的实际测度

一、实证结果及分析

本章采用 VAR 模型, 对货币政策的房地产行业效应进行实证分析。西姆斯 (Sims, 1972) 首开先河, 用 VAR 方法估计货币政策对经济的影响, 之后从二元到三元, 再到越来越大的系统。VAR 模型的优势在于能够动态勾画和比较货币政策对不同部门的影响。每一个部门选择独立的 VAR 模型, 模型中其他变量主要是影响该部门的宏观经济变量。参照哈约和乌伦布罗克 (Hayo & Uhlenbrock, 2000) 的研究, 每个模型包括: 总产出 (GDP)、1 年期的短期利率 (r_short) 和货币供给量 (M1)、部门产品的价格指数 (Price)。各部门产品的价格放在每个模型的最后。本章样本区间为 1998 年 1 季度 ~ 2008 年 4 季度, 所有的季度数据来源于中经网、中国人民银行网站和《中国经济景气月报》。为消除样本数据的季节趋势, 本章使用 X - 11 法对各变量进行了季节性调整, 除利率外, 其他变量都进行对数化处理。

(一) 单位根检验

格兰杰和纽博尔德 (Granger & Newbold, 1974)、菲利普斯 (Phillips, 1986) 指出当使用非平稳序列进行回归时, 会造成虚假回归, 并且沃特森 (Waston, 1989) 也证明当变量存在着单位根, 即非平稳时,传统的统计量，如 t 值、F 值、DW 值和 R^2 将出现偏差。因此为了避免变量的不平稳产生虚假回归，首先采用单位根检验来判断数据的平稳性。

采用蒂奇和福勒（Dichey & Fuller，1981）提出的 ADF（Augmented Dickey－Fuller）方法进行单位根检验，检验方程根据是否具有截距项或时间趋势分为三类：方程（9.9）既有截距项又有时间趋势，方程（9.10）中既无截距项又无时间趋势，方程（9.11）中含有截距项但无时间趋势。

$$\Delta y_t = \beta_1 + \beta_2 t + (\rho + 1) y_{t-1} + \alpha_i \cdot \sum_i^m \Delta y_{t-i} + \varepsilon_t \qquad (9.9)$$

$$\Delta y_t = (\rho + 1) y_{t-1} + \alpha_i \cdot \sum_i^m \Delta y_{t-i} + \varepsilon_t \qquad (9.10)$$

$$\Delta y_t = \beta_1 + (\rho + 1) y_{t-1} + \alpha_i \cdot \sum_i^m \Delta y_{t-i} + \varepsilon_t \qquad (9.11)$$

其中，ε_t 为纯粹白噪声误差项，滞后阶数的选择使得 ε_t 不存在序列相关。原假设 H_0：$r = 1$，备选假设 H_1：$r < 1$。接受原假设意味时间序列含有单位根，即序列是非平稳的。使用画图的方法来确立各组数据 ADF 检验中是否包含截距项和有时间趋势。通过 AIC 和 SC 来确立最佳滞后项。

从表 9－1 中可以看出，各变量的时间序列在显著水平为 10% 的 ADF 检验中都存在单位根，说明原序列都不平稳，但各变量的一阶差分都在 10% 的显著水平上拒绝了单位根假设，从而说明各变量都是 I（1）序列。我们最关注是货币政策对不同行业的冲击差异，下面通过脉冲响应函数进行分析。

表 9－1　　　　　　　　　　各变量单位根检验结果

变量	检验形式 （C，T，K）	ADF 统计量	临界值 （5%）	变量	检验形式 （C，T，K）	ADF 统计量	临界值 （5%）
hp	（C，T，1）	－1.871	－2.933	Δhp	（C，0，0）	－3.235	－2.933 **
drink	（C，T，1）	－0.846	－2.933	Δdrink	（C，0，0）	－3.111	－2.933 **
clothing	（C，T，0）	－2.988	－3.518	Δclothing	（C，0，0）	－4.844	－3.521 *
daily	（C，T，1）	－0.765	－3.524	Δdaily	（C，0，1）	－3.199	－2.935 **
burning	（C，0，4）	0.550	－1.949	Δburning	（C，0，3）	－5.926	－2.938 *
gdp	（C，T，6）	－1.357	－3.536	Δgdp	（C，0，5）	－3.221	－3.537 ***

变量	检验形式 （C，T，K）	ADF 统计量	临界值 （5%）	变量	检验形式 （C，T，K）	ADF 统计量	临界值 （5%）
r_short	（C，T，0）	−2.642	−3.529	Δr_short	（C，0，0）	−2.216	−1.948 **
M1	（C，0，7）	−1.645	−2.931	ΔM1	（C，0，1）	−5.146	−3.544 **

注：*、**、*** 分别表示在 1%、5% 和 10% 的水平上拒绝原假设，其中 Δ 表示一阶差分。

（二）脉冲响应分析

脉冲响应函数描述一个内生变量对来自另一内生变量的一个单位变动冲击所产生的响应，提供系统受冲击所产生的相应正负方向、调整时滞、稳定过程等信息。在 VAR 模型中，通过变量之间的动态结构，对以后的各变量将产生一系列连锁变动效应，将 VAR 模型改写成向量移动平均模型（VMA）：

$$Y_t = \mu + \sum_{k=0}^{\infty} \psi_k \varepsilon_{t-k} \tag{9.12}$$

其中，$\Psi_k = \psi(k, y)$ 为系数矩阵，$k = 0, 1, 2\cdots$ 则对 y_i 的脉冲引起的 y_t 响应函数为 $\psi_{0,yi}, \psi_{1,yi}, \psi_{2,yi}, \cdots$

我们分别以短期利率和货币供给量作为货币政策的指示器，图 9-2~图 9-6 分别显示了短期利率的提高带来的各部门价格指数响应变化图。从直观上看，利率对各部门的冲击不尽相同。首先从利率的一个单位标准差对房地产业的冲击来看，遵循一种驼峰状模式，即先上升，到达高点后，逐渐下降的态势（也可以表述为影响峰值出现在初始冲击的几个季度之后）。具体而言，第 1~4 期中，利率对房地产业的冲击影响为正，其中在第 2 期时达到最大值，最大值为 0.44%，并持续一段时间。第 4 期之后才开始变为负值，并持续相当长的时间，在第 7 期时达到最小值，最小值为 −0.63%。这种驼峰状模式是一个非常普遍的发现，根据西蒙斯（Sims，1992）对多国数据的研究以及利珀等（Leeper et al.，1996）对美国数据的研究，认为利率对产出和价格的冲击呈现驼峰状模式是很普遍的现象。利率对房地产价格冲击在刚开始的一段时间不降反升现象，也可以表述为价格难题（Price Puzzle），即紧缩性货币政策开始会引起价格水平的升高。艾肯鲍姆（Eichenbaum，1992）使用短期利率修正项作为货币政策措施指标时，对基金利率的正向冲击就表示一种紧缩性货币政策冲击，这时在正向的利率冲击后，产出指标跟着就下降了。然而随之出现价格难题。即在紧缩性货币政策冲击之后，出现了价格水平的升高，这一效应很小，且只是暂时性的。房地产业受货币政策冲击时出现的价格难题可以从两个方面来解释，一方面反映了 VAR 方法所含有变量没有覆盖货币政策当局在确定利率时全部信息的实际情况。当央行预期未来房地产价格会升高，就倾向于抬高利率。如果央行无法准确消除房地产价格上涨的因素，或者，央行阻止房地产价格升高的动作太迟，这样在利率升高之后就会出现房地产价格的上涨。另一方面表明利率的提高对房地产价格抑制效应无法在最初显现出来，而是要经过一段时间，即存在"时滞"问题。从图 9 - 2 可以看出，要经过 4 个季度后，利率的升高才会对房地产价格产生反向作用。

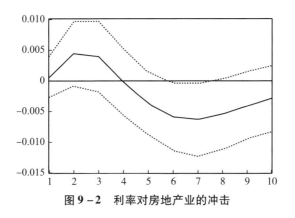

图 9 - 2　利率对房地产业的冲击

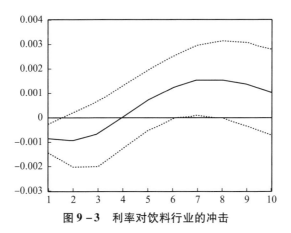

图 9 - 3　利率对饮料行业的冲击

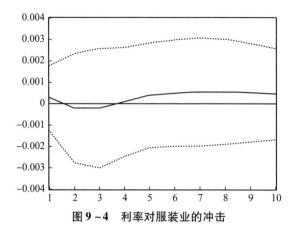

图9-4 利率对服装业的冲击

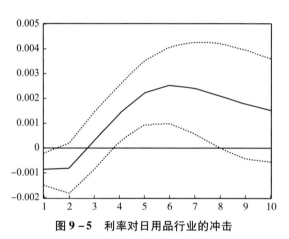

图9-5 利率对日用品行业的冲击

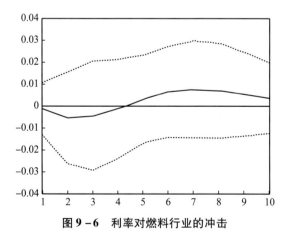

图9-6 利率对燃料行业的冲击

利率对非耐用消费品的冲击特征具有一定相似性。首先，表现为在冲击态势上，没有出现驼峰状模式。在初始时期就存在负向效应，随着时间的推移，利率冲击力度开始减弱，冲击影响力逐渐变为正值。其中在第 2 期负向冲击达到最大，第 4 期是由负向冲击开始转为正向冲击，在第 6 ~ 8 期达到正向冲击的最大值。其次，从冲击力度上看，利率对房地产业的冲击力度要大于对非耐用消费品的冲击力度。从利率对房地产业的冲击来看，最大值为 0.44%，最小值为 - 0.63%，而利率对饮料行业、服装行业、日用品行业和燃料行业的冲击最大值分别为 0.16%、0.06%、0.20% 和 0.76%，最小值分别为 - 0.09%、- 0.02%、- 0.06%、- 0.02% 和 - 0.54%。除了燃料行业之外，房地产业受到的冲击都明显大于非耐用消费品。

根据前文的分析，可以发现利率对耐用消费品和非耐用消费品的冲击有着明显的差异，这种差异体现在冲击态势上，前者存在明显的时滞，且发现了"价格难题"，而后者不存在明显的时滞。同时，冲击力度上也表明利率对耐用消费品冲击力度大。结合图 9-2 ~ 图 9-6，将利率对各产业冲击的特征汇集在表 9-2 中。

211

表 9-2　　　　　　　　　　利率冲击的行业效应

产业	初始效应	响应最大的时期	最大响应（%）	响应最小的时期	最小响应（%）
房地产业	+	2	0.44	7	- 0.63
饮料行业	-	7	0.16	2	- 0.09
服装行业	-	7	0.06	2	- 0.02
日用品行业	-	6	0.20	2	- 0.02
燃料行业	-	7	0.76	2	- 0.54

图 9-7 ~ 图 9-11 分别显示了货币供给量增加带来的各部门价格指数响应变化图。从货币供给量的一个单位标准差对房地产价格冲击来看，初始期就显现出了正向关系，并且此时冲击力度最大。随后逐渐减弱，前 5 期中，减弱幅度较小。此后，减弱幅度加速，到第 10 期时冲击力度接近于 0。这表明货币供给量对房地产业的冲击时效性强，具有瞬时性效果。货币供给量对非耐用消费品的冲击特征可以分为两类：第

一类是以正向冲击为主，代表有服装行业，这一点和货币供给量对房地产业的冲击相似。不过，服装行业受冲击最大值并不是出现在初始期。而是在第2期达到最大值，随后逐渐减弱，在第8期时冲击力度接近0。第二类是以正向和负向冲击相互迭代，冲击效应复杂，代表有饮料行业、日用品行业和燃料行业。货币供给量的一个单位标准差对饮料行业的冲击在初始期表现为负值，第2期达到最小值，随后逐渐增加，在第4期变为0，第8期达到最大值。日用品行业受到的冲击和饮料行业具有相似性。燃料行业受到的冲击在第3期达到最小值，第6期变为0，随后逐渐增加，正向冲击力度不显著，在第8期达到正向最大值。结合图9-7~图9-11，将货币供给量对各产业冲击的特征汇集在表9-3中。

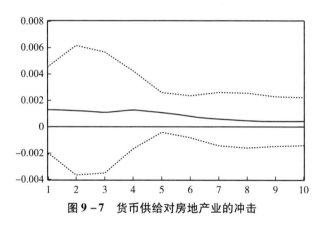

图9-7 货币供给对房地产业的冲击

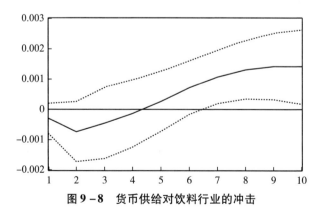

图9-8 货币供给对饮料行业的冲击

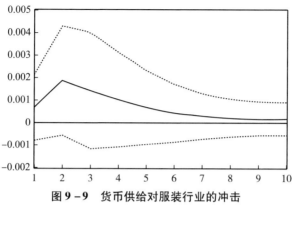

图 9 - 9　货币供给对服装行业的冲击

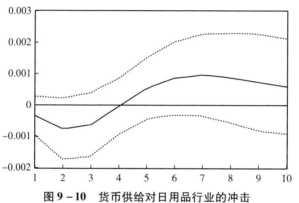

图 9 - 10　货币供给对日用品行业的冲击

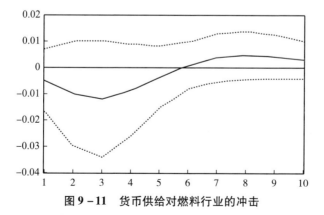

图 9 - 11　货币供给对燃料行业的冲击

表 9 – 3　　　　　　　　　货币供给量的行业效应

产业	初始效应	响应最大的时期	最大响应（%）	响应最小的时期	最小响应（%）
房地产业	+	0	0.13	10	0.04
饮料行业	–	9	0.14	2	– 0.07
服装行业	+	2	0.18	10	0.01
日用品行业	–	6	0.11	2	0.06
燃料行业	–	7	0.37	3	– 1.20

与利率不同，货币供给量对耐用消费品和非耐用消费品的冲击在力度上没有明显差异。从正向冲击来看，货币供给量对房地产业、饮料行业、服装行业、日用品行业和燃料行业的冲击分别为 0.13%、0.14%、0.18%、0.11% 和 0.37%。除了燃料行业特殊之外，房地产业和其他各行业受货币供给量的冲击具有一定相似性。另外，负向冲击也显示同样的规律。这说明货币供给量对所有产业影响力度是十分相似的，但对各部门冲击差异主要体现在时滞以及模式上。

概括地说，货币供给量对房地产业的冲击模式有两个明显特征：正向冲击主导和瞬时性强。房地产价格上涨与货币供给量逐年上升是分不开。2003 年和 2007 年是房地产价格上涨幅度惊人的年份，从 M1 的上涨幅度来看，分别是 18.7% 和 21%。从 1998 年到 2008 年的所有年份中，这两年的货币供给量的增速是最高的，相应的房地产价格上涨幅度也是非常惊人的。然而，2008 年以来，在美国次贷危机和全球经济下滑的阴影下，中国房地产市场发生了逆转，商品房成交量萎缩，房地产价格涨幅有所回落，部分城市的房价出现下跌。与此同时，货币供给量的增速为 9%，在所有年份中是最低的（见表 9 – 4）。综合利率和货币供给量对房地产业的冲击，就不难发现货币当局无法在短时间内对房地产价格形成抑制效应。

表 9 – 4　　　　　　　　　货币供给量以及同比增速

年份	货币和准货币（M2）		货币（M1）		流通中现金（M0）	
	期末余额（亿元）	同比增速（%）	期末余额（亿元）	同比增速（%）	期末余额（亿元）	同比增速（%）
1998	104499	14.8	38953.7	11.9	11204.2	10.1
1999	119898	14.7	45837.3	17.7	13455.5	20.1

年份	货币和准货币（M2）		货币（M1）		流通中现金（M0）	
	期末余额（亿元）	同比增速（％）	期末余额（亿元）	同比增速（％）	期末余额（亿元）	同比增速（％）
2000	134610	12.3	53147.2	16	14652.7	8.9
2001	158302	17.6	59871.6	12.7	15688.8	7.1
2002	185007	16.8	70881.8	16.8	17278	10.1
2003	221223	19.6	84118.6	18.7	19746	14.3
2004	254107	14.7	95969.7	13.6	21468.3	8.7
2005	298756	17.6	107278.8	11.8	24031.7	11.9
2006	345604	15.7	126035.1	17.5	27072.6	12.7
2007	403442	16.7	152560.1	21	30375.2	12.2
2008	475167	17.8	166217.1	9	34219	12.7
2009	610225	27.7	221446	32.4	38247	11.8
2010	725852	19.7	266622	21.2	44628	16.7
2011	851591	13.6	289848	7.9	50748	13.8

二、结论分析与政策建议

本章通过建立一个简易模型说明了货币政策存在行业效应的可能性，认为行业利率敏感性和资金需求的差异是造成货币政策行业效应的主要原因。同时从实证角度证明了货币政策对耐用消费品部门和非耐用消费品部门间的冲击影响差异，结果表明利率对房地产冲击出现了价格难题。一方面，说明了货币当局没有把握确定利率变动时全部信息的实际情况；另一方面，货币当局阻止房地产价格升高的动作太迟。同时也体现利率调控房地产价格存在了时滞问题。而利率对非耐用消费品冲击在态势上没有表现出驼峰状模式，冲击力度也远远小于利率对耐用消费品的冲击力度。货币供给量对房地产业的冲击有两个明显特征：正向冲击主导和瞬时性强。货币供给量对耐用消费品与对非耐用消费品的冲击在模式以及时间效应上存在明显的差异，而在冲击力度上不存在显著的差异。总之，货币政策对耐用消费品和非耐用消费品的影响是存在显著差别，这种差别体现在冲击模式、时滞以及力度上。

货币政策在房地产市场传导存在明显的行业特征。因此，在货币政策实施过程中，中央银行应根据不同部门对货币政策的反应程度，积极探索具有结构调整功能的货币政策工具，以便在货币政策操作过程中区别对待不同的行业。就房地产业而言，货币政策必须进行政策创新，重视差别利率政策和灵活信贷政策等货币政策工具的作用，实现房地产业健康稳定发展。

央行货币政策应当适时和适度地对房地产价格波动进行直接干预，但央行不应以资产价格稳定为最终目标。结合本章的实证分析，央行应该对房地产价格的波动有所反应。由于房地产市场在国民经济中发挥着日益重大的影响，与宏观经济和社会债务积累程度有着密切的联系。因此，当房地产价格持续高涨时，政策当局有必要采取政策干预房地产市场，防止企业、家庭因房价高涨而过度积累债务。相反，当房地产市场处于疲软或萧条时，政策当局同样有必要对房地产市场进行干预，通过采取积极的货币政策来激发市场活力。

回顾 2008 年由美国次贷危机引发的全球金融危机，导致世界一些主要国家和地区的金融市场动荡，危机和恐慌在世界各地蔓延。欧美等西方发达国家、新兴市场经济国家乃至全球的股市跌宕起伏。与此同时，金融危机对全球实体经济造成的冲击和损失巨大，且呈进一步扩大趋势。在此背景下，消费者信心明显不足，欧美国家消费市场萎缩，受其影响，中国出口受阻。此外，中国的资本市场也未能躲过这场金融海啸强烈的冲击，股市楼市双双下挫，中国经济增长放缓。2008 年 12 月召开的中央经济工作会议明确提出要稳定房地产市场以保证金融体系稳定，并将稳定住房消费作为拉动内需的重要内容。结合中国的现实，选择住房消费为突破口，刺激居民消费需求，以消费需求的上升，扩大国内需求，促进经济增长，转变经济发展方式等是一条切实可行的路径。

考虑到货币政策时滞效应，货币政策在房地产价格波动中所起的作用更多的在于预防其不利后果，而不仅仅是后果后发生的救治。因此，货币政策应该也必须及早对资产价格的过度波动作出反应。货币政策直接干预房地产市场，并不意味着货币政策要"盯住"房地产价格波动，或对房地产价格变动都作出反应，而是指对于明显偏离资产价格运动趋势，并导致微观经济主体"金融失衡"的房地产价格波动进行适时和适当的干预。货币政策干预时所考虑的，不仅仅是资产价格波动对未来通货膨胀的影响，还有资产价格一旦反转，可能对金融稳定和宏观经济发展所造成的影响，毕竟维护金融稳定是货币当局的重要职责。

第十章 货币政策调控对房地产市场价格的影响

我国住房市场化改革以来,房地产"资金池"逐步建立,随着经济增长和房地产业发展,房地产"资金池"在货币流通总量中的占比越来越大。与此同时,物价水平一直处于低水平温和波动。增发的货币却没有引发严重的通货膨胀,其中房地产"资金池"发挥着怎样的作用,以稳定物价? 图10-1是笔者自行绘制的房地产市场的"蓄水池"效应。

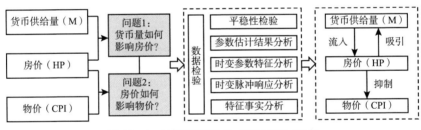

图10-1 房地产市场的"蓄水池"效应

第一节 货币政策调控下房价与物价水平的现实表现

2008年全球金融危机以来,美国、日本、欧盟等主要发达经济体通过量化宽松政策大量增加货币供给。截至2015年底,美国M2从2008年的8.26万亿美元飙升至12.27万亿美元;2013年日本推出QQE政策后,M2增加至8.11万亿美元;欧洲央行每月购买600亿欧元国债和其他债券以增加货币供给。基于不断增长的M1和M2,研究者推测有一场严峻的全球性通货膨胀即将来袭。但我们并没有看到物价的大幅上涨。当前美国 CPI 不到 2%，日本在 1% 左右，欧元区在 1.5% 附近徘徊，通胀依然低迷。

几乎在同期，我国为应对全球金融危机的冲击，也一度采取了扩张性的货币政策，同 2008 年 12 月相比，2015 年 12 月我国 M2 增加 193%，但同期 CPI 只上涨 17.6%，PPI 下跌 5.2%，和发达经济体类似，中国货币供应的大幅增加同样没有带来物价的大幅上涨。

纵向来看，早在 1993 年，麦金农就发现中国的超额货币发行并不必然伴随着物价大涨，并称之为"中国之谜"，其后引发了众多学者对此问题的关注和探讨。为什么货币量在持续增长的同时，物价水平依然能够保持平稳？那些增发出来的货币为什么没有表现在 CPI 上，"消失的货币"究竟去了哪儿？

如图 10 - 2 所示，从 2000 年到 2015 年，我国 M2 供应量从 13.461 万亿元增长至 139.228 万亿元；而以 2000 年为基期，2015 年 CPI 定基指数仅有 141.79%。相比于增长缓慢的 CPI，房地产市场相关的指数可以说是呈现出迸发式增长。房地产贷款余额的定基指数在 2015 年已达到 3502.89%，房地产开发企业本年完成投资定基指数也达到 1925.70%。可见在探究货币消失之谜的过程中，中国房地产市场的发展和房价的高

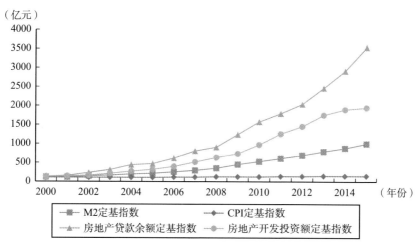

图 10 - 2　M2、CPI、房地产贷款余额、房地产开发投资额定基指数

资料来源：国家统计局、中国人民银行官网、Wind 数据库。

涨是一个不可忽视的因素。自1999年住房市场化改革以来，我国住房投资和住房销售面积稳步增长，住房价格在波动中保持着快速增长的势头。房地产业的崛起是否改变了中国物价水平形成的机制，抑制了可能的通货膨胀，改变了传统的经济周期？这些猜测不仅需要理论上的分析，还需要实证检验其相互关联性。基于此，本章试图从房地产视角解释"消失的货币"。

第二节　货币政策调控下房价与物价水平的研究基础

一、理论基础

近20年来，随着我国货币供给量的不断增加，物价水平的波动却相对温和，这一现象受到学术界的广泛关注，成为学术界研究的热点。其实早在1993年这一现象就被麦金农关注到，将其称为"中国之谜"。最初，很多研究者受货币主义学派的影响，从货币供给角度来研究物价水平的波动。从时间角度纵向来看，长期内，国内的货币供应量与通货膨胀之间有着正向的相互影响（伍戈，2011）。从经济状况角度横向来看，当经济处于不同状态时，货币供给量对于物价水平有着不同的影响（刘林和朱孟楠，2013）。之后，有学者提出了"中国之谜"是由实体经济与虚拟经济发展不平衡所致的新观点（伍志文，2003；李健，2007）；许祥云等（2016）从国内视角细致研究了我国"货币迷失"现象，金融市场的扩大与房地产市场的迅速发展使得大量的货币资金沉淀；而且，除银行贷款外有一部分资金以其他形式流出银行体系，这三大因素导致货币流通速度下降，自然使得物价水平难以上涨。与此同时，他们的研究还发现"货币迷失"不仅仅是在我国存在，美国和日本等发达国家也曾出现过。银行信贷规模与货币流通速度的下降以及存款准备金的上升是导致高货币供给与低通胀并存的主要原因。陈彦斌等（2015）通过构建DSGE模型证实了我国房地产市场存在泡沫，且房地产泡沫与地方政府债务增加使得家庭和政府持币愿望愈加强烈，产生了储蓄效应（陈崇和葛杨，2011），这就会导致货币流通速度进一步下降。

部分学者通过实证研究发现房价先行于通货膨胀（Goodhart & Hofmann，2000；Bryan et al.，2002；Kontonikas & Montagnoli，2002）。随着我国房地产市场的不断发展，房地产市场的规模不断扩大，2016 年我国房地产市场规模达到了 270 万亿元，高达国内生产总值的 4 倍之多。如此庞大的资金量存在于房地产市场，显然，房价的波动对于我国物价水平的影响已经是一个不可忽视的重要因素。国内学者研究发现房价显著抑制了消费（谢洁玉等，2012），因为房价的上涨，使得人们因住房而产生的负担越来越重，从而对生活消费产生了挤出效应；同时还发现房价对物价的动态关联以及政府针对房地产的调控政策是导致 2009 年之后房价与物价短期发生背离的潜在原因（高波等，2012），房价上涨短期内致使物价水平下降（高波和王辉龙，2011）。近年来我国的货币政策调控使得房价上涨的现象也让人百思不得其解，王先柱和金叶龙（2013）发现货币政策对房地产企业的融资行为具有较大的影响，大型国有企业在应对货币政策冲击的过程中具有较强的适应性，从而弱化了货币政策对房价的影响。以往的文献对于房价与物价的研究都在一定程度上阐释了房价是物价波动的影响因素之一，但是将房地产市场作为一个重要的研究视角来研究物价水平波动的文献较少。我国住房价格在波动中保持着快速增长的势头，房地产每年吸纳的资金量占货币供给量的比重也在逐渐增大，房地产对我国经济的影响越来越具有话语权。

二、理论模型

本章根据费雪方程式 MV = PY，将价格与货币量建立联系，其中 M 为一定时期内货币平均量，V 为货币流通速度，P 为交易中各类商品的平均价格，Y 为各类商品交易数量。由费雪方程式可知：

$$M = \frac{PY}{V} \tag{10.1}$$

对式（10.1）两边取对数，可得：

$$\ln M_t = \ln P_t + \ln Y_t - \ln V_t \tag{10.2}$$

本章根据 t 期的房价水平、物价水平、需求和供给的变化构建了两个房价、物价的波动模型：

$$p_{t+1}^h = p_t^h + \alpha(Q_t^{hd} - Q_t^{hs}), \quad (\alpha > 0) \tag{10.3}$$

$$p_{t+1}^w = p_t^w + \beta(Q_t^{wd} - Q_t^{ws}), \quad (\beta > 0) \tag{10.4}$$

式（10.4）中 $p_t = \ln P_t$，α 和 β 分别为房价、物价的调整系数，Q_t^{hd}、Q_t^{hs}、Q_t^{wd} 和 Q_t^{ws} 分别表示 t 期房地产市场的需求与供给和关于物价的商品需求与供给。本章假定一定比例的货币量流入流出房地产市场这个"大池子"，且比例随时间变化而变化，若货币流入为正值，即：

$$\exp(p_t^h)Q_t^{hd} = \exp(p_{t-1}^h)Q_{t-1}^{hd} + \lambda_t \exp(\ln M_t) \tag{10.5}$$

与此同时，也有一定比例的货币量流入流出商品市场，剩余的部分流入流出其他市场。根据式（10.5）可得：

$$\exp(p_t^w)Q_t^{wd} = \exp(p_{t-1}^w)Q_{t-1}^{wd} + (1 - \varphi_t - \lambda_t)\exp(\ln M_t) \tag{10.6}$$

综上分析，建立如下动态系统：

$$\ln M_t = \ln P_t + \ln Y_t - \ln V_t \tag{10.7}$$

$$p_{t+1}^h = p_t^h + \alpha(Q_t^{hd} - Q_t^{hs}), \quad (\alpha > 0) \tag{10.8}$$

$$p_{t+1}^w = p_t^w + \beta(Q_t^{wd} - Q_t^{ws}), \quad (\beta > 0) \tag{10.9}$$

$$\exp(p_t^h)Q_t^{hd} = \exp(p_{t-1}^h)Q_{t-1}^{hd} + \lambda_t \exp(\ln M_t) \tag{10.10}$$

$$\exp(p_t^w)Q_t^{wd} = \exp(p_{t-1}^w)Q_{t-1}^{wd} + (1 - \varphi_t - \lambda_t)\exp(\ln M_t) \tag{10.11}$$

三、联动分析

1. 货币量对房价波动的影响

将式（10.8）代入式（10.10）可得：

$$
\begin{aligned}
p_{t+1}^h &= p_t^h + \alpha_t(Q_t^{hd} - Q_t^{hs}) \\
&= p_t^h + \alpha_t\left\{\frac{1}{\exp(p_t^h)}\left[\exp(p_{t-1}^h)Q_{t-1}^{hd} + \lambda_t \exp(\ln M_t)\right] - Q_t^{hs}\right\}
\end{aligned}
$$

$$\tag{10.12}$$

从式（10.12）可知，货币量对房价波动的影响：

货币量对房价波动的影响弹性

$$a(m \rightarrow h) = \alpha_t \cdot \frac{1}{\exp(p_t^h)} \cdot \lambda_t \cdot \exp(\ln M_t) \tag{10.13}$$

从式（10.13）可以看出，货币量对房价波动的影响与系数 α_t、λ_t、房价 p_t^h、货币量 $\ln M_t$ 有关。因为 $\alpha_t > 0$、$\exp(p_t^h) > 0$，$\exp(\ln M_t) > 0$，所以 $a(m \rightarrow h)$ 的正负符号取决于 λ_t。若 $\lambda_t > 0$，则 $a(m \rightarrow h) > 0$；若 $\lambda_t <$

0，则 $a(m\rightarrow h)<0$。

2. 房价波动对物价波动的影响

将式（10.13）代入式（10.11）可得：

$$p_{t+1}^{w} = p_{t}^{w} + \beta_{t}(Q_{t}^{wd} - Q_{t}^{ws}) = p_{t}^{w} + \beta_{t}\left\{\frac{1}{\exp(p_{t}^{w})}\left[\exp(p_{t-1}^{w})Q_{t-1}^{wd}\right.\right.$$

$$\left.\left. + (1 - \varphi_{t} - \lambda_{t})\exp(\ln M_{t})\right] - Q_{t}^{ws}\right\} \tag{10.14}$$

由式（10.14）可得：

$$\exp(\ln M_{t}) = \frac{1}{\lambda_{t}}\exp(p_{t}^{h})\left[\frac{1}{\alpha_{t}}(p_{t+1}^{h} - p_{t}^{h}) + Q_{t}^{hs}\right] - \exp(p_{t-1}^{h})Q_{t-1}^{hd}$$

$$\tag{10.15}$$

令 $\Delta p^{h} = p_{t+1}^{h} - p_{t}^{h}$，式（10.16）可变换为：

$$p_{t+1}^{w} = p_{t}^{w} + \beta_{t}\left\{\frac{1}{\exp(p_{t}^{w})}\left[\exp(p_{t-1}^{w})Q_{t-1}^{wd} + \frac{1 - \varphi_{t} - \lambda_{t}}{\lambda_{t}}\exp(p_{t}^{h})\left(\frac{1}{\alpha_{t}}\Delta p^{h} + Q_{t}^{hs}\right)\right.\right.$$

$$\left.\left. - \exp(p_{t-1}^{h})Q_{t-1}^{hd}\right] - Q_{t}^{ws}\right\} \tag{10.16}$$

从式（10.16）可知，房价波动对物价波动的影响：

货币量对物价波动的影响弹性

$$a(h\rightarrow c) = \beta_{t} \cdot \frac{1}{\exp(p_{t}^{w})} \cdot \frac{1 - \varphi_{t} - \lambda_{t}}{\lambda_{t}} \cdot \exp(p_{t}^{h}) \cdot \frac{1}{\alpha_{t}} \tag{10.17}$$

从式（10.17）可以看出，房价波动对物价波动的影响与系数 β_{t}、α_{t}、λ_{t}、φ_{t}、物价 p_{t}^{w}、房价 p_{t}^{h} 有关。因为 $\beta_{t}>0$、$\alpha_{t}>0$、$\exp(p_{t}^{w})>0$、$\exp(p_{t}^{h})>0$、$1 - \varphi_{t} - \lambda_{t}>0$，所以 $a(h\rightarrow c)$ 的正负符号也取决于 λ_{t}。若 $\lambda_{t}>0$，则 $a(h\rightarrow c)>0$；若 $\lambda_{t}<0$，则 $a(h\rightarrow c)<0$。当货币对于房地产市场呈现出流入状态时，即 $\lambda_{t}>0$，那么 $a(h\rightarrow c)$ 的数值也就大于零，也就是说房价的波动对于物价的波动具有一定的正向作用，其作用大小还是取决于 λ_{t} 的数值大小。若 λ_{t} 的数值比较大，则 $a(h\rightarrow c)$ 的数值就比较小，即过多的货币流入房地产市场，促使房价大幅上涨，反而会在一定程度上抑制物价的上涨；若 λ_{t} 的数值比较小，则 $a(h\rightarrow c)$ 的数值就比较大，即当流入房地产市场的货币量不多时，对于物价的上涨是有一定的促进作用的。当货币对于房地产市场呈现出流出状态时，即 $\lambda_{t}<0$，那么 $a(h\rightarrow c)$ 的数值也就小于零，也就是说房价的波动对于物价的波动具有一定的负向作用。若 λ_{t} 的数值比较小，则 $a(h\rightarrow c)$ 的数

223

值就比较大，即当流出房地产市场的货币量不多时，房价波动对于物价波动的负向影响较大；若 λ_t 的数值比较大，则 $a(h \rightarrow c)$ 的数值就比较小，即过多的货币流出房地产市场，房价波动对物价的负向作用并不大。基于此，本章提出以下两个假设：

假设 10 – 1：随着我国经济的不断发展，货币的流通渠道虽然越来越多，诸如商品市场、股票市场、债券市场等等；但我国经济进入新常态以来，房价的不断上涨使得房地产市场产生巨大的虹吸效应，致使我国大量的货币流入了房地产"资金池"。

假设 10 – 2：房地产"资金池"吸收大量的货币，使得流动性减弱，同时，脱实入虚也削弱了实体经济的潜在增长动力，进一步抑制了物价的上涨。

第三节　货币政策调控下房价与物价水平的经验证据

为了检验上述命题假设，本章进一步采取了基于计量模型的统计数据检验。

一、计量模型设定

本章使用 VAR 模型探究国内货币供给、房价与物价水平三者之间关系，具体 VAR 模型定义如下：

$$Xa_t = Y_1 a_{t-1} + \cdots + Y_s A_{t-s} + \mu_t, \quad t = s+1, \cdots, n \qquad (10.18)$$

式（10.18）中 a_t 为一个可观测的 n 维列向量，X、Y_1、$\cdots$、Y_s 是 $n \times n$ 的系数矩阵，μ_t 是 n 维的结构冲击列向量。本章中的三个变量（$n=3$）：国内货币供给量（M1）、房价（HP）、物价（CPI）。假设方阵 X 为主对角线为 1 的下三角矩阵，我们可以将公式 10.18 转化为以下形式：

$$a_t = Z_1 A_{t-1} + \cdots + Z_s A_{t-s} + X^{-1} \Sigma_t \varepsilon_t, \quad \varepsilon_t \sim N(0, I_n) \qquad (10.19)$$

其中，$Z_i = X_1 Y_{t-1}$，$i = 1, 2, \cdots, s$，并且

$$\Phi = \begin{bmatrix} \sigma_1 & 0 & \cdots & 0 \\ 0 & \ddots & \ddots & \vdots \\ \vdots & \ddots & \ddots & 0 \\ 0 & \cdots & 0 & \sigma_n \end{bmatrix}$$

模型进一步整理可表示为：

$$a_t = D_t\beta_t + X^{-1}\Sigma_t\varepsilon_t, \quad t = s+1, \cdots, n \qquad (10.20)$$

式（10.20）中，系数 β_t、参数 A_t 和 Σ_t 均是随时间变化而变化的。根据中岛周治（Nakajima Jouchi，2011）和普利米切（Primicer，2005）的方法，令 b_t 表示矩阵 X_t 下三角元素的堆积向量，且 $h_t = (h_{1t}, \cdots, h_{nt})'$，设 $h_{jt} = \ln\sigma_{jt}^2$，$j = 1, \cdots, n$，$t = s+1, \cdots n$，TVP – SV – VAR 模型中的全部参数服从随机游走过程，具体如下：

$$\begin{aligned} \beta_{t+1} &= \beta_t + \mu_{\beta t} \\ \alpha_{t+1} &= \alpha_t + \mu_{\alpha t}, \\ h_{t+1} &= h_t + \mu_{ht} \end{aligned} \quad \begin{pmatrix} \varepsilon_t \\ \mu_{\beta t} \\ \mu_{\alpha t} \\ \mu_{ht} \end{pmatrix} \sim N\left(0, \begin{pmatrix} I & 0 & 0 & 0 \\ 0 & \Sigma_\beta & 0 & 0 \\ 0 & 0 & \Sigma_\alpha & 0 \\ 0 & 0 & 0 & \Sigma_h \end{pmatrix}\right) \qquad (10.21)$$

其中，$\beta_{s+1} \sim N(\mu_{\beta 0}, \Sigma_{\beta 0})$，$\alpha_{s+1} \sim N(\mu_{\alpha 0}, \Sigma_{\alpha 0})$，$h_{s+1} \sim N(\mu_{h0}, \Sigma_{h0})$，假定时变参数的冲击相互独立，且 Σ_β、Σ_α 与 Σ_h 均是对角矩阵。中岛周治（Nakajima & Jouchi，2011）认为马尔科夫蒙特卡洛（MCMC）估计能够克服因随机波动是非线性而导致的似然函数难以获取的问题，因此使用 MCMC 方法估计更加精确。

二、数据说明

M1 能够反映现实生活中实际流通货币供给量，因此本章选取全国货币供应量 M1 数据作为货币供给量，数据来自中国人民银行网站。关于房地产资金吸纳能力，本章选用商品房平均价格作为代理变量；因房价月度数据缺失较多，本章选用全国商品房销售额除以商品房销售面积作为商品房平均价格，用 HP 表示，相关数据来自国家统计数据库，对于缺失的月度数据，本章使用指数平滑法对其进行处理。对于物价，本章选取国内众多学者公认比较具有代表性的全国消费者物价指数作为物价的代理变量，用 CPI 表示，数据来自 Wind 数据库。样本区间为 1995 年 1 月至 2016 年 11 月的月度数据；因 M1、CPI 受季节影响，因此，本章针对 M1、CPI 数据使用 CensusX12 方法进行处理；对这三个变量处理后用小写字母表示（ml、hp、cpi）。

三、实证结果分析

本章将实证模型的变量顺序设定为货币供给量、房价、物价。依据 SC 准则和 AIC 准则，将 TVP – SV – VAR 模型的滞后期设定为 1，MC-MC 抽样次数为 10000 次。

（一）平稳性检验

由表 10 – 1 结果看出，原序列均是非平稳序列，对原序列进行一阶差分之后，结果显示三个序列的一阶差分序列都是平稳序列，即货币供给量、房价与物价三个序列均是 I（1）过程。

表 10 – 1 　　　　　　　　　　　ADF 单位根检验

变量	检验形式（C，T，K）	1% 临界值	5% 临界值	ADF 统计量	平稳性
M1	（C，T，1）	– 3.994	– 3.427	0.544	非平稳
ΔM1	（C，0，1）	– 3.456	– 2.873	– 3.362	平稳
CPI	（C，T，1）	– 3.994	– 3.427	– 1.367	非平稳
ΔCPI	（C，0，1）	– 3.456	– 2.873	– 4.689	平稳
HP	（C，T，1）	– 3.994	– 3.427	– 0.952	非平稳
ΔHP	（C，0，1）	– 3.455	– 2.872	– 12.904	平稳

注：（1）检验类型中的 C、T、K 分别表示 ADF 检验模型中的常数项、时间趋势项和滞后项，数值为 0 表示没有该项。（2）Δ 表示一阶差分。

（二）参数估计结果分析

由图 10 – 3 结果表明样本的自相关系数从 1 快速下降至 0 附近后趋于平稳，样本取值路径同样也是平稳的，表明所取样本有效且不相关。由表 10 – 2 可知，在 5% 的置信度水平下，CD 统计量均小于 1.96，表明对于原假设："样本趋于验后分布"是拒绝的；非有效性因子结果显示数值都比较低，证明模型产生的样本均非常有效。

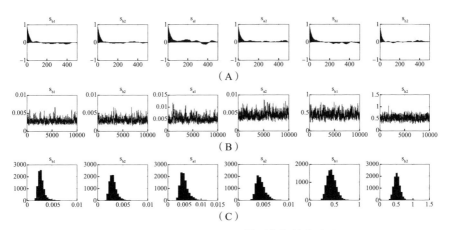

图 10 - 3　TVP - SV - VAR 模型参数的估计结果

表 10 - 2　　　　　　　　　　　参数估计结果

参数	均值	标准差	95% 置信区间	CD	非有效性因子
sb1	0.0029	0.0006	[0.0020, 0.0045]	0.986	40.68
sb2	0.0031	0.0007	[0.0020, 0.0047]	0.609	37.91
sa1	0.0050	0.0012	[0.0033, 0.0080]	0.004	70.96
sa2	0.0044	0.0009	[0.0031, 0.0064]	0.002	54.29
sh1	0.4426	0.0859	[0.2967, 0.6267]	0.709	45.07
sh2	0.5247	0.0872	[0.3663, 0.7034]	0.262	30.03

注：sb_i、sa_j 和 sh_k 分别为 Σ_β、Σ_α 和 Σ_h 的第 i、j、k 个对角元素，并且其估计量都乘以10。

（三）时变参数特征分析

在一般 VAR 模型中，参数估计的最终估计值均是唯一的，而在时变参数 VAR 模型中，最终估计值都是随时间的变化而变化的，因此每一个参数的估计结果都是一条随时间而变化的曲线。

1. 变量影响关系的时变特征分析

图 10 - 4 表示的是货币供给量、房价与物价之间相互影响的关系随时间变化的特征。由图 10 - 4（A）图可见，货币供给量对房价的影响系数一直是正值，1995 年开始平缓地上升，到 2001 年中后期达到最

大，随后开始略微下降，但总体相对比较稳定。a(m1→hp) 的数值接近 0.05，表明货币供给量的变动对房价的影响很大。图 10 - 4（B）图可见，房价对物价的影响系数 a(hp→cpi) 在 1996 年短暂地升为正值之后开始下降，变为负值，直到 2005 年才开始上升，在 2006 年变成正值，之后持续上升，到 2008 年达到最大，之后开始平稳下降，2014 年之后接近于 0。由图 10 - 4（C）图可见，在 2010 年之前，货币供给量对物价的影响系数 a(m1→cpi) 一直是负值，从 1995 年开始的 - 0.02 上升，直到 1999 年到达短期的峰值，接近于 0，随后又开始持续下降，在 2004 年中期达到谷底，之后开始回升，到 2007 年再次触及 0 这一水平线，之后始终在 0 水平线附近上下波动，其中在 2010 年上升至大于 0 的水平且达到最大。究其原因：20 世纪 90 年代开始我国大力支持房地产发展，鼓励住房消费，使得房地产"资金池"逐步吸纳了大量的资金。2000 年以来，我国经济快速增长，2007 年 GDP 增速更是达到了 23.5%，伴随着经济增速加快，货币供给量对 CPI 的影响在 2006 年之后也一路向上。

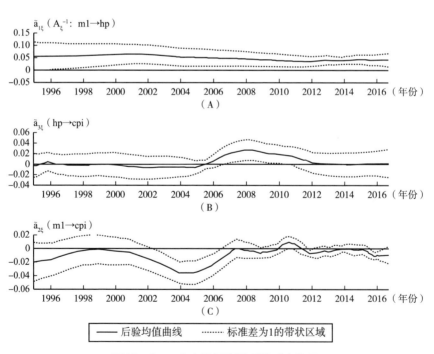

图 10 - 4　三个变量同期关系的时变特征

结合图 10 - 3 中 （A） 图、（B） 图，我们可以发现一个非常微妙的结果，即货币供给量从 1995 年开始持续增大，与此同时，房价对物价的影响系数一直是负值，而图 10 - 3 （C） 图中物价的曲线在同时期一直处于 0 水平线以下；2001 年开始，货币供给量对房价的影响系数开始缓慢下降但依然为正值，房价对物价的影响系数也突然下降，随之货币供给量对物价的影响也进一步大幅下降。2005 年，房价对物价的影响系数开始上升，且突破 0 值变为正值，在 2008 年达到峰值，随后开始下降；与此同时，货币供给量对物价的影响系数也开始大幅上升，在 2010 年中期达到峰值，随后开始下降；虽然二者之间的变化曲线有一定滞后差别，但总体走势非常相似。本章试图将房价作为中间影响因素，来研究货币供给量、房价与物价三者之间的关系。因为货币供给量对房价的影响表现出一直处于平稳状态的特征，所以货币供给量对物价的影响取决于房价对物价的影响。所以 a(m1→cpi) 与 a(hp→cpi) 两个参数相似的变化趋势说明了货币供给量与物价因房价为桥梁而联系在一起。以往的文献一般都是运用格兰杰因果检验来证明货币供给量、房价与物价三者之间的互动关系；而本章通过时变参数的变化来验证房价这一中间影响因素。

2. 关于货币供给量波动率的特征分析

图 10 - 5 中 （A） 图反映的是货币供给量结构冲击的波动率时变特征，货币供给量的随机波动率在 2009 年之前都很小，接近于 0；在 2009 年开始上升，之后震荡波动，并且在 2011 年、2014 年和 2016 年的波动幅度相对较大。2008 年金融危机之后，政府为刺激经济增长向市场投放大量货币，使得货币供给量快速上升。

3. 关于房价波动率的特征分析

由图 10 - 5 中 （B） 图可见，房价的随机波动率在 2004 年末期至 2006 年初期处在较高水平，在其他时期，房价的随机波动率接近于 0，偶尔几个时期，波动率有小幅上升的波动，且都很快下降。经过 80 年代人口高峰，使得我国在 21 世纪的头 10 年对住房的刚性需求达到了顶峰。与此同时，90 年代政府大力支持房地产，鼓励住房消费；而真正促进居民住房消费则要得益于我国国民经济持续快速健康的发展，1998 ~ 2004 年，我国 GDP 由 7.8 万亿元增长到 13.7 万亿元，且居民储蓄存款大幅提升，使得居民具有了较强的住房购买力。我国第二次人口高峰带来的住房刚性需求、部分居民因改善住房条件形成的改善性住房需求以及部分居民因看涨房价的投资性住房需求这两大住房需求的叠加大大冲击了房价的变动，使得房价大幅上涨。

4. 关于物价波动率的特征分析

图 10-5 中（C）图反映了我国物价波动率的时变特征，在 2008 年左右，物价波动率处于一个相对较高的水平，其他时期都相对较低。2006 年、2007 年我国经济快速上升，2006 年，我国 GDP 为 209407 亿元，2007 年我国 GDP 为 246619 亿元，环比增速高达 23.15%，使得 CPI 一路走高。但由于 2007 年底的经济紧缩以及 2008 年的美国次贷危机使得 CPI 逐步回落，从 2008～2016 年一直处于下降的趋势。

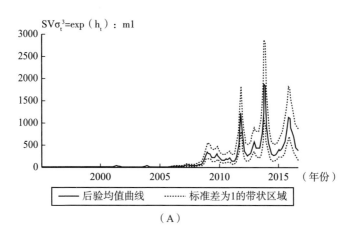

（A）

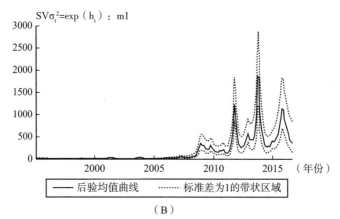

（B）

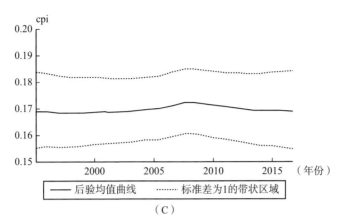

图中：

—— 后验均值曲线　　……… 标准差为1的带状区域

（C）

图 10 − 5　货币供给量、房价结构与物价结构冲击的随机波动时变特征

（四）时变脉冲响应分析

1. 不同时点的脉冲响应时变特征分析

本章随机选取 1998 年 4 月、2005 年 9 月和 2013 年 6 月 3 个时点，针对这 3 个时间点给予冲击（见图 10 − 6）。房价对货币供给量的冲击响应在第 3 期达到最大，之后逐步下降。货币供给对房价的冲击响应稍有滞后，在第 1 期上升至最小，之后上升，第 7 期之后基本趋于 0。货币供给量对物价的冲击响应在当期没有响应，随后下降再上升，在第 2 期达到最大值，随后渐渐减小，在第 12 期后趋近于 0。

对于三个不同时点的冲击，物价对房价的脉冲响应表现不一。1998 年 4 月物价对房价的脉冲响应明显不同于 2005 年 9 月和 2013 年 6 月的脉冲响应函数走势。对于 2005 年 9 月和 2013 年 6 月，物价对房价的脉冲响应在当期并没有做出反应，之后才开始逐渐上升，在第 1 期达到最大值，之后渐渐下降，在第 6 期接近于 0；而 1998 年 4 月物价对房价的脉冲响应函数在当期就处于负值，随后更是快速下降，在第 1 期达到最小，随后才开始逐渐上升，在第 6 期接近于 0。表明在 1998 年 4 月，房价对物价有非常大的负向影响。

物价对货币供给量的脉冲响应在三个不同时点上的表现也略有不同，1998 年 4 月和 2013 年 6 月当期对货币供给量的响应为负值，随后开始上升，变为正值，在第 1 期上升至最大值后逐渐减小，在第 5 期趋近于 0；而 2005 年 9 月物价当期对货币供给量的响应也为负值，但远远

231

大于其他两个时点的响应，之后迅速上升，在第 1 期也达到了最大值，且比其他两个时点的响应更大。

2. 不同提前期的脉冲响应时变特征分析

本章选取提前 1 期、3 期和 5 期，针对这 3 个提前期分别给予 1 单位正向冲击，由图 10 - 7 可知，三个不同提前期的脉冲响应略有不同，提前 3 期和 5 期的脉冲响应基本一致，说明趋于稳定，所以本章分析是基于提前 3 期和 5 期的脉冲响应来进行的。房价对货币供给量冲击的滞后响应一直处于一个高位波动的趋势。结合资本流动和我国国情分析可对房价响应的波动作出如下解释：自 1998 年我国大力支持房地产业，加上我国经济快速增长，国民工资水平大幅上升，需求开始大增，造成供需失衡，导致房价上涨。当房价上涨到一定程度的时候，上涨动力变小；同时受政府相关政策调控的影响，房价逐渐下降。2010 年之后，我国房价的不断上涨伴随着实体经济的持续低迷形成了"虹吸效应"，使得大量的资金流入房地产。

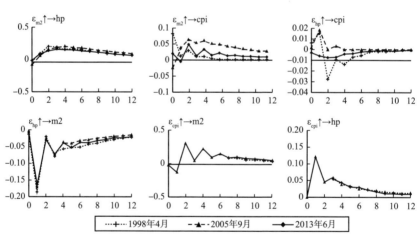

图 10 - 6 不同时点冲击响应的脉冲响应函数

货币供给量对房价的脉冲响应一直是负值且比较平稳，联想到我国房价自 1996 年以来一直呈现出上涨的趋势，近年来房价的上涨更是迅猛。一方面，货币超发导致房价大幅上涨；而另一方面，房的大幅上涨或许会反作用于货币供给量，使得政府面临调控压力，减少货币供给。货币供给量对物价的脉冲响应非常平稳，这也与我国近 20 年来物价水平一直保持温和波动的特征相符。

物价对房价的脉冲响应从 20 世纪 90 年代开始是负值，然后逐渐增大变为正值。从提前 3 期和 5 期的脉冲响应来看，在 1996 年，物价对房价的脉冲响应处于一个较低的水平，随后开始逐步上升，在 2003 年左右突破 0 的水平线，之后继续上升变为正值，在 2008 年达到峰值后下降，与 2010 年下降至 0 以下。对此可以作出如下解释：在 20 世纪 90 年代，我国房地产市场开始进入快速发展阶段，而我国货币供给量在 20 世纪 90 年代仍然处于一个相对较低的水平，资本具有"羊群效应"，伴随着房地产市场的快速发展，在货币供给量规模有限的情况下，大量的资金涌入房地产市场，使得房地产对其他商品产生"挤出效应"，从而抑制了物价水平。而伴随着房价的持续上涨，带动了生产过程中的物价上涨；与此同时，房地产对购房者带来的"财富效应"逐渐凸显，购房者觉得自己越来越富有，从而进一步促进了消费，带动了物价水平的上涨。而受 2008 年金融危机影响，我国实体经济持续低迷，与此同时，房地产价格的不断上涨进一步使得资金的"逐利性"开始凸显，大量的资金由实体经济开始流入房地产市场，从而在某种程度上抑制了物价水平的上涨。

物价对货币供给量的冲击响应在 1996 年时处在一个相对较高水平，随后开始逐步缩小，在 2000 年、2009 年和 2012 年处于相对较低水平，2004 年、2007 年和 2011 年处于相对较高水平，但物价的响应值与 2012 年跌破 0 水平线。

从货币供给量对物价的影响力来说，在 1996 年、2004～2007 年、2010 年中期这三个时期，货币供给量对物价具有较大的影响力度；而在 2000 年、2009 年以及 2012 年货币供给量对物价的影响力非常小。结合房价对货币供给量的脉冲响应和物价对房价的脉冲响应分析，在一定程度上可以解释出物价对货币供给量脉冲响应的波动。从 1996 年至 2000 年，房价对货币供给量的冲击响应逐步上升，与此同时，物价对房价的脉冲响应一直处于小于 0 的低水平，这说明在此阶段房地产吸收了大量的货币资金，使得物价对货币供给量的脉冲响应下降。2000 年之后，房价对货币供给量的脉冲响应开始减小，同时物价对房价的脉冲响应也在不断上升，在 2004 年左右达到 0 的水平线，这表明，房地产的快速发展使得房地产这个大的"资金池"很快达到了短期的"饱和程度",随后货币供给量对房价的影响开始逐渐减弱,与此同时,资金开始流入其他商品市场,物价开始稳步上涨。2005年之后,房地产对购房者带来的"财富效应"逐渐凸显,带动了物价水平的上涨。

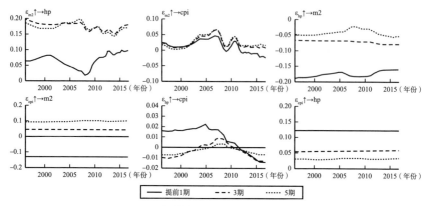

图10-7 提前期外生冲击的脉冲响应函数

对比房价对货币供给量的冲击响应和物价对货币供给量的冲击响应。房价的响应高点刚好对应着物价的响应低点,而物价的响应高点也刚好对应着房价的响应低点,只有一个例外:2008年,房价和物价的响应值均处于低点,这是因为2008年金融危机使得房地产价格与物价水平都受到了一定程度的影响,但国家及时出台相关政策,并实施4万亿元计划,使得房地产价格与物价水平又迅速回升。结合房价对物价的冲击响应和物价对房价的冲击响应,分析房价、物价对货币供给量冲击响应的交错位对应的时间点,不难发现,房价对物价的正向变动有着非常稳定的正向响应,而物价对房价的正向变动响应具有随时间变化而变化的特征,且方向也不定。说明物价的变动相对于房价来说是被动的,进一步反映出二者对货币供给量的响应形成的交错的高低位是由于房价的波动引起了物价的反向波动,即当房价上涨过快时,房地产这个"大资金池"吸纳了大量的资金,抑制了物价的上涨;而当房价上涨速度减缓时,"大资金池"吸纳的资金减少,大量资金外溢到其他商品中,促使了物价上涨。

(五)结合特征性事实进一步验证

数据显示,如表10-3所示,在房地产开发投资来源类别中,利用

外资与外商直接投资占比很少，自筹资金与其他资金来源较多，以
2015 年为例，利用外资与外商直接投资两者占比之和仅为 0.47%，国
内贷款占 16.15%，自筹资金占 39.17%，其他资金来源占 44.45%。与
此同时，其他资金来源中有一大部分来自房地产销售收入，主要为购房
款，那么其中就有 70% 的同样来自银行信贷，也就是说，在房地产开
发资金来源中，国内贷款加上其他资金来源中银行信贷所支持的购房款
的比例，有 45% 以上的资金来自银行信贷。所以说，在房地产市场规
模不断扩大的同时，银行信贷资金也在不断地大量流入房地产市场。

表 10-3　　　　　　我国房地产开发投资资金来源　　　　　单位：亿元

年份	国内贷款	利用外资	外商直接投资	自筹资金	其他资金来源	资金来源小计
2000	1385.08	168.70	134.80	1614.21	2819.29	5997.63
2001	1692.20	135.70	106.12	2183.96	3670.56	7696.39
2002	2220.34	157.23	124.13	2738.45	4619.90	9749.95
2003	3138.27	170.00	116.27	3770.69	6106.05	13196.92
2004	3158.41	228.20	142.56	5207.56	8562.59	17168.77
2005	3918.08	257.81	171.41	7000.39	10221.56	21397.84
2006	5356.98	400.15	303.05	8597.09	12781.33	27135.55
2007	7015.64	641.04	485.39	11772.53	18048.75	37477.96
2008	7605.69	728.22	634.99	15312.10	15973.35	39619.36
2009	11364.51	479.39	403.32	17949.12	28006.01	57799.04
2010	12563.70	790.68	673.45	26637.21	32952.45	72944.04
2011	13056.80	785.15	689.54	35004.57	36842.22	85699.73
2012	14778.39	402.09	358.52	39081.96	42274.33	96536.81
2013	19672.66	534.17	467.12	47424.95	54490.70	122122.47
2014	21242.61	639.26	598.91	50419.80	49689.81	121991.48
2015	20214.38	296.53	286.08	49037.56	55654.60	125203.06

资料来源：国家统计局网站。

与此同时，本章选取了 1998 年与 2008 年两次金融危机和 2011～

2013 年（当时众多专家学者担心严重通胀或将来袭）这 3 个时间段来进一步验证房地产市场对物价波动的影响机制。1998 年，我国迎来了较为严重的通货紧缩，货币供给量的增速在一定程度上有所下降，但幅度不大。当时国内许多学者从货币流动性角度来研究货币供给与物价水平背离的现象，本章以货币流通速度 = GDP/M1（范从来，2000）的方法计算了货币流通速度。本章引入房地产资金吸纳指数（RFC 增速），从实际数据出发进一步佐证了实证分析得出的结论。

1998 年我国货币供给增速为 14.84%，房地产资金吸纳指数为 54.12%，可以看出房地产吸纳了非常多的货币，使得流入商品市场的货币较少，致使 CPI 指数为 -0.8%。当我国货币增长率在 15% 左右时，各年的 CPI 指数与房地产资金吸纳指数存在着一定的反向抑制关系，如 1998 年、2008 年、2011 年，房地产资金吸纳指数数值大时，CPI 数值很小；房地产吸纳指数小时，CPI 数值很大。2009 年与 2010 年是特殊的两年。2009 年两个指标的数据都很小，其主要原因还是受 2008 年金融危机影响；2010 年，两个指标的数据都很大，因为 2008 年底，为应对金融危机，中央与国务院决定实施 4 万亿元投资计划，对房地产、商品等各类市场产生了直接的正向冲击。整体来说，近年来我国房地产市场高速发展，房地产市场的波动对其他部门的经济波动冲击越来越大。

四、政策建议

本章的研究表明我国物价水平一直受房地产市场的影响。即在过去的 20 年间，我国房地产市场的快速发展给我国经济增长带来了源源不断的动力，事实上也成为吸纳货币供应量最大的池子，从而间接抑制了物价的大幅上涨。但房地产业和中国的经济发展态势都已进入新时代，对房地产业来说，随着房地产投资和销售量的大幅跃进，我国很快进入户均 1.1 套的居住水平，2016 年城镇人均居住面积已达到 36.6 平方米，房价继续大涨已不具备基本条件。从宏观经济发展态势来说，高速经济增长已经基本结束，而进入了中高速增长的新常态阶段。基于研究结果和上述现实，本章提出以下建议。

正确把握货币政策宏观调控。随着房地产市场的吸纳资金量占货币供给量的比重不断增大，给实体经济带来的冲击越来越大，不断削弱经济增长的潜在动力。鉴于此，应正确把握货币政策宏观调控，尤其应加大对不动产信用调控的重视，一方面可以合理控制房价的大幅上涨，防范房地产泡沫与系统性金融风险的发生；另一方面可以积极正确地引导货币资金由虚拟经济部门有序流向实体经济，为实体经济的发展注入新的活力，为我国经济的增长带来新的动力。

认清房地产"资金池"的波动机理。本章研究表明，房地产市场的波动受货币供给的影响较大，同时房地产市场的波动对物价水平的波动影响也较大。过去 20 年我国房地产市场快速发展，房价上涨速度迅猛，房地产"资金池"吸纳大量的货币资金，进一步抑制了物价的上涨，甚至对物价变动形成负向的影响。但客观现实正在发生改变，高速增长的货币供应量正在失去支撑房价上涨速度的物质基础，因此，要实现新时代货币政策主张的宏观审慎监管，需要把握房地产"资金池"的波动机理与规律。

建立物价和房价波动的预警机制。本章研究发现，当房价涨速下降之后，房地产"资金池"将产生溢出效应，会导致物价涨速增大。为防止物价水平过快上涨产生严重的通货膨胀，需要建立物价和房价波动的预警机制。

第十一章 货币政策调控对房地产业供给结构的影响

　　基于供给侧的货币政策调控是稳妥实施房地产长效机制的重要举措，也是促进房地产业健康发展和良性循环的核心内容。货币政策通过调控"银根"进而影响企业的住房供给行为，但不同政策工具的传导机制具有异质性且存在区域差异。"强者恒强"和"船大好挡浪，浪大造大船"的政策效应以及"波动型"货币政策调控削弱了政策的调控效果。基于此，可从供给侧发力推动房地产长效机制建设需要做到供需兼顾，强化货币政策对供给侧的调控；因城施策和分类指导，畅通货币政策调控的传导路径；落实多主体供给，优化住房供给结构多元化；实施稳健的货币政策，促进房地产业健康发展和良性循环（见图 11 – 1）。

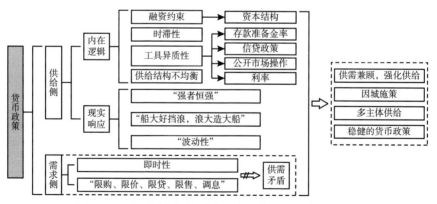

图 11 – 1　货币政策调控对房地产业供给结构的影响机制

资料来源：笔者自行绘制。

第一节　货币政策调控住房供给的内在逻辑

房地产市场长效机制建设是在政府行政力量参与下实现住房供需平衡的过程。2022 年 12 月召开的中央经济工作会议明确指出，"要坚持房子是用来住的、不是用来炒的定位，推动房地产业向新发展模式平稳过渡"。其中，稳定且有效的住房供给无疑是房地产发展的核心内容。一直以来，房地产泡沫可能引发的区域性系统性金融风险受到社会各界的持续关注（侯成琪和肖雅慧，2022；高波等。2017）。2021 年以来，房地产企业融资"三条红线"以及贷款集中度管理的实施对房地产企业结构性调整和发展带来新的要求，加之新冠疫情的影响，房地产市场的稳定发展面临重要挑战。当前我国经济发展面临需求收缩、供给冲击、预期转弱三重压力。在此背景下，厘清货币政策调控与房地产企业供给之间的逻辑关系尤为重要。

长期以来我国对房地产市场的宏观调控主要集中于通过需求侧抑制房价过快上涨（郭克莎，2017；李伟军，2019）。从历次调控历程来看，以"限购、限价、限贷、限售、调息"为特征的需求端调控方式在短期内取得了较好的效果，居民的购房需求尤其是投机需求有所减缓。但这并不能从根本上解决房地产市场供需矛盾的问题（赵奉军、高波，2018）。从长期来看，我国房价越调越涨的客观事实也让人们对调控政策的有效性产生了质疑。

总体而言，从供给侧来平衡住房供需关系的调控仍有缺位。一方面，人口是决定住房需求的主要因素，但未来我国由人口增长和城镇化产生的住房需求可能被人口老龄化冲抵（郭克莎，2017）。一刀切的需求侧调控虽然会对住房投机有所抑制，但同时也减弱了刚性的住房需求。由此会使得需求侧的调控政策效果可能会逐渐减弱。另一方面，建立稳定而有效的住房供给是房地产市场长期健康发展的根本保证，2021 年下半年以来房地产企业面临的债务危机以及市场下行压力也将住房供给的重要性再次推向公众视野。

一、货币政策调控住房供给的基本路径

融资约束是房地产企业投资决策的先行条件，改变企业资本结构是

货币政策调控住房供给的基本路径。"银根"是房地产企业的"主心骨","融资"是房地产企业发展的"驱动力"。房地产资金需求量大,投资周期长,房地产企业稳健的融资能力是保障企业健康发展和稳定住房供给的关键。房地产企业的投资决策可以认为是风险与收益博弈的结果,但外部融资约束条件则是投资决策的先决条件。尤其是随着"三条红线"公布,国家层面对防范金融风险、化解房地产泡沫的调控力度不断加大,房地产企业未来的融资水平与自身的资本结构密切相关,资本结构调整成为房地产企业发展的重要任务。

货币政策直接关乎企业资金流状况,进而促使企业调整资本结构。在不完全市场上,由于信息不对称,货币政策通过改变经济前景预期来实现对企业投资行为产生影响(王先柱和刘洪玉,2011)。从影响渠道来看,货币政策影响企业投资决策主要包括:货币渠道,即紧缩的货币政策引起银行可贷资金减少;信贷渠道,即紧缩的货币政策会提高房地产开发企业的融资成本。从影响结果来看,"银根"的变化直接影响房地产开发企业的开发决策,企业的资本结构通过货币政策的调整得以优化重组,进而改变投资策略(王先柱等,2020)。

二、房地产市场长效机制构建的重要动力

时效差异是供需两侧对货币政策的响应结果,从供给侧发力是构建房地产市场长效机制的重要动力。房地产市场具有周期性强、市场波动性大等特点,需求侧和供给侧对货币政策的响应具有时效性差异。需求侧对政策调控的响应速度较快,具有即时性。货币政策的调控,如利率和信贷渠道的调整能够直接影响到居民的融资约束,快速地投射到居民住房的消费或投资意愿。例如,在房地产去库存的背景下,中央政府连打组合拳来刺激居民的住房消费。首先,基于需求侧的货币政策持续发力,2015年以来央行采取降低商业银行贷款利率、降低首付款比例、下调存款准备金率等措施降低购房者的购房成本。其次,作为我国最重要的需求侧政策性住房金融,住房公积金用于支持住房消费的政策也持续宽松,提高公积金贷款额度、公积金异地贷款互认、延长公积金贷款期限等政策工具也成为支持房地产去库存的抓手。最后,棚改货币化安置成为刺激住房需求、化解房地产库存的重要措施。中央政府的多项政

策取得了良好的效果，2017 年末全国商品房待售面积 5.89 亿平方米，比 2016 年末减少 1.06 亿平方米，房地产去库存效果显著。

相比较而言，供给侧对政策调控的响应是一个长期过程。首先，相比较于其他商品而言，住房本身具有较长的开发建设周期，受地方政府行政审批、规划约束、市场变化等客观因素的影响，从新土地出让到土地分期开盘需要 2~4 年甚至更久，新增加的住房供给具有明显的滞后性。其次，住房建设投资对住房供给具有时滞效应，受住房开发建设周期的影响，住房供给和住房需求的匹配具有时间差。最后，货币政策对经济发展的调控具有时滞性，而时滞性是影响其政策效果的重要因素。因此，从房地产开发企业接收到货币政策的刺激到住房供给的完成需要较长的周期，而在此周期中外部经济环境、政策因素的变化也同样为住房供给带来影响。总体而言，通过货币政策抑制住房需求时效性较高，而调节住房供给则是一个慢性的过程。

需要注意的是，稳妥实施房地产长效机制，促进房地产业良性循环和健康发展是供求关系平衡的过程，对需求侧的调控虽然能够在短期内发挥调控效果，但是并没有从根本上解决住房供需矛盾。尤其是自 2021 年下半年以来市场持续下行的事实表明，稳健的货币政策作用于供给侧调控十分重要。在加快构建以国内大循环为主体、国内国际双循环相互促进的新发展格局的背景下，扩大内需是促进我国经济发展的重要基点。在此背景下，正视供需两侧对货币政策响应的时效差异，从供给侧发力是推动房地产市场健康发展的重要动力源泉。

三、货币政策调控的政策工具异质性

政策工具异质性是货币政策调控的具体形式，选择适当的政策工具是货币政策调控住房供给的重要抓手。货币政策是由多种政策工具构成的"工具包"，不同的政策工具对住房供给的调控路径有所不同（李智等，2013）。如图 11 - 2 所示，数量型货币政策主要以存款准备金率、信贷政策和公开市场操作等为代表，价格型货币政策主要以利率为代表。各种政策工具对住房供给的传导效应及受外界干预的程度各有不同。具体而言，第一，存款准备金率直接影响货币供给量进而影响房地产开发企业的融资规模，但其同时受到商业银行超额存款准备金的影响。例如，当中央银行通过提高存款准备金率压缩货币供给时，商业银行可能会通过超额存款准备金来减缓冲击，进而减弱央行的政策效果。第二，公开市场操作具有较高的弹性，但是政策的实施效果周期较长，受外部环境的影响而具有不确定性。第三，信贷政策直接关系到房地产企业的融资行为，但是信贷规模难以控制。即便国内采取缩紧的信贷政策，国外资金的大量涌入也可能会实现房地产企业的融资需求，这同样会削弱信贷政策的实际效果。第四，利率是最常用的调控工具之一，能够对企业的融资约束和成本预期带来直接冲击。然而，目前我国以股票、抵押贷款证券、信托基金等多渠道的融资模式也会减弱利率上调带来的融资约束。因此，灵活运用多种货币政策工具组合是强化对房地产市场调控效果、化解金融风险的主要措施。同时，灵活选择单一货币政策或实施组合拳模式也是确保货币政策对住房供给调控效果的重要抓手。

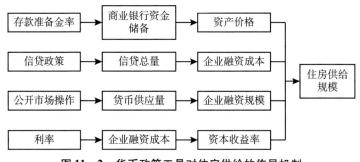

图 11 - 2　货币政策工具对住房供给的传导机制

资料来源：笔者自行绘制。

四、住房供给结构不平衡的客观表现

区域效应是住房供给结构不平衡的客观表现，因城施策的货币政策是完善差异化住房供给的现实需求。蒙代尔最早提出了最优货币区理论，该理论认为在最优货币区内部生产要素的自由流动决定了货币政策不存在区域效应。但是对于中国这样一个经济发展不同质的大国而言，最优货币区则很难实现。

当地区内部经济发展水平差异较大时，货币政策的区域效应则更为突出，尤其是在资本密集的房地产市场中更为明显（王先柱等，2011）。货币政策的区域效应主要原因表现为以下方面。一是中国发展不平衡不充分的问题在区域经济发展方面体现尤为明显。二是房地产供给水平存在显著差异。以 2020 年为例，全国各省市房地产施工面积、房地产开发企业数量、房地产完成投资额以及房价等供给指标均存在显著的地区差异，并且主要表现为东高西低的区域特征。三是房地产开发企业资本结构存在区域差异。作为资本密集型的房地产行业来说，房地产企业高负债率是系统性金融风险的重要源头。总体而言，当前我国房地产企业住房供给的资金来源主要为贷款融资，而不同的企业资本结构对货币政策的响应不同。国家统计局数据显示，2020 年全国房地产开发企业资产负债率最高的省份为青海省，为 91%；最低的是西藏自治区，为 67.7%。尤其是随着"三条红线"的公布，各地区房地产开发企业自身资本结构的调整也必将表现出明显的区域效应。四是货币政策的利率渠道、信贷渠道和预期渠道同样存在区域差异，具体表现为在东部地区较好，而在中西部地区相对较弱（王先柱和赵奉军，2010；张红和李洋，2013）。

由此而言，货币政策对我国住房供给的传导过程并不能满足"最优货币区"的基本条件，因城施策是建立房地产长效机制的必然选择。在住房供给结构差异显著的情况下，全国一盘棋式的货币政策调控也须进一步作出调整，探索因城施策的货币政策是平衡地区供求关系的现实需求。

第二节　房地产企业对货币政策调控的现实响应

一、企业分布的"强者恒强"特征

以"强者恒强"为特征的企业分布打破了完全竞争格局进而加剧了住房供给垄断程度。自住房商品化以来，我国房地产开发市场日益繁荣。国家统计局数据显示，2021 年底我国房地产开发企业数量达到 10.5 万个，是世界上房地产开发企业数量最多的国家之一。值得注意的是，众多的企业数量本应形成激烈的市场竞争机制，但是从我国房地产企业的实际情况来看，"强者恒强"的企业发展格局打破了完全竞争的住房供给格局。如图 11-3 和图 11-4 所示，2009 年以来我国住房供给水平持续上升，尤其在 2015 年房地产市场实施去库存政策之后，全国住房销售市场大幅度增长。但是从龙头企业的市场占有率来看，住房供给的寡头效应已然非常明显。近 10 年来，我国前十大房地产企业在销售金额和销售面积中的市场占有量持续保持高位，其中，受市场下行的影响，2021 年前十大房地产企业销售金额的市场占有率虽略有下降，也高达 24.2%，销售面积的市场占有率也高达 18.65%。由此可见，在"强者恒强"格局日益加重的情况下，房地产龙头企业在很大程度上将决定住房供给规模和供给结构。

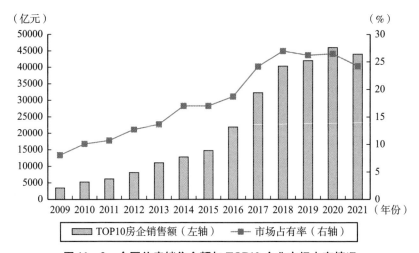

图 11 – 3　全国住房销售金额与 TOP10 企业市场占有情况

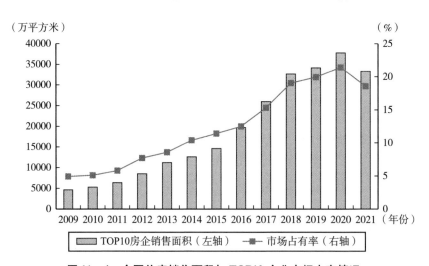

图 11 – 4　全国住房销售面积与 TOP10 企业市场占有情况

　　房地产企业属于资金密集型企业，对货币政策反应理应更为敏感。货币政策为房地产企业的住房供给行为与价值创造提供了基础和背景，而房地产企业的行为又是对货币政策的反馈，继而影响货币政策的制定和调整。但从实际情况来看，房地产企业对一系列紧缩性货币政策的出台的响应结果是"强者恒强"，这也在一定程度上解释了我国房地产价格居高难下，深陷越调越涨"怪圈"的原因。

二、企业响应结果的"船大好挡浪，浪大造大船"特征

　　以"船大好挡浪，浪大造大船"为特征的企业响应结果削弱了货币政策的调控效果。房地产企业自身具有一定的柔性。但是受企业性质、企业规模、企业资本结构等的影响，不同类型的房地产企业的市场行为对货币政策调控的响应也表现出一定的差异。总体而言，"船大好挡浪，浪大造大船"效应逐渐凸显出来。首先，大型房地产企业拥有更高的资金竞争力、更多的筹资现金流净额。其次，资金量庞大的房地产企业具有更强的财务柔性，能够在外部环境变化时表现出更强的资源调整能力，能够更为快速的调整自身的资本结构以应对货币政策的冲击，从而产生"船大好挡浪"的效应。最后，货币政策的调控实质上不仅是对房地产企业内部适应环境的一次调控，也是对房地产行业的一次重新整合的过程。在货币政策的调控下，房地产企业呈现出"大鱼吃小鱼"和"优胜劣汰"的行业特征，由此产生"浪大造大船"。企业财务柔性低、规模较小的房地产企业在货币政策的调控下将面临并购重组或破产的结局。数据显示，近年来房地产企业破产数量也持续增加，2021年发布破产相关文书的房地产企业超过340家，并且主要以中小型企业为主。2022年中央经济工作会议明确指出，要确保房地产市场平稳健康发展，推动行业重组并购，有效防范化解优质头部房企风险。

三、货币政策调控的"波动型"特征

　　以"波动型"为特征的货币政策调控难以为房地产企业提供长期

稳定的住房供给预期。基于货币政策的房地产市场调控是国家经济宏观调控的重要成分。当宏观经济下行的时候，政府通过宽松的货币政策刺激房地产市场繁荣带动经济增长；当房地产市场过热产生经济泡沫时，政府通过缩紧货币政策抑制住房需求和开发投资。这种短期、碎片化的调控措施表现出较强的波动性，虽然具有较高的时效性，但是缺少经济逻辑的考虑，并没有形成长期、稳定、高效的长效机制。从长期来看，货币政策调控具有较大的波动性甚至方向逆转。杨刚等（2019）对货币政策调控阶段的划分具有一定的借鉴意义。第一阶段为自住房改革到亚洲金融危机阶段（1998～2003年），扩张型的货币政策刺激消费升级拉动内需，房地产市场在短期内量价齐升，成功化解了亚洲金融危机带来的冲击。第二阶段为抑制第一次楼市过热阶段（2003～2008年），在此期间央行通过连续九次上调利率、提高首付款比例等方式抑制需求，甚至以"每月一调"的形式提高存款准备金率来收缩资金的流动性。第三阶段为应对美国次贷危机时期（2008～2009年），央行迅速将货币政策调整为稳定楼市保增长并启动了"四万亿"计划。再度扩展的货币政策带来了强烈的通货膨胀，房价再次快速上涨。第四阶段为挤出房地产泡沫阶段（2010～2017年），随着房地产市场和土地市场的持续火爆，中央政府再次采取紧缩的货币政策进行调控。

由此可见，以往的货币政策调控一直处于抑制房价过快上涨和保持经济增长的双重博弈之下，货币政策的调控缺乏连续性和稳定性，加剧了供给侧和需求侧的预期波动，无法有效支持房地产长效机制建设。一方面，货币政策的频繁变动增加了房地产企业投资决策的难度，决策失误的风险增加，反向恶化企业的资本结构和企业健康发展。另一方面，房地产企业投资决策失误会进一步加剧银行的金融风险，增加贷款违约的风险。不稳定的预期促使银行提高贷款门槛和审批条件，使得企业融资成本进一步加大。例如，2021年以来，"三条红线"和贷款集中度管理使得房地产高杠杆高负债的开发模式迎来重大调整。部分开发企业准备不充分、降负债不够坚决，导致现金流遭遇危机。加之面对疫情多发、俄乌冲突、中美贸易摩擦、经济下行压力加大等多重挑战，需求预期不足、供给不振产生多重低频共振。

第三节 从供给侧发力推动房地产
长效机制的建议

一、政策调控应供需兼顾，强化货币政策对供给侧的调控

一是把握房地产企业对货币政策响应的异质性，打破住房供给的垄断格局，逐步形成公开规范的竞争机制。"强者恒强"和"船大好挡浪，浪大造大船"效应决定了当前我国住房供给的垄断特征，削弱了货币政策调控的有效性，甚至某些龙头地产企业的市场行为成了行业的风向标。应建立公开规范的市场竞争机制，推进市场反垄断的监管力度。一方面，围绕城市和经济发展目标，引导规模较大的房地产企业加速转型升级；另一方面，规范中小企业的市场行为和帮扶指导，探索中小企业专项金融支持等方式助力其市场竞争能力。

二是明确不同货币政策工具传导效应的异质性，采取灵活多样的政策工具组合，保持货币政策的有效性。从之前房地产市场调控的经验来看，单一的货币政策工具调控效果并不明显。应优化货币政策调控的组合模式，结合数量型和价格型货币政策工具的具体特点，发挥多种政策工具的协同效应。同时，应注意政策工具之间互相影响带来的政策效果不稳定性以及对政策的逆向修正。

二、因城施策和分类指导，畅通货币政策调控的传导效果

一是应结合区域房地产市场发展特点，围绕城市经济发展水平对货币政策调控因城施策。由于货币政策类型、地区经济变量等存在显著差异，不同经济主体、不同地区对货币政策的预期和敏感程度等方面也各不相同，货币政策具有明显的区域结构效应。全国一盘棋的货币政策制定可能会使得区域之间的住房供给差异进一步扩大，进而加剧区域发展不平衡矛盾。

二是中央银行应建立全国性的指导性方案，结合分类指导的原则实施差异化的货币政策。要落实地方政府主体责任，畅通差异化货币政策

在不同区域的传导效果，避免地方政府在房地产调控与经济发展的博弈过程中弱化货币政策的调控效果。

三、落实多主体供给机制，优化住房供给结构多元化格局

一是结合住房市场需求，通过货币政策调控住房供给结构，不断增加住房市场的有效供给。房地产开发企业是选择开发高端商品房、普通刚需商品房还是承接保障房建设，以及住房供给的户型结构等由以下影响因素构成：第一，结合当前及未来的住房需求结构、地区经济发展水平及城市化水平；第二，企业自身的产品定位和市场战略；第三，企业自身的资本结构及盈利模式。如前文所述，房地产企业通过优化资本结构实现对货币政策的响应，具体表现为在不同区域进行差异化的开发投资。然而，频繁出现的"一房难求"，以及"空城"、"鬼城"等现象反映了住房供给的结构缺陷和区域不平衡。基于此，货币政策的调控不仅应落脚于住房供给量，还应关注如何增加住房的有效供给。

二是围绕市场和保障的关系，完善住房保障供给体系，引导第三方资本参与住房供给。随着城镇化进程的推进，外来务工人员、新就业大学生等新市民群体的住房需求日益强烈并表现出强烈的城市定居意愿。在建设资金来源方面，除了土地出让金、财政专项资金的金融支持之外，以信贷政策为主的货币政策应在一定程度上向住房保障供给侧倾斜，大力支持共有产权房和公租房建设。积极引入第三方社会资金和组织参与住房保障供给，探索尝试公私合营的开发运营模式，在资金和信贷方面给予一定的政策支持。

三是发展住房租赁市场，加大政策支持力度，拓宽住房租赁机构的融资渠道。联合房地产开发企业、社会资本、金融机构等组织推进租赁住房的供给。尝试探索针对住房租赁市场和销售市场差异化的货币供给政策，对住房租赁开发建设的房地产企业融资提供一定的利率优惠和信贷支持，提高房地产开发企业建设租赁住房的积极性。

四、构建稳健的货币政策，促进房地产业健康发展和良性循环

一是以稳房价、稳地价、稳预期和防范系统性金融风险为目标，保

持货币政策的连续性和稳定性。构建以长期宏观调控和短期政策组合相结合的调控体系。一方面，从长期发展的角度构建宏观审慎的调控指导方案，避免政策的方向性变动，稳定需求侧和供给侧的长期预期；另一方面，从短期的角度采取灵活的货币政策工具组合，在政策工具使用上要精准发力，防范短期金融风险的出现。

二是依托货币政策和宏观审慎政策的双支柱框架，发挥货币政策与其他政策的协调作用。以供给侧为发力点构建房地产长效机制还包含土地供给体系、财税体制、产业发展政策、城市发展战略等多维度的政策配合，要进一步加强货币政策与其他经济发展政策的协调性，适时干预微调，完善货币政策逆周期的调控机制，注重在稳增长的基础上防风险。

总体来说，住房需求反映了消费者和投资者的选择行为和决策过程，而住房供给则体现了房地产开发企业或房地产所有者对市场的判断和对成本与收益的权衡（王辉龙和王先柱，2016）。货币政策是我国房地产供求调控的重要抓手。然而，我国当前房价越调越涨的客观事实依然存在，对需求侧的持续调控显得有所不足，从微观房地产开发企业供给行为的角度剖析货币政策的传导效应和优化路径应成为构建房地产市场健康发展长效机制的另一个重要关注点。

值得注意的是，货币政策对住房供给的调控存在异质性和区域性等基本特征，房地产开发企业还进一步呈现"强者恒强"和"船大好挡浪、浪大造大船"的效应，在一定程度上削弱了货币政策的调控效果。为此，本章认为应该在货币政策的调控过程中做到供需兼顾，通过建立公开规范的竞争机制打破房地产供给的垄断性；关注货币政策在住房供给中的区域效应，中央银行建立全国性货币政策的指导性调控方案分类指导并落实地方政府主体责任；厘清市场和保障的关系，对企业保障性住房和租赁住房开发予以一定的政策倾斜；通过长期稳健的货币政策稳定住房供给和需求的预期，建立平稳健康发展的住房市场。

第十二章 货币政策调控对房地产业需求结构的影响

1998 年，房地产进行市场化改革，几十年积累下来的住房需求在短时间内猛烈地释放出来，房地产市场急剧发展，出现"井喷"现象。与此同时，房地产政府供给严重缺位，住房保障欠账较多。尽管房地产政府供给有经济适用房、廉租房、公租房等不同层次、不同种类，但供给数量相对较小，且存在错位现象，故难以形成对市场供给的有效补充。过大的市场需求、短缺的政府供给导致房地产市场出现过度繁荣景象，房价快速飙升。为此，政府采取一系列宏观调控措施来平抑房价。这些政策，尤其是货币政策对房地产市场造成了怎样的影响呢？

探究货币政策对房地产市场的影响，不仅要关注价格的作用力，更要关注政策是如何影响房地产市场的需求层面和供给层面，相比之下，需求层面受货币政策的影响更为重要。房地产需求不同于一般商品需求，具有鲜明的特点和异质性。剖析政策效应，就需要分析不同时期政策对不同房地产需求的影响。本章利用中国家庭营养健康调查（CHNS）数据，从微观视角探究货币政策能否有效抑制房地产需求，尤其是对消费需求和投资需求抑制作用的差异性（见图 12 – 1）。

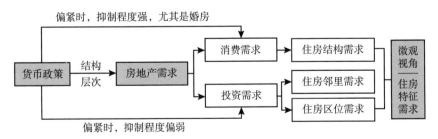

图 12 – 1　货币政策调控对房地产业需求结构的影响机制

资料来源：笔者自行绘制。

第一节 货币政策影响房地产业需求结构的研究进展

房地产需求受货币政策影响而变动，货币政策通过利率和房地产价格预期来影响房地产市场需求（Mishkin，2007；Jorgenson，1963；Poterba，1963）。从消费需求来看，当利率变化时，会带来替代效应和收入效应的变动。若购房者是借贷者，收入效应为负，利率上升带来的总效应非负，而当购房者持有大量储蓄时，收入效应为正，但利率提高时消费者的收入效应不会大于替代效应。从投资需求来看，购买者仍然需要通过金融机构进行融资来突破自己的预算约束。利率提高时，购买的机会成本增加，购买需求降低。总之，利率提高能够在一定程度上抑制房地产需求（王先柱，2011；刘兰凤和袁申国，2011；魏玮，2008；王振霞等，2023）。如果按照住房结构特征分类，住房需求可以细分为住房结构需求、住房邻里需求和住房区位需求（周京奎，2012），住宅结构需求表现为消费需求，而住宅邻里需求和住宅区位需求则可视为投资需求。消费需求更多受住房价格、居民收入、人口统计等因素的影响，而投资需求受住房的投资回报、住房的使用成本等因素的影响（况伟大，2012；Hendershott et al.，1980；Himmelberg et al.，2005）。另外，消费需求作为刚性需求，更多为收入低、工作稳定性差、资金获得渠道窄的消费群体，而投资需求主要来自收入基础好、收入来源多元化、资金获得渠道宽的群体，故货币政策应该对两类需求有着不同的作用力。消费需求尽管刚性很强，但易受货币政策等外在条件冲击（刘桦等，2013）。

对于房地产市场消费需求而言，婚房需求是最典型的代表。在中国人的传统习俗中，结婚时男方家庭不仅要提供聘金、包办婚宴，还需要提供婚房。近年来，是否有房不仅仅象征着男方的经济地位，也是女方择偶过程中一个重要的参考标准（Wei & Zhang，2011）。对于存在未婚男子的家庭来说，随着未婚男子年龄的增长，家庭对婚房的需求越来越强烈，购置婚房的压力也越来越大（谢洁玉，2012）。

鉴于此，本章针对货币政策对房地产业需求结构的影响，主要进行如下两个方面的研究：（1）紧缩性货币政策是否能够抑制住房结构需求、住房邻里需求、住房区位需求，但抑制程度具有明显的差异性，货币政策对消费需求的抑制程度大于投资（机）需求。（2）以婚房需求为例，紧缩性货币政策是否能够抑制房地产市场的消费需求，并且抑制程度会随着未婚男性年龄的增大而增强。

第二节 货币政策影响房地产业需求
结构的差异性分析

一、数据来源和说明

本章的数据来自中国疾病控制中心与北卡罗来纳大学合作的国际项目——中国家庭营养健康调查（CHNS）。本章选取 2004 年、2006 年、2009 年三个年度的城镇住户数据进行分析，并对存在离群值的变量进行 5% 水平上的缩尾处理。表 12 -1 列出了主要变量的统计性描述结果。

表 12 -1　　　　　　　　　主要变量的描述性统计

变量	变量解释	均值	标准差	样本总量
value	住房价值	181265.7	170583.7	2509
material	二元变量，1 = 以水泥为建筑材料	0.0047	0.0688	2509
oneroom	二元变量，1 = 一室住宅	0.0029	0.0535	2509
tworoom	二元变量，1 = 二室住宅	0.0389	0.2763	2509
moreroom	二元变量，1 = 多室住宅	0.3159	1.3764	2509
toilet	厕所类型，二元变量，1 = 独立卫生间	0.0949	0.2931	2509
environment	二元变量，1 = 周围无粪便	0.1350	0.3417	2509
gas	二元变量，1 = 使用天然气或液化气	0.0025	0.0496	2509
nearschool	二元变量，1 = 附近有学校	0.0768	0.2663	2509
s-locat	二元变量，1 = 位于城市郊区	0.4465	0.4971	2509
c-locat	二元变量，1 = 位于城市中心	0.5535	0.4971	2509

变量	变量解释	均值	标准差	样本总量
east-locat	二元变量，1＝住宅位于东部地区	0.3458	0.4756	2509
age	户主年龄	44.4691	20.0472	2509
age-sq	户主年龄的平方	2379.364	1755.825	2509
gender	户主性别	1.5189	0.4997	2509
eduage	户主接受的正规教育年限	23.0991	7.9067	2509
statejob	二元变量，1＝户主是国有企业员工	0.0046	0.0674	2509
mc	货币政策偏紧指数	0.2042	0.1336	2509

　　本章根据中国人民银行2004年开始公布的《银行家问卷调查》中货币政策感受指数来衡量货币政策。由于中国人民银行从2006年第四季度开始就没有提供过紧一栏的数据，而且评价过紧的比率普遍在2%以下，所以本章选取货币政策感受偏紧一栏的数值直接度量货币政策的紧缩程度。偏紧指数越大，表示货币政策越从紧。

　　本章选取住宅的结构特征、邻里特征、区位特征全面度量住宅特征需求。根据问卷调查提供的信息，选取住宅的建筑材料、房型、厕所类型作为住宅结构特征变量；选取住宅的供气、环境卫生以及住宅附近是否有学校作为住宅邻里特征变量；选取住宅的地理位置如位于市中心、城市郊区、东部地区作为住宅区位特征变量。

二、货币政策调控影响房地产业需求结构的模型构建

（一）住宅价格特征模型

　　本章使用特征价格模型估计住宅的特征价格。以住宅价格的对数形式作为被解释变量：

$$Lnvalue_i = \alpha_0 + \alpha_1 X_i + \alpha_2 Y_i + \alpha_3 Z_i + \varepsilon_i \tag{12.1}$$

其中，X_i 代表住宅结构特征向量，具体为 material、oneroom、tworoom、moreroom、toilet；Y_i 代表住宅邻里特征向量，具体为 gas、environment、nearschool；Z_i 代表住宅区位特征向量，具体为 s-locat、c-locat、east-locat；ε_i 表示随机干扰项，α_1、α_2、α_3 分别表示对应特征向量的系数。

（二）住宅特征需求

利用模型（12.1）的回归结果，拟合得出住宅特征需求、住宅结构特征需求、住宅邻里特征需求和住宅区位特征需求：

$$\text{demand}_i = \hat{\alpha}_0 + \hat{\alpha}_1 X_i + \hat{\alpha}_2 Y_i + \hat{\alpha}_3 Z_i + \varepsilon_i \tag{12.2}$$

$$\text{st\_demand}_i = \hat{\alpha}_0 + \hat{\alpha}_1 X_i \tag{12.3}$$

$$\text{nb\_demand}_i = \hat{\alpha}_2 Y_i \tag{12.4}$$

$$\text{lc\_demand} = \hat{\alpha}_3 Z_i + \varepsilon_i \tag{12.5}$$

其中，demand 表示住宅特征需求，st_demand 表示住宅结构特征需求，nb_demand 表示住宅邻里特征需求，lc_demand 表示住宅区位特征需求，$\hat{\alpha}_1$、$\hat{\alpha}_1$、$\hat{\alpha}_2$、$\hat{\alpha}_3$ 为模型（12.1）中对应变量的拟合值。

（三）货币政策对消费需求以及投资（机）需求影响的差异性

为减少异方差，在探究货币政策住房特征需求、住房结构特征需求、住房邻里特征需求和住房区位特征需求的影响时，对住宅特征需求变量分别取对数，模型如下：

$$\text{lndemand}_i = \beta_0 + \beta_1 mc_i + \lambda K_i + \varepsilon_i \tag{12.6}$$

$$\text{lnst\_demand}_i = \beta_0 + \beta_1 mc_i + \lambda K_i + \varepsilon_i \tag{12.7}$$

$$\text{lnnb\_demand}_i = \beta_0 + \beta_1 mc_i + \lambda K_i + \varepsilon_i \tag{12.8}$$

$$\text{lnlc\_demand}_i = \beta_0 + \beta_1 mc_i + \lambda K_i + \varepsilon_i \tag{12.9}$$

$$K_i = \lambda_1 age_i + \lambda_2 age\_sq_i + \lambda_3 gender_i + \lambda_4 eduage_i + \lambda_5 statejob_i \tag{12.10}$$

其中，K_i 表示控制变量的集合，具体包括户主的年龄以及年龄的平方、性别、户主接受的正规教育年限、是否为国有企业员工。具体定义（见表 12－1）。

（四）货币政策对消费需求的影响：以婚房需求为例

为了测度货币政策对消费需求的影响，本章用模型（12.1）估计出总的住房特征需求作为被解释变量，并添加了货币政策偏紧指数 mc 与反映家庭中是否有未婚男女的特征变量 D 的交叉项，控制变量保持不变。以 25 岁、30 岁、35 岁作为年龄界限将未婚男性划分成 3 组，并用 18 岁以上的未婚女性作为对照，来测度紧缩性货币政策对消费需求的抑制程度。模型如下：

$$\text{lndemand}_i = \beta_0 + \beta_1 mc_i + \beta_2 mc_i \cdot D_i + \beta_3 D_i + \lambda K_i + \varepsilon_i \quad (12.11)$$

三、货币政策影响房地产业需求结构的实证分析

（一）货币政策对消费需求以及投资（机）需求影响的差异性

分别测度货币政策对总的住房特征需求、住房结构需求、住房邻里需求以及住房区位需求的影响，回归结果如表 12 - 2 所示。不难发现，在模型（12.6）、模型（12.7）、模型（12.8）、模型（12.9）中，货币政策 mc 的系数一直显著为负，这表明紧缩性货币政策能够显著抑制整个住房特征需求、住房结构需求、住房邻里需求以及住房区位需求。紧缩性货币政策使得消费者的借贷成本升高，购房压力增大，住房需求会受到抑制（李猛，2011）。在 2003 年到 2007 年，中国房地产市场发展过热，房价的过快增长超过大多数人的心理预期，政府为有效抑制投资购房需求和投机购房行为，开始进行全面的宏观调控，而在 2008 年国际金融危机发生后，国际经济环境的全面衰退迹象逐渐明显，国内经济也受到较大的影响，此前在持续紧缩的信贷政策下，房地产行业发展明显减速，此时政府出台一系列刺激房地产行业发展政策，货币政策由紧缩转为扩张。

表 12 - 2　　　　货币政策对住房需求影响的回归结果

变量	(12.6) lndemand	(12.7) lnst_demand	(12.8) lnnb_demand	(12.9) lnlc_demand
mc	- 0.0178 ** (- 2.0075)	- 0.0138 * (- 1.8496)	- 0.0103 * (- 1.6733)	- 0.0014 ** (- 2.2417)
gender	0.0323 *** (13.6994)	0.0258 *** (12.9970)	0.0234 *** (14.4823)	- 0.0008 *** (- 4.7356)
age	- 0.0027 *** (- 8.8430)	- 0.0021 *** (- 7.9653)	- 0.0022 *** (- 10.3671)	0.0001 *** (6.6790)
age_sq	0.00003 *** (8.8016)	0.00002 *** (8.1877)	0.00002 *** (9.8676)	- 0.000002 *** (- 8.8124)

变量	(12.6) lndemand	(12.7) lnst_demand	(12.8) lnnb_demand	(12.9) lnlc_demand
statejob	0.0069 (0.9019)	0.0076 (1.1776)	0.0103 ** (2.1020)	− 0.0013 *** (− 2.7294)
eduage	0.0007 *** (4.3284)	0.0009 *** (6.0102)	0.0002 * (1.8308)	− 0.0003 *** (− 24.1467)
常数项	2.3705 *** (266.9535)	2.3759 *** (316.8401)	2.4021 *** (381.9650)	2.4824 *** (4100)
时间趋势	控制	控制	控制	控制
N	2509	2509	2509	2509
F	32.2583	30.1425	39.4812	146.1742
R^2	0.1101	0.1043	0.1243	0.2623
$A - R^2$	0.1066	0.1007	0.1208	0.2593

注：*、**、*** 分别表示在10%、5%和1%的水平上显著；括号内为 t 值；R^2 和 $A - R^2$ 分别表示模型原始和调整后的拟合优度，下同。

观察模型（12.7）、模型（12.8）、模型（12.9）中 mc 的系数可以发现，变量 lnst_demand 的系数为 − 0.0138，绝对值较大，而 lnnb_demand 与 lnlc_demand 的系数分别为 − 0.0103 和 − 0.0014，绝对值较小，这表明紧缩性货币政策对住房结构需求的抑制程度较大，对邻里需求和区位需求抑制程度较小。住房结构需求表现为消费需求，而邻里需求和区位需求则是投资（机）需求，换言之，紧缩性货币政策对消费需求的抑制程度远远大于投资（机）需求。这一点从当前房地产市场景气状况也能得到证实。近年来，房地产市场普遍出现投资过热和高房价共存的局面，不仅房屋成交量活跃，而且房价普遍持续上涨。虽然调控政策频频出台，但"越调越涨"已经成为有目共睹的现象。多数消费者购房不是出于消费需求，而是出于投资（机）需要。货币政策对投资（机）需求抑制作用有限，紧缩性货币政策在实施中面临着许多不确定因素，陷入孤掌难鸣的窘地（汪利娜，2008）。

（二）货币政策对消费需求的影响：以婚房需求为例

在中国人的传统中，结婚必须买房，婚房需求已经成为楼市中最为稳定的消费需求。以婚房需求为例，探究货币政策对消费需求的影响具有很强的可靠性。在检验时，本章构建了模型（12.11），加入了货币政策指数 mc 与家庭中是否有未婚男女的特征变量 D 的交乘项，并控制时间趋势。从表 12－3 所列的结果来看，货币政策偏紧指数 mc 的系数一直显著为负。25man、30man 和 35man 前的系数分别为 0.1233、0.2028 和 0.2925 且分别在 5%、1% 和 1% 的水平上显著，而 18woman 的系数并不显著，这表明家庭中是否有未婚男性确实对住房需求有着显著的影响，而且这种影响程度随着未婚男性年龄的增大而增强，但这种作用并适用于女性（钟庭军，2009）。这一现象在现实生活中很普遍。

此外，从货币政策偏紧指数 mc 与家庭中是否有未婚男女性 D 的交乘项系数来看，mc×25man-non-married、mc×30man-non-married 和 mc×35man-non-married 前的系数分别为 －0.2555、－0.4620 和 －0.7725，且分别在 10%、5% 和 1% 的水平上显著。绝对值的不断增大，表明紧缩性货币政策对婚房这种消费需求的抑制程度越来越强，且这种抑制程度随着家庭中未婚男性年龄的增大而增强。一方面，紧缩性货币政策会对具有消费需求的人群造成门槛效应。出于消费需求的买房者往往资金有限，大多依靠工资收入或者银行贷款来购置房产，资金获得渠道狭窄，借贷成本的增加使其购房压力增大，购房需求受到抑制。另一方面，货币政策紧缩又会加速具有投资（机）需求购房者的财富效应，使其将资金投入到多个消费市场，赚取更多的财富。

表 12－3　　　　货币政策对消费需求影响的回归结果

变量	(12.11a) lndemand	(12.11b) lndemand	(12.11c) lndemand	(12.11d) lndemand
mc	－0.0195 ** （－2.1931）	－0.0192 ** （－2.1569）	－0.0178 ** （－2.0052）	－0.0186 ** （－2.0925）
25man	0.1233 ** （2.5697）			
mc×25man	－0.2555 * （－1.7395）			

变量	(12.11a) lndemand	(12.11b) lndemand	(12.11c) lndemand	(12.11d) lndemand
30man		0.2028*** (3.1683)		
mc×30man		−0.4620** (−2.4120)		
35man			0.2925*** (13.6099)	
mc×35man			−0.7725*** (−7.3613)	
18woman				−0.0114 (−0.3587)
mc×18woman				0.0540 (0.5263)
gender	0.0336*** (14.3643)	0.0333*** (14.2193)	0.0326*** (13.8780)	0.0322*** (13.4594)
age	−0.0027*** (−8.9767)	−0.0027*** (−9.0764)	−0.0027*** (−8.9646)	−0.0027*** (−8.7623)
age_sq	0.00003*** (9.0150)	0.00003*** (9.0675)	0.00003*** (8.9210)	0.00003*** (8.7521)
statejob	0.0078 (1.0207)	0.0073 (0.9484)	0.0070 (0.9100)	0.0070 (0.9152)
eduage	0.0007*** (4.5821)	0.0008*** (4.7977)	0.0007*** (4.5308)	0.0007*** (4.2879)
常数项	2.3685*** (267.6944)	2.3689*** (268.2143)	2.3700*** (267.2854)	2.3706*** (266.8562)
时间趋势	控制	控制	控制	控制
N	2509	2509	2509	2509
F	29.9174	29.7735	126.0089	26.9197
R^2	0.1185	0.1182	0.1146	0.1104
$A-R^2$	0.1142	0.1140	0.1103	0.1061

注：括号内为 t 值；*、**、***分别表示在10%、5%和1%的水平上显著。

为了验证实证结果的可靠性，本章对其进行稳健性分析。将 2004
年、2006 年、2009 年每一年的五年以上人民币贷款基准日利率加权平
均后得到相应的平均利率，并用来替代货币政策偏紧指数，对前面所有
模型重新进行回归分析，结果如表 12 - 4、表 12 - 5，可以看出，符合
前文所得结论。说明本章的研究结果是稳健无偏的，具有可参考性。

表 12 - 4　　　　货币政策对住房需求影响的稳健性检验结果

变量	lndemand	lnst_demand	lnnb_demand	lnlc_demand
r	- 0. 0321 ** (- 2. 0075)	- 0. 0249 * (- 1. 8496)	- 0. 0185 * (- 1. 6733)	- 0. 0025 ** (- 2. 2417)
gender	0. 0323 *** (13. 6994)	0. 0258 *** (12. 9970)	0. 0234 *** (14. 4823)	- 0. 0008 *** (- 4. 7356)
age	- 0. 0027 *** (- 8. 8430)	- 0. 0021 *** (- 7. 9653)	- 0. 0022 *** (- 10. 3671)	0. 0001 *** (6. 6790)
age_sq	0. 0000 *** (8. 8016)	0. 0000 *** (8. 1877)	0. 0000 *** (9. 8676)	- 0. 0000 *** (- 8. 8124)
statejob	0. 0069 (0. 9019)	0. 0076 (1. 1776)	0. 0103 ** (2. 1020)	- 0. 0013 *** (- 2. 7294)
eduage	0. 0007 *** (4. 3284)	0. 0009 *** (6. 0102)	0. 0002 * (1. 8308)	- 0. 0003 *** (- 24. 1467)
常数项	2. 5605 *** (26. 3232)	2. 5230 *** (30. 9156)	2. 5117 *** (37. 2330)	2. 4971 *** (369. 7020)
时间趋势	控制	控制	控制	控制
N	2509	2509	2509	2509
F	32. 2583	30. 1425	39. 4812	146. 1742
R²	0. 1101	0. 1043	0. 1243	0. 2623
A - R²	0. 1066	0. 1007	0. 1208	0. 2593

注：括号内为 t 值；* 、** 、*** 分别表示在 10% 、5% 和 1% 的水平上显著。

表 12 – 5   货币政策对消费需求影响的稳健性检验结果

变量	lndemand	lndemand	lndemand	lndemand
r	– 0. 0352 ** (– 2. 1931)	– 0. 0346 ** (– 2. 1569)	– 0. 0322 ** (– 2. 0052)	– 0. 0337 ** (– 2. 0925)
25man	0. 1762 ** (2. 2673)			
r × 25man	– 0. 0243 * (– 1. 7395)			
30man		0. 2984 *** (2. 9007)		
mc × 30man		– 0. 0439 ** (– 2. 4120)		
35man			0. 4523 *** (10. 5200)	
mc × 35man			– 0. 0735 *** (– 7. 3613)	
18woman				– 0. 0226 (– 0. 4307)
mc × 18woman				0. 0051 (0. 5263)
gender	0. 0336 *** (14. 3643)	0. 0333 *** (14. 2193)	0. 0326 *** (13. 8780)	0. 0322 *** (13. 4594)
age	– 0. 0027 *** (– 8. 9767)	– 0. 0027 *** (– 9. 0764)	– 0. 0027 *** (– 8. 9646)	– 0. 0027 *** (– 8. 7623)
age_sq	0. 0000 *** (9. 0150)	0. 0000 *** (9. 0675)	0. 0000 *** (8. 9210)	0. 0000 *** (8. 7521)
statejob	0. 0078 (1. 0207)	0. 0073 (0. 9484)	0. 0070 (0. 9100)	0. 0070 (0. 9152)
eduage	0. 0007 *** (4. 5821)	0. 0008 *** (4. 7977)	0. 0007 *** (4. 5308)	0. 0007 *** (4. 2879)

变量	lndemand	lndemand	lndemand	lndemand
常数项	2.5766 *** (26.4196)	2.5735 *** (26.3969)	2.5605 *** (26.2259)	2.5696 *** (26.3005)
时间趋势	控制	控制	控制	控制
N	2509	2509	2509	2509
F	29.9174	29.7735	126.0089	26.9197
R^2	0.1185	0.1182	0.1146	0.1104
$A-R^2$	0.1142	0.1140	0.1103	0.1061

注：括号内为 t 值；* 、** 、*** 分别表示在 10% 、5% 和 1% 的水平上显著。

第三节 货币政策影响房地产业需求结构的总结与启示

前文实证结果表明：（1）紧缩性货币政策一定程度上能够抑制居民的住房需求，但货币政策对住房需求的调控效果存在较强的结构性和层次性。紧缩性货币政策能够有效地抑制消费需求（住房结构需求），而对投资（机）需求（邻里需求和区位需求）的抑制程度偏弱。（2）紧缩性货币政策对婚房这类消费需求有着显著的抑制作用，且这种作用随着家庭中未婚男性年龄的增大而增强。这也进一步验证了紧缩性货币政策对于消费需求特别是婚房需求的有效抑制。

2008 年全球金融危机后，中国的货币当局已经开始反思以往的货币政策工具要求和目标，但针对宏观经济的货币政策是否因为房地产市场的波动而改弦更张，并没有定论，部分原因在于房地产市场的周期波动与宏观经济的波动并不完全一致，且住房市场存在明显的区域性，在全球范围内，住房市场的调控都缺乏成功的经验（Rabanal et al, 2013）。从实践来看，中国更多的是采用类似针对房地产市场的"窗口指导"来实现货币调控。例如，通过频繁调整首付比例和按揭贷款优惠利率幅度以及二套房贷款资质等直接作用于房地产市场。

从现实来看，2010 年以来，适度从紧的货币政策并没有发生明显变化，这种从紧的货币政策对住房消费需求尤其是改善性的住房需求是存在明显抑制的。但对投资需求的抑制效果并不明显，最终政府不得不采取以"限购、限贷和限价"为表征的行政性管制措施。这种措施杀伤力巨大且副作用明显，无疑不是长久之计。如果期待货币政策能更好地调控住房市场，对住房的消费需求和投资需求要有保有压，完全遏制住房投资需求同样不利于住房市场的健康发展。为此，有必要加速推进中国住房政策性金融机构的设立，来保证住房消费需求，同时在各商业银行的配合下，各种"窗口指导"措施要更多地针对住房投资需求，以此来实现货币政策对住房需求的分类调控。

第四篇 区 域 篇

随着中国经济与房地产市场的快速发展，货币政策也在逐渐完善。然而，由于货币政策在向内部经济传导的过程中呈现出较高的复杂度，因此造成的影响效果也不尽相同。特别地，对于不同经济发展水平地区来说，数量型、价格型货币政策会产生怎样的差异化影响效果，且其如何通过货币政策实现区域协调发展，是加快构建新发展格局的关键之一。本篇尝试从利率视角、信贷视角、房地产市场供需视角等维度对不同地区产生的异质性影响效应出发，对房地产市场货币政策的区域效应进行分析。在此基础上，提出如何实现区域协调发展的路径与措施。

为了实现上述研究目标，本篇主要研究了以下四个问题：数量型、价格型、结构型货币政策与差异化预期会对不同区域产生怎样的异质性影响。前三章分别针对传统的货币传导渠道，分析房地产市场中货币政策效应的差异化效果。第四章以差异化预期为切入视角，探究政策工具对房价的影响效应。

在"价格型货币政策调控房地产市场的区域差异"一章中，首先，介绍了我国货币政策在房地产市场中存在区域差异的事实；其次，通过构建理论模型对其加以证实；最后，实证检验货币政策在房地产市场中的区域差异。

在"利率、信贷双重视角下货币政策调控房地产市场的区域差异"一章中，首先，提出房地产供给端作为影响房价和房地产市场的重要因素，说明其具有区域差异的重要前提；其次，构建实证模型并结合相关数据，从城市层面分析其具有的区域差异化效果；最后，根据不同地区传导效果的差异，提出相关政策建议。

在"货币政策调控下房地产投资的区域差异"一章中，首先，归纳了房地产投资对国民经济增长的拉动作用，并对呈现出明显的区域分化进行描述；其次，基于SHTO理论构建空间计量模型，实证分析房地产投资的区域差异；最后，结合实证结论提出有关政策建议。

　　在"货币政策调控下差异化预期的区域差异"一章中，首先，阐述了住房供给方和需求方之间的差异化预期；其次，结合相关数据，通过构造理论和实证模型，分析差异化预期下房价的波动效应；最后，提出如何有效调控房地产市场的相关政策建议。

第十三章　价格型货币政策调控房地产市场的区域差异

内部经济的异质性决定了货币政策存在区域效应。无论从房地产需求、房地产供给还是房地产的金融支持来看，房地产市场都具有显著的异质性，这强化了货币政策在房地产市场的区域效应。本章分别从房地产需求和供给两个层面考察货币政策在房地产市场的传导效应及其区域差异（见图13-1）。

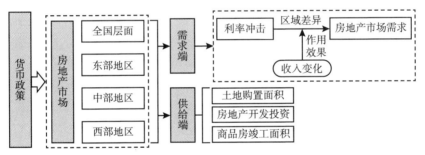

图13-1　利率视角下货币政策调控房地产市场的区域差异

资料来源：笔者自行绘制。

第一节　房地产市场货币政策的区域差异研究脉络

蒙代尔开启了研究货币区理论的先河，认为在最优货币区内部，货币政策不存在区域效应。最优货币区的前提条件是其内部经济具有同质性特征。然而，在一个国家内部经济不完全同质，尤其在大国中，由于自然环境和历史背景的差异，必然存在区域性或行业性的差别，这样一个国家可能就不存在最优货币区（宋旺等，2006）。更为重要的是，在经济快速发展阶段和区域经济差距逐渐拉大时，货币政策的区域效应表现得越明显。这种现象在房地产市场尤为突出。货币政策在房地产市场存在区域效应与自身市场属性紧密相关。一方面，由于房地产固有的不可移动的特性，房地产市场表现为区域性市场；另一方面，由于区域内部经济并不完全同质，产业结构、收入水平、金融发展水平等差异决定了各地房地产市场的市场条件、供求关系、价格水平均具有异质性。具体而言，我国三大地带无论是房价、收入还是房地产投资额以及房地产开发贷款都具有明显的地区差异（见表 13-1）。因此，从区域效应的角度来研究货币政策对我国房地产市场的影响更具有现实性。

表 13-1 我国房地产市场的区域特征

样本区间	房价（元/平方米）			人均可支配收入（元）		
2000～2009 年	东部	中部	西部	东部	中部	西部
平均值	4713.16	2960.73	2651.23	15157.91	10827.70	10165.75
标准差	2862.67	1792.39	1572.07	6086.80	3751.52	3342.56
最大值	22811.60	13585.81	14614.97	29244.50	20004.10	22294.70
最小值	1779.70	1307.00	1331.70	5550.00	5523.00	5469.00
样本区间	房地产开发投资（亿元）			房地产贷款（亿元）		
2000～2009 年	东部	中部	西部	东部	中部	西部
平均值	407.56	185.76	163.47	465.96	161.71	156.37
标准差	413.20	176.27	232.65	670.87	176.97	236.60
最大值	2337.71	778.59	1238.91	5102.97	861.18	1307.99
最小值	27.28	13.20	8.81	11.62	10.26	3.46

资料来源：历年《中国房地产统计年鉴》，北京：中国统计出版社。

货币政策区域效应已成为国内外学者研究的热点之一，如卡里森和常（Carrison & Chang，1979）通过考察 1969～1976 年美国 8 个主要 BEA 地区制造业的收益状况，发现货币政策在各区之间存在显著差异。霍华德和梅德韦（Owang & Howard，2004）对美国各大经济区的研究表明，利率渠道和信贷渠道都对美国货币政策区域效应存在着一定的解释力。霍华德和梅德韦（Owang & Howard，2006）进一步考察了货币政策区域效应随时间变动的趋势。

　　同样，不少实证研究证明我国货币政策传导机制亦存在区域差异性，这种区域差异性体现在国民经济中各个行业层面。宋旺等（2006）利用 VAR 模型和 IRF 检验证实了我国货币政策存在显著的区域效应，从传导机制上看，信贷渠道和利率渠道是导致我国货币政策区域效应的主要原因。常海滨等（2007）研究表明央行货币政策在我国黄河、西北、长江中游三个区域不具有有效传导机制，利率政策的区域传导效应时滞为一年。区域贸易和资本流动影响货币政策区域传导效应，区域金融资源外流和金融机构失衡相互影响，是造成货币政策传导区域失效的主要原因。蒋益民和陈璋（2009）运用 SVAR 模型及脉冲响应函数对我国八大经济区的实证检验表明，存在明显货币政策区域效应。区域生产力水平的差异是影响货币政策区域效应的长期因素，而区域产业结构和区域金融结构都是影响货币政策区域效应的重要因素。

　　从货币政策在房地产市场传导机制研究来看，区域效应的研究也开始凸显。弗拉坦托尼和舒（Fratantoni & Schuh，2003）利用区域代理 VAR 方法（HAVAR）研究了房地产市场货币政策区域效应，货币政策冲击房地产投资的区域差异很明显。内格罗和奥特罗克（Negro & Otrok，2007）利用贝叶斯估计方法研究了 1986～2005 年美国房地产价格波动趋势，厘清波动原因是由共同趋势还是由地区因素导致的。梁云芳等（2007）基于误差修正模型形式的面板数据模型讨论了房价区域波动的差异，货币政策变量对房地产价格影响具有显著的区域性，无论是房价的长期趋势还是短期波动，信贷规模对东、西部地区影响都比较大，中部地区较小。袁科和冯邦彦（2007）认为我国在不满足最优货币标准的区域实行单一货币政策会导致对区域房地产市场非对称的效力问题。货币供给对房地产价格的效力是从东部地区到西部地区依次递增的。高波和王先柱（2009）通过协整检验和脉冲响应函数分析，探讨中国房地产市场货币政策传导机制的有效性。随后，以 35 个大中型城市为样本，分析货币政策在房地产市场传导机制，明确了货币政策在房地产市场存在区域效应（王先柱和赵奉军，2010）。

　　上述研究均确认了货币政策在房地产市场上存在明显的区域效应，但这些研究（尤其是国内的研究）主要从影响区域房地产价格变动差异的视角考察，没有进一步深入房地产需求和供给两个层面来研究货币政策的区域效应。房地产市场货币政策效应研究的起点应该是房地产需求和供给，这是因为供求是房地产市场运行的基础，也是房地产价格的基本决定因素。房地产需求反映了消费者和投资者的选择行为和决策过程，而房地产供给则体现了房地产开发企业或房地产所有者对市场的判断和对成本、收益的权衡。米什金（Mishkin，2007）指出，货币政策通过利率变动对房地产市场需求产生直接影响，主要是通过资本使用成本（user cost of capital）与未来房价波动预期来进行的。而资本使用成本决定于实际利率和房地产价格预期增值。同样，利率的变动也会对房地产开发企业融资成本产生影响，进而影响到房地产市场的住房供给。除了利率因素之外，信贷供给状况还通过资金可得性渠道对房地产供求产生影响。

第二节　房地产市场货币政策的区域差异模型设定

我们假定房地产价格是由房地产需求和房地产供给相互作用的结果，可以表示为：

一、房地产需求与供给方程

$$P_{it} = f(Q_{it}^d, Q_{it}^s) \tag{13.1}$$

其中，P_{it} 表示区域 i 在 t 时期的房地产价格，Q^d 和 Q^s 分别表示房地产需求和房地产供给的数量。根据米尔鲍和墨菲（Muellbauer & Murphy，1997 年）的建模思路，房地产需求可以表示为：

$$Q_{it}^d/pop = f(y, uc, D) \tag{13.2}$$

其中，pop 为人口，y 表示人均收入，uc 为资本的使用成本（当购买住房时，表现为住宅使用成本），D 为影响房地产需求的其他因素，如消费者预期、市场结构、信贷供给、利率水平等。

乔根森（Jorgenson，1963）、波特巴（Poterba，1963）、米什金（Mishkin，2007）认为资本的使用成本是房地产资本需求的重要决定因素。而货币政策通过利率变动对房地产需求产生直接影响，主要是通过改变资本使用成本来进行的。资本使用成本（uc）可以写成：

$$uc = ph[(1-t)i - \pi_h^e + \delta] \tag{13.3}$$

其中，ph 表示新建住房相对旧住宅的资本价格，i 为银行贷款利率，π_h^e 为预期房价增长率，δ 为折旧率，t 为边际税率。如果考虑到通货膨胀因素，资本使用成本包含三个部分，其一是真实的税后利率，其二是房地产价格的真实增长率，其三是折旧率。将式（13.3）改写为：

$$uc = ph[\{(1-t)i - \pi^e\} - (\pi_h^e - \pi^e) + \delta] \tag{13.4}$$

可见，实际税后利率越高，房地产价格的实际预期增值率越低，资本使用成本越高；反之，资本使用成本越低。但在真实的房地产市场中，难以准确刻画房地产的使用成本，例如，个人住宅抵押贷款利息支出会受到未来通货膨胀率、货币政策等的影响；房地产价格的增值则受到未来房地产价格变化的影响，而这些都是无法准确预测的。不过可以肯定的是，资本使用成本是利率的增函数，是房地产实际价格的减函数。结合式（13.1）和式（13.2），就可以给出房地产需求的对数化的基本形式：

$$\ln Q^d = \alpha_0 + \alpha_1 \ln y + \alpha_2 \ln p + \alpha_3 i + \varepsilon \tag{13.5}$$

根据米尔鲍尔和墨菲（Muellbauer & Murphy，1997 年）、奎格利（Quigley，1999）给出的房地产供给方程，可以得到房地产供给函数：

$$Q_{it}^s = s(p, \text{vac}, \text{const}, D) \tag{13.6}$$

其中，p 表示房地产价格，vac 表示空置率，const 表示开工率。D 表示影响房地产供给的其他因素，如开发企业预期、市场结构、信贷供给、利率水平等。

考虑到我国目前房地产市场主要是增量市场，在增量市场中，房地产开发企业的土地获取、房地产的开发与建设等均离不开资金的支持。房地产供给的对数化的基本形式：

$$\ln Q_{it}^s = \beta_0 + \beta_1 \ln \text{loan} + \beta_2 \ln p + \beta_3 r + \beta_4 \ln D + \varepsilon \tag{13.7}$$

其中，Q^s 表示房地产供给，loan 表示房地产开发获取的资金，D 表示影响房地产供给的其他因素。

二、数据来源与说明

1999 年，中国住房实物分配基本停止，住宅市场得以快速成长。

本章选取中国 2000～2009 年 35 个大中型城市面板数据对货币政策在房地产市场传导的区域效应进行分析。之所以使用 35 个大中城市的数据来进行分析，是因为它们具有广泛的代表性。2009 年房地产 35 个城市房地产投资额占全国 52.2%，施工面积占全国 44.7%，商品房销售面积占全国 40.5%，基本能反映我国房地产市场的总体情况。

在房地产需求回归方程中，主要变量包括各地区商品房销售面积、商品房销售价格、人均可支配收入、人口、经过通货膨胀平减的一年期贷款利率。本章用商品房销售面积除以当地的户籍人口来大致反映房地产人均需求量。当常住人口超过户籍人口很多的时候，以常住人口来计算。商品房平均销售价格是通过商品房销售额除以商品房销售面积来计算的。选择中国人民银行一年期实际贷款利率作为货币政策在房地产市场操作目标主要是基于以下几点原因：目前我国短期利率仍不是市场供求关系决定，而是由人民银行参照经济形势决定，因此具有可测性和可控性。个人住房贷款尽管是中长期的，但浮动利率要求在年初的时候要进行变更，可以采用一年期贷款利率水平来反映个人住房贷款的资金成本。为了缓解联立性内生问题，将收入和房地产价格等解释变量都滞后一期。

在房地产供给回归方程中，房地产供给主要包括土地购置面积和土地开发面积、房地产开发投资等先行指标和房地产施工面积、竣工面积等同期指标。我们这里主要选取土地购置面积、房地产开发投资额以及竣工面积 3 个指标，将它们分别作为房地产供给的因变量，利率水平和房地产开发企业资本可获取性等指标反映货币政策对房地产供给的影响。房地产开发企业贷款受利率变化影响，可以用一年期利率水平来反映房地产开发企业资金使用成本。同梁云芳（2007）的研究一样，将房地产资金来源中除自筹资金以外的其他资金作为信贷扩张的变量，作为房地产开发企业资本可获得性的指标。由于房地产开发的周期较长和房地产市场信息不充分的特征，使得影响房地产供给的相关因素存在时滞。在具体回归中，尽可能选用较多的变量和滞后期，多次尝试回归，剔除不显著的变量，以求获取满意的回归结果（经济含义明确）。

上述原始数据中，各地区商品房销售面积、商品房销售价格、土地购置面积、房地产开发投资额、竣工面积和资本可获得性等指标来自《房地产统计年鉴》（北京：中国统计出版社，2002～2010 年），一年期贷款利率和以 CPI 为代表的通货膨胀率来自《中国统计年鉴》（北京：

中国统计出版社，1998~2010年)，人均可支配收入和人口根据各地统计公报得到。

第三节　房地产市场货币政策的
区域差异实证分析

一、货币政策如何影响房地产需求

表13-2报告了通过全国数据的估计结果，解释变量中利率及其平方项选用当期指标。结果显示，当期利率的系数为正，而其平方项是负，而且两个系数在1%的水平上是显著的。其经济学含义是，从全国层面来看，当期利率似乎没有起到抑制房地产需求的作用，而当利率水平超过一个临界值之后，才能对房地产需求产生影响。不难得出，这个临界值出现在当期实际利率为4.55%时。在347个观察点中，有170个小于这个临界值的实际利率指标，177个大于该临界值的实际利率指标。对于部分城市来说，提高利率在一定程度上抑制了房地产需求，且这种抑制效应并且是在当期显现出来，而另外一些城市表现为利率提高难以抑制房地产需求。

表13-2同时也报告了滞后一期利率对房地产需求影响的结果。有意思的是，滞后利率对房地产需求存在抑制效应，而滞后利率的平方项系数不显著。经过计算发现，当利率提高一个百分点时，房地产需求将减少10.95%，不过这个影响存在时滞，要经过1年后才能体现出来。

结合当期利率和滞后一期利率回归可以看出，利率影响房地产需求具有两个特征。其一，从当期利率来看，实际利率必须超过一定基点后，才能起到抑制房地产需求作用。无论是房地产消费需求还是投资需求，利率提高会导致银行贷款利息支出的增加。而当利息支出没有到达预期警戒线时，房地产需求不会受到影响。前面的分析还告诉我们，我国2000~2009年房地产市场上利率对房地产需求影响的转折点是4.55。其二，利率对房地产需求影响存在时滞。在我国住房按揭贷款利息支出调整是在每年年初进行，而一年中任意利率调整不会瞬时改变按揭贷款利息支出。

表 13 – 2   利率冲击对房地产需求的影响

变量	全国	全国	东部地区①	东部地区	中部地区	中部地区	西部地区	西部地区
i	0.155 * (– 5.98)		0.228 * (– 5.70)		0.098 (– 1.18)		0.123 * (– 3.24)	
i²	– 0.017 * (5.67)		– 0.025 * (5.00)		– 0.010 (1.11)		– 0.013 * (2.60)	
i₋₁		0.116 * (– 4.00)		0.050 (– 0.15)		0.099 (– 1.21)		0.024 (– 1.26)
i²₋₁		– 0.002 (0.50)		– 0.008 ** (2.00)		– 0.012 (1.33)		0.001 (– 0.50)
y₋₁	0.900 * (– 11.84)	0.806 * (– 8.67)	0.802 * (– 9.33)	0.806 * (– 6.11)	0.692 * (– 2.81)	1.144 * (– 3.40)	1.156 * (– 6.92)	1.156 * (– 0.30)
p₋₁	0.061 (– 1.02)	0.077 (– 1.17)	– 0.013 (0.19)	– 0.169 (1.59)	0.409 ** (– 2.20)	0.005 (– 0.02)	– 0.017 ** (0.13)	0.009 (– 0.06)
常数项	– 8.303 * (17.63)	– 7.27 * (– 10.87)	– 6.960 * (10.98)	– 5.237 * (5.42)	– 9.119 * (7.14)	– 9.947 * (6.45)	– 9.82 * (10.94)	– 9.909 * (7.16)
PerioFE	否	否	否	否	否	否	否	否
组内 R²	0.5930	0.3934	0.5716	0.4225	0.8544	0.6189	0.6324	0.5460
Hausman 检验值	– 1.83	– 0.65	0.36	0.15	0.19	0.08	3.47	3.38
观测值	347	312	160	144	70	63	117	105

注：括号内为 t 值；*、**、*** 分别表示在 1%、5% 和 10% 的水平上显著。

①基于地缘和经济因素，我们把东北地区纳入东部地区进行分析。东部城市包括：大连、沈阳、长春、哈尔滨、北京、天津、济南、青岛、上海、南京、杭州、宁波、福州、厦门、广州、深圳；中部城市包括：石家庄、太原、合肥、南昌、郑州、武汉、长沙；西部城市包括：呼和浩特、西安、兰州、西宁、银川、乌鲁木齐、成都、重庆、贵阳、昆明、南宁、海口。

表 13 – 2 中第（3）至第（8）列从区域角度报告了东部、中部和西部地区利率影响房地产需求的结果。东部地区当期利率系数为 0.228，西部地区为 0.123，中部地区不显著。这表明东部城市中，当期利率难以抑制需求较西部地区明显。根据前面的方法，我们也可以

找出区域间的临界值差异。通过计算发现东部地区利率影响房地产需求的临界值是 4.56%，西部地区为 4.73%。东部地区 160 个样本观测点中，有 84 个处于临界值之上，占比 53%，其经济含义是提高利率可以有效抑制房地产需求。西部地区 120 个样本观测点中，有 56 个处于临界值之上，占比 47%。

就区域比较而言，利率影响房地产需求，西部地区较东部地区效果更好。房地产需求可以分为消费需求和投资（机）需求。一般来说，投资需求对利率更敏感。西部地区房地产市场发展相对落后，以及城市化水平和经济发展水平相对滞后导致西部房地产市场投资潜力小，其房地产需求中投资和投机成分少，消费需求比重大，所以受利率冲击影响也相应变小，而东部地区，由于各种因素导致房地产升值空间大，房地产投机成分也大，利率影响房地产需求的程度相对较高。2005 年，当时的中国银监会统计专题分析组认为受社会资金投资渠道狭窄的影响，不断增长的国内投资资金和不断涌入的境外投机资金裹挟着人民币升值预期涌向东部房地产热点城市，表明东部地区房地产投资需求旺盛。当利率提高时，投资成分需求容易受影响，这就不难理解东部地区临界值要低一些。

所有模型回归中有一个共同特征是收入项的系数非常显著，而房价对房地产需求的影响并不显著。王金明和高铁梅（2004）计量了 1996～2002 年我国房地产需求的价格弹性，发现了我国房地产需求的价格弹性在 −0.342 至 0.442 变动，明显缺乏弹性。其理由之一是我国由于长期以来实行福利分房体制，住房作为单位给职工的福利品形式存在，这样人们对房屋这种特殊商品的需求就与其他商品有很大不同，并不受价格的影响。理由之二是房地产价格过快上涨让许多消费者望而却步，把越来越多的人排斥在市场外面，房地产市场中购买的个人实际上只是一些高收入群体，这些消费群体购房时主要考虑的是居住环境、交通便利等因素，对价格并不敏感。这两个因素同样可以回答回归模型房地产需求的价格影响不显著的原因。上面的理由还是与我们的感性认识有悖，因为随着住房制度改革的深入和住房分配货币化政策的推行，房地产市场上的主要消费对象将是普通居民，居民的购买行为肯定要受到需求规律的支配。为此，我们分别剔除 2001 年以前（包括 2001 年）、2002 年以前、2003 年以前的数据，发现房地产需求的价格弹性逐渐显现出来。

273

所以，房价对房地产需求的影响不显著的原因在于房地产需求者对价格敏感性要随市场化进程推进才能凸显出来。

鉴于收入是影响房地产需求最显著的因素，需要考虑在收入变动情况下，利率影响房地产需求会发生什么样的变化？为此，我们引入了利率与收入的交互项。结果发现，当利率平方项与收入的交互项加入模型后，回归系数变得非常显著。利率与收入的交互项引入模型中时，当期利率的系数显著性受到影响。表13-3报告了利率平方项与收入的交互项引入模型的结果。回归结果中，当期利率指标本身的系数仍然为正，当期利率的平方项的系数为负，这再次表明利率对房地产需求的影响可能是倒"U"型的。而利率与收入的交互项系数显著为负，这表明，利率调整没有达到转折点时，收入对房地产需求效应是负的。一旦利率调整超过转折点，收入对房地产需求效应才是正的。前面的分析发现大部分城市的实际利率都超过了转折点，也就是说，我国城市居民收入水平越高的地方，利率抑制房地产需求的能力越强。此结果印证了前面的结论，即收入水平高的城市，房地产市场相对繁荣，消费需求和投资需求不断扩张，对利率的变化更加敏感。而收入水平低的城市，房地产市场发展缓慢，商品房交易量相对较低，消费需求是市场需求的主流，对利率的变化就不够敏感。

表13-3　　　收入变化如何作用于利率对房地产需求的影响

变量	全国	东部地区	中部地区	西部地区
i	0.086** (2.01)	0.137*** (1.90)	0.021 (0.23)	0.122** (1.96)
i^2	−0.012** (−2.26)	−0.017** (−2.00)	−0.005 (−0.37)	−0.016** (−1.94)
$i \times y$	−0.0007* (−4.81)	−0.0008* (−2.65)	−0.0004 (−1.25)	−0.0005* (−3.54)
y_{-1}	1.56* (12.40)	1.250* (9.52)	2.528* (6.03)	1.270* (3.64)
p_{-1}	−0.032 (−0.37)	−0.085 (−1.07)	−0.266 (−0.78)	0.724** (2.29)

变量	全国	东部地区	中部地区	西部地区
常数项	-14.37 (-15.55)	-11.29* (-10.42)	-21.46* (-9.14)	-17.30* (-9.48)
Period FE	否	否	否	否
组内 R^2	0.7144	0.6941	0.8596	0.7565
Hausman 检验值	8.38	8.00	-5.96	0.17
观测值	347	160	70	117

注：括号内为 t 值；*、**、*** 分别表示在 1%、5% 和 10% 的水平上显著。

二、货币政策如何影响房地产供给

表 13-4 报告了土地购置面积的回归结果。在具体回归中，选用利率变量的不同滞后期，多次尝试回归，剔除不显著的变量，最后选取了当期利率、滞后两期利率及其平方项。从全国层面来看，当期、滞后两期的利率的系数分别为 -0.259 和 -0.067，这表明利率与土地购置面积之间存在负向关系，且土地购置面积对当期利率变化更敏感。东部地区当期利率系数是 -0.436，且在统计上显著，滞后两期的系数不显著。中部地区和西部地区的回归系数也都不显著，这表明利率对土地购置面积影响具有区域差异。利用前面的计算方法，找到全国层面、东部地区、中部地区和西部地区的实际利率转折点分别是 5.63%、4.31%、6.20% 和 5.38%。全国层面上 35 大中型城市 7 年 347 个观察点中，有 265 个实际利率指标小于 5.63%，比重为 76.4%，说明对于大部分城市来说，实际利率提高可以有效抑制土地购置面积。东部地区 160 个观察点中有 78 个实际利率指标小于 4.31%，即实际利率能够抑制土地购置面积的比例达到 48.4%。

表 13-4   货币政策作用于土地购置面积

变量	全国	东部地区	中部地区	西部地区
i	-0.259** (2.55)	-0.436*** (-2.05)	-0.124 (-1.02)	-0.043 (-0.21)

变量	全国	东部地区	中部地区	西部地区
i_{-2}	-0.067^{**} (-2.49)	-0.027 (-0.52)	-0.026 (-0.59)	-0.021 (0.37)
i^2	0.023^{***} (1.67)	0.051^{***} (1.97)	0.010 (0.40)	0.004 (-0.19)
p_{-1}	-0.484^{*} (-2.62)	-0.606^{*} (-2.80)	-1.309^{*} (-3.46)	0.484 (0.76)
常数项	14.18 (7.28)	14.49^{*} (5.76)	12.17^{*} (2.70)	-0.847 (-0.15)
Period FE	是	否	否	否
组内 R^2	0.1539	0.2904	0.3777	0.1183
Hausman 检验值	22.12	13.59	5.66	7.54
观测值	347	160	70	119

注：括号内为 t 值；*、**、*** 分别表示在 1%、5% 和 10% 的水平上显著。

表 13-5 显示了房地产开发投资的回归结果。由于房地产开发投资规模要受制于土地供给，在控制变量中加入了土地购置面积指标（gouzhi）。除了"地根"影响房地产开发投资外，还有"银根"，即将房地产银行信贷也引入到解释变量中来。从回归结果看，当期利率对房地产开发投资影响并不显著，滞后两期利率对房地产开发投资具有负向效果。从系数大小上看，东部地区系数的绝对值最大，西部地区最小，这说明利率变化对东部地区房地产开发投资影响最显著，西部地区最不显著。其原因仍然和前面利率影响房地产需求的机理是一致的。而当期利率的平方项的系数为负且显著。这表明只有当利率调整到一定水平后才能起作用。在未达到转折点之前利率提高的抑制效应无法发挥出来。银行的信贷供给对房地产开发投资具有显著的正向影响。全国层面、东部地区和中西部地区的银行信贷系数分别为 0.267、0.260、0.532 和 0.414。不难看出，中西部地区房地产开发投资对银行信贷依赖性较东部地区要强，这主要是因为中西部地区房地产融资渠道相对单一，房地产开发企业更多的是通过银行贷款获取资金。

表 13 - 5　　　　　　　　货币政策作用于房地产开发投资

变量	全国	东部地区	中部地区	西部地区
i	0.026 (0.54)	0.087 (0.91)	0.082 (0.83)	0.045 (0.80)
i_{-2}	- 0.059 * (- 4.80)	- 0.074 * (- 3.75)	- 0.045 ** (- 1.69)	- 0.039 ** (- 2.30)
i^2	- 0.015 ** (- 2.35)	- 0.022 *** (- 1.96)	- 0.022 (- 1.59)	- 0.015 *** (- 1.94)
loan	0.267 * (8.95)	0.260 * (5.83)	0.532 * (5.47)	0.414 * (2.73)
gouzhi	0.066 ** (2.47)	0.026 (0.85)	0.208 ** (2.41)	0.091 *** (1.83)
p_{-1}	0.606 * (7.11)	0.364 * (3.57)	0.454 (1.61)	1.814 * (9.99)
常数项	- 1.10 (- 1.56)	1.42 (1.61)	- 2.11 (- 0.95)	- 10.22 (- 7.45)
Period FE	是	是	否	是
组内 R^2	0.7362	0.6580	0.8942	0.8580
Hausman 检验值	82.95	73.91	- 158.65	211.7
观测值	347	160	70	119

注：括号内为 t 值；＊、＊＊、＊＊＊分别表示在 1%、5% 和 10% 的水平上显著。

　　表 13 - 6 报告了商品房竣工面积的回归结果。通过反复尝试，多次回归，确立当期利率、滞后一期利率、利率平方项、房地产银行信贷、土地购置面积和房地产价格等变量。当期利率在全国层面和西部地区上对商品房竣工面积存在正向影响。东部地区和中部地区系数不显著。利率的平方项系数除了中部地区外，其他区域都显著，这样我们可以计算利率影响商品房竣工面积的临界点，分别是 2.80%、2.71%、3.25% 和 2.92%。滞后一期利率对商品房竣工面积影响系数只有全国层面上显著，系数为 - 0.032，这表明利率提高对商品房竣工面积存在抑制效应，但是存在时滞。商品房竣工面积受银行信贷规模影响十分显著，全国层

面、东部地区、中部地区和西部地区的银行信贷系数分别为 0.126、0.075、0.377 和 0.241。从系数大小可以看出中西部地区受银行信贷规模影响最明显。另外这些系数分别小于房地产开发投资回归方程银行信贷系数，表明了房地产开发投资更容易受到银行信贷规模的冲击。

表 13 – 6 货币政策作用于商品房竣工面积

变量	全国	东部地区	中部地区	西部地区
i	0.076 *** (1.83)	0.143 (1.50)	0.083 (0.96)	0.117 *** (1.80)
i_{-1}	– 0.032 * (– 2.99)	– 0.011 (– 0.56)	– 0.019 (– 0.69)	– 0.031 (– 1.57)
i^2	– 0.008 ** (– 2.67)	– 0.022 *** (– 1.89)	– 0.010 (– 0.81)	– 0.020 ** (– 2.14)
loan	0.126 * (4.72)	0.075 *** (1.84)	0.377 * (4.57)	0.241 * (2.84)
gouzhi	0.027 (1.19)	0.213 * (3.69)	0.416 ** (5.77)	0.068 (1.19)
p_{-1}	0.248 * (3.25)	0.297 * (3.10)	0.386 (1.52)	0.634 * (3.02)
常数项	3.46 (5.54)	2.32 ** (2.34)	– 1.36 (– 0.65)	0.306 (0.19)
Period FE	是	否	否	是
组内 R^2	0.4214	0.2266	0.6261	0.4589
Hausman 检验值	1870.30	– 69.68	9.95	1647.56
观测值	347	160	70	119

注：括号内为 t 值；*、**、*** 分别表示在 1%、5% 和 10% 的水平上显著。

三、结论与建议

本章通过对我国 2000～2009 年房地产市场货币政策传导区域效应的实证分析，分别从房地产需求和房地产供给两个层面讨论了货币政策对房地产市场的影响，并展现了这些影响在区域层面上的差异。我们首次在实证检验中加入了利率的平方项，验证了房地产市场货币政策调控存在的门槛效应。

从房地产需求来看，当期利率必须超过一定基点后，才能起到抑制房地产需求作用。不同区域基点不一样。东部地区趋近全国平均水平，而西部地区要高于平均水平。就货币政策效应而言，东部地区较中西部地区效果更好。同时发现城市收入水平越高，利率抑制房地产需求的能力越强。

从房地产供给面来看，当期利率的提高能够在一定程度上抑制土地购置面积，其中东部地区对当期利率最为敏感。当期利率对房地产开发投资影响并不显著，而当期利率的平方项的系数为负且显著。这表明只有当利率调整到一定水平后才能对房地产开发投资起作用。银行的信贷供给对房地产开发投资具有显著的正向影响。其中中西部地区房地产开发投资对银行信贷依赖性较东部地区要强。从商品房竣工面积来看，当期利率在全国层面和西部地区与商品房竣工面积存在正向关系，滞后一期利率对商品房竣工面积影响系数只在全国层面上显著。商品房竣工面积受银行信贷规模影响十分显著，其中中西部地区受银行信贷规模影响最明显。

因此，可以肯定地说，货币政策在房地产市场存在明显的区域效应。针对各地区房价波动差异、影响因素的不同，相关部门有必要采取因地制宜、差别对待的货币政策，避免全国范围一刀切的情况，以实现有效控制各地房价快速增长态势和健康发展目标。

第十四章　利率、信贷双重视角下货币政策调控房地产市场的区域差异

内部经济的非同质性决定了货币政策存在区域效应。无论从房地产需求、房地产供给还是房地产的金融支持来看，房地产市场具有显著的区域性，强化了货币政策在房地产市场的区域效应。本章将房地产供给面分解为四个指标，即土地购置面积、土地开发面积、房地产开发投资额以及施工面积，分别从房地产需求和供给面两个层面考察货币政策在房地产市场的调控效应及其区域差异（见图14-1）。

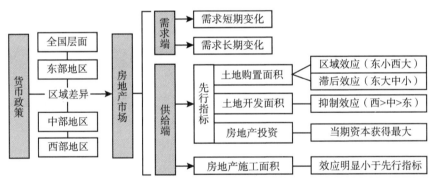

图14-1　货币政策调控房地产市场的区域差异机制分析

资料来源：笔者自行绘制。

第一节　房地产市场货币政策供给端的研究基础

在最优货币区内部，货币政策区域效应将不存在。按照蒙代尔的定义，在最优货币区内部，地区之间的劳动力和其他生产要素是自由流动

的，而在最优货币区以外则存在着要素流动性障碍。结合房地产市场的异质性特征，我们认为，货币政策在房地产市场存在区域效应有三个方面的原因。

一、需求的区域差异性

房地产价格和居民收入是影响房地产需求最基本、最重要的两个变量。高波等（2008）的研究证明了我国房地产需求具有显著的地区差异性，从房地产需求的价格弹性来看，东部地区、中部地区、西部地区分别为 0.743、1.412 和 4.913，呈依次增大的趋势；从收入弹性来看，中部地区的收入弹性最大（为 3.10），东部地区、西部地区相对较小（分别为 1.727 和 2.746）。为了进一步比较各地区房地产需求的情况，本节首先从东部地区、中部地区、西部地区分别选择几个有代表性的省市，东部地区选择北京、天津、广东和上海，中部地区选择湖北和安徽，西部地区选择陕西和甘肃。图 14-2 描述了 1997～2007 年各地区房地产价格绝对量变动趋势，可以看出各地区房地产价格都呈上升趋势，但东部地区的房地产价格要明显高于中西部地区，而且从 2005 年开始东部地区房地产价格上涨速度开始加速，增速超过中西部地区。

281

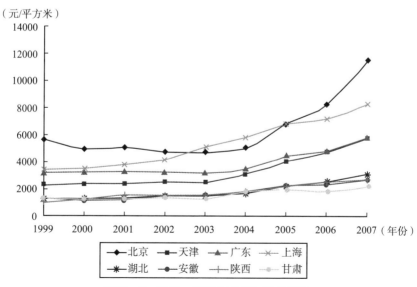

图 14-2　1999～2007 年各地区平均房价

图 14 - 3 为 1999 ~ 2007 年各地区人均可支配收入绝对量变动的图形。人均可支配收入的变动特征和房价变动特征基本一致，东部地区人均可支配收入要明显高于中西部地区，而且从 2004 年开始东部地区可支配收入上涨速度开始加速。表 14 - 1、表 14 - 2 进一步给出各地区房地产价格和人均可支配收入的各种统计特征。从房地产价格来看，东部地区均值要远远大于中西部地区，中西部地区之间的差别较小，说明中西部地区房地产价格的差异有缩小的趋势。标准差显示，东部地区的偏差较大。此外，人均可支配收入也同样具有区域特征。因此，中国各地区之间的房地产需求是存在显著差异的，不能视为统一的房地产市场。

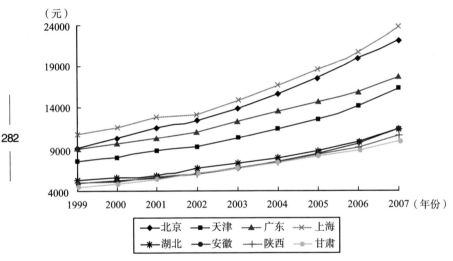

图 14 - 3　1999 ~ 2007 年各地区人均可支配收入

表 14 -1　　　　　　　　　各地区房价的各种统计特征

样本区间（1999 ~ 2007 年）	全国	东部地区	中部地区	西部地区
平均值（元/平方米）	2255.71	3277.657	1651.421	1721.785
最大值（元/平方米）	11553.27	11553.27	3053.11	2840.445
最小值（元/平方米）	820	1344	820	1042
标准差	1350.339	1786.311	462.3446	416.3687
地区（省、自治区、市）数	31	11	8	12

表 14 - 2　　　　　各地区人均可支配收入的各种统计特征

样本区间（1999~2007 年）	全国	东部地区	中部地区	西部地区
平均值（元）	8756.36	10982.66	7428.86	7600.59
最大值（元）	23622.7	23622.7	12593.50	12590.78
最小值（元）	4342.61	4898.61	4342.61	4472.91
标准差	3399.44	4172.225	2150.66	1972.84
地区（省、自治区、市）数	31	11	8	12

二、供给的区域差异性

　　房地产投资完成额和房地产施工面积是供给水平的重要指标。从房地产投资完成情况来看，图 14 - 4 显示广东、北京和上海要远远高于其他城市，天津和中西部的水平相当。从施工面积来看，图 14 - 5 显示广东处于最高位，北京和上海处于同一水平，天津和其他城市处于相对低的水平。表 14 - 3 和表 14 - 4 为各地区房地产供给指标的统计特征。东部地区和中西部地区的差异凸显，充分表明我国房地产的供给水平是参差不齐的。

283

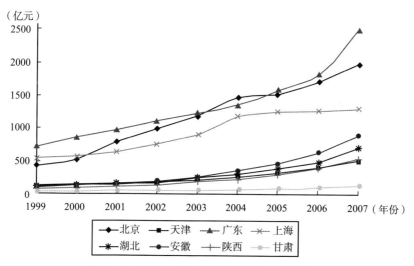

图 14 - 4　1999~2007 年各地区房地产投资情况

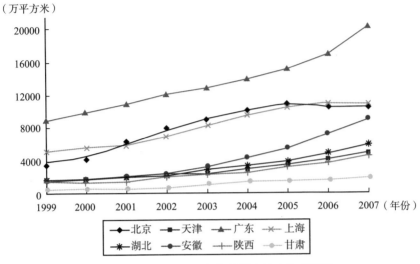

（万平方米）

图 14 – 5　1999 ～ 2007 年各地区房地产施工面积

表 14 – 3　　　　　　各地区房地产投资的各种统计特征

样本区间（1999～2007 年）	全国	东部地区	中部地区	西部地区
平均值（亿元）	384.0693	721.8232	243.2364	168.35
最大值（亿元）	2517.228	2517.228	892.0678	1326.834
最小值（亿元）	0.79	6.2	33.59	0.79
标准差	462.4754	588.0914	202.0692	214.4236
地区（省、自治区、市）数	31	11	8	12

表 14 – 4　　　　　　各地区房地产施工面积的各种统计特征

样本区间（1999～2007 年）	全国	东部地区	中部地区	西部地区
平均值（万平方米）	4126.904	7000.544	2981.763	2256.16
最大值（万平方米）	23221.5	23221.5		13427.3
最小值（万平方米）	7.3	123.1	751.4	7.3
标准差	4148.233	5058.581	2094.467	2511.031
地区（省、自治区、市）数	31	11	8	12

三、金融支持的区域差异性

众所周知，房地产市场对金融支持的依赖程度很高。房地产业是一个资本密集型行业，无论是房地产商的土地征购、住房的开发与建筑，还是住房建筑完成后的销售，每个环节对资金的需求量都非常大。因此，资金的可获得性是影响房地产发展和繁荣的重要因素之一。房地产企业开发资金的来源主要为国内贷款、利用外资、自筹资金与其他资金来源（其他资金来源包括预付款、定金和按揭贷款等），国内贷款是指房地产开发企业从银行获取的资金。从图 14 - 6 可以看出，北京房地产开发企业获取的国内贷款最多，广东和上海也处于比较高的水平，而其他地方则处于较低水平。表 14 - 5 显示了东部地区和中西部地区的房地产企业在获取贷款方面的差别，东部均值及偏差均较大。

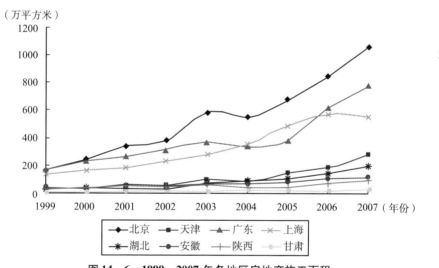

图 14 - 6　1999 ~ 2007 年各地区房地产施工面积

表 14 - 5　　各地区房地产开发资金中国内贷款的各种统计特征

样本区间（1999 ~ 2007 年）	全国	东部地区	中部地区	西部地区
平均值（万平方米）	103.9306	224.2534	41.496	35.25763
最大值（万平方米）	1063.207	1063.207	192.4097	271.6706

续表

样本区间（1999~2007 年）	全国	东部地区	中部地区	西部地区
最小值（万平方米）	0.12	0.22	7.14	0.12
标准差	161.3615	218.4949	37.87165	46.84555
地区（省、自治区、市）数	31	11	8	12

从上述分析可以看出，我国房地产市场存在典型的区域特征，离"最优货币区"的标准还有相当大的差距，因而我国货币政策在房地产市场中存在区域效应的可能性较大。

第二节　房地产市场货币政策的实证分析

一、模型与数据分析

（一）房地产需求与供给方程

考虑到我国目前的房地产市场主要是增量市场，在增量市场中，房地产开发企业的土地征购、住房的开发与建筑离不开资金的支持。对数化房地产供给方程有：

$$\ln Q_{it}^s = \beta_0 + \beta_1 \ln loan + \beta_2 \ln p + \beta_3 \ln E + \beta_3 r + \varepsilon \tag{14.1}$$

其中，Q^s 表示房地产供给，loan 表示房地产开发获取的资金，E 为影响房地产供给的其他因素。分别用土地购置面积和土地开发面积、房地产开发投资等先行指标和房地产施工面积同期指标衡量房地产供给，回归方程如下：

$$\ln gouzhi_{it}^s = \gamma_0 + \gamma_1(p/c) + \beta_2 r + \varepsilon \tag{14.2}$$

$$\ln kaifa_{it}^s = \gamma_0 + \gamma_1(p/c) + \beta_2 r + \varepsilon \tag{14.3}$$

$$\ln touzi_{it}^s = \gamma_0 + \gamma_1(p/c) + \beta_2 r + \beta_3 \ln loan + \varepsilon \tag{14.4}$$

$$\ln shigong_{it}^s = \gamma_0 + \gamma_1(p/c) + \beta_2 r + \beta_3 \ln loan + \ln kaifa + \varepsilon \tag{14.5}$$

其中，gouzhi 表示土地购置面积，kaifa 表示土地开发面积，touzi 表示房地产投资，shigong 表示房地产施工面积，p/c 表示房地产价格与房屋造价成本之比。

（二）数据来源与说明

在房地产需求回归方程中，主要变量包括各地区商品房销售面积、商品房销售价格、人均可支配收入、人口规模、经过通货膨胀平减的一年期贷款利率。本文用城市的商品房销售总面积除以当地的户籍人口来大致反映人均房地产需求量，当常住人口超过户籍人口很多的时候，以常住人口来计算。商品房平均销售价格是通过商品房销售额除以商品房销售面积来计算的。选择中国人民银行一年期实际贷款利率作为货币政策在房地产市场操作目标主要是基于以下几点原因：（1）目前我国短期利率仍不能由市场供求关系决定，而是由人民银行参照经济形势决定，因此具有可测性和可控性；（2）个人住房贷款尽管是中长期的，但浮动利率要求在年初的时候进行变更，应采用一年期贷款利率水平来反映个人住房贷款的资金成本；（3）为了缓解联立性内生问题，将收入和房地产价格等解释变量都滞后一期；（4）由于样本区间较短，无法进行面板数据模型类型选择的 F 检验，假定相同区域经济结构大体一致（梁云芳，2007），对全国、东部地区、中部地区和西部地区采用面板数据形式的不变参数模型。

在房地产供给回归方程中，房地产供给主要包括土地购置面积、土地开发面积、房地产开发投资等先行指标以及房地产施工面积、竣工面积等同期指标。这里，我们主要选取土地购置面积、土地开发面积、房地产开发投资额以及施工面积 4 个指标，将它们分别作为房地产供给的因变量，解释变量主要包括房地产价格与房屋造价比、利率水平、房地产开发企业资本可获得性等。另外，在施工面积的回归中，加入土地开发面积作为解释变量。房地产价格与房屋造价比，一方面考虑了房地产开发成本，另一方面客观地反映了房地产价格的相对成本。利率水平和房地产开发企业资本可获得性等指标反映货币政策对房地产供给的影响。房地产开发企业贷款受利率变化影响显著，可以用一年期利率水平来反映房地产开发企业资金使用成本。由于房地产企业的自筹资金、工程垫款也大多间接来自银行贷款，房地产开发企业一般通过关联企业贷款、挪用已开工项目资金、向省外企业借款以及销售回款再投资等方法来拼凑自有资金。同梁云芳（2007）的研究一样，将房地产资金来源中除自筹资金以外的其他资金作为信贷扩张的变量，来描述房地产开发企业资本的可获得性。除了货币政策方面的解释变量外，还选取房地产价格、土地价格等作为控制变量。房地产供给法则认为，在其他条件不变的情况下，房地产供给与房地产价格之间存在着一条非常重要的经验规律：房地产价格越高，房地产生产者的供给量越大。房地产价格反映了房地产生产者的利润预期，土地价格则是房地产生产者的成本投入。由于房地产开发的周期较长和房地产市场信息不充分等特征，使得影响房地产供给的相关因素存在时滞。在具体回归中，尽可能选用较多的变量和滞后期，多次尝试回归，剔除不显著的变量，以求获取满意的回归结果。

上述原始数据中，各地区商品房销售面积、商品房销售价格、土地购置面积、房地产开发投资额、施工面积、土地价格和资本可获得性等指标来自《房地产统计年鉴》（北京：中国统计出版社，2002～2009年），一年期贷款利率、人均可支配收入、人口规模和以 CPI 为代表的通货膨胀率来自《中国统计年鉴》（北京：中国统计出版社，1998～2009年）。

二、实证分析

（一）货币政策如何影响房地产需求

表 14-6 解释了各经济变量对房地产需求长期变化的影响。从人口因素来看，驱动房地产需求增长最显著的区域是东部地区，其次是西部地区。从人均可支配收入来看，西部地区最显著，其次是东部地区。一般来说，房地产价格对房地产需求影响即房地产需求弹性都是负数，另外，西部地区的房地产需求弹性系数为负，但不显著，而总体样本和东中部地区的系数都为正且十分显著，这表明房地产需求随房价上涨而上升。这是因为，房价上涨既可以产生预算约束效应，又可以产生财富效应，当房地产价格上涨带来的预算约束效应超过财富效应时，房地产需求弹性为负值；当房地产价格上涨带来的财富效应超过预算约束效应时，房地产需求弹性为正值。这说明，人们在房地产价格上涨时加大对房地产的投资，预期在未来获利，房地产需求因而越旺盛。

表 14 – 6　　　　　　各经济变量对房地产需求长期变化的影响

变量		全国	东部地区	中部地区	西部地区
长期因素	常数项	– 19. 47 （ – 26. 06）	– 17. 84 （ – 15. 53）	– 19. 02 （ – 14. 50）	– 22. 02 （ – 11. 54）
	pop	0. 85 （23. 67）	0. 88 （14. 60）	0. 69 （7. 48）	0. 80 （12. 69）
	y	1. 82 （10. 91）	1. 56 （5. 80）	1. 53 （7. 25）	2. 59 （5. 82）
	p	0. 37 （2. 76）	0. 42 （1. 92）	0. 83 （3. 84）	– 0. 17 （ – 0. 35）
R^2		0. 861	0. 858	0. 855	0. 821
调整的 R^2		0. 859	0. 853	0. 849	0. 814
样本容量		252	99	72	81

　　表 14 – 6 解释了各经济变量对房地产需求短期变化的影响。反映人口因素变化的系数都不显著，表明房地产需求的短期变化不受一个地区中人口增减的影响。这与本文人口指标的选择有关，人口指标为户籍人口，当常住人口高于户籍人口很多的时候，以常住人口来计算。在各区域的统计过程中，常住人口通常高于户籍人口。一般来说，新增人口的住房需求通常表现为潜在需求。在全国、东部地区和中部地区的方程中，反映人均可支配收入变化的系数不显著，表明房地产需求的短期变化不受收入增减的影响。这说明，一方面收入不是主要的决定房地产需求变化的因素；另一方面购房中存在代际财富的转移现象（梁云芳，2007），即上一代人把他毕生积累的一部分财富给了下一代来购买住房，而且大多数人还属于区域性的转移。从误差修正项的系数来看，各模型中存在差别，全国为 – 0. 08，东部地区为 – 0. 04，中部地区为 – 0. 12，西部地区为 – 0. 075，意味着各区域房地产需求回归到均衡水平的速度不一样，中部地区回归到均衡水平的速度最快，东部地区最慢。房地产需求分为生产性需求、消费性需求和投资性需求，当投资性（包括投机性）需求成分较大时，房地产需求回归均衡水平的速度就慢。东部地区房地产需求回归到平均水平速度慢，在一定程度上证实了东部房地产需

求中投资（投机）成分较大。

我们最关心的系数是利率指标。表 14-7 说明了在控制了人口、收入和房价等变量的基础上各区域利率变量对房地产需求的影响是否显著，是正相关还是负相关。由于房地产需求是对数化数据，模型回归系数不能直接反映出利率对房地产需求的影响，需要做些变换。根据估计公式我们得出各区域的利率对房地产需求的影响系数分别是：全国为 3.87%，东部地区为 3.67%，中部地区为 2.43%，西部地区为 4.60%。

表 14-7　　　　各经济变量（含有利率）对房地产需求短期变化的影响

变量		全国	东部地区	中部地区	西部地区
常数项		-0.55 (8.65)	0.44 (4.27)	0.43 (3.93)	-0.72 (6.08)
短期因素	pop	-0.04 (-0.07)	0.74 (0.87)	-0.67 (-0.51)	0.58 (0.49)
	y	-0.62 (-1.59)	0.22 (0.43)	-0.13 (-0.19)	-2.02 (-2.67)
	p	-0.33 (-2.16)	-0.52 (-2.29)	-0.20 (-0.65)	-0.09 (-0.32)
	Q_{-1}	0.32 (-3.57)	-0.29 (-2.63)	-0.17 (-1.44)	0.27 (-2.36)
	I	-0.038 (-4.98)	-0.036 (-2.96)	-0.024 (-1.89)	-0.045 (-2.95)
	ECM	-0.08 (-2.64)	-0.04 (-1.32)	-0.12 (-1.90)	-0.075 (-1.48)
R^2		0.230	0.21	0.24	0.33
调整的 R^2		0.206	0.14	0.14	0.26
样本容量		196	77	56	63
D. W.		2.11	2.14	1.89	2.25

从这些系数特征可以得出两点结论。其一，无论从全国还是各区域

来看，提高利率能够较有效地抑制房地产需求，无论这种需求是消费需求还是投资需求。前面的分析也证实了在短期中收入不是主要的决定房地产需求的影响因素。消费者购买住房受到预算约束十分显著，为了突破预算约束的限制，必须向金融机构融资，成为借贷者。从消费需求来看，当利率变化时，会带来替代效用和收入效应的变动，那么消费者面临着消费的跨期选择问题。在一般情况下，利率上升所带来的替代效用为负，利率上升所引起的第一期购房数量是增加还是减少，取决于收入效应的符号及大小。当购房者是借贷者时，收入效应为负，利率上升带来的总效应非负，而当购房者持有大量储蓄时，收入效应为正。利率上升带来的总效应还要取决于收入效用和替代效应的大小。利率与房地产需求的负向关系在一定程度上证实了利率提高消费者的收入效用不会大于替代效应。从投资需求来看，购买者仍然需要通过向金融机构进行融资来突破自己的预算约束。利率提高时，购买的机会成本增加，购买需求降低。总之，利率提高能够在一定程度上抑制房地产需求。其二，利率对房地产需求的影响存在区域差异，西部地区最强，东中部地区较弱。这说明，西部地区房地产市场发展相对落后，城市化水平和经济发展水平相对滞后，导致西部地区房地产市场投资潜力小，其房地产需求中投资和投机成分少，消费需求比重大，所以受利率冲击影响也相应增大。在东中部地区，尤其是东部沿海地区，工业化水平、城市化水平、金融水平较高，导致房地产升值空间大，房地产需求中的投机成分较大，利率影响房地产需求的程度相对降低。

（二）房地产供给面实证分析

表 14 - 8 报告了土地购置面积的回归结果。首先，从房地产价格与房屋造价成本之比来看，当期指标与土地购置面积之间存在负相关，而滞后一期则与土地购置面积呈现正相关。p/c 指标刻画的是房地产开发企业除去成本后的利润，毋庸置疑，房地产开发企业在开发之前的土地购置决策最主要的参考性指标就是利润，当期土地购置决策与前一期的利润正相关恰好说明了房地产开发企业是理性的。值得注意的是，p/c 当期指标与土地购置面积没有存在正相关关系，而是负相关关系。按常理说，在房地产市场趋于繁荣时，房地产开发企业应该有扩大投资、增加土地购置面积的冲动，但房地产市场以土地为经营资源的特殊性决定

了供应的瓶颈。具体而言，房地产市场不是完全竞争市场，而是寡头垄断的市场，房地产开发企业无法根据利润自由调整自己的产量。其次，我国目前实行的是最严格的耕地保护制度，耕地净减少和建设用地占用耕地不断下降，要求在 2020 年保住 18 亿亩耕地红线。最后，2002 年11 号令和 2004 年"8·31"大限等政策实施后，土地供应依赖于一级市场"招拍挂"或者土地二级市场转让，土地供应短缺现象明显。图 14 - 7 显示了全国土地购置面积及其增速情况，尽管土地购置面积基数表现为上升趋势，但增速从 1999 年以来呈现不断下降的趋势（2007年除外），表明土地购置面积不随房地产开发企业利润增长而快速上升。

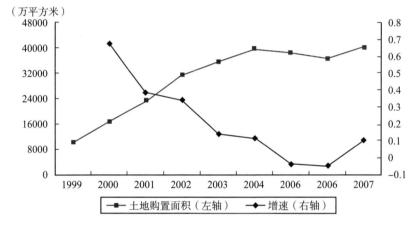

（万平方米）

图 14 - 7 全国土地购置面积及增速

资料来源：历年《房地产统计年鉴》。

利率对土地购置面积的影响有两个特点。其一，不同时期的利率对土地购置面积影响各异。从全国方程来看，当期利率对土地购置面积影响系数为 -0.0675，滞后一期利率的影响系数为 -0.1113 和前面利率对需求的影响系数一样，该影响系数也必须变化。当期利率上升 1 个百分点，会降低当期土地购置面积 6.98%，滞后一期的利率上升 1 百分点，会降低当期土地购置面积 11.77%。这说明，利率对土地购置面积的影响存在滞后效应，这种效应的延续就成了累积效应。其二，利率对土地购置面积的影响存在区域效应。从当期看，利率对东部地区、中部地区和西部地区土地购置面积的抑制效应分别为 5.49%、10.84% 和

6.44%，中部地区最大，东部地区最小。从滞后效应来看，利率对东部地区、中部地区和西部地区土地购置面积的抑制效应分别为12.05%、7.52%和11.35%，东部地区最大，中部地区最小。当期效应和滞后效应的交织给我们分析利率对土地购置面积的影响效应带来了困难。

表 14 –8   土地购置面积的估计结果

变量	全国		东部地区		中部地区		西部地区	
p/c	−0.2841 * (−2.15)	−0.3334 * (−2.43)	−0.3196 * (−1.88)	−0.39 * (−2.24)	0.3652 (0.72)	−0.2193 (−0.43)	−0.1497 (−0.49)	−0.1991 (−0.53)
p/c_1	0.3596 * (2.22)	0.2156 (1.23)	0.1616 (0.76)	−0.037 (−0.17)	1.2088 *** (2.51)	−0.1793 (−0.40)	0.8615 *** (2.49)	1.386 * (2.87)
p/c_2		−0.0598 (−0.33)		−0.0205 (−0.08)	0.8607 ** (2.22)			−0.4599 (−1.77)
i	−0.0675 * (−4.11)	−0.0725 * (−4.61)	−0.0534 *** (−1.72)	−0.0703 * (−2.24)	−0.1029 * (3.63)	−0.805 * (−3.43)	−0.0624 ** (−2.28)	−0.0065 * (−1.77)
i_1	−0.111 * (−7.29)	−0.058 * (−3.09)	−0.1138 * (−3.93)	−0.0367 (−1.05)		−0.0725 * (−2.96)	−0.1075 * (−4.07)	−0.0959 * (−2.50)
i_2		−0.051 * (−3.42)		−0.818 * (−2.84)				−0.0069 (−0.22)
常数项	7.3585 * (22.56)	7.8949 * (19.23)	8.2140 * (16.48)	8.9978 * (14.07)	4.5110 * (5.11)	6.701 * (8.11)	5.6519 (8.73)	5.6138 * (6.50)
Period FE	否	否	否	否	否	否	否	否
调整的 R^2	0.3725	0.2882	0.2412	0.2412	0.4145	0.4881	0.4601	0.3791
Hausman 检验 Chi 值	4.90	8.95	1.54	3.33	310.16	0.05	44.02	3.20
观测值	196	196	88	88	64	64	72	72

注：括号内为 t 统计量；* 、** 、*** 分别表示在1%、5%和10%的水平上显著；采用软件为 Stata10.0，根据《Stata Reference 7》的解释，当 Hausman 检验为负值时，可以不拒绝原假设，也就是接受随机效应模型的估计，表 14 –5、表 14 –6、表 14 –8 采用相同的规则。

表 14 –9 显示，上期利润对土地开发面积具有显著的正向效果，而当期利润对土地开发面积的影响不显著。从全国来看，上期利润上升 1 个百分点会推动土地开发面积增加 63.31%，东部、中部和西部地区上

期利润对土地开发面积的促进效应分别为 51.10%、203.04% 和 96.72%，中部地区最大，东部地区最小。数据说明，受土地供给的影响，土地开发面积是缺乏弹性的，东部地区的弹性最小。

表 14 - 9　　　　　　　　　　土地开发面积的估计结果

变量	全国		东部地区		中部地区		西部地区	
p/c		-0.1631 (-1.63)		-0.1618 (-0.99)		-0.0761 (0.20)		
p/c_1	0.4479 * (3.78)	0.4905 * (3.33)	0.3006 ** (2.01)	0.4128 ** (-0.17)	1.1087 * (3.02)	1.0825 * (2.73)	0.6766 * (2.50)	0.4819 ** (1.84)
i		-0.0545 * (-3.66)		-0.0275 (-0.08)		-0.0546 * (-2.37)		-0.0735 * (-3.03)
i_1	-0.0897 * (-6.72)	-0.0770 * (-5.55)	-0.0815 * (-3.25)	-0.0832 * (-2.99)	-0.0682 * (-3.22)	-0.0499 * (-2.30)	-0.1005 * (-4.28)	-0.0772 * (-3.33)
常数项	5.7775 (19.11)	6.1733 * (19.28)	6.3895 * (13.05)	6.6366 * (13.17)	4.7626 (6.97)	5.0648 (6.42)	4.8499 (8.01)	5.3720 * (8.66)
Period FE	否	否	否	否	否	否	否	否
调整的 R^2	0.2684	0.3222	0.1774	0.1974	0.4592	0.4592	0.3313	0.4190
Hausman 检验 Chi 值	1.73	1.73	0.50	4.39	0.04	0.01	0.96	0.05
观测值	224	224	88	88		64	72	72

注：括号内为 t 值；*、**、*** 分别表示在 1%、5% 和 10% 的水平上显著。

在控制了利润指标后，利率对土地开发面积存在负向且很显著的效果。全国土地开发面积回归方程显示，当期利率的系数是 -0.0545，上期利率的系数为 -0.0770，这说明当期利率对土地开发面积的抑制效果较弱，上期利率对土地开发面积的抑制效果较强。从区域效应来看，东部地区当期利率对土地开发面积的抑制效应不明显，中西部地区当期利率存在抑制土地开发面积的作用。从上期利率的直接系数来看，东部地区、中部地区、西部地区的系数分别为 -0.0815、-0.0682 和 -0.1005，说明西部地区土地开发面积对利率最敏感，其次是中部地区，最小的是东部地区。

表 14 – 10 显示的是以房地产投资为因变量，以利润、实际利率以及资本可获得性为自变量的回归结果。从全国样本来看，利润当期与房地产开发投资之间仍然是负向关系，这一点同前面的土地购置面积、土地开发面积的解释是一样的。中部地区的回归结果显示，上期利润对房地产开发投资的影响系数为 0.2381，西部地区的当期利润对房地产开发投资的抑制效应系数为 – 0.097，东部地区的利润指标与房地产开发投资之间不存在显著关系。

表 14 – 10　　　　　　　　房地产开发投资的估计结果

变量	全国		东部地区		中部地区		西部地区	
p/c	– 0.0952 * (– 3.15)	– 0.0877 ** (– 2.40)		– 0.0503 (– 1.27)	0.3548 (2.14)		– 0.0626 (– 0.97)	– 0.0970 *** (– 1.61)
p/c_1		0.0250 (– 0.55)		0.0224 (0.46)	0.2381 *** (1.73)			
p/c_2		0.0191 (0.42)		0.0238 (– 0.44)				
i	– 0.0232 * (– 4.43)	– 0.0228 * (– 4.27)	– 0.0273 * (– 3.25)	– 0.0276 * (– 3.17)	– 0.0293 ** (– 2.16)		– 0.0152 *** (– 1.77)	– 0.0154 *** (– 1.84)
i_1	– 0.01 * (– 2.82)	– 0.0135 * (– 2.69)	– 0.0177 ** (– 2.45)	– 0.0170 * (– 2.19)	– 0.0058 (– 0.69)		– 0.0135 ** (– 1.68)	– 0.0154 *** (– 1.40)
i_2	– 0.0203 * (– 4.33)	– 0.0207 * (– 4.34)	– 0.0164 ** (– 2.21)	– 0.0163 ** (– 2.14)	– 0.0329 * (– 2.78)		– 0.0181 *** (– 2.33)	– 0.0183 ** (– 2.45)
loan	0.5273 * (8.70)	0.5249 * (8.64)	0.7585 * (23.83)	0.6382 * (6.58)	0.8041 * (11.08)	0.4354 * (3.81)	0.5749 * (8.31)	0.5087 * (4.99)
loan_1	0.2145 * (2.67)	0.2187 * (2.71)		0.1140 (0.90)		0.5608 * (4.54)		0.1397 (0.99)
loan_2	0.1201 (2.15)	0.1188 * (2.12)		0.0315 * (0.39)	0.3442 * (3.35)		0.3225 * (5.05)	0.2556 ** (2.54)
常数项	1.5602 * (10.63)	1.555 * (10.08)	1.8802 * (7.03)	1.8752 * (6.81)	1.091 * (5.00)	0.2521 (1.10)	1.2519 * (5.31)	1.2863 * (8.19)
Period FE	否	否	否	否	否	否	否	否
调整的 R²	0.9690	0.9691	0.9728	0.9740	0.9669	0.9720	0.9713	0.9720

续表

变量	全国		东部地区		中部地区		西部地区	
Hausman 检验 Chi 值	7.77	3.23	3.85	7.51	0.43	1.53	0.36	2.95
观测值	196	196	77	77	56	64	64	63

注：括号内为 t 值；＊、＊＊、＊＊＊分别表示在 1%、5% 和 10% 的水平上显著。

从利率指标来看，总体上利率上升能够抑制房地产开发投资。从直接回归系数看，全国、东部、中部和西部地区的当期利率对房地产开发投资的抑制效应系数分别为 0.0232、0.0276、0.0293 和 0.0154，中部地区最大，西部地区最小。全国、东部和西部地区上期利率对房地产开发投资的抑制效应系数分别为 0.0138、0.0177 和 0.0135，中部地区的抑制效应不明显。从数据上看，利率对房地产开发投资的影响在减弱，这说明利率对房地产开发投资影响的累积效应不明显。

在全国、东部、中部和西部地区的方程中，反映不同时期资本可获得性变化的系数基本上都很显著，表明房地产开发投资易受房地产开发企业资本可获得性变化的影响。具体而言，表现为两个特征。第一，当期资本获得对房地产开发投资影响最大，系数分别为 0.5273、0.7585、0.8041 和 0.5749。上期以及滞后三期的资本获得对房地产开发投资的影响呈递减趋势，滞后三期中，资本获得对房地产开发投资的影响系数只有 0.1201、0.0315、0.3442 和 0.3225。第二，资本获得对房地产投资影响具有区域性。从当期来看，中部地区最大，西部地区最小；从滞后期资本获得系数来看，东部微弱，中部地区仍然保持较强的影响力。

表 14－11 显示了房地产施工面积的回归结果。由于房地产开发面积受制于土地开发面积，所以与上面的回归方程不同的是，在自变量中加入了土地开发面积指标。从当期利润指标来看，全国及各区域的系数为负，说明房地产开发企业在土地开发面积有限的条件下，不能及时有效地调整房地产施工面积。就中部地区而言，上期利润能够促使房地产开发企业加快施工进度，提高施工面积。在其他地区中，不存在明显的正向且显著的关系。在全国、东部地区、中部地区和西部地区的方程中，反映房地产施工面积的先行指标即土地开发面积的系数分别为 0.074、0.0526、0.3335 和 0.2345，中西部地区的系数偏大，东部地区的系数较小。

表 14 - 11 房地产施工面积的估计结果

变量	全国		东部地区		中部地区		西部地区	
p/c	−0.1108 * (−3.58)	−0.1100 * (−2.97)	−0.0692 *** (−1.84)	−0.0567 *** (−1.72)	0.1320 (0.79)		−0.1200 ** (−1.69)	−0.1272 *** (−1.78)
p/c_1		−0.0136 (−0.31)	0.0038 (0.09)		0.7551 * (4.62)	0.4437 * (3.41)		
p/c_2		0.0186 (0.42)	0.0058 (0.12)		0.2865 * (2.19)			
kaifa	0.0720 ** (3.15)	0.074 * (3.23)	0.0526 *** (1.87)	0.0447 *** (1.71)	0.3335 * (5.24)	0.1351 *** (1.93)	0.2345 * (4.14)	0.2341 * (2.93)
kaifa_1	0.0740 ** (3.06)	0.0612 * (2.38)	0.0149 (0.45)		0.2627 * (3.63)	0.0946 * (11.30)	0.2537 * (4.23)	0.2516 * (8.14)
i	−0.0124 ** (−2.46)	−0.0115 ** (−2.23)	−0.0125 (−1.24)	−0.0150 ** (−2.27)	−0.0183 *** (−1.82)	−0.0184 *** (−1.77)	−0.0015 (−0.18)	
i_1	−0.0121 * (−2.58)	−0.0106 ** (−2.16)	−0.0127 *** (−1.75)		−0.0115 (−1.33)			−0.0092 (−1.10)
i_2	−0.0084 *** (−1.87)	−0.0089 * (−1.95)	−0.0075 (−0.99)		0.0069 (0.69)			
loan	0.4628 * (10.14)	0.4052 * (6.63)	0.4172 * (4.54)	0.6582 * (23.98)	0.4348 * (3.23)	0.5418 * (8.52)	0.5158 * (5.24)	0.5310 * (5.38)
loan_1		0.1152 (1.39)	0.0813 (0.67)		0.1117 (0.82)		0.3167 * (3.26)	0.2885 * (2.84)
loan_2	0.1821 * (4.40)	0.1338 * (2.45)	0.1098 (1.45)		0.0622 (0.60)			
常数项	4.2211 * (26.21)	4.223 * (25.35)	4.7728 * (14.81)	4.4402 * (23.72)	0.9622 *** (1.75)	3.1958 * (10.69)	4.0486 * (24.73)	4.1524 * (25.53)
Period FE	否	否	是	是	是	否	否	否
调整的 R²	0.9655	0.9648	0.9539	0.9728	0.9108	0.9599	0.9581	0.9589
Hausman 检验 Chi 值	2.12	4.82	48.72	9.13	88.65	1.57	0.19	0.79
观测值	196	196	88	77	64	64	72	72

注：括号内为 t 值；＊、＊＊、＊＊＊分别表示在1%、5%和10%的水平上显著。

从利率指标来看，全国数据回归结果显示，利率上升能够在一定程度上抑制房地产施工面积，且回归效果十分显著；东部地区、中部地区、西部地区的回归中有些系数不显著，西部地区的回归尤为明显，这表明利率对房地产施工面积的影响在区域层面不是很明显。从影响力的大小来看，东部地区当期利率影响系数为 0.0150，滞后一期的影响系数为 −0.0127，中部地区当期影响系数为 −0.0184，中部地区的利率对房地产施工面积的影响力要大于东部地区，其他变量均不显著。更为重要的是，利率对房地产施工面积的冲击力要明显小于房地产供给先行性指标（如土地购置面积、房地产开发投资等）。就全国方程而言，当期利率对土地购置面积的影响系数为 −0.0675，上期利率的影响系数为 −0.1113；当期利率、上期利率对土地开发面积的影响系数分别为 −0.0545、−0.0770；当期利率、上期利率对房地产投资的系数分别为 −0.0232、−0.0138。这些数据的政策启示非常重要，也就是说，在货币政策的宏观调控中，我们更多关注的是价格，其实在政策发生作用的过程中，对房地产供给方面的指标，政策效力存在差异。货币政策效力反映到房地产价格上要经历很长一段时间，即存在时滞。在全国、东部、中部和西部地区的方程中，反映当期资本可获得性变化的系数基本上都很显著，表明房地产施工面积易受当期房地产开发企业资本可获得性变化的影响。资本可获得性的滞后效应不明显，说明理性的房地产开发企业会根据融资条件的变化，及时调整房地产开发周期。从区域效应来看，东部地区施工面积受当期资本可获得性影响最大，中西部地区的影响系数差距不大。

三、结论与政策建议

本章将房地产供给面分解为四个指标，即土地购置面积、土地开发面积、房地产开发投资额以及施工面积，分别从房地产需求和供给面两个层面考察货币政策在房地产市场的调控效应及其区域差异，研究结果可以概括为五点。第一，利率提高能够在一定程度上抑制房地产需求，利率对房地产需求的影响存在区域差异，西部地区最强，东中部地区较弱。第二，利率对土地购置面积的影响不仅存在区域效应，而且存在滞后效应。从当期看，抑制效应中部地区最大，东部地区最小；从滞后效应来看，东部地区最大，中部地区最小。第三，利率对土地开发面积存在负向且很显著的效果。当期利率对土地开发面积的抑制效果弱，上期利率对土地开发面积的抑制效果强。西部地区土地开发面积对利率最敏感，其次是中部地区，最小的是东部地区。第四，利率对房地产开发投资影响的累积性效应不明显，当期资本获得对房地产开发投资影响最大，资本获得对房地产投资影响具有区域性。第五，利率对房地产施工面积的冲击力要明显小于房地产供给先行性指标（如土地购置面积、房地产开发投资等），房地产施工面积易受当期房地产开发企业资本可获得性变化的影响。在探求房地产市场健康发展的路径中，不能只关注货币政策对房地产价格的影响，还需要关注相关影响的区域效应与滞后效应，这些效应在房地产市场的需求和供给层面有着不同的表现形式。所以，只有明晰了货币政策对房地产需求和供给不同的抑制效力，才能建立全面的、具有区域特征的房地产市场评价指标体系。

第十五章 货币政策调控下房地产 投资的区域差异

随着经济增长动力不断转换，我国不断调整经济结构，朝着经济高质量发展阶段迈进。但近几年，我国经济面临着严峻的外部市场环境，如中美贸易摩擦问题亟待解决，全球经济增速逐渐放缓等，使得稳增长、防风险的难度不断加大。2019 年 7 月 30 日召开的中共中央政治局会议更是密切关注房地产与经济的关系，提出"不将房地产作为短期刺激经济的手段"，房地产市场发展面临重大挑战。房地产行业作为我国经济发展的重要命脉之一，联系上下游众多行业，对稳定经济发展有着重要的作用，同时，房地产又关乎国计民生，既是居民消费品，又是生存必需品，对社会经济发展具有深刻的影响。其中，房地产开发投资作为固定资产投资重要部分之一，对经济发展具有较大的推动力，2019 年数据显示，我国房地产开发投资为 132194.26 亿元，对 GDP 增长贡献率约为 6.65%，可见其对经济增长及经济波动的作用非常显著。图 15 - 1 为货币政策调控下房地产投资的区域差异机制分析。

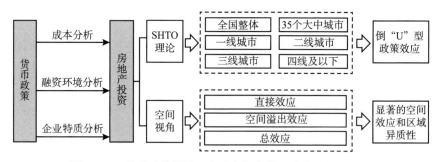

图 15 - 1 货币政策调控下房地产投资的区域差异机制分析

资料来源：笔者自行绘制。

自 2008 年金融危机以来，房地产市场作为刺激经济发展的重要"助推器"，发挥着巨大的作用，房地产火热会促进投资规模扩大，从而促进市场经济的发展；房地产市场寒冷则会降低投资热情，投资规模缩小，经济水平也随之衰退。为此，我国根据市场波动频繁出台各种调控措施，对房地产市场发展进行宏观调控，使其符合市场发展规律，进而维持市场平稳健康发展。近年来，为建立健康稳定的房地产市场长效机制，我国频繁出台调控政策，不断调整房地产供给结构，抑制市场非理性需求，房地产企业投资增速不断降低，并逐渐放缓，房地产市场开始降温。如图 15 - 2 所示，货币供应量 M2 的增长率与房地产开发投资增长率在整体上具有相似的变动趋势，且房地产投资增长率与 M2 增长率的拟合曲线呈向下趋势，表明近年来房地产投资额增长率随着 M2 增长率的下降也呈现下降的趋势。同时，2010 年、2011 年存款准备金率共上调 5.5%，房地产投资额增速具有明显下降趋势；2012 年存款准备金率下调 1%，投资额增速也开始上涨；2016 年又下调 0.5%，投资额增速又有一定的上涨。货币政策作为政策调控措施之一，对我国经济优化具有重要作用，而微观企业是实体经济的重要主体，也是宏观经济政策实现目标的途径和渠道，那么货币政策势必会对微观企业的投资结构和投资决策产生影响。

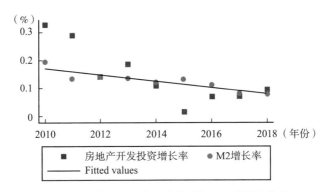

图 15 - 2　房地产开发投资增速与 M2 增长率趋势

在"房住不炒""稳地价稳预期稳房价"的政策框架下，各地开始"因城施策"，对房地产市场分类调控。但由于区域库存与供给存在差异，"一城一策"甚至"一区一策"屡见不鲜，这使得城市出现调控政策的边际放松现象。同时，在市场下行压力加大的环境下，企业融资困难，投资水平降低，房地产企业竞争更加激烈。从房地产市场运行来看，2019 年我国商品房销售额是 159725 亿元，较上年增长 6.5%，新开工面积和竣工面积分别增长 8.5%、2.6%，房地产市场发展稳中有进，表明"因城施策"优化了区域调控，进而稳定市场经济，稳定房地产市场的预期，提振市场信心。如图 15-3 所示，近年来一线城市房地产开发投资增速开始呈下降趋势，而二线、三线和四线及以下城市的投资增速不断增长，越来越多的房企开始聚焦于三、四线城市，传统的大型城市投资获利优势逐渐弱化，表明房地产企业开始"因策投城"，逐渐在具有较大发展潜力的三、四线城市进行开发投资，不断优化企业供给区域结构。据此，本章试图从房地产投资视角出发，研究房地产投资自身发展规律，并探究货币政策对房地产投资特征的影响效果，进而探讨货币政策对房地产投资调控的有效性。同时，基于货币政策对房地产投资的影响及其影响关系的空间效应，探究货币政策对房地产投资的作用机制和投资空间差异性形成机理，对促进房地产市场有效调控、完善房地产投资的空间配置具有重要现实意义和参考价值。

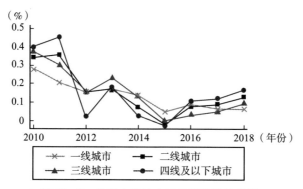

图 15-3　分城市房地产开发投资增速趋势

第一节　货币政策对房地产投资的
研究基础

　　自市场化改革以来，我国房地产在投资、生产和消费三大领域对国民经济发展起到了重要作用，尤其是房地产投资对国民经济增长具有重大贡献，但随着我国经济形势的深化发展和人民群众需求升级，房地产也面临着新的挑战和变革要求（许宪春等，2015；王先柱等，2020）。投资是企业可持续性发展的关键，而企业生存和发展均无法脱离宏观经济环境的影响，因此，企业投资极易受到宏观经济政策调控的影响，进而关于企业投资与宏观经济政策关系的研究已成为学者们关注的一个重要领域。宏观经济政策及其相关政策变化，会引导市场走向，改变企业投融资市场环境（王克敏等，2017；杨兴全等，2018），并且这些政策在自上而下推行过程中，常常会得到地方政府的支持，使得政策效果进一步增强（陈冬华和姚振晔，2018）。货币政策是主要调控措施之一，是微观企业经营活动必须重视的经济事件，它的调整变动对微观企业行为具有重要的影响，不少学者开始将宏观经济政策与微观企业有机结合起来，并在同一框架内研究二者之间的关系（姜国华和饶品贵，2011；饶品贵和姜国华，2013）。现有文献从不同视角探究了货币政策对房地产投资的影响机制，为宏观经济政策研究奠定微观基础。目前关于货币政策对房地产市场的影响，可以从以下方面对其进行归纳总结。

一、货币政策对房地产投资影响的成本分析

货币政策是宏观调控的主要手段之一，是微观企业经营活动必须重视的经济事件，它的调整变动对微观企业行为具有重要的影响（饶品贵和姜国华，2013）。货币政策对房地产投资的影响主要通过传导机制实现，其中主要通过货币和信贷两种渠道对其产生影响。但无论是信贷渠道，还是货币渠道，货币政策调控首先改变企业融资成本，进而影响企业的投资行为（Beaudry et al.，2001；徐光伟和孙铮，2015）。货币政策也通过改变利率或者收益率，使得企业资本成本改变，从而影响企业的投资规模（关禹等，2019）。研究表明，宽松的货币政策会扩大企业投资规模，缓解投资不足；而货币政策紧缩时则可以抑制投资过热，但会使得企业投资不足（耿中元和朱植散，2018）。杜传文和黄节根（2018）则从融资约束角度研究货币政策与企业投资之间的关系，研究发现货币政策紧缩使得企业外部融资减少，从而对内部现金流依赖度增加，同时，较高的融资约束会减少企业投资和企业价值的积累。

二、货币政策对房地产投资影响的融资环境分析

融资环境是制约企业经济的重要因素，较差的融资环境会导致企业融资难、贷款难和担保难，当货币政策宽松时，企业容易获得更多的信贷配给，进而改善企业融资环境（靳庆鲁等，2012）。与发达国家相比，我国公司股票融资和债券融资方式还不够完善，企业融资主要依赖于银行贷款（Allen et al.，2005；邓路等，2014）。同时，我国银行信贷发放规模和条件易受到政府政策导向的约束，导致信贷配给现象广泛存在（Brandt & Li，2003；张新民等，2017）。而当面临信贷配给约束时，企业受到货币政策紧缩冲击时投资效率会明显下降，甚至需要放弃更有价值的投资机会（喻坤等，2014）。由此可见，在货币政策紧缩时，经济下行压力增大，企业融资环境变差，投资不足的企业会使用商业信用替代银行信贷进行融资，从而抵消货币政策的冲击效果，解决有效投资增长乏力问题。进一步地，企业主要通过留存收益、债务融资和权益融资进行融资活动，其中债务融资是企业资金来源的主要方式。企业获取债务融资的能力常常受到宏观政策波动的影响，紧缩的货币政策会降低银行信贷水平，减少银行可贷资金，甚至影响企业资产负债表状况，进一步降低企业融资能力（陆正飞等，2009）。同时，在货币政策紧缩期间，企业融资约束提高，融资成本增加，企业内部资金逐渐成为主要资金来源，而对于自有资金短缺或存在监管问题的企业，常常导致低效率或非效率的投资行为（Almeida et al.，2004；张亦春和李晚春，2015）。

三、货币政策对房地产投资影响的企业特质分析

货币政策对房地产投资的影响常常会因企业特质的不同而不同，研究发现企业规模、负债率等企业的不同特质会使得货币政策对企业投资的影响出现差异。在货币政策紧缩期间，负债率较高的企业投资增速降幅比负债率低的公司要大（Hu，1999），同时，企业规模在货币政策对企业投资的影响也扮演着重要的角色，小公司比大公司对货币政策的变化更为敏感（Karim & Azman – Saini，2013）。钱燕（2013）利用2004年至2011年的数据进行研究，除了发现货币政策对企业投资有影响外，

还发现企业性质、规模和担保能力都会使得货币政策对企业的投资影响力产生不同的特征，比如国有企业在货币政策调控过程中，自身的投资行为的变化较非国有企业要大。张西征等（2012）的研究发现，企业的不同融资约束特征会使得货币政策对企业投资行为的影响产生不同的效应。

关于货币政策与房地产投资之间关系的研究，现有文献已做了大量分析，这对深化认识货币政策调整对房地产投资的影响具有重要的理论价值和参考意义。根据现有文献，本章主要从货币政策对房地产投资影响的传导机制、货币政策传导的区域差异性以及货币政策对房地产投资的影响角度进行梳理。通过文献梳理发现，现有研究仍可进一步丰富和拓展：一是关于货币政策对房地产投资影响的现有文献大多从房企财务层面展开分析，基于中观城市层面的分析较少；二是少有研究针对货币政策与房地产投资曲线之间的关系以及货币政策与房地产投资互动产生的空间溢出效应，进而分析货币政策如何通过刺激企业投资行为来影响房地产市场；三是把握更加聚焦的房地产城市层面指标体系，探讨货币政策对房地产投资的影响机制，这对丰富货币政策与房地产市场的关系具有重要意义。

第二节　基于 SHTO 理论的实证分析

一、模型构建

SHTO 理论是指使用房地产住房投资占 GDP 的比重作为指标，来研究住房投资和国民经济的关系。伯恩斯和格雷布勒（Burns & Grebler）于 1976 年率先提出 SHTO 值，研究发现 SHTO 值和国家的发展水平（人均 GDP）存在一种二阶函数的倒"U"型关系。同时，对于经济发展水平不同的国家来说，SHTO 值一般不相同，其中对于经济发展较弱的国家，SHTO 值一般在 2% 左右；之后 SHTO 值会随着经济发展水平的提高而提高，可能达到最高值 8%，在 SHTO 值达到顶峰后就会随着经济发展水平提高而下降，呈现倒"U"型特征。本章基于 SHTO 理论探究我国房地产开发投资占 GDP 比重的变化特征，从而分析我国房地产投资是否也存在倒 "U" 型变化特征，并探究货币政策调控对房地产倒 "U" 型特征变化的影响作用。

为验证 SHTO 理论，即房地产开发投资占 GDP 的比重与人均 GDP 呈现的倒 "U" 型关系，本节采用如下实证模型：

$$\text{SHTO} = \alpha\text{rgdp}_t + \beta\text{rgdp}_t^2 + \delta X_{\text{control}} + \varepsilon \qquad (15.1)$$

其中，rgdp_t 为人均国内生产总值，rgdp_t^2 为人均国内生产总值的二次项，X_{control} 为一系列控制变量，包括常住人口、滞后一期房价、职工平均工资和商品房销售额；为随机扰动项。

同时，为进一步探究货币政策对 SHTO 值的影响，即货币政策对房地产投资的倒 "U" 型特征变化的影响，将货币政策表征变量引入实证模型 14.1 中，如下：

$$\text{SHTO} = \alpha\text{rgdp}_t + \beta\text{rgdp}_t^2 + \lambda\text{mp}_{t-1} + \phi\text{mp}_{t-1} \times \text{rgdp}_t$$
$$+ \eta\text{mp}_{t-1} \times \text{rgdp}_t^2 + \delta X_{\text{control}} + \varepsilon \qquad (15.2)$$

其中，mp_{t-1} 为货币政策表征变量，$\text{mp}_{t-1} \times \text{rgdp}_t$ 为货币政策滞后一期与人均 GDP 的交乘项；$\text{mp}_{t-1} \times \text{rgdp}_t^2$ 为货币政策滞后一期与人均 GDP 二次项的交乘项。

二、变量与数据选取

为探究我国房地产投资变化特征，本章使用我国 178 个地级市 2008～2018 年的面板数据进行实证分析。其中，SHTO 值为房地产开发投资占地方生产总值的比值，作为被解释变量；城市人均 GDP 为核心解释变量，同时将人均 GDP 变量的二次项加入模型，以验证房地产开发投资占 GDP 比重与人均 GDP 的倒 "U" 型关系。另外，在城市模型基础上，将数据样本分为 35 大中城市、一线、二线、三线和四线及以下城市五类，进一步探究不同城市级别下 SHTO 值差异。具体变量指标解释如下：

（1）SHTO 值（SHTO）：使用房地产开发投资与地方生产总值的比值表示。SHTO 值是研究房地产投资和国民经济关系的重要经济指标，可以衡量房地产在经济发展中占据的重要地位。

（2）人均 GDP（rgdp）：使用当年城市国内生产总值与城市人口的

比值来表示。人均国内生产总值衡量了城市当年人民生活水平，在一定程度上可以反映城市经济发展水平。人均 GDP 越高，经济发展越好，可以促进房地产投资增加，因此预期正向影响 SHTO 值。

（3）常住人口（popu）：使用城市当年常住人口总量表示。人口是城市发展的动力之一，也是房地产需求的主要影响因素，人口增长会促进购房需求增加，预期常住人口正向影响 SHTO 值，即人口增加，SH-TO 值变大；反之，人口降低，SHTO 值变小。

（4）房价（price）：使用商品房销售额与商品房销售面积的比值表示。房价波动可以较好地反映房地产市场发展情况，对房地产开发投资也具有显著的影响。由于房价波动影响可能存在滞后性，因此，本节使用上一期房价作为控制变量，以充分考虑房价对于房地产开发投资的影响。

（5）职工平均工资（wage）：使用城镇职工平均工资来表示。职工平均工资一定程度上反映了居民主要收入，是居民购买力的基础，因此，职工平均工资增加，使得居民购买力增强，拉动房地产需求上涨，从而促进房地产投资增加。

（6）商品房销售额（sale）：使用当年商品房销售总金额表示。商品房销售额占据了房地产企业主要收入组成，也是其资金回笼的重要来源，销售额增多使得企业收入增加，偿还债务能力增强，进而促进其投资增加。

（7）货币供应量（mp1）：使用广义货币供应量 M2 来表示。货币供应量是衡量货币政策的主要指标之一，货币供应量增加表明货币当局采取较为宽松的货币政策；反之，则为紧缩的货币政策。

（8）金融机构贷款额（mp2）：使用年末金融机构贷款余额表示。金融机构贷款额反映了市场信贷规模，是房地产企业借贷资金的主要来源，也是货币政策信贷渠道调控的直接反映。金融机构贷款额较为直观地表现了货币政策从信贷渠道对房地产企业投资的影响，因此，本节使用金融机构贷款额表征货币政策信贷渠道影响变量。

本章选取时间范围为 2008～2018 年，在这个样本区间内，我国出台了一系列房地产调控政策，既有宽松的政策调控又有紧缩的政策调控，这为更加准确、全面地探讨宏观经济政策与房地产投资之间的关系提供了现实基础。在样本处理方面，不考虑相关数据缺失严重的城市，最终得到 178 个城市数据。数据主要来源于国信房地产信息网、国家统计局发布的《中国城市统计年鉴》《中国统计年鉴》和 CSMAR 数据库等。

三、实证结果分析

本章通过 Stata 计量软件进行相关实证分析，主要变量的描述性统计结果如表 15-1 所示，可以看出房地产开发投资占地方生产总值的比值的均值在 12% 左右，表明我国 SHTO 值处于较高的水平，这为后文研究我国房地产投资 SHTO 值特征及其发展的拐点奠定了基础。同时，从图 15-4 也可以看出 SHTO 拟合曲线呈倒"U"型特征，符合 SHTO 曲线规律，并且图中大部分数值点仍在曲线的左侧，这表明我国大部分城市仍处于倒"U"型发展曲线的上升阶段，但也有许多城市已越过拐点进入下降阶段。

表 15-1   变量描述性统计

变量	符号	N	均值	标准差	最小值	最大值
房地产开发投资占 GDP 比重	SHTO	1958	0.12	0.09	0.007	1.07
人均 GDP（万元）	rgdp	1958	5.17	3.19	0.65	21.55
人均 GDP 的平方	rgdp2	1958	36.94	50.18	0.43	464.35
常住人口（万人）	popu	1958	509.69	340.38	54.58	3403.64
房价（万元/平方米）	price	1958	0.57	0.39	0.14	5.41
职工平均工资（万元）	wage	1958	4.78	1.85	1.27	14.98
商品房销售额（亿元）	sale	1958	4.06	6.61	0.03	66.96

变量	符号	N	均值	标准差	最小值	最大值
货币供应量 （亿元）	mp1	1958	1130110	428521	475166.6	1826744
金融机构贷款额 （亿元）	mp2	1958	3554.49	6693.55	88.65	73272.4

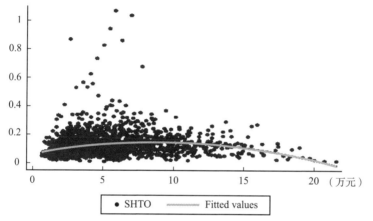

图 15 - 4　SHTO 值与人均 GDP 二次曲线拟合结果图

（一）房地产投资 SHTO 规律实证分析

表 15 - 2 显示了房地产开发投资占 GDP 比重的实证回归结果。第（1）和第（2）列估计结果显示，人均 GDP 一次项对 SHTO 值存在显著正向影响关系，而人均 GDP 的二次项系数显著为负，表明人均 GDP 二次项对 SHTO 值负向影响，这也验证了房地产开发投资占 GDP 比重与人均 GDP 确实存在先上升后下降的倒"U"型二次曲线关系，即 SHTO 理论规律。第（3）和第（4）列显示，人口因素对 SHTO 值也存在着倒"U"型关系，对房地产开发投资占 GDP 的比重也具有显著的影响。第（5）和第（6）列是全样本回归结果，结果表明我国房地产投资占 GDP 的比重确实存在着倒"U"型发展特征，即 SHTO 值会随着经济发展水平的提高而提高，然后在达到顶峰后就会随着经济发展水平提高而下降。

表 15 – 2   SHTO 值基本回归结果

变量	（1）	（2）	（3）	（4）	（5）	（6）
rgdp	0.010 *** （3.39）	0.010 ** （2.00）			0.010 *** （3.48）	0.010 ** （2.08）
rgdp2	－ 0.001 *** （－ 5.48）	－ 0.001 *** （－ 3.66）			－ 0.001 *** （－ 5.75）	－ 0.001 *** （－ 3.94）
popu			0.860 *** （3.79）	0.860 ** （2.37）	0.986 *** （4.38）	0.986 *** （2.65）
popu2			－ 0.076 *** （－ 3.88）	－ 0.076 ** （－ 2.36）	－ 0.087 *** （－ 4.47）	－ 0.087 *** （－ 2.63）
sale	0.002 *** （3.95）	0.002 ** （2.42）	0.001 *** （3.42）	0.001 ** （2.26）	0.002 *** （5.18）	0.002 *** （3.18）
L. price	0.039 *** （4.78）	0.039 *** （3.34）	0.019 ** （2.40）	0.019 （1.61）	0.039 *** （4.66）	0.039 *** （3.45）
wage	0.009 （1.19）	0.009 （0.64）	0.027 *** （6.30）	0.027 *** （3.39）	0.011 （1.45）	0.011 （0.78）
常数项	0.058 *** （10.61）	0.058 *** （5.51）	－ 2.314 *** （－ 3.52）	－ 2.314 ** （－ 2.29）	－ 2.693 *** （－ 4.13）	－ 2.693 ** （－ 2.59）
Robust	否	是	否	是	否	是
样本量	1780	1780	1780	1780	1780	1780
R^2	0.114	0.114	0.101	0.101	0.125	0.125
拐点值	7.12	7.12	5.66	5.66	6.98	6.98

注：*、**、*** 分别表示在 10%、5%、1% 的水平上显著；括号内为 t 值。

结合表 15 – 3 可以看出，我国一线城市 2018 年人均 GDP 均值为 12.31 万元，远超 7.12 万元的拐点值，其中超过拐点的城市有 18 个，表明我国一线城市的 SHTO 值基本均越过拐点，开始进入房地产投资曲线下降阶段。同时，30 个二线城市中有 25 个城市也超过拐点，表明我国大部分二线城市的 SHTO 值也处于曲线下降阶段，而其他部分二线城市仍在曲线上升阶段，但均在拐点附近。对于三、四线及以下城市，人均 GDP 均值均低于拐点值，而且其中只有少数城市 SHTO 值超过拐点，表明我国三、四线及以下城市的房地产投资具有较大发展空间，仍处于曲线上升阶段。

表 15 - 3　　　　　　　人均 GDP 拐点分布情况

城市级别	城市样本个数	人均 GDP 均值 （万元）	人均 GDP 拐点值 （万元）	超过拐点城市 个数
一线城市	19	12.31	7.12	18
二线城市	30	9.88	7.12	25
三线城市	65	6.57	7.12	24
四线及以下城市	64	5.19	7.12	6

进一步通过对城市级别归类分析，表 15 - 4 结果显示无论 35 大中城市还是一线、二线、三线等城市级别的人均 GDP 二次项显著负向影响 SHTO 值，即房地产开发投资占 GDP 比重呈现倒 "U" 型特征关系，说明不同层级和城市级别下 SHTO 规律也成立。同时，常住人口一次项显著正向影响 SHTO 值，二次项显著负向影响 SHTO 值，其他控制变量也与基本回归结果相似，符合理论分析结果。

表 15 - 4　　　　　　　不同城市级别 SHTO 值估计结果

变量	35 大中城市	一线城市	二线城市	三线城市	四线及以下城市
rgdp	0.020 ** （2.43）	0.030 *** （4.09）	0.007 （0.80）	0.003 （0.59）	- 0.003 （- 0.49）
rgdp2	- 0.001 *** （- 2.71）	- 0.001 *** （- 3.72）	- 0.001 ** （- 2.41）	- 0.001 * （- 1.85）	- 0.00008 （- 0.39）
popu	0.651 ** （2.00）	1.260 *** （2.69）	2.400 *** （4.14）	0.729 * （1.89）	- 0.016 （- 0.02）
popu2	- 0.063 ** （- 2.32）	- 0.101 *** （- 2.67）	- 0.206 *** （- 4.36）	- 0.066 * （- 1.89）	0.00007 （0.00）
wage	0.0004 （0.01）	- 0.039 （- 1.37）	0.038 （1.38）	0.015 （1.17）	- 0.022 （- 1.60）

变量	35 大中城市	一线城市	二线城市	三线城市	四线及以下城市
L. price	0.032 ** (2.02)	0.002 (0.11)	0.027 (1.23)	0.097 *** (5.04)	0.042 (1.33)
sale	0.0005 (0.97)	0.001 (1.21)	0.003 *** (2.83)	0.003 * (1.95)	0.030 *** (8.61)
常数项	−1.507 (−1.46)	−3.807 ** (−2.59)	−6.856 *** (−3.84)	−1.923 * (−1.83)	0.188 (0.09)
样本量	350	190	300	650	640
R^2	0.162	0.244	0.246	0.193	0.155

注：*、**、*** 分别表示在 10%、5%、1% 的水平上显著；括号内为 t 值。

（二）货币政策对房地产投资 SHTO 规律影响实证分析

1. 基本参数估计结果

表 15-5 显示的是货币政策对 SHTO 值的影响估计及其对 SHTO 值拐点影响结果。第（1）和第（2）列显示的是货币供应量表征的货币政策的滞后一期对 SHTO 值估计结果，第（3）和第（4）列显示的是金融机构贷款额表征的货币政策的滞后一期对 SHTO 值估计结果，可以看出无论是货币供应量表征的货币政策的滞后一期，还是信贷规模表征的货币政策的滞后一期都正向影响 SHTO 值，表明货币政策对房地产投资占 GDP 比重具有显著影响，进而对房地产投资倒"U"型特征变化也具有一定的影响。同时，两种货币政策表征变量的滞后一期与人均 GDP 一次项的交乘项显著为负，而滞后一期的货币政策与人均 GDP 二次项的交乘项为正，表明随着货币政策逐渐宽松，SHTO 值拐点向左移动，即对于货币政策更宽松的城市，拐点的位置将稍微提前。其他控制变量对 SHTO 值估计结果基本与预期结果一致。

表 15-5 　　　　　　货币政策对 SHTO 值影响估计结果

变量	(1)	(2)	(3)	(4)
rgdp	0.148 *** (4.26)	0.148 *** (2.69)	0.025 *** (4.98)	0.025 *** (3.19)

续表

变量	（1）	（2）	（3）	（4）
rgdp2	− 0.002 （ − 0.77）	− 0.002 （ − 0.57）	− 0.0003 * （ − 1.73）	− 0.0003 （ − 1.64）
L. mp1	0.046 （1.38）	0.046 * （1.87）		
L. mp1 × rgdp	− 0.010 *** （ − 4.24）	− 0.010 *** （ − 2.69）		
L. mp1 × rgdp2	0.0001 （0.73）	0.0001 （0.54）		
L. mp2			0.029 *** （4.97）	0.029 *** （3.13）
L. mp2 × rgdp			− 0.003 *** （ − 4.08）	− 0.003 *** （ − 2.62）
L. mp2 × rgdp2			0.00002 （1.07）	0.00002 （1.03）
popu	1.092 *** （4.91）	1.092 *** （3.08）	0.716 *** （3.11）	0.716 * （1.95）
popu2	− 0.095 *** （ − 4.96）	− 0.095 *** （ − 3.03）	− 0.065 *** （ − 3.24）	− 0.065 * （ − 1.96）
sale	0.002 *** （6.00）	0.002 *** （3.42）	0.003 *** （6.65）	0.003 *** （3.96）
wage	0.045 *** （4.98）	0.045 *** （3.05）	− 0.008 （ − 1.00）	− 0.008 （ − 0.62）
L. price	0.040 *** （4.82）	0.040 *** （3.18）	0.048 *** （5.43）	0.048 *** （4.34）
常数项	− 3.208 *** （ − 4.92）	− 3.208 *** （ − 3.19）	− 2.049 *** （ − 3.11）	− 2.049 ** （ − 2.01）
Robust	否	是	否	是
样本量	1780	1780	1780	1780
R^2	0.154	0.154	0.140	0.140

注：括号内为 t 值；* 、** 、*** 分别表示在 10% 、5% 和 1% 的水平上显著。

313

2. 分城市级别估计结果

进一步考虑货币政策对 SHTO 值的影响是否在不同城市级别下也成立，如表 15 -6 所示，通过对城市级别归类分析，发现无论 35 大中城市还是一二三四线级别城市的货币政策表征变量都正向影响 SHTO 值，且滞后一期的货币政策与人均 GDP 一次项的交乘项显著为负，滞后一期的货币政策与人均 GDP 二次项的交乘项为正，估计结果同基本回归结果一致。由此表明，在不同层级或城市级别下，货币政策对 SHTO 值也具有显著的影响，且宽松的货币政策会促进倒 "U" 型拐点位置左移。

表 15 -6　　　　不同城市级别下货币政策对 SHTO 值影响估计结果

变量	35 大中城市	一线城市	二线城市	三线城市	四线及以下城市
rgdp	1. 380 *** (4. 39)	0. 539 *** (4. 50)	0. 407 *** (3. 27)	0. 082 (1. 16)	0. 257 *** (3. 82)
rgdp2	- 0. 038 (-1. 48)	- 0. 034 *** (-4. 35)	- 0. 004 (-0. 42)	0. 009 (1. 28)	- 0. 012 *** (-2. 74)
L. mp1	2. 119 *** (3. 35)	0. 935 (1. 44)	2. 751 *** (5. 11)	0. 052 (1. 56)	0. 910 *** (3. 18)
L. mp1 × rgdp	- 0. 524 *** (-4. 39)	- 0. 035 *** (-4. 09)	- 0. 032 *** (-3. 64)	- 0. 006 (-1. 30)	- 0. 019 *** (-3. 93)
L. mp1 × rgdp2	0. 015 (1. 53)	0. 002 *** (4. 25)	0. 0004 (0. 60)	- 0. 001 (-1. 24)	0. 001 *** (2. 83)
popu	1. 041 *** (2. 68)	1. 567 *** (3. 32)	2. 775 *** (5. 05)	1. 240 *** (3. 27)	0. 013 (0. 02)
popu2	- 0. 097 *** (-3. 02)	- 0. 126 *** (-3. 32)	- 0. 236 *** (-5. 25)	- 0. 112 *** (-3. 26)	- 0. 004 (-0. 06)
sale	0. 001 ** (2. 00)	0. 0001 (0. 21)	0. 005 *** (4. 67)	0. 004 ** (2. 53)	0. 031 *** (8. 81)
wage	0. 021 (0. 48)	- 0. 014 (-0. 37)	0. 021 (0. 55)	0. 063 *** (3. 83)	- 0. 044 * (-1. 87)
L. price	0. 014 (0. 87)	- 0. 011 (-0. 84)	0. 001 (0. 05)	0. 099 *** (5. 30)	0. 026 (0. 81)

变量	35 大中城市	一线城市	二线城市	三线城市	四线及以下城市
常数项	− 8. 351 *** （ − 4. 76）	− 7. 369 *** （ − 3. 73）	− 15. 083 *** （ − 6. 48）	− 3. 508 *** （ − 3. 35）	− 2. 199 （ − 1. 00）
样本量	350	190	300	650	640
R^2	0. 274	0. 344	0. 354	0. 256	0. 181

注：括号内为 t 值；* 、** 、*** 分别表示在 10% 、5% 和 1% 的水平上显著。

3. 货币政策对 SHTO 值拐点影响结果

表 15 - 7 显示了货币政策对 SHTO 值拐点影响的估计结果。可以看出，无论 35 大中城市还是不同城市级别下宽松货币政策均使得 SHTO 拐点值小于原有拐点值，这进一步验证了宽松的货币政策会促进倒 "U" 型拐点位置左移，即 SHTO 拐点值变小。同时，一、二线城市的 SHTO 拐点值差距均小于三、四线城市拐点值差距，表明宽松的货币政策对三、四线城市 SHTO 拐点值左移的影响程度更大，体现了货币政策调控的区域差异性。

315

表 15 - 7　　　不同城市级别下货币政策对 SHTO 值拐点影响估计结果

变量	35 大中城市	一线城市	二线城市	三线城市	四线及以下城市
rgdp	0. 023 *** （6. 87）	0. 019 *** （5. 10）	0. 020 *** （5. 45）	0. 024 *** （9. 50）	0. 017 *** （7. 36）
rgdp2	− 0. 0009 *** （ − 4. 86）	− 0. 001 *** （ − 3. 54）	− 0. 001 *** （ − 3. 68）	− 0. 001 *** （ − 6. 70）	− 0. 001 *** （ − 5. 65）
拐点	12. 78	14. 56	12. 15	9. 07	10. 80
L. mp1 × rgdp	0. 007 *** （5. 30）	0. 001 *** （3. 93）	0. 001 *** （4. 32）	0. 002 *** （8. 16）	0. 001 *** （4. 89）
L. mp1 × rgdp2	− 0. 0003 *** （ − 3. 76）	− 0. 00004 *** （ − 2. 71）	− 0. 00005 *** （ − 2. 98）	− 0. 00009 *** （ − 6. 07）	− 0. 00005 *** （ − 4. 11）
拐点	11. 67	14. 41	11. 82	8. 54	9. 49

注：括号内为 t 值；* 、** 、*** 分别表示在 10% 、5% 和 1% 的水平上显著。

4. 稳健性检验

为进一步保证货币政策对 SHTO 值估计结果的可靠性，本节参考钟凯等（2016）的货币政策表征方法，使用货币政策感受指数作为货币供应量的替代指标进行稳健性分析。从表 15 – 8 可以看出，货币政策表征变量的滞后一期显著影响 SHTO 值，且滞后一期的货币政策与人均 GDP 一次项的交乘项显著为负，滞后一期的货币政策与人均 GDP 二次项的交乘项显著为正，基本与前文估计结果一致。由此表明，货币政策对 SHTO 值估计结果较为稳健。

表 15 – 8   稳健性检验估计结果

变量	基本回归	35 大中城市	一线城市	二线城市	三线城市	四线及以下城市
rgdp	0.015 *** (3.82)	0.037 *** (2.81)	0.054 *** (4.02)	0.031 ** (2.20)	0.004 (0.59)	0.006 (0.83)
rgdp2	− 0.001 *** (− 4.09)	− 0.002 ** (− 2.43)	− 0.003 *** (− 3.32)	− 0.002 *** (− 2.60)	− 0.000 (− 0.80)	− 0.000 (− 1.35)
L. mp	0.024 *** (3.30)	0.063 * (1.96)	0.076 * (1.90)	0.091 ** (2.55)	0.023 * (1.74)	0.030 ** (2.56)
L. mp × rgdp	− 0.006 ** (− 2.47)	− 0.019 * (− 1.83)	− 0.022 ** (− 2.07)	− 0.027 ** (− 2.38)	− 0.005 (− 0.87)	− 0.010 ** (− 2.16)
L. mp × rgdp2	0.000 * (1.75)	0.001 * (1.67)	0.002 ** (2.16)	0.002 ** (2.11)	0.000 (0.08)	0.001 * (1.79)
popu	1.012 *** (4.50)	0.628 * (1.93)	1.181 ** (2.52)	2.594 *** (4.46)	0.847 ** (2.19)	0.007 (0.01)
popu2	− 0.090 *** (− 4.60)	− 0.062 ** (− 2.27)	− 0.096 ** (− 2.53)	− 0.222 *** (− 4.67)	− 0.077 ** (− 2.19)	− 0.002 (− 0.04)
sale	0.002 *** (5.42)	0.0004 (0.92)	0.000 (0.94)	0.003 *** (3.06)	0.004 ** (2.10)	0.030 *** (8.62)
wage	0.006 (0.75)	− 0.004 (− 0.14)	− 0.054 * (− 1.84)	0.033 (1.14)	0.014 (1.07)	− 0.026 * (− 1.86)
L. price	0.039 *** (4.62)	0.030 * (1.89)	0.002 (0.17)	0.021 (0.93)	0.097 *** (5.06)	0.041 (1.30)

变量	基本回归	35 大中城市	一线城市	二线城市	三线城市	四线及以下城市
常数项	-2.770^{***} （-4.26）	-1.421 （-1.37）	-3.590^{**} （-2.45）	-7.518^{***} （-4.19）	-2.245^{**} （-2.12）	0.118 （0.06）
样本量	1780	350	190	300	650	640
R^2	0.132	0.173	0.267	0.265	0.205	0.165

注：括号内为 t 值；*、**、*** 分别表示在 10%、5% 和 1% 的水平上显著。

第三节　基于空间视角的实证分析

一、理论基础与变量选取

（一）房地产企业投资决策模型

317

本章所要考察的主要问题在于房地产投资是否具有空间分布规律，以及货币政策能否通过空间网络有效影响房地产投资。从微观角度来说，货币政策主要通过影响企业融资成本来改变企业投资水平，进而影响企业投资决策。而随着我国经济发展进入新常态，市场竞争加剧，企业需要不断制定合理的投资决策以抢占更多的市场份额，才能实现企业利益最大化。投资水平过高，会给企业带来额外的风险，而投资水平不足，又会影响到企业的盈利。因此，企业的最优投资决策需要解决的是，如何在保证企业价值最大化的前提下使投资成本降到最低。

企业通常使用净现值法来衡量投资决策的好坏，以此评价投资方案的可行性与科学性。我们参考谢军和黄志忠（2014）的投资决策模型，假设单位投资额为 x，则投资的净现值等于未来投资收益现值与未来投资支出现值的差额。企业进行投资活动时，需要充分考虑投资收益与投资资本成本的关系。投资的资本成本主要分为企业内部融资成本和外部融资成本两类，且外部融资成本占主要比重。假定企业内部融资的边际

成本为 c_{IN}，外部融资的边际成本为 c_{EX}。由于企业内部融资成本所占比重较小，我们又假设企业内部融资边际成本不变，即 $c_{IN}(m)=k$，则外部融资边际成本为 $c_{EX}(x-m)$。在此基础上，设企业投资的边际报酬率为 $R(x)$，它是投资水平 Inv 的函数。一般来说，投资报酬率边际递减，即随着企业投资水平的增加，项目投资的报酬率会下降，$\dfrac{\partial R}{\partial Inv}<0$。于是，我们设定以下投资决策模型：

$$\begin{aligned}
NPV_{Inv} &= \int_0^{Inv} R(x)\,dx - \int_0^m c_{IN}(x)\,dx - \int_m^{Inv} c_{EX}(x-m)\,dx \\
&= \int_0^{Inv} R(x)\,dx - \int_m^{Inv} c_{EX}(x-m)\,dx - k\cdot m \\
&= \left[\Re(Inv) - \Re(0)\right] - \left[C(Inv-m) - C(0)\right] - k\cdot m
\end{aligned}$$

$$(15.3)$$

其中，Inv 为企业投资水平，m 为企业内部现金流，$\Re(x)$ 为 $R(x)$ 的原函数，$C(x)$ 为 $c_{EX}(x)$ 的原函数。

在市场存在大量逆向选择和道德风险的情况下，货币政策调控使得利率、银行贷款规模和社会投资水平发生改变，企业的融资约束水平随之改变，最终影响企业投资行为。根据银行信贷机制理论，银行信贷对企业投资规模有着显著的影响，这是由于具有资金密集特点的房地产业对于资金的需求大、周转期长，使得房地产企业不得不进行大量外部融资以维持资金链连续，而银行贷款又是其主要融资方式。当货币政策收紧时，银行用于贷款的资金规模减小，信贷约束增强，房地产企业外部融资溢价提高，使得企业融资数量减少，融资成本提高，导致房企投资规模减少。因此，企业的外部融资成本是货币政策的函数，即 $c_{EX}(EF)=c_{EX}\left[(Inv-m),MP\right]$，而且有：

$$\frac{\partial c_{EX}}{\partial EF}\geqslant 0,\ \frac{\partial c_{EX}}{\partial MP}\leqslant 0,\ \frac{\partial^2 c_{EX}}{\partial EF\cdot\partial MP}\leqslant 0 \qquad (15.4)$$

其中，EF 为投资水平与货币政策函数，MP 为货币政策的代理变量。

企业进行投资活动时，必然追求投资价值最大化，即以净现值 NPV_{Inv} 最大化为目标，则企业的最优投资规模满足以下的均衡条件：$\dfrac{\partial NPV_{Inv}}{\partial Inv}=0$，即：

$$\frac{\partial \mathrm{NPV}_{\mathrm{Inv}}}{\partial \mathrm{Inv}} = \mathrm{R}(\mathrm{Inv}^*) - c_{\mathrm{EX}}\big[(\mathrm{Inv}^* - m), \mathrm{MP}\big] = \mathrm{F}(\mathrm{Inv}^*, m, \mathrm{MP}) = 0$$

$$(15.5)$$

当 $\mathrm{Inv} \leqslant m$ 时，企业投资水平较低，企业内部现金流足以满足融资要求，因此企业只进行内部融资，则 $c_{\mathrm{EX}}\big[(\mathrm{Inv} - m), \mathrm{MP}\big] = 0$，此时，$\mathrm{R}(\mathrm{Inv}^*) = 0$，而房地产企业在实际投资过程中，都会进行外部融资，所以结合实际我们仅考虑 $\mathrm{Inv} > m$ 的情形。

则根据隐函数定理，由式（15.6）可得出货币政策对房地产企业最优投资水平的影响：

$$\frac{\mathrm{dInv}^*}{\mathrm{dMP}} = -\frac{\partial \mathrm{F}/\partial \mathrm{MP}}{\partial \mathrm{F}/\partial \mathrm{Inv}^*} = -\frac{-\dfrac{\partial c_{\mathrm{EX}}\big[(\mathrm{Inv}^* - m), \mathrm{MP}\big]}{\partial \mathrm{MP}}}{\partial \mathrm{R}(\mathrm{Inv}^*)/\partial \mathrm{Inv}^* - \partial c_{\mathrm{EX}}(\mathrm{Inv}^* - m, \mathrm{MP})/\partial (\mathrm{Inv}^* - m)}$$

$$(15.6)$$

由于 $\dfrac{\partial \mathrm{R}(\mathrm{Inv}^*)}{\partial \mathrm{Inv}^*} < 0$，$\dfrac{\partial c_{\mathrm{EX}}(\mathrm{EF})}{\partial \mathrm{EF}} > 0$，$\dfrac{\partial c_{\mathrm{EX}}(\mathrm{EF})}{\partial \mathrm{MP}} < 0$，故有，$\dfrac{\mathrm{dInv}^*}{\mathrm{dMP}} > 0$，即宽松的货币政策可以有效降低房地产企业外部融资成本，促进房地产企业投资的增加。

从投资决策模型中可以看出，企业在面临货币政策调控时，通过不断调整投资决策以实现企业价值最大化，且货币政策对房地产企业投资具有正向的影响。又通过金融机构贷款额与房地产投资散点图可以直观看出货币政策与房地产投资具有较强相关关系（见图 15-5），为进一步验证货币政策与房地产投资的空间相关性，我们对其进行全域莫兰指数测算，本章计算如下全域莫兰指数：

$$\mathrm{Moran's\ I} = \frac{\displaystyle\sum_{i=1}^{n}\sum_{j=1}^{n} w_{ij}(x_i - \bar{x})(x_j - \bar{x})}{S^2 \displaystyle\sum_{i=1}^{n}\sum_{j=1}^{n} w_{ij}} \tag{15.7}$$

$$S^2 = \frac{1}{n}\sum_{i=1}^{n}(x_i - \bar{x})^2 \tag{15.8}$$

$$\bar{x} = \frac{1}{n}\sum_{i=1}^{n} x_i \tag{15.9}$$

其中，x_i 表示第 i 个城市的相关变量（金融机构贷款额、房地产开发投资）观测值，n 为城市总数，S^2 为样本方差，w_{ij} 为空间权重矩阵 w 中

319

的元素，权重使用空间经济地理距离矩阵计算。莫兰指数的取值范围为
－1至1，取值为－1时，表明地区间空间负相关；如果莫兰指数接近
于0，则表明空间分布是随机的，不存在空间自相关；而当取值接近于
1时，表示地区间正相关，即高值与高值相邻、低值与低值相邻。如
图 15－6 所示，2008～2018 年货币政策和房地产开发投资的全域莫兰
指数均为正值，表明货币政策与房地产开发投资存在较高程度的正相关
性，尽管不同年份之间存在相关指数波动情况。

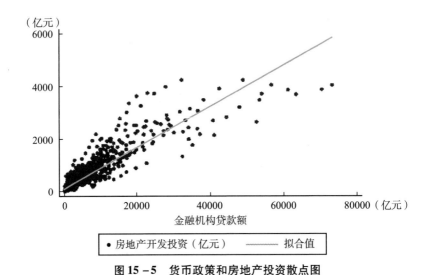

图 15－5　货币政策和房地产投资散点图

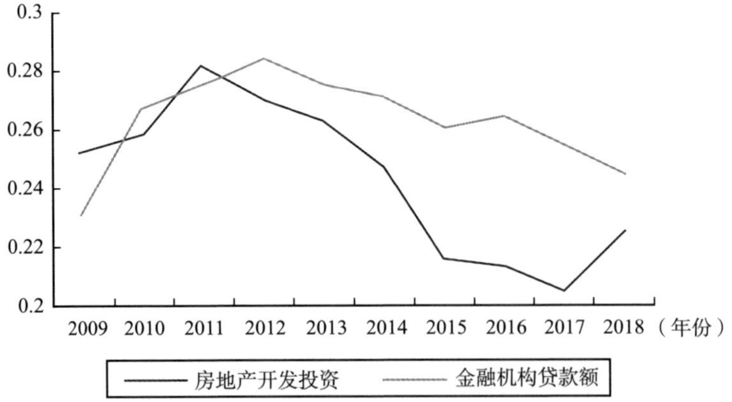

图 15－6　货币政策和房地产投资莫兰指数

通过以上分析可知，货币政策与房地产开发投资具有空间相关性。因此，货币政策对房地产开发投资的影响可能不仅存在直接影响，还可能引致空间溢出效应。本章通过进一步对货币政策对房地产开发投资的影响空间效应测度，可以更为科学地验证这种相关性和影响关系。

（二）房地产投资的空间权重矩阵建立

为分析货币政策对房地产投资的空间溢出效应，本章构建如下矩阵对数据进行分析：

（1）0-1空间权重：对于0-1空间权重的建立，主要依据城市单元之间是否邻接来判断。当两城市邻接时，则其权重元素赋值为1，否则为0；即城市 i 和城市 j 拥有共同的边界，则认为两城市相邻，即 $W_{ij}=1$。反之，则不相邻，$W_{ij}=0$。具体形式如下：

$$W_{ij}=\begin{cases} 1 & 城市 i 与城市 j 相邻 \\ 0 & 城市 i 与城市 j 不相邻 \end{cases}\quad (i\neq j) \qquad (15.10)$$

（2）空间地理距离矩阵：由于0-1空间权重主要是将相邻的城市之间的联动性视为1，不相邻的城市之间联动性视为0，但有些不相邻的城市之间也具有要素频繁流通联动关系，并且一个城市的经济发展活动不只会影响到相邻地区的发展，还会影响到更远距离地区，但其影响程度会随着距离的增加而减少。基于此，我们依据各个城市经纬度来设定空间地理距离权重矩阵，并以此反映城市间的空间效应，即主对角线元素均为0，非主对角线上的元素为1/d，其中 d 为两个城市地理中心位置之间的距离。

（3）空间经济地理距离矩阵：地理距离空间权重矩阵仅反映了城市距离因素对企业投资空间分布的影响，而地区间的经济发展水平也存在显著差异，在城市地理距离相同时，经济水平高的城市的溢出效应就会流入经济水平较高的城市，其之间的经济联动性更强。这可能是因为经济发展水平相近的城市，其人口、资金等其他资源在地区间流动更加容易，从而有较高的溢出效应。据此，我们参考邵帅等（2019）的方法构建了空间经济地理距离矩阵，具体设定如下：空间经济地理距离矩阵（W_3）是由地理距离空间权重矩阵（W_1）和经济距离空间权重矩阵（W_2）嵌套而成，即 $W_3=\lambda W_1+(1-\lambda)W_2$，其中 λ 表示地理距离空间权重矩阵的权重且取值为0.5，经济距离空间权重矩阵（W_2）的元素

W_{ij} 为城市 i 与 j 的人均 GDP 年均值绝对差值倒数组成。

（三）货币政策对房地产投资影响的空间计量模型

在投资决策模型和面板数据模型的基础上，探究房地产投资影响因素具体影响机制及其空间溢出效应，本章构建房地产投资空间计量模型：

$$\text{Inv}_{it} = \beta_0 + \beta_1 MP + \beta_2 X_{control} + \varepsilon_{it} \tag{15.11}$$

模型（15.11）中，MP 为货币政策表征变量，用金融机构贷款额表征；$X_{control}$ 为一系列控制变量，包括人均 GDP、常住人口、滞后一期房价、职工平均工资和商品房销售额等。ε_{it} 为随机扰动项。

由于城市房地产开发投资存在空间自相关性，其投资水平不仅受到本地区内部各因素的影响，其邻近周边城市的房地产投资水平和邻近地区内部因素在一定程度上也相互影响。因此，本章在模型（15.11）的基础上，参考白俊红等（2017）做法，设定关于房地产投资的 SDM 模型，则式（15.11）可写成：

$$Y_{it} = \beta_0 + \lambda WY_{it} + \beta_1 MP + \beta_2 X_{control} + \theta_1 WMP + \theta_2 WX_{control} + \varepsilon_{it}$$

$$\tag{15.12}$$

其中，W 为空间权重矩阵，λ 为空间滞后系数，如果 $\lambda > 0$，表示存在正向的空间相关关系，$\lambda < 0$ 表示存在负的空间相关关系。

在空间计量模型中，简单地使用估计系数表征自变量对因变量的影响，很难准确估计空间效应产生的结果，而货币政策对房地产投资的空间效应影响又可分为直接效应、溢出效应和总效应，其中，直接效应反映了货币政策对本地区房地产投资的平均影响，溢出效应反映了货币政策对其他地区投资的平均影响，而总效应反映的是货币政策对全部区域产生的平均影响。因此，我们参考邵朝对和苏丹妮（2017）的方法，对空间计量模型中货币政策对房地产投资影响的直接效应、空间溢出效应和总效应进行测度。具体测算如下：

$$(I_n - \lambda W) Y = \tau_n \beta'_0 + \beta_1 MP + \beta_2 X_{control} + \theta_1 WMP + \theta_2 WX_{control} + \varepsilon$$

$$\tag{15.13}$$

令 $S(W) = (I_n - \lambda W)^{-1}$，$P_m(W) = S(W) \cdot (I_n \beta_m - \theta_m W)$，则（14.10）式变为：

$$Y = \sum_{m=1}^{k} P_m(W) X_m + S(W) \tau_n \beta'_0 + S(W) \varepsilon \tag{15.14}$$

$$
\begin{bmatrix} Y_1 \\ Y_2 \\ Y_3 \\ \vdots \\ \vdots \\ Y_n \end{bmatrix} = \sum_{m=1}^{k} \begin{bmatrix} P_m(W)_{11} & P_m(W)_{12} & \cdots & \cdots & P_m(W)_{1n} \\ P_m(W)_{21} & P_m(W)_{22} & \cdots & \cdots & P_m(W)_{2n} \\ \vdots & \vdots & \ddots & & \vdots \\ P_m(W)_{(n-1)1} & P_m(W)_{(n-2)2} & & \ddots & P_m(W)_{(n-1)n} \\ P_m(W)_{n1} & P_m(W)_{n2} & \cdots & \cdots & P_m(W)_{nn} \end{bmatrix} \begin{bmatrix} X_{1m} \\ X_{2m} \\ X_{3m} \\ \vdots \\ \vdots \\ X_{nm} \end{bmatrix}
$$

$$
+ P(W)(\tau_n \beta'_0 + \varepsilon)
$$

把式（15.14）转换成矩阵形式可得：

其中，I_n 为 n 阶的单位矩阵，$m = 1, 2, \cdots, k$，表示第 m 个解释变量。直接效应为中间矩阵的对角元素的平均值，即某地区自变量对该地区因变量的影响大小；非对角线上的元素表示了某地区自变量对其他地区因变量的平均影响，即空间溢出效应；总效应为直接效应和溢出效应之和。其表达式可依次记为：

$$
\mathrm{direct} = \frac{\partial Y_i}{\partial X_{im}} = P_m(W)_{ii}, \quad \mathrm{indirect} = \frac{\partial Y_i}{\partial X_{jm}} = P_m(W)_{ji},
$$

$$
\mathrm{total} = P_m(W)_{ii} + P_m(W)_{ji} \circ \tag{15.15}
$$

（四）变量选取

（1）房地产投资（inv）：房地产开发投资额体现了相关房地产企业在房地产开发过程中的投资水平，可以较好地反映房地产企业的投资情况。因此，本节使用房地产开发投资额来表征房地产投资变量。

（2）货币政策（mp）：基于货币政策的传导机制，研究发现货币政策对房地产投资影响主要通过货币供应途径进行调控，进而影响房地产市场供给与需求。在研究货币政策对房地产投资影响过程中，不少学者使用货币供应量（M2）对货币政策进行表征，但都局限于较为宏观的层面（邓富民、王刚，2012；陈创练、戴明晓，2018）。目前，我国城市层面的货币供应量 M2 的统计数据较少，同时，通过货币政策信贷渠道调控机制，货币供应量变化会影响银行信贷规模，使得二者之间存在较高相关关系，进而使得信贷量在很大程度上可以表现出货币供应量的影响。因此，本节使用城市层面的金融机构贷款额来表征货币政策，以表现出城市层面货币政策对宏观经济政策的响应。

二、实证结果分析

（一）描述性统计

本章通过 Stata 计量软件进行相关实证分析，主要变量的描述性统计结果如表 15-9 所示，我们可以看出不同城市的房地产投资具有较大的差距，投资水平最小值为 3.73，而最大值为 4248.76，这为后文研究房地产企业在不同级别城市进行房地产投资规律奠定了基础。表 15-10 显示了 2009~2018 年各城市的房地产开发投资额变量和货币政策变量的空间自相关莫兰指数检验结果，结果显示房地产投资和货币政策的莫兰指数均显著为正，说明房地产投资和货币政策存在显著的正的空间自相关，即存在空间集聚的特征。因此，本章对货币政策与房地产投资关系进行研究时，充分考虑空间相关性和空间效应的影响，可以减少估计结果的偏误。

表 15-9　　　　　　　　　　变量描述性统计

变量	符号	样本量	均值	标准差	最小值	最大值
房地产开发投资	inv	1958	384.69	578.37	3.73	4248.76
人均 GDP（万元）	rgdp	1958	5.17	3.19	0.65	21.55
人均 GDP 的平方	rgdp2	1958	36.94	50.18	0.43	464.35
常住人口（万人）	popu	1958	509.69	340.38	54.58	3403.64
房价（万元/平方米）	price	1958	0.57	0.39	0.14	5.41
职工平均工资（万元）	wage	1958	4.78	1.85	1.27	14.98
商品房销售额（亿元）	sale	1958	4.06	6.61	0.03	66.96
金融机构贷款额（亿元）	mp	1958	3554.49	6693.55	88.65	73272.4

表 15-10　　　2009~2018 年房地产投资和货币政策的莫兰检验结果

年份	Invest Moran's I	P 值	年份	MP Moran's I	P 值
2009	0.252	0.000	2009	0.232	0.000
2010	0.258	0.000	2010	0.267	0.000

续表

年份	Invest Moran's I	P 值	年份	MP Moran's I	P 值
2011	0.281	0.000	2011	0.275	0.000
2012	0.270	0.000	2012	0.284	0.000
2013	0.263	0.000	2013	0.275	0.000
2014	0.247	0.000	2014	0.271	0.000
2015	0.216	0.000	2015	0.261	0.000
2016	0.213	0.000	2016	0.264	0.000
2017	0.205	0.000	2017	0.255	0.000
2018	0.225	0.000	2018	0.245	0.000

（二）实证结果

1. 基本参数估计

表 15-11 显示了货币政策对房地产投资影响的参数估计结果以及稳健性检验结果。从表 15-11 的估计结果可以看出，以上三类空间权重矩阵估计的空间自回归系数均显著为正，表明本城市的房地产投资水平会受到其他城市投资活动的加权影响。另外，货币政策表征变量的系数在 1% 水平上显著为正，表明货币政策对房地产投资具有显著的影响。这体现了作为资金密集型行业的房地产业极易受到"银根"调整的影响，而且当货币政策宽松时，房地产企业融资成本降低，可以获得更多的融资资金用于企业投资，进而不断扩大投资规模。

表 15-11 基本参数估计结果

变量	不考虑空间溢出效应	0-1 权重	地理距离权重	经济地理距离权重
λ		0.297 *** (8.48)	0.824 *** (19.83)	0.442 *** (12.28)
rgdp	0.179 *** (9.18)	0.105 *** (3.12)	0.068 ** (2.08)	0.098 *** (3.12)
rgdp2	-0.008 *** (-10.30)	-0.005 *** (-3.33)	-0.004 ** (-2.27)	-0.005 *** (-3.47)

变量	不考虑空间溢出效应	0 – 1 权重	地理距离权重	经济地理距离权重
L. mp	0.085 *** (3.28)	0.140 *** (3.96)	0.142 *** (4.27)	0.128 *** (3.86)
popu	− 0.010 (− 0.07)	0.210 *** (3.55)	0.176 *** (3.08)	0.203 *** (3.59)
sale	0.513 *** (24.17)	0.592 *** (14.95)	0.607 *** (15.60)	0.603 *** (15.93)
wage	− 0.070 (− 1.24)	0.172 * (1.84)	0.218 * (1.67)	0.113 (0.87)
L. price	0.447 *** (8.33)	0.256 *** (4.11)	0.256 *** (4.29)	0.275 *** (4.82)
常数项	1.284 (1.41)	− 0.815 *** (− 3.07)	− 1.649 *** (− 4.19)	− 0.820 *** (− 2.63)
样本量	1780	1780	1780	1780
R^2	0.768	0.909	0.917	0.912

注：括号内为 t 值；* 、** 、*** 分别表示在 10%、5% 和 1% 的水平上显著。

对比估计结果发现，在不同的空间权重估计下，货币政策对房地产投资均具有显著的正向影响，估计结果较为稳健。但由于估计模型的回归系数并不能直接反映货币政策对房地产投资的影响水平，因此本章进一步估计出直接效应、空间溢出效应和总效应对其进行表征。上述三种效应的估计结果见表 15 – 12。

表 15 – 12   货币政策对房地产投资的直接效应、空间溢出效应和总效应

变量	0 – 1 权重	地理距离权重	地理经济距离权重
Direct			
rgdp	0.107 *** (3.15)	0.069 ** (2.09)	0.101 *** (3.14)
rgdp2	− 0.005 *** (− 3.31)	− 0.004 ** (− 2.25)	− 0.005 *** (− 3.43)

变量	0-1 权重	地理距离权重	地理经济距离权重
L. mp	0. 145 *** (4. 27)	0. 147 *** (4. 58)	0. 134 *** (4. 17)
popu	0. 213 *** (3. 58)	0. 178 *** (3. 11)	0. 207 *** (3. 59)
sale	0. 590 *** (15. 51)	0. 610 *** (16. 31)	0. 599 *** (16. 52)
wage	0. 141 (1. 59)	0. 195 (1. 48)	0. 093 (0. 73)
L. price	0. 272 *** (4. 32)	0. 263 *** (4. 22)	0. 291 *** (4. 71)
Indirect			
rgdp	0. 039 *** (2. 98)	0. 325 * (1. 81)	0. 075 *** (2. 88)
rgdp2	− 0. 002 *** (−3. 13)	− 0. 017 ** (−1. 97)	− 0. 004 *** (−3. 24)
L. mp	0. 053 *** (3. 86)	0. 709 *** (2. 79)	0. 099 *** (3. 85)
popu	0. 079 *** (3. 01)	0. 868 ** (2. 18)	0. 155 *** (3. 03)
sale	− 0. 057 (−1. 62)	0. 247 (0. 58)	− 0. 148 ** (−2. 23)
wage	− 0. 361 *** (−3. 05)	− 2. 731 ** (−2. 49)	− 0. 360 ** (−2. 10)
L. price	0. 213 * (1. 74)	1. 256 *** (2. 91)	0. 383 (1. 26)
Total			
rgdp	0. 146 *** (3. 18)	0. 394 * (1. 90)	0. 175 *** (3. 09)

续表

变量	0-1权重	地理距离权重	地理经济距离权重
rgdp2	-0.007*** (-3.35)	-0.021** (-2.07)	-0.009*** (-3.44)
L. mp	0.199*** (4.32)	0.856*** (3.13)	0.233*** (4.18)
popu	0.292*** (3.48)	1.046** (2.36)	0.362*** (3.40)
sale	0.533*** (11.28)	0.857** (2.02)	0.450*** (6.06)
wage	-0.220** (-1.99)	-2.536** (-2.34)	-0.267* (-1.95)
L. price	0.485*** (3.45)	1.520*** (3.24)	0.675** (2.04)
样本量	1780	1780	1780
R^2	0.909	0.917	0.912
Wald检验（p）	100.74 (0.0000)	148.22 (0.0000)	103.39 (0.0000)
Lratio检验（p）	12.47 (0.0860)	30.47 (0.0001)	25.93 (0.0005)

注：括号内为t值；*、**、***分别表示在10%、5%和1%的水平上显著。

从表15-12可以看出，空间权重下的货币政策的直接效应和空间溢出效应均显著为正，表明货币政策不仅具有明显的直接效应，其所引致的空间溢出效应对房地产投资亦具有显著的促进作用。并且货币政策滞后项显著为正，表明货币政策对房地产投资影响也具有显著的滞后影响。同时，我们发现Wald检验和Lratio检验（p）基本在1%的水平上显著，表明SAR与SEM模型并不适用，而且SDM模型充分考虑了空间交互作用，即一个城市的房地产投资水平不仅受本地区自变量的影响，还会受到其他地区投资水平和自变量的影响，因此，本章使用的SDM模型估计参数具有较好拟合效果。

2. 不同城市级别对比分析

我国的房地产开发投资表现出显著的区域差异，一、二线城市的房地产投资水平明显高于三、四线城市。这引发我们思考如下问题：货币政策对房地产投资的影响是否存在区域差异？表 15 – 13 报告了空间权重矩阵下一线城市、二线城市、三线城市和四线及以下城市的货币政策对房地产投资影响的估计结果。从表 15 – 13 可以看出，不同城市级别下货币政策也对房地产投资具有显著正向影响，且存在明显的区域差异性，一线城市和二线城市的货币政策变量系数小于三线和四线及以下城市的系数，表明货币政策对一、二线城市房地产投资影响较小，对三、四线城市影响较大。这也进一步体现了一、二线城市的投资空间基本趋于饱和，很难进一步扩大；相反，正处于经济快速发展的三、四线城市仍具有较大的投资空间。

表 15 – 13　　不同城市级别货币政策影响房地产投资估计结果

变量	一线城市	二线城市	三线城市	四线及以下城市
Main				
rgdp	0. 101 (0. 51)	0. 111 ** (2. 10)	0. 080 (1. 44)	0. 058 (1. 00)
rgdp2	– 0. 002 (– 0. 43)	– 0. 004 * (– 1. 89)	– 0. 003 (– 1. 00)	– 0. 004 (– 1. 46)
L. mp	0. 159 ** (1. 97)	0. 065 (1. 22)	0. 092 * (1. 74)	0. 206 *** (3. 28)
popu	0. 467 ** (2. 18)	0. 265 *** (3. 25)	0. 204 ** (2. 01)	0. 061 (0. 58)
sale	0. 390 *** (3. 99)	0. 417 *** (4. 81)	0. 599 *** (10. 40)	0. 614 *** (9. 56)
wage	0. 029 (0. 16)	0. 280 (1. 16)	0. 207 (1. 18)	0. 076 (0. 33)
L. price	0. 097 (1. 20)	0. 181 * (1. 93)	0. 440 *** (2. 71)	0. 356 (0. 99)
常数项	– 0. 710 (– 0. 57)	– 0. 013 (– 0. 02)	– 1. 285 * (– 1. 91)	– 1. 243 * (– 1. 88)

变量	一线城市	二线城市	三线城市	四线及以下城市
Direct				
L. mp	0.167 ** (2.06)	0.069 (1.33)	0.098 * (1.90)	0.210 *** (3.54)
Indirect				
L. mp	0.124 (1.16)	0.082 (1.19)	0.284 * (1.66)	0.176 ** (2.19)
Total				
L. mp	0.292 (1.62)	0.150 (1.27)	0.382 * (1.76)	0.386 *** (3.10)
N	190	300	650	640
R^2	0.818	0.764	0.776	0.778

注：*、**、*** 分别表示在10%、5%、1%的水平上显著；括号内为 z 值。

同时，不同城市级别下的货币政策空间溢出效应也为正向，表明宽松的货币政策在促进本地房地产投资的同时也会促进其他地区的投资水平；同时，三、四线城市的货币政策变量的空间溢出效应系数大于一、二线城市，表明货币政策对经济发展较弱的城市的空间溢出效应影响更大。这是由于在经济发展较好的一、二线城市投资回报较高，风险较低，房企融资渠道广，更能抵御货币政策调控波动；相反在三、四线城市投资回报较低，风险较高，房企融资较难，更易受到货币政策调控影响。

第四节　研究结论与政策建议

一、研究结论

本章基于房地产投资视角下探究货币政策对房地产投资影响效果，一方面结合 SHTO 理论探究房地产投资规律以及货币政策对其影响机制；另一方面基于空间计量模型，研究分析货币政策对房地产企业投资的空间性影响及其空间差异性。本章的研究为丰富房地产投资的 SHTO 规律以及货币政策影响房地产投资的空间效应提供了理论参考，也对促进房地产市场有效调控、完善房地产投资的空间配置具有重要现实意义和参考价值。基于此，本章主要研究结论为：

第一，基于 SHTO 理论我国房地产投资也存在着倒"U"型发展特征。SHTO 值会随着经济发展水平的提高而提高，然后在达到顶峰后会随着经济发展水平提高而下降；同时，不同城市级别划分下 SHTO 规律也成立，且大部分一、二线城市已超过倒"U"型曲线拐点进入到曲线下降阶段，而大部分三、四线城市仍处于曲线上升阶段。

第二，货币政策调控能够显著影响房地产投资倒"U"型特征变化趋势，反映出货币政策的政策效应。在宏观政策调控下，宽松货币政策会显著促进房地产投资占 GDP 比重上升，并使得 SHTO 值拐点向左移动，即拐点的位置将稍微提前；此外，在不同层级或城市级别下，货币政策对 SHTO 值及其拐点的影响也同样如此。

第三，货币政策对房地产投资影响具有显著的空间效应。在加入空间权重以后，货币政策对房地产投资具有显著直接效应影响，体现了作为资金密集型行业的房地产业极易受到"银根"调整的影响，而且宽松的货币政策会降低房企融资成本，扩大企业投资规模；同时，货币政策对房地产投资影响的空间溢出效应显著为正，表明货币政策不仅具有明显的直接效应，其所引致的空间溢出效应也显著影响房地产投资变化。

第四，在不同城市级别下，货币政策也对房地产投资具有显著的正向影响，且存在明显的区域异质性。一线城市和二线城市的货币政策变量系数小于三线和四线及以下城市的系数，表明货币政策对一、二线城市房地产投资影响较小，对三、四线城市影响较大；三、四线城市的货币政策变量的空间溢出效应系数大于一、二线城市，也表明了货币政策对经济发展较弱的城市的空间溢出效应影响更大。这也进一步体现了一、二线城市的投资空间基本趋于饱和，很难进一步扩大；相反，正处于经济快速发展的三、四线城市仍具有较大的投资空间。

二、政策建议

基于上述研究，本部分提出以下针对性政策建议。

331

第一，加强房地产市场"因城施策"力度，遵循分类指导原则，提升政策调控效果。从房地产供需两端着手，加大供给侧调控力度，促进需求侧企稳发展，结合城市发展实际，打好调控"组合拳"。例如，一、二线城市凭借其中心城市经济发展优势，打造健康高端城市住房；三、四线城市可以通过放宽房企预售条件、资金监管和给予购房补贴等政策来刺激住房市场，增加房地产需求，并依托都市圈、城市群加速发展房地产市场，不断优化区域调控政策以稳定房地产市场预期，保持房地产市场健康长效发展。

第二，强化货币政策协同效应，优化房地产市场投资结构。首先，优化企业融资流程，扩大融资范围，有效缓解融资难问题；其次，结合企业需求灵活运用货币政策，从货币政策直接作用对象出发优化货币政策对市场需求的反应和传导机制，发挥好利率对企业市场行为的引导和促进作用；最后，保持好稳健性货币政策，适当调节货币供给量，疏通房地产市场信贷融资渠道，合理配置房地产供需资源，进而不断优化房地产市场投资结构，促进房地产市场与宏观调控政策协同发展。

第三，加强房地产企业城市定位，深耕市场资源优势。要加强城市品牌认知力，提升项目溢价和去化能力，不断深挖市场，发挥本地资源优势，建设城市特色项目，打造差异化的产品和服务。例如，打造长租公寓、绿色健康住房等新型住房产品，更加精细化满足购房者的差异性住房需求。

第四，加强房地产企业经营管理，提高防控风险能力。房地产企业要把握市场调整中的结构性机会，优化区域布局，提升产品及配套服务，保持持续稳健增长。例如，对城市发展不同阶段制定不同的投资组合，审慎补充优质土地，提高产品、定位、价格、去化能力；加强企业现金流管理，提高现金周转速度，对接多元化的融资渠道，提升自身抵御风险能力。

第十六章　货币政策调控下差异化预期的区域差异

本章在住房存量调整模型的基础上，基于住房供给方为理性预期、需求方为适应性预期的假设条件，建立了包含预期和政策调控的住房市场均衡模型，然后以中国 35 个大中城市为样本，利用线性模型和门槛模型实证检验了预期和政策调控对房价波动的影响。图 16 - 1 为货币政策调控下差异化预期。

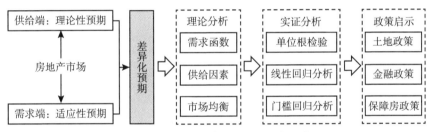

图 16 - 1　货币政策调控下差异化预期

资料来源：笔者自行绘制。

第一节　适应性预期与理性预期

过去 10 多年，中国城市房价显著上涨，很多城市房价收入比早已超过国际公认警戒线，高房价已成为大多数家庭的最大负担，房价长期非理性上涨将给房地产市场乃至整个宏观经济产生巨大冲击。那究竟又是什么因素影响房价波动呢？一般认为经济基本面是影响房价波动的重要因素。然而有研究指出，中国房价已经偏离了经济基本面，转而替代的是政府房地产调控对房价具有高度解释力（沈悦等，2004）。

　　自 1998 年房地产市场化改革以来，政府频繁运用各种宏观调控手段稳定房地产价格，但似乎并没有达到预期目标，甚至使楼市深陷"越调越涨"怪圈，高房价已是不争事实。据此，人们开始质疑不同政策工具对房地产调控有效性问题。房地产调控有效性可以理解为两个层面含义，一是不同政策工具对房地产市场能否产生影响以及产生多大影响，即理论有效性；二是政府能否有能力或者真正意图运用不同政策工具调控房地产市场以期达到既定目标，即实施有效性。从现有文献来看，多数从第一个层面研究房地产政策调控有效性问题，但并未达成一致认同。不少理论研究和实证检验支持政府实施的政策调控工具有效的结论。如伯南克等（Bernanke et al.，2001）分析了金融体系如何影响资产价格（包括房价）的理论框架。亚科维罗（Iacoviello，2005）、米尔鲍尔和墨菲（Muellbauer & Murphy，1997）、亚科维罗等（Iacoviello et al.，2008）等研究发现信贷市场对房地产价格变动具有显著效应。国内也有较多学者支持这一观点，如张涛等（2006）研究发现按揭贷款实际利率越高，房屋价格越低。况伟大（2008）认为开征物业税可以促使房价下降。余华义（2010）认为土地供给不足造成了房价高涨，土地供应量增加能够有效抑制房价上涨。赵胜民和罗琦（2013）研究发现，开征房产税对住房价格及宏观经济产生显著效应。易斌（2015）研究发现，在不考虑土地供给限制的情况下，相对于住房需求抑制，土地供给调节可能是更优的房地产调控政策。也有文献支持房地产政策调控无效论。如贾德和温克勒（Jud & Winkler，2002）、迪尼科拉等（Nicole et al.，2013）、郑思齐和卡恩（Zheng & Kahn，2008）等研究分别发现利率、税收以及土地政策对房地产市场作用不明显。国内学者通过构建各种模型发现利率（况伟大，2010）、银行信贷（周京奎，2005）、土地政策（李永友，2014）等政策工具对房地产市场调控成效不明显。

　　房地产调控是一项系统工程，除了考虑各种政策工具调控的有效性之外，还应考虑到公众对决策的回应逻辑。自耶鲁经济学家席勒将市场参与者的心理行为引入资产价格波动模型之后，引发了学者不断探索预期因素在解释房地产价格波动中的重要影响（Malpezzi & Wachter，2005；HuaKiefer，2011）。薛志勇（2012）认为中国房地产市场是介于适应性预期与理性预期之间的准理性预期，预期与房价之间存在正比例关系，预期对于房价的放大效应和预期的不稳定性增加了政策调控难度。陆铭等（2014）在研究移民对房价作用机制时发现，移民占比变化的信息里面包含了移民推动房价上升的预期，潜在购房者的房价上涨预期越强烈，房价就会越高。况伟大（2010）的研究不仅考虑了理性预期，还考虑了适应性预期对房价影响，研究发现，在理性预期模型框架下，理性预期房价越高，投机越盛，房价波动越大。而适应性预期模型框架下，当消费性需求占主导时，上期房价越高，房价波动越小；当投机性需求占主导时，上期房价越高，房价波动越大。高波等（2013）认为在适应性预期下，房价租金比下降；在理性预期下，房价租金比上升。上述文献多数是从需求方的预期来分析预期对房地产市场的影响，而忽略了从供给方即开发商的预期。尽管况伟大（2010）和高波等（2013）同时考虑到供求方预期，但都是基于供求双方一致性预期假设，而现实情况是，住房市场供求双方往往存在严重信息不对称，一致性预期假设略显不足。

与已有考虑适用性和理性预期文献不同的是，本研究基于住房供给方和需求方差异化的预期假设。中国房地产市场供需双方存在严重信息不对称，住房消费性群体多属家庭和个人，他们缺少对楼市客观、公正及前瞻性的认识，只能依据现在及过去的房价数据对未来房价走势作出预期，即适应性预期；而房地产开发商能够预先掌握一切可以利用的信息，参照过去历史提供的知识并对其加以最有效利用，作出理性预期。若将供给方和需求方统一的适应性预期假设，无形中挤兑供给方对房价变动理性预期，增加上一期房价对本期房价效应估计的偏误；反之，若统一假设为理性预期，则高估需求方预期的理性程度，使得下一期房价变量成为本期房价模型的干扰项，从而放大整个存量模型估计的偏误。

另一方面，面对房价越调越涨的怪圈，现有文献除了研究不同政策工具对房价调控理论有效性问题外，开始有学者对政府房地产调控决策逻辑和政策意图产生怀疑。政府这些年房地产政策调控的底线或者是决策标准在哪里？是坚持一竿子到底，还是有"保"有"压"？近年来，上海、重庆、青岛、南昌、武汉、杭州等多地不约而同地提出房价增幅与 GDP 或居民可支配收入增幅挂钩的调控目标。房价增幅与当年 GDP 或居民可支配收入增幅挂钩是政府政策调控的参照系吗？当房价增幅处于 GDP 或居民可支配收入增幅的不同区间，同一政策工具对房价波动产生异质性影响吗？具体的内在逻辑又是什么？本章重点分析政府干预框架下的土地政策和保障房政策以及市场作用机制下货币政策。运用门槛回归模型检验不同房价增速区间下，不同政策工具对房价增量影响的异质性，为政府针对房价不同增幅区间采用更为有效调控政策提供参考。此外，经济新常态背景下，本章研究为如何通过政策调控来稳定预期和房价，减少因房价大幅波动引发一系列经济和社会问题作出参考。

第二节　差异化预期区域差异的理论基础

本章拓展住房存量调整模型，建立包含预期和政策调控的住房市场均衡模型。预期包括卡根的适应性预期和穆斯的理性预期两种。适应性预期是依据上一期的房价信息进行反馈式预测，即 $lnP^e_{i,t+1} = \lambda_1 lnP_{it}$，$lnP^e_{it} = \lambda_2 lnP_{i,t-1}$，其中，$P_{it}$ 表示 i 地区 t 期的住房价格，$P^e_{i,t+1}$ 表示 i 地区在 t 期对 $t+1$ 期住房预期价格，λ_1、λ_2 为适应性预期的系数，综合考虑到投资者和消费者两个需求群体的收益决策，λ_1、λ_2 均大于 1，否则投机者或消费者放弃购买行为。而理性预期则尽力采取一切手段谋取可得的信息，从而对房价变量未来变动作出尽可能准确预测。理性预期假设，$lnP^e_{it+1} = E_t lnP_{it+1}$，$lnP^e_{it} = E_{t-1} lnP_{it}$。根据加利和格特勒（Gali & Gertler，1999）的定义，$E_t lnP^e_{it+1} = lnP_{it+1} - \varepsilon_{it+1}$，$E_{t-1} lnP^e_{it} = lnP_{it} - \varepsilon_{it}$，其中 ε 是独立同分布的（均值为 0，方差为 σ^2）白噪声；其次，鉴于我国住房消费性群体多属家庭和个人，房地产市场严重的信息不对称，使得他们缺少对楼市客观、公正及前瞻性的认识，只能依据现在及过去的房价数据对未来房价走势作出预期。马尔佩奇和瓦希特（Malpezzi & Wachter，2005）研究也表明，房地产市场投资者对住房的投资性需求表现为明显的适应性预期而非理性预期。相比之下，房地产开发商能够预先掌握一切可以利用的信息，参照过去历史提供的所有知识并对其加以最有效利用，作出理性预期。可以说，其在理性程度上远超需求者（朱英姿和许丹，2013）。根据第一个假设条件中对适用性预期和理性预期的定义并结合后文的理论分析，若将供给方和需求方统一假设为适应性预期，无形中挤兑供给方对房价变动理性预期，增加上一期房价对本期房价效应估计的偏误；反之，若统一假设为理性预期，则高估需求方预期的理性程度，使得下一期房价变量成为本期房价模型的干扰项，从而放大整个存量模型估计的偏误。据此，本章第二假设条件：需求者对住房价格的预期为适应性预期，而开发商为理性预期。同时，文中第三个假设：房地产需求和供给函数均是对数加法可分。

（一）需求函数

预期和房地产调控政策是住房需求的函数。除此之外，住房需求还与人均可支配收入、城镇化、失业人数等基本面因素相关。据此，房地产需求函数表达式为：

$$\ln D_{it} = \alpha_0 + \alpha_1 \ln Y_{it} + \alpha_2 \ln UR_{it} + \alpha_3 \ln UM_{it} + \alpha_4 \ln P_{it} + \alpha_5 \ln P_{i,t+1}^e + g(X_{it}) \tag{16.1}$$

式（16.1）中，D_{it}、Y_{it}、UR_{it}、UM_{it}分别表示 i 地区 t 期房地产总需求、居民人均可支配收入、城镇化率、城镇登记失业人数；住房需求者为适应性预期，则 $\ln P_{i,t+1}^e = \lambda_1 \ln P_{it}(\lambda > 1)$。其中，$\alpha_1 > 0$，表示需求收入弹性；$\alpha_2 > 0$，表示城镇化对需求作用力；$\alpha_3 < 0$，表示失业对需求的作用力；$\alpha_4 < 0$，表示需求价格弹性；$\alpha_5 > 0$，表示投机对需求的作用力。$g(X_{it})$ 表示政府政策调控对住房需求的影响，其中，$X_{it} = [fan, sec]$ 是一组政策向量，主要包括货币政策（fan）和住房保障政策（sec），$dg(X)/dX$ 的符号取决于不同调控政策以及其松紧程度。若利率上升，信贷成本增加，从而削弱住房购买能力，住房需求减少，反之，则需求增加。同时，保障房供给的增加，一方面满足更多中低收入家庭的住房需求，分流了市场住房需求；另一方面，增加整个住房市场的供给，缓解住房供需矛盾，凭借更低价格的房源进一步增加需求。

（二）供给因素

住房的总供给是前期供给存量和当期新增供给量的和。本章假定开发商对未来住房价格的预期为理性预期，暂不考虑房地产调控对理性预期的影响。

$$\ln S_{it} = (1 - \delta) \ln S_{i,t-1} + \Delta \ln S_{it} \tag{16.2}$$

$$\Delta \ln S_{it} = \beta_0 + \beta_1 \ln P_{it}^e + \beta_2 \ln P_{i,t-1} + \beta_3 \ln C_{i,t-1} + f(X_{it}) \tag{16.3}$$

式（16.2）和式（16.3）中，S_{it} 表示 i 地区 t 期的住房供给；δ 表示折旧率；$\Delta \ln S_{it}$ 表示 i 地区 t 期新增住房供给；依据前文供给方为理性预期假设，$\ln P_{it}^e = E_{t-1} \ln P_{it}$；$C_{i,t-1}$ 表示 i 地区 t-1 期的住房开发成本；

明显可以发现，$\beta_1 > 0$，$\beta_2 > 0$，$\beta_3 < 0$。$f(X_{it})$ 表示政府政策调控对新增住房供给的影响，但在政策向量 X_{it} 中，我们增添了土地政策（lan），原因在于土地政策更多地作用于住房的供给方。

（三）市场均衡

房地产市场处于均衡时，则 $\ln S_{it} = \ln D_{it}$。由式（16.2）和式（16.3）可以得出：

$$\alpha_0 + \alpha_1 \ln Y_{it} + \alpha_2 \ln UR_{it} + \alpha_3 \ln UM_{it} + \alpha_4 \ln P_{it} + \alpha_5 \ln P^e_{i,t+1} + g(X_{it}) =$$
$$(1 - \delta) \ln S_{i,t-1} + \beta_0 + \beta_1 \ln P_{it} - \beta_1 \varepsilon_{it} + \beta_2 \ln P_{i,t-1} + \beta_3 \ln C_{i,t-1} + f(X_{it})$$

$$(16.4)$$

由公式（16.4）进行差分整理可得：

$$\Delta \ln P_{it} = \frac{\beta_2 \Delta \ln P_{i,t-1}}{\alpha_4 + \lambda_1 \alpha_5 - \beta_1} + \frac{(1-\delta) \Delta \ln S_{i,t-1}}{\alpha_4 + \lambda_1 \alpha_5 - \beta_1} + \frac{-\alpha_1 \Delta \ln Y_{it}}{\alpha_4 + \lambda_1 \alpha_5 - \beta_1} + \frac{-\alpha_2 \Delta \ln UR_{it}}{\alpha_4 + \lambda_1 \alpha_5 - \beta_1}$$
$$+ \frac{-\alpha_5 \Delta \ln UM_{it}}{\alpha_4 + \lambda_1 \alpha_5 - \beta_1} + \frac{\beta_5 \Delta \ln C_{i,t-1}}{\alpha_4 + \lambda_1 \alpha_5 - \beta_1} + \frac{\Delta \ln f(X_{it}) - \Delta g(X_{it})}{\alpha_4 + \lambda_1 \alpha_5 - \beta_1}$$
$$+ \frac{-\alpha_5 \Delta \ln q_{it}}{\alpha_4 + \lambda_1 \alpha_5 - \beta_1} + \frac{-\beta_1 \Delta \varepsilon_{it}}{\alpha_4 + \lambda_1 \alpha_5 - \beta_1} \qquad (16.5)$$

将公式（16.5）进一步简化为：

$$\Delta \ln P_{it} = \rho_1 \Delta \ln P_{i,t-1} + \rho_2 \Delta \ln S_{i,t-1} + \rho_3 \Delta \ln Y_{it} + \rho_4 \Delta \ln UR_{it} + \rho_5 \Delta \ln UM_{it}$$
$$+ \rho_6 \Delta \ln C_{i,t-1} + \theta \Delta \ln Q(X_{it}) + \varepsilon_{it} \qquad (16.6)$$

参照前文假设及相关变量的系数，$\alpha_1 > 0$，$\alpha_2 < 0$，$\alpha_3 < 0$，$\alpha_4 < 0$，$\alpha_5 > 0$，$\lambda_1 > 1$，$\beta_1 > 0$，$\beta_2 > 0$，$\beta_3 < 0$。目前我国的住房需求市场，投机性需求基本被挤出（秦虹，2012），即消费性需求大于投机性需求，因此，$\alpha_4 + \lambda_1 \alpha_5 < 0$，$\alpha_4 + \lambda_1 \alpha_5 - \beta_1 < 0$。由此可以判断式（16.6）中，$\rho_1 < 0$，$\rho_2 < 0$，$\rho_3 > 0$，$\rho_4 > 0$，$\rho_5 < 0$，$\rho_6 > 0$；$\theta$ 表示政府政策调控对房价的影响。在我国，政府对于房地产市场的调控属于常态，调控的核心目标是"稳定商品住房价格"。若实际住房房价 P_{it} 偏离了合理的运行轨道[①]，政府将采取相应的政策工具进行调控，确保房地产市场的正常运行。当 $\Delta \ln P_{it}$ 增长速度过快时，政府的政策调控的目的是使得 $\Delta \ln P_{it} <$

---

① 目前，学术界尚未就合理房价水平达成共识。实践中，各国就合理房价的判断尺度各异，经常采用经济总产出或可支配收入增速的一定倍数（介于 0 和 1 之间）作为度量合理房价增速的简单指标。

0，即 θ<0；反之，ΔlnP_{it} 增长速度过慢或者是负增长时，θ>0。

由此，本章可以得出：在开发商为理性预期、购房者为适应性预期模型假设下，上一期住房价格增量的上升，引发当期住房供给增加，从而导致当期住房价格增量的下降；上一期住房存量的增加，增加了当期住房供给弹性，导致当期住房价格增量的下降；当期居民可支配收入水平的提升，增加了住房需求，拉升本期住房价格增量；当期城镇人口数量的增长，住房需求增加引起房源供给紧张，导致当期住房价格增量上涨；当期失业人数上升，导致住房购买能力下降，住房需求减少，当期住房价格增量下降；上一期住房供给成本上升，当期住房供给增量下降，住房价格增量上升；若实际住房价格增速过快时，政府政策调控对房价的增长有抑制作用；反之，政府政策调控对房价的增长有正向作用。

第三节 差异化预期区域差异的实证分析

339

一、模型设定

本章重点考察预期和房地产政策调控对房价波动的影响，先不考虑非线性关系，由式（16.6）设定基本的线性模型如下：

$$\Delta lnP_{it} = \rho_1 lnP_{i,t-1} + \rho_2 \Delta lnS_{i,t-1} + \rho_3 \Delta lnY_{it} + \rho_4 \Delta lnUR_{it} + \rho_5 \Delta lnUM_{it}$$
$$+ \rho_6 \Delta lnC_{i,t-1} + \theta \Delta lnX_{it} + \varepsilon_{it} \tag{16.7}$$

公式（16.7）中，$\theta = [\theta_f, \theta_l, \theta_s]$ 对应着 $X_{it} = [fan, lan, sec]$ 系数，分别表示货币政策、土地政策及保障房政策对房价增长的影响。考虑到模型中有滞后因变量问题和可能存在联立性、遗漏变量等内生性问题，我们采用系统广义矩估计（System GMM）的动态面板数据模型进行实证分析以克服内生性。与差分 GMM 相比，系统 GMM 方法可以同时利用变量水平变化与差分变化的信息，估计结果更为有效。

由上面的分析得出，房地产政策调控对房价增量的作用会随着实际住房价格增速快慢各异，即存在两种不同区制。为检验住房价格不同增速区制下政策调控对房价增量的影响，汉森（Hansen，1999，2000）提出适宜的门槛回归模型的估计方法，无须设定非线性方程的形式，门槛值由模型内生决定，且依据渐近分布理论待估参数置信区间。本章首先将模型设定为"单门槛效应"，"多门槛效应"可在"单门槛效应"确定的基础上拓展而来。由式（16.7）构建的具体单门槛模型如下：

$$\Delta lnP_{it} = \rho_1 lnP_{i,t-1} + \rho_2 \Delta lnS_{i,t-1} + \rho_3 \Delta lnY_{it} + \rho_4 \Delta lnUR_{it} + \rho_5 \Delta lnUM_{it}$$
$$+ \rho_6 \Delta lnC_{i,t-1} + \theta_1 \Delta lnX_{it}I(ph_{it} \leqslant \gamma) + \theta_2 \Delta lnX_{it}I(ph_{it} > \gamma) + \varepsilon_{it}$$

$$(16.8)$$

其中，ph_{it} 为门槛变量，代表房价增速水平，γ 为具体的房价增速门槛值，θ_1、θ_2 为不同门槛区间下的估计系数，$I(\cdot)$ 为指示函数，若括号内的条件满足，则 $I=1$，否则，$I=0$。卡内和汉森（Caner & Hansen，2004）在原门槛模型中加入广义矩估计（GMM）方法，使内生性问题得到处理。本章据此采用动态门槛面板回归模型进行分析。

二、变量选取与数据来源

被解释变量（P_{it}）：本章选取城市商品房平均销售价格变化量（单位：元/平方米）作为被解释变量。

解释变量：历年住房存量（Sit）的测度，参照王（Wang，2010）研究，以 2000 年各城镇居民住房总面积加上历年各个城市住宅竣工房屋面积（单位：万平方米）来衡量，其中，2000 年各城镇居民住房总面积＝城市人均住房建筑面积×城市非农人口；Y_{it}、UR_{it}、UM_{it} 分别用城镇人均可支配收入（单位：元）、城镇化率和城镇登记失业人数（单位：万人）衡量；住房开发成本（C_{it}）主要是单位土地购置成本、单位土地开发投资和单位面积住宅竣工价值三者之间的函数，住房开发成本（C_{it}）＝（单位面积土地购置费用＋单位面积土地开发投资）×容积率＋单位面积房屋竣工价值①；我们采用 5 年及以上银行贷款利率反映货币政策（fan_{it}），具体以 5 年及以上银行贷款的同期优惠利率或最低浮动

---

① 单位面积土地购置费用来源于中国城市地价动态监测网发布的城市年度地价水平（元/平方米），单位面积土地开发投资（元/平方米）＝房地产土地开发投资额/房地产土地开发面积，单位面积房屋竣工价值（元/平方米）＝房屋竣工价值/房屋竣工面积，但鉴于房地产土地开发投资额和面积数据（2010～2012）缺失严重，本章在此暂不考虑单位面积土地开发投资。容积率参照朱英姿、许丹（2013）研究，将其设为固定值 2。

利率为准；对于土地政策（lan$_{it}$）衡量，参照李永友（2014）研究，采用房产企业当年购置土地面积（单位：万平方米）表示；关于住房保障政策（sec$_{it}$）的测度，我们采用经济适用房投资额表示[①]。

门槛变量：鉴于前文的讨论，中央政策调控的目标是"稳定商品住房价格"，由此不同房价区制下房地产政策调控对房价增量影响可能不同。本章选取中国35个大中城市"房屋销售价格指数"（ph$_{it}$），考虑到"房屋销售价格指数"是同比（上年＝100）指数，本章将该指数减去100后得出的房屋销售价格增长率作为门槛变量。

工具变量：在下面线性和非线性特征的模型估计中，为尽可能克服政策调控对房价波动内生性影响，选取工具变量进行估计：一是参考许多文献惯用做法选取滞后期工具变量；二是我们引入35个大中城市公共管理和社会组织从业人员数（gj$_{it}$）作为外部工具变量。

本章考察对象涉及中国35个大中城市的房地产市场，时间跨度为2003~2012年。文中变量取值都是根据历年《中国房地产统计年鉴》《中国城市统计年鉴》、中国人民银行网站、国研网城市数据库、搜数网等相关统计数据整理而得。为剔除通货膨胀因素对文中价值型变量（P$_{it}$、Y$_{it}$、C$_{it}$、sec$_{it}$）影响，经各市CPI（以2001年为基期）将其转化为实际变量。各城市5年期及以上银行名义贷款利率相同，无法体现货币政策的市别差异，我们同样经各市CPI将其转为实际利率。

三、实证结果及分析

（一）单位根检验

为减少实证分析中的伪回归，有必要对面板数据进行单位根检验。本章采用同根情形下的LLC检验及不通过根情形下的Fisher – ADF和IPS检验，检验结果从表16 – 1可以看出，在5%的显著水平上，所有

---

① 鉴于《中国房地产统计年鉴（2005、2012、2013）》中经济适用房投资额统计数据缺失，我们进一步通过计算2001~2010年各城市经济适用房投资占当年住宅完成投资总额比重，发现各个城市间虽然差异较大，但同一城市不同年份这一比重维持在一个稳定区间，为此我们取区间均值并结合当年住宅完成投资总额，逆向估算2004年、2011年及2012年各城市经济适用房投资额。

边框的一阶差分均平稳。

表 16 - 1   变量单位根检验

变量	水平值			一阶差分值		
	LLC	Fisher - ADF	IPS	LLC	Fisher - ADF	IPS
$\Delta \ln P_{it}$	- 9. 5768 ***	311. 6186 ***	- 6. 8378 ***	- 9. 3452 ***	180. 9687 ***	- 4. 3439 ***
$\Delta \ln Y$	- 7. 1358 ***	114. 4298 ***	- 2. 6915 ***	- 14. 6266 ***	96. 1234 **	- 4. 0522 ***
$\Delta \ln S_{it-1}$	11. 7296 ***	107. 8051 ***	- 2. 2062 ***	- 19. 2838 ***	319. 2447 ***	- 3. 4394 ***
$\Delta \ln UM_{it}$	- 20. 7676 ***	95. 0786 **	- 3. 2861 ***	- 22. 4498 ***	151. 1686 ***	- 4. 4431 ***
UR_{it}	- 1. 5956 *	121. 2957 ***	- 0. 9431	- 34. 9040 ***	181. 9788 ***	- 1. 8227 **
$\Delta \ln C_{it-1}$	- 30. 1248 **	218. 1990 ***	- 3. 2025 ***	- 16. 7530 ***	387. 8706 ***	- 8. 7978 ***
$\Delta \ln lan_{it}$	35. 3840	26. 5046	- 0. 5697	- 10. 8817 ***	201. 8186 ***	- 3. 2187 ***
fan_{it}	- 21. 0661 ***	55. 0146	- 3. 4657 ***	- 34. 2573 ***	295. 6993 ***	- 3. 8528 ***
$\Delta \ln sec_{it}$	- 11. 4965 ***	176. 8972 ***	- 4. 0726 ***	- 20. 7367 ***	127. 6490 ***	- 4. 9807 ***
ph_{it}	- 7. 1513 ***	83. 6899	- 2. 6113 ***	- 15. 2131 ***	225. 7170 ***	- 4. 1420 ***

注：括号内为 t 值；* 、** 、*** 分别表示在 10% 、5% 和 1% 的水平上显著。

（二）线性回归分析

本章采用动态面板系统 GMM 的估计方法对公式（16.9）进行参数估计。具体回归结果见表 16 - 2，其中，除（Ⅲ）和（Ⅵ）为动态面板系统 GMM 估计模型外，我们还加入静态面板模型的估计。考虑到静态模型估计存在较大的误差，即便控制了个体和时间固定效应，也会导致估算结果有偏和非一致。但通常为检验模型稳健性，多运用混合 OLS 与固定效应等静态面板模型作为动态面板参数估计的考量。可以看出，模型（Ⅲ）和（Ⅵ）中，二阶序列相关 AR（2）检验均拒绝水平方程中误差项存在序列相关假设。Sargan test 检验结果表明，工具变量的过度识别问题不存在，工具变量选取有效。

在关注经济基本面影响方面，由模型（Ⅰ）（Ⅱ）（Ⅲ）参数估计结果看出，城镇化率对房价增量存在显著的正向影响；住房开发成本增量对房价增量的影响显著为正；却发现城镇居民可支配收入增量、上一期住房存量增量及城镇化登记失业人数增量与当期房价增量未通过显著性检验。于是，我们在模型（Ⅳ）（Ⅴ）（Ⅵ）中加入城镇登记失业人数增量的滞后 1 项和城镇居民人均可支配收入增量与消费支出增量的交互项，为避免共线性问题，同时剔除城镇登记失业人数增量，估计结果显示，$L. \Delta \ln UM_{it}$ 的估计系数显著为负，表明城镇登记失业人数增加并不会立马导致住房需求减少进而促使房价增量下降，存在明显滞后效应。$\Delta \ln Y_{it} \times \Delta \ln cosm_{it}$ 的估计系数显著为正，且 $\Delta \ln Y_{it}$ 系数依旧不显著，表明城镇居民人均可支配收入增加并不会引起房价的上升，将可支配收入用于消费支出特别是住房消费支出时方能引起住房需求增加进而导致房价上升。

我们发现，模型（Ⅲ）和（Ⅵ）中上一期房价增量估计系数分别为 -0.106 和 -0.100，并分别通过 5% 和 10% 的显著性检验，与况伟大（2010）研究相比，本章的参数估计值明显偏小，这可以归结为两方面原因：一方面，由于理性预期开发商在决定新增住房供给时除了受高房价利益驱动外，还会考虑到上一期住房价格增量上升→当期住房供给增加→当期住房价格增量下降内在逻辑，一定程度上会收缩当期供给规模，使得当期房价增量下降幅度降低；另一方面，对于需求方而言，若购房者预期房价上涨，在"晚买不如早买"心理作用下，进一步推高房价。同时存在一些投机和投资者，在"买涨不买跌"心理作用下，上期房价增量越大越是挤着进入，造成高房价与高成交量并存局面，从而降低上一期房价增量对当期房价增量的抑制效应。

同时，以房地产企业购置土地面积增量测度的土地政策与房价增量之间存在显著的正相关关系，与余华义（2010）研究结论及本章理论预期恰恰相反；以利率为标的的货币政策与房价增量之间存在显著正相关关系，但李永友（2014）研究发现中央政府利率调控政策没有对房价产生显著系统影响，同时王先柱等（2011）研究发现利率调控的货币政策对住房需求和供给影响均存在明显门槛效应；我们发现保障房政策与房价增量之间存在显著负相关关系，与前文的理论分析一致，政府实施的保障房政策直接增加房地产市场住房有效供给，在需求不变情况下，房价下降。房地产不同调控政策对房价究竟产生怎样影响有待进一步探究。

表 16 - 2 线性特征的参数估计结果

变量	（Ⅰ）	（Ⅱ）	（Ⅲ）	（Ⅳ）	（Ⅴ）	（Ⅵ）
	混合 OLS	FE	SYS－GMM	混合 OLS	FE	SYS－GMM
$\Delta\ln P_{i,t-1}$	-0.080 (-1.50)	-0.123 ** (-2.18)	-0.106 ** (-2.00)	-0.107 * (-2.01) *	-0.149 *** (-2.62)	-0.100 * (-1.89)
$\Delta\ln Y_{it}$	0.122 (0.72)	-0.051 (-0.26)	0.032 (0.20)	-0.282 (-1.10)	-0.473 (-1.60)	-0.033 (-0.15)
$\Delta\ln S_{i,t-1}$	0.042 (0.25)	0.241 (0.90)	0.208 (1.24)	0.076 (0.42)	0.276 (0.88)	0.211 (1.26)
$\Delta\ln UM_{it}$	-0.033 (-1.31)	-0.031 (-1.18)	-0.026 (-0.99)			
UR_{it}	0.065 (1.48)	0.397 *** (2.89)	0.060 ** (2.31)	-0.012 (-0.26)	0.206 (1.27)	0.061 ** (2.34)
$\Delta\ln C_{i,t-1}$	0.058 ** (2.56)	0.055 ** (2.31)	0.049 ** (2.19)	0.053 ** (2.38)	0.047 * (1.94)	0.050 ** (2.25)
$\Delta\ln lan_{it}$	0.014 *** (4.08)	0.017 *** (4.72)	0.016 *** (4.85)	0.015 *** (4.63)	0.018 *** (4.84)	0.016 *** (4.84)
fan_{it}	0.012 *** (4.11)	0.013 *** (4.13)	0.016 *** (5.24)	0.016 *** (5.07)	0.015 *** (4.69)	0.016 *** (5.31)
$\Delta\ln sec_{it}$	-0.010 * (-1.73)	-0.010 * (-1.68)	-0.010 * (-1.72)	-0.011 * (-1.89)	-0.011 * (-1.86)	-0.011 * (-1.88)
$L.\Delta\ln UM_{it}$				-0.058 * (-1.95)	-0.062 * (-1.91)	-0.057 * (-1.93)
$\Delta\ln Y_{it}\times$ $\Delta\ln cosm_{it}$				1.203 * (1.73)	1.691 ** (2.08)	1.619 ** (2.29)
_cons	0.004 (0.10)	-0.204 ** (-2.23)		0.079 * (1.91)	-0.056 (-0.51)	
样本量	350	350	315	315	315	315
F 统计量	6.818	7.157	37.137	7.954	7.843	34.043
r2(AR1)	0.153	0.174	0.000	0.207	0.225	0.000
r2_a(AR2)	0.130	0.058	0.959	0.181	0.099	0.586
Sargan test			302.48 (0.310)			318.18 (0.202)

注：回归系数括号内为 t 统计量；AR（1）、AR（2）的括号内为 p 值；sargan test 过度识别检验项括号内为 p 值数据；在 SYS－GMM 的模型估计中，以 $\Delta\ln$（gj）和被解释变量的滞后 2 阶或更高阶为工具变量，下表同。

（三）门槛回归分析

为进一步探究不同调控政策对房价的影响，我们进行了门槛模型的分析。表 16－3 为房地产不同调控政策门槛效应的估计结果，PTR 是固定效应形式的门槛回归模型，PTR_GMM 是广义矩估计形式的门槛回归模型。[①] 可以看出，PTR 模型估计的拟合优度明显优于前文线性模型估计，说明门槛模型更适合解释房地产政策调控对房价波动的影响。同时发现，不管是土地政策、货币政策还是保障房政策的门槛效应模型，其关于预期、经济基本面等方面的参数估计结果不仅验证前文的理论分析，还与前文线性特征的回归分析基本一致。

表 16－3　　　　　　　　　门槛模型的参数估计结果

变量	土地政策		金融政策		保障房政策	
	PTR	PTR_GMM	PTR	PTR_GMM	PTR	PTR_GMM
$\Delta \ln P_{i,t-1}$	-0.137^{***} (-4.25)	-0.102 (-1.25)	-0.128^{***} (-4.08)	-0.375^{**} (-2.45)	-0.161^{***} (-2.84)	-0.132 (-1.38)
$\Delta \ln Y_{it}$	-0.099 (-0.46)	0.071 (0.25)	-0.284 (-1.37)	-0.041 (-0.21)	-0.091 (-0.41)	0.078 (0.30)
$\Delta \ln Y_{it} \times \Delta \ln cosm_{it}$	0.293^{**} (2.11)	0.556^{**} (2.25)	0.145 (1.08)	0.509^{*} (1.89)	0.382^{***} (2.67)	0.576^{**} (2.21)
$\Delta \ln S_{i,t-1}$	0.030 (0.11)	0.021 (0.10)	-0.084 (-0.33)	0.577 (0.83)	0.121 (0.44)	0.202 (0.78)
$L.\ \Delta \ln UM_{it}$	-0.066^{**} (-2.32)	-0.088^{**} (-1.90)	-0.069^{**} (-2.58)	-0.027 (-0.49)	-0.066^{**} (-2.25)	-0.010 (-0.23)
UR_{it}	0.241^{*} (1.77)	0.156^{***} (4.52)	0.132 (1.08)	0.249 (1.26)	-0.006 (-0.05)	0.224^{***} (5.74)
$\Delta \ln C_{i,t-1}$	0.067^{***} (2.79)	0.047 (1.42)	0.055^{**} (2.42)	0.051^{**} (1.96)	0.064^{***} (2.63)	0.049^{*} (1.75)

---

① 参见 Hayakawa, K. (2012): The Asymptotic Properties of the System GMM Estimator in Dy-namic Panel Data Models when Both N and T are Large, . mimeo., Hiroshima University.

变量	土地政策		金融政策		保障房政策	
	PTR	PTR_GMM	PTR	PTR_GMM	PTR	PTR_GMM
$\Delta lnlan_{it}\_1$	0.026 *** (5.51)	0.033 (0.87)				
$\Delta lnlan_{it}\_2$	0.0025 (0.45)	0.0043 (0.83)				
fan_{it}_1			0.008 *** (2.65)	0.015 * (1.83)		
fan_{it}_2			0.032 *** (7.83)	0.074 ** (2.12)		
$\Delta lnsec_{it}\_1$					-0.007 (-1.04)	-0.085 (-0.81)
$\Delta lnsec_{it}\_2$					-0.048 ** (-2.22)	-0.048 * (-1.66)
$\Delta lnsec_{it}\_3$					-0.027 * (-1.92)	
Th_1	0.063	0.068	0.063	0.059	0.088	0.108
Th_2					0.113	
Fstat_1	11.504 ***		51.097 ***		14.198 ***	
Fstat_2	2.129		2.220		4.741 *	
r2	0.171		0.259		0.148	

注：$\Delta lnlan_{it}\_1$ 和 $\Delta lnlan_{it}\_2$ 分别表示由门槛值将数据分为两个区间的回归系数，其他变量亦是如此；Th_1、Th_2 分别表示 PTR 模型中一、二门槛的具体值；Fstat_1、Fstat_2 分别表示 PTR 模型存在一个、两个门槛的 F 检验；r2 为拟合优度。下表同。

表 16-3 显示，房地产政策调控对房价波动的影响存在明显门槛效应。首先，从土地政策来看，当房价指数增幅低于 6.3% 时，土地政策对房价的影响显著为正，反之，土地政策无效。开发商为攫取更大利润空间，当房价指数增幅放缓（低于 6.3%）时，"囤积"土地待机开发，造成土地供应增加与住房开发不对等，住房有效供给不足，房价上涨。而当房价增幅上升（大于 6.3%）时，开发商会加快土地购置和开发，

增加有效住房供给，从而对房价起到一定的抑制作用，同时开发商竞相购地，抬高土地价格，进而促进房价上涨。土地供给增加对房价平抑效应与土地价格上涨对房价拉升效应对冲，最终导致土地政策对房价影响不显著。

而对于政府稳定住房的调控目标来说，将房价指数增幅与当地生产总值或居民人均可支配收入增幅[①]挂钩是比较合理选择，既能保证房地产经济带动效应，又考虑到民众购置能力。很明显，小于6.3%增速赶不上生产总值和人均可支配收入增速，特别是这一增幅不断下滑时会带来一系列负面影响。因此，出于房地产市场宏观经济效应考虑和对"土地财政"依赖，在扩大土地供应数量同时加大价格筹码，房价上涨；房价指数增幅越过6.3%门槛特别是超过居民人均可支配收入增幅时，为防止居民住房负担加重，实行宽松土地政策但不考虑价格因素往往达不到预期调控效果，土地政策失灵。

其次，从金融政策来看，随着房价指数提升，金融政策对房价的作用越大。其中，以6.3%为门槛值，当房价增幅低于这一门槛值时，利率每上调1%，住房价格增量上调0.8%，当房地产销售价格指数高于这一门槛值时，利率每上调1%，住房价格增量上调3.2%。出现这种差异，主要还是房价指数增幅与城镇居民可支配收入增幅均衡博弈的结果。显然，目前我国城镇居民可支配收入年均增幅高于房价指数这一门槛值。对于需求方而言，若居民可支配收入增幅高于房价指数涨幅，居民的住房购买能力增加，对银行的信贷依赖减少，利率上升所带来的住房需求的调整效应较小，在消费需求收入弹性作用下房价上涨。当房价增幅跨越门槛值，特别是房价增幅超过居民可支配收入增幅，居民购买住房则对银行信贷依赖性加强，利率上升对房价影响力增强，但这种影响为正，根据王先柱等（2011）理解，实际利率在未达到一定值之前，会起到加快房地产需求的作用进而抬升房价；对于房地产开发商来说，利率上调，信贷成本增加，降低住房开发意愿，住房供给减少，进而推高房价，但若房价处于缓慢（低于6.3%）增长阶段，开发商又会纷纷打折竞相出售，从而一定程度上收窄房价上涨幅度。反之，若房价处于快速（大于6.3%）增长阶段，则利率对房价上涨作用力增强。对政府

---

① 近5年（2009~2013年）中国城镇居民人均可支配收入实际增幅分别为9.8%、7.8%、8.4%、9.6%和7.0%。

金融政策调控有效性评价为，当房价指数增幅低于 GDP 或城镇居民可支配收入增幅时，为提升房价增速，紧缩性的货币政策较为有效，宽松的货币政策往往适得其反；反之，宽松的货币政策能够有效抑制房价过快增长。

最后，从保障房政策来看，保障房政策对房价的影响因房价指数值不同存在显著差异。当房价指数涨幅小于 8.8% 时，保障房政策对房价的抑制作用不明显；当房价涨幅处在 8.8% ~ 11.3% 的区间时，保障房政策对房价的抑制作用明显，随后，当房价指数涨幅跨越 11.3% 门槛值，保障房政策对房价的抑制力明显下降。这主要是由于，当房价指数（低于 8.8%）增幅小于城镇居民可支配收入增幅时，居民住房购买能力增强，往往追求优质或改善型的住房需求，而保障性住房供给仅仅起到社会保障作用一般无法满足需求，致使保障性住房供给增加对房价增量影响不显著；当房价增幅与城镇居民可支配收入增幅相近（8.8%，11.3%）时，居民收入水平开始缩水，购房压力增加，保障房有效供给增加缓解了供需矛盾，从而引起房地产价格下降；一旦房价增幅超过居民可支配收入增幅，社会的多数人群将缺乏购买力，此时保障房供给不仅不能有效解决中低收入人群的住房需求，反而契合中高收入阶层的商品房购买能力，使保障房政策对房价抑制力降低。对政府保障房政策调控有效性的评价是，当房价指数增幅小于城镇居民可支配收入增幅时，政府不论是增加保障房供给与否，均不能对房价产生明显影响，保障房政策无效；反之，政府保障房供给增加能够有效控制房价过快上涨，且房价指数增幅与城镇居民可支配收入增幅离差越大，保障房政策抑制效应越低。

（四）稳健性检验

为增强上述实证结论的稳健性，特别是检验政府不同房地产调控政策对房价影响线性与非线性关系，本章进一步使用土地政策、金融政策和保障房政策的代理指标做稳健性分析。考虑到土地政策除了前文用于分析的土地供给数量型工具外，还包括价格型工具，据此我们采用单位面积土地购置价格增量测度土地政策（$\Delta \mathrm{lnlanp}_{it}$）；货币政策，采用房地产开发资金来源中的国内贷款额增量（$\Delta \mathrm{lnloan}_{it}$）测度（余华义，2010）；考虑到保障房政策数据的可得性及保障房政策在 2005 年之后进入中央住房调控决策逻辑中的事实，采用虚拟变量的形式测度保障房政策，以 2005 年为时间节点（secx_{it}）。

线性系统 GMM 模型估计结果显示，文中重点关注的上一期房价增量、土地政策、金融政策及保障房政策等主要解释变量参数估计的符号及显著性基本未变；非线性 PTR 模型估计结果表明，土地政策和金融政策与房价增量各存在一个门槛值，保障房政策与房价增量之间存在两个门槛值，且在不同房价指数增幅区间内各地产调控政策对房价增量作用力的转换方向及大小，与前文表 16－3 非线性特征参数估计结果基本一致。

四、差异化预期区域差异相关启示

本章拓展了住房存量调整模型，在假设住房供给方为理性预期、需求方为适应性预期条件下，分析了预期、政策调控对房价波动的影响。在理论分析的基础上，运用 35 个大中城市的经验数据进行线性特征模型与门槛特征模型参数估计，并进一步的稳健性检验，保证结论的稳健可靠。最终得到以下结论：

就预期而言，我们发现预期对房价波动具有显著影响。在住房供给方为理性预期、需求方为适应性预期的假设模型下，上一期房价增量提升对本期房价增量具有显著抑制作用，这意味着建设公开透明的购房信息平台，加强媒体与舆论的引导和管理，减少信息传递不对称，促使消费者与开发商一同形成理性预期，房价回归理性区间。

房地产政策调控对房价波动存在显著门槛效应。第一，我们看土地政策，当房价指数增幅没越过门槛值之前，土地政策对房价的影响显著为正；而一旦跨过 6.3% 的门槛值，土地政策对房价正向影响不显著。该结论的政策含义：土地政策对房地产市场的调控有效性要以房价指数不同涨跌区间为区分。在较低的增幅区间，土地政策调控有效，反之，则无效。土地政策调控要兼顾数量和价格两种工具，如果只顾供应数量调整，忽视出让价格，调控效果往往会适得其反。

第二，我们看金融政策，以利率为标的的货币政策随着房价提升对房价的作用力越大。该结论的政策含义：运用利率工具调控房价的作用力，一方面要视房价增幅与城镇居民可支配收入增幅具体情况而定，另一方面还要看开发商对于不同房价增速的反应而定。如不同城市房价指数增幅与城镇居民可支配收入增幅存在差异，意味着利率对不同城市房价存在差异化调控效果。

第三，我们看保障房政策，保障房政策对房价影响因房价不同存在三种不同作用力。该结论的政策含义：当房价增幅小于城镇居民可支配收入增幅时，政府可以考虑适度减少保障房供应，将资金运用于如就业、增加居民收入、鼓励居民消费等领域；当房价指数增幅与城镇居民可支配收入增幅相差无几时，加大保障性住房供应，缓解住房供需矛盾，减轻居民的购房压力；当房价指数增幅超出城镇居民可支配收入增幅，我们除了继续加大对保障性住房的供给外，同时，更加注重解决保障性住房在不同收入群体的分配问题。

第五篇 企 业 篇

　　货币政策如何适时应对房地产市场波动？不同供给主体的行为模式如何影响货币政策调控我国房地产市场的效应？上述问题都是房地产市场供给侧结构性改革的重要议题，也是构建我国房地产市场平稳健康发展长效机制必须回答的问题。分析货币政策在房地产企业层面的传导机制，并探寻货币政策调控房地产供给结构的最优路径，不仅有助于进一步揭示我国货币政策对房地产市场的传导机制，也为我国探索"分类指导、因企制宜"的住房供给侧调控政策制定提供了理论支持和经验证据。

　　对此，本篇将集中研究货币政策调控对房地产企业现金持有水平、融资行为、资本结构以及部门产出的影响四个问题，前两个问题是从房地产企业资金状况出发，后面两个问题从房地产部门出发，具体分析货币政策对房地产企业资本结构和产出的影响。

　　在"货币政策与房地产企业现金持有水平"一章中，首先对货币政策如何影响房地产企业现金持有水平进行发问，其次通过理论与模型分析货币政策调控房地产企业现金持有水平的影响效应，最后实证分析货币政策调控房地产企业现金持有水平的总体关系，并具体分析房地产企业增加现金持有水平的路径选择。

　　在"货币政策与房地产企业融资行为"一章中，首先通过文献分析提出货币政策调控房地产企业"银根"的待证命题，其次构建了货币政策调控房地产企业"银根"的计量模型，最后形成了货币政策调控房地产企业"银根"的经验证据。

　　在"货币政策与房地产企业资本结构"一章中，首先具体分析了房地产企业对货币资产调控的具体的行为表现，其次分析了货币调控影响房地产企业资本结构的基本观点，最后构建计量模型分析货币政策影响房地产企业资本结构，并解释了房地产市场存在的"船大好挡浪，浪大造大船"现象。

在"货币政策与房地产企业部门产出"一章中，首先介绍了货币政策调控房地产企业的政策背景与现实情境，并分析货币政策调控房地产企业供给结构的重要性。其次构建动态随机一般均衡模型，分析货币政策冲击对不同类型房地产企业所造成的影响。再次，通过数值模拟分析货币政策调控对异质性房地产企业供给结构均衡的影响。最后进行了深入总结并提出相应的政策启示。

第十七章 货币政策与房地产企业现金持有水平

　　现金持有水平变化是货币政策对企业融资和投资行为影响的映射。本章以房地产上市公司为研究对象，引入实际控制人类型和企业成长性变量，测度货币政策对房地产企业的影响，发现房地产企业的现金持有水平随着货币政策紧缩程度的变化而变化，当货币政策趋于从紧时，外部融资约束增强，企业会提高现金持有水平，因此我们从微观上可以拒绝房地产市场货币政策无效的断言。另外，实际控制人类型和企业规模在增加现金持有的路径选择上存在显著差异，国有企业的现金持有水平受货币政策影响程度小，低成长性房地产企业也是如此，这种现象的存在削弱了货币政策在房地产市场的调控效果。图 17 - 1 为货币政策与房地产企业现金持有水平影响关系。

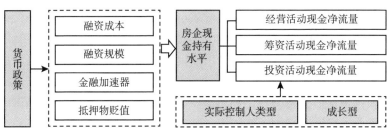

图 17 - 1　货币政策与房地产企业现金持有水平影响关系
资料来源：笔者自行绘制。

第一节　货币政策影响房地产企业
现金持有水平的问题提出

　　现金是企业的"血液"，一旦企业出现现金危机，企业将面临破产

（祝继高、陆正飞，2009），对资金密集型的房地产企业而言，尤为如此。其机理在于房地产企业的融资模式和产品生产过程与其他行业存在显著差异，从购买土地、开工、到开盘的每个环节对现金持有都有严格的要求。从市场环境来看，房地产市场基本处在国家紧缩政策的调控下，房地产开发资本金比例不断提高、商业银行对房地产开发贷款的条件越来越苛刻，传统的依靠银行作为主要资金来源的融资模式受到限制。这无疑对房地产企业现金持有水平提出了更高的要求。

房地产市场化改革以来，政界和学界几乎都在围绕抑制房价过快上涨着力思考，其聚焦点就是货币政策能否有效控制房价，然而他们所关注更多的是宏观视角下货币政策变量与房价之间的关系，得出了不同甚至截然相反的结论。我们认为，货币政策是否有效，关键要看货币政策如何影响房地产企业融资和投资行为。一般而言，货币政策会通过货币渠道和信贷渠道等对经济活动产生影响。无论是货币途径，还是信贷途径，货币政策对企业经济活动的影响主要体现在提高企业的融资成本和限制融资规模，并最终影响企业的投资行为（Kashyap et al.，1993；Gaiotti & Generale，2002），其中现金持有水平变化是货币政策对企业融资和投资行为影响的映射。通过持有现金，公司不必借助于外部资本市场就可以满足投资支出的需要，避免了外部融资时发生的交易成本和权益发行时的信息不对称成本，从而可以增加企业价值和投机机会。当货币政策趋于从紧，企业的外部融资成本将提高，外部融资规模将受到限制。此时，企业将提高现金持有水平应对融资约束，这与持有现金的预防性动机是一致的；反之，当货币政策趋于宽松，企业的外部融资成本降低，企业将降低现金持有水平，以减少持有现金的成本。这些规律是否在我国房地产上市公司得到印证？如能得到实证支持，则我们可以从微观基础上反驳房地产市场货币政策调控无效论。

另外，我国急速的房地产市场进程伴随着一个重要特征——房地产企业与政府的密切关系。这种关系必然对房地产企业融资产生重要影响。在房地产价格上升时，政府频繁出台提高利率和法定准备金率等紧缩性货币政策，然而房地产企业却表现出"不差钱"的态势，甚至有不少房地产企业成为高价投拍土地的急先锋，屡屡成为各地的"地王"。这些企业以国有企业居多。国有企业对现金持有水平又表现出何种特征？这是我们关心的又一个问题。

第二节　货币政策影响房地产企业现金
持有水平的命题与模型

一、货币政策影响房地产企业现金持有水平的命题

（一）房地产企业现金持有水平的影响因素

从理论渊源来看，现金持有问题最早要追溯到凯恩斯的企业现金持有动机理论。该理论认为企业主要出于交易性和预防性需要的动机而持有现金，为了节省交易成本和避免流动性短缺，公司有必要持有现金以满足实施净现值大于零的项目或者日常经营之需。后来学者们通过动机理论（Miller & Orr，1966；Myers & Majluf，1984）、权衡理论（Opler Pinkowitz et al.，1999；Harford，2006）、优序理论（Myers，1984）和代理理论（Jensen & Meckling，1976；Jensen，1986）等视角极大丰富了对企业现金持有行为的理解和认识。

从实证层面看，现金持有量决定因素可归结为宏观经济、法律制度、公司治理机制、行业环境、公司财务状况等方面。库斯托迪奥等（Custodio et al.，2005）研究发现当宏观经济形势发生逆转时，融资约束强的企业更有可能持有更多的现金以应对未来的不确定性。迪特玛等（Dittmar et al.，2003）发现在投资者保护程度不同国家，企业现金持有水平存在显著差异。豪沙尔特等（Haushalter et al.，2006）研究了产品市场竞争与企业现金持有水平的关系，他们发现在市场竞争越充分的行业中，企业现金持有水平越高。杨兴全和吴昊旻（2009）利用我国上市公司数据，发现现金持有水平在行业之间存在明显差异，产品市场竞争激烈与产品独特性程度高的公司持有更多现金，以保护其在产品市场中的竞争优势，避免经营风险。而麦克尔森和帕奇（Mikkelson & Partch，2003）发现，储备了大量现金与持有正常现金水平的企业在股权结构上没有显著差异。顾乃康和孙进军（2008）从融资约束、成长机会、控制权性质（国有控股或非国有控股）、企业所在地的市场化程度等视角

分析了现金的市场价值。朱波和陈平社（2022）采用条件损失概率方法，从风险溢出效应强度和持续性两个维度对上市房地产企业在经济金融风险管理网络中的系统重要性进行测度，在得到研究结论的基础之上，发现现金持有增量越高的房地产企业风险溢出效应强度越大，这也表明现金持有增量越高的房地产企业风险溢出效应强度越大，且持续时间越长。由此可见，对企业现金持有的研究文献相对丰富，而较少有文献着眼点在行业内部，更多是基于行业比较。

（二）货币政策对房地产业的影响

伯南克（Bernanke，1992）经典地概括了货币政策对经济影响的渠道：货币渠道和信贷渠道。随后出现了大量的实证研究来说明证明两种渠道存在的条件、模式以及畅通条件。基本共识是，货币政策作用于经济活动的落脚点必须体现在提高企业的融资成本和限制融资规模，并最终影响企业的投资行为。伯南克和格特勒（Bernanke & Gertler，1995）认为，房地产投资对短期利率冲击反应通常强烈而且持续，对长期利率的反应比对短期利率的反应小，而且恢复很快。青木康介（Aoki et al.，2002）将 BGG 模型引入了房地产业，研究了货币政策对房地产市场的影响。研究发现住房作为消费品和抵押品双重特征，催生的金融加速器效应放大了货币政策冲击对住房投资、住房价格和消费的影响。雅科维罗和米内蒂（Iacoviello & Minetti，2008）通过构建 4 个 VAR 模型分析了货币政策在芬兰、德国、挪威和英国等国家房地产市场后得出结论，信贷传导渠道的有效性与一个国家的房地产市场结构特征相关联。芬兰和英国属于银行信贷渠道，但不能排除存在资产负债表渠道的可能性，德国货币政策传导机制则表现为纯粹的资产负债表渠道，挪威没有显示出有信贷渠道的迹象。麦克伦南等（Maclennan et al.，2000）认为在紧缩的货币政策下，利率升高致使拥有住房抵押贷款债务的家庭或企业的负债上升，家庭和企业的消费和投资将受到负面冲击。丹尼斯和惠顿（Dipasquale & Wheaton，1994）认为紧缩性货币政策会导致资金成本的提高和贷款可得性的下降，进而住房投资随之下降。高波和王先柱分析两种传导渠道在我国房地产市场的表现，发现提高利率对控制商业银行在整个国民经济中的贷款供给是有效的，但对抑制商业银行在房地产市场的贷款供给效果不明显，更不能阻止房地产开发企业以个人住宅按揭贷款的增加等途径从银行间接获取更多贷款（高波和王先柱，2009）。

（三）实际控制人类型对企业现金持有的影响

一般来说，控股股东类型和最终控制人类型两类变量可以用来表征企业与政府之间的关系。按照终极产权理论，国有终极控股上市公司是一种共有产权，由于其与政府的特殊关系，在财务和政治上受到的政府保护相对非国有企业要多。与此同时，国有企业的成功又反过来给政府带来更多的资源，从而提高他们的政治资本和升迁机会。巴内特和布鲁克斯（Barnett & Brooks，2006）则认为由于向所有者分红较少的原因和企业流动性相对充足，因此作为国有企业的控股股东具有较高的投资冲动。由于我国企业的公司治理结构尚处在发展完善之中，控股股东乃至最终控制人有时不能构成对一个上市公司经营活动的实际控制（宋芳秀等，2010）。方军雄（2008）研究均发现中国的银行对不同所有制的企业存在"信贷歧视"，国有银行在贷款方面给予国有公司的优惠待遇，而民营企业则更多的依赖成本相对较高的融资渠道。当货币政策从紧时，国有企业的贷款需求可能优先被满足，而非国有企业将更难贷款。

357

二、货币政策影响房地产企业现金持有水平的变量与模型

（一）样本选择

本章以 2005~2009 年的 A 股房地产上市公司为研究对象，收集了120 家上市公司的季度数据，经过删除总资产或所有者权益小于 0 的公司和相关变量缺失的公司，同时对所有小于 1% 分位数的变量作为异常值进行处理，最后得到 88 家公司 1320 个公司/季度观测值。上市公司财务数据来源于 CCER 数据库，各季度的货币政策感受指数来自全国银行家问卷调查报告和货币政策执行报告。表 17-1 为变量定义。

表 17-1　　　　　　　　　　　　　变量定义

变量类型	变量符号	变量的含义
被解释变量	DCASH	(t 年季度末货币资金 + t 年 j 季度末短期投资 - t-1 年 j 季度末货币资金 - t-1 年 j 季度末短期投资)/t 年 j-1 季度末总资产

变量类型	变量符号	变量的含义
解释变量	MC	t 年 j 季度货币偏紧指数
	BMC	t 年 j−1 季度货币偏紧指数
	OWNER	实际控制人类型为国有企业 =1，实际控制人类型为非国有企业 =0
	Q	Tobin's Q =（t 年 j 季度末股东权益市场价值 + t 年 j 季度末负债的账面价值)/t 年 j 季度末资产的账面价值
	RANKQ	按照 t 年 j−1 季度的 Q 的大小分季度排序，将样本平均分成两组，RANKQ =0 为低成长企业组，RANKQ =1 为高成长企业组
控制变量	DCFO	（t 年 j 季度经营活动流量净额 − t 年 j−1 季度经营活动流量净额)/t 年 j−1 季度末总资产
	DCFF	（t 年 j 季度筹资活动流量净额 − t 年 j−1 季度筹资活动流量净额))/t 年 j−1 季度末总资产
	DCFI	（t 年 j 季度投资活动流量净额 − t 年 j−1 季度投资活动流量净额)/t 年 j−1 季度末总资产
	CASH	（t 年 j 季度末货币资金 + t 年 j 季度末短期投资)/t 年 j−1 季度末总资产
	ROA	t 年 j−1 季度的营业利润/t 年 j−1 季度末总资产
	SIZE	t 年 j−1 季度末总资产的对数
	CFO	t 年 j 季度经营活动流量净额/t 年 j−1 季度末总资产
	LEV	t 年 j 季度末负债总额/t 年 j−1 季度末总资产

（二）变量说明与模型设定

1. 被解释变量

房地产上市公司的现金持有水平。参照迪特玛（Dittmar，2003），祝继高和陆正飞（2009）的定义，我们用货币资金加上短期投资来衡量。同时为了消除经营周期对现金持有水平的影响，用第 t 年 j 季度的现金减第 t−1 年 j 季度的现金衡量现金持有水平的变化。上市公司现金变化包括经营活动现金净流量、筹资活动现金净流量和投资活动现金净流量等三种变化。外部融资环境发生变化时，企业可以通过其中一种或多种方式增加现金持有，以避免融资约束。模型中也分别引入这些变量。

2. 解释变量或控制变量

货币政策变量（MC）。作为核心变量的货币政策，度量方法确实是个难题。国内关于货币政策的度量大体可以分为两种。一类直接以货币供给量和利率作为货币政策变量，而目前我国短期利率仍不是由市场供求关系决定，且利率对货币供应量的支配效能低于基础货币，相关性不强。另一类是选用一定的经济指标或调查问卷合成外生性指标作为货币政策变量，如中国人民银行和国家统计局共同合作完成的《银行家问卷调查》提供的货币政策感受指数来度量货币政策的紧缩程度。该调查问卷中将银行家对货币政策的评价分为 6 档：过松、偏松、适度、偏紧、过紧、看不准。这类指标相比货币供给量和利率来说，最大优势在于能够直接地度量货币政策的紧缩程度，而且外生于宏观经济环境，所以我们也采用偏紧这一栏的数值来衡量货币政策的紧缩程度，银行家认为货币政策偏紧的比率越高，则货币政策越从紧。

房地产上市公司的实际控制人类型（OWNER）。我们通过此变量来控制与政府关系的密切程度对企业现金持有水平的影响。其中 OWNER = 1 代表实际控制人类型为国有的企业，OWNER = 0 代表实际控制人类型为非国有（包括民营、集体、外资、社会团队、职工持股等类型）。宋芳秀（2010）等发现实际控制人类型是影响房地产投资的重要因素，而利率对房地产上市公司投资的影响并不显著。

企业的成长性用 Tobin's Q 来度量（RANKQ）。定义 Tobin = (t 年 j 季度末股东权益市场价值 + t 年 j 季度末负债的账面价值)/t 年 j 季度末资产的账面价值。按照 t 年 j – 1 季度的大小分季度排序，将样本平均分成两组，RANKQ = 0 为低成长企业组，RANKQ = 1 为高成长企业组。一般而言，对于高成长性的企业来说，其投资机会较多，需要储备更多的现金来实现良好的投资机会，研究发现，银根宽松阶段，高成长行业更有可能得到信贷融资，然而，在银根紧缩阶段，企业信贷融资额大幅下降，并且这种融资下降主要发生在高成长行业。

其他控制变量还包括：企业的总资产（SIZE），可用来控制企业的规模。企业的财务状况（CFO），通过 t 年 j 季度经营活动流量净额/t 年 j – 1 季度末总资产计算而得。交叉项，共二类。一是货币政策变量和实际控制人类型相乘的交叉项；二是货币政策变量和企业成长性相乘的交叉项，这二类变量分别反映实际控制人类型、企业成长性的不同企业受货币政策的影响程度。

根据第二部分的假设，货币政策对房地产上市公司现金持有水平的总体回归模型可以表述为：

$$DCASH = \alpha_0 + \alpha_1 MC + \alpha_2 BMC + \alpha_3 OWNER + \alpha_4 MC \times OWNER$$
$$+ \alpha_5 CFO + \alpha_6 SIZE + \varepsilon \tag{17.1}$$

$$DCASH = \alpha_0 + \alpha_1 MC + \alpha_2 BMC + \alpha_3 RANKQ + \alpha_4 MC \times RANKQ$$
$$+ \alpha_5 CFO + \alpha_6 SIZE + \varepsilon \tag{17.2}$$

由表 17 - 2 的变量描述性统计可知，样本公司的现金持有量占期初总资产的比例为 15.3%，而且不同公司的现金持有水平差异很大，现金持有水平最小的公司其现金持有量仅占期初总资产的 0.04%，而现金持有水平最大的公司该比例达到 94.4%，平均而言，样本公司的现金持有变化占期初总资产的比率为 0.02%，标准差为 20%，最小值为 - 4.51，最大值为 78.9%，说明不同公司的现金持有水平变化存在较大的差别。另外，将样本公司按照实际控制人类型分成两组，从中我们可以发现，实际控制人类型为国有的企业现金持有水平要低于非国有企业。按照企业成长性分为两种，发现高成长企业的现金持有水平要低于低成长企业，而前者的现金持有水平变化率要大于后者。

表 17 - 2 　　　　　　　　　　主要变量的描述统计

	Mean	Sd	Min	P25	P50	P75	Max
CASH	0.153	0.120	0.000	0.069	0.131	0.203	0.944
DCASH	0.020	0.200	- 4.519	- 0.026	0.015	0.070	0.789
ROA	0.014	0.112	- 2.582	0.002	0.014	0.035	0.357
SIZE	21.606	1.201	14.867	20.888	21.683	22.403	25.550
Q	3.119	23.725	0.792	1.189	1.450	1.921	598.344
CFO	- 0.002	0.097	- 0.650	- 0.044	0.000	0.038	0.625
LEV	0.850	3.691	0.013	0.465	0.618	0.748	93.945

第三节　货币政策影响房地产企业现金持有水平的实证分析

一、货币政策与房地产企业现金持有变化的总体关系研究

从表 17 - 3 的检验统计量可以看出：Hausman 检验拒绝固定效应模

型和随机效应模型等效应的零假设（除了模型 1 之外），因此模型 17.6 选用的固定效应模型是可信的。另外测度各个解释变量的方差膨胀因子没有大于 10 的，远远小于其标准值，可以认为解释变量之间不存在多重共线性；F 统计量及其相伴概率表明模型是显著有效的，所以模型的拟合度在整体上是合理的。从表 17 - 3 中各解释变量的估计结果可以看出：

第一，当期货币紧缩指数的系数显著为正，系数稳定在 0.002 的水平，这说明货币政策对上市公司现金持有水平有显著影响：当货币政策趋于从紧时，房地产企业将提高现金持有水平；当货币政策趋于宽松时，房地产企业将降低现金持有水平。上一期货币紧缩指数的系数显著为负，系数稳定在 -0.001 的水平，上一期的货币政策紧缩指数与本季度现金持有变化显著负相关。究竟其因，源于上市公司现金持有对货币政策变化具有较高的敏感度，企业会及时对货币政策取向做出反应。货币紧缩期间，政策调控抑制房地产开发资金仅仅限于银行对房地产企业的直接贷款，而房地产企业仍然可以通过关联企业贷款、挪用已开工项目资金、向省外企业借款以及销售回款再投资等方法来增加现金持有。另一原因是房地产市场货币政策的时滞效应（王先柱和高波，2009）。企业在直接融资和间接融资之间转换需要时间。从回归结果来看，1 个季度的时间在一定程度上可以满足企业通过间接融资渠道化解外部融资约束。

第二，实际控制人类型的系数显著为负，表明在相同条件下实际控制人类型为国有的企业的现金持有水平受货币政策影响较小，对现金持有水平没有严格要求。国有企业的现金持有水平对货币政策不敏感的原因在于，国有企业在官方金融市场获得的资金要多于非国有企业，表现在筹资活动现金净流量和投资活动现金净流量的获取途径上。具体说来，首先是贷款优势。在国有银行进入商业化改革之后，其贷款客户所有制结构并没有根本性改变，国有银行和国有企业长期合作使其贷款投向存在某种程度的路径依赖。其次是政府补贴优势，政府通过财政和银行进行本金和利息补贴的对象多是国有企业，政府补贴占 GDP 的比重在某些年份高达 10%（宋芳秀等，2010）。不容忽视的是，国有企业和政府之间特殊关系使其可以更容易地从其他渠道获得资金，甚至是违规资金。模型 3 和模型 4 中的系数为正，说明紧缩性货币政策对无论国有企业还是非国有企业的现金持有水平都是有冲击的，都需要增加现金持有来应对融资约束。而观察 MC × OWNER 和 BMC × OWNER 的系数，前者不显著，后者显著，对此可能的解释是，货币政策变动对国有企业现金持有水平没有严格的要求，或货币政策时滞效应导致的。

第三，模型 6 中企业成长性系数显著为负，表明高成长性的企业对现金持有并不敏感。一般来说，高成长性的公司大多是"年轻"的企业，其经营净现金流不多，投资净现金流为负，内源融资受到限制，现金持有水平基数低，获得的现金流急于寻找新的投资机会。而对于非成长性的公司很容易通过存量调整保障一定的现金持有水平，或很保守不愿意轻易投资，故造成手中持有的现金水平相对较大。但在银根紧缩的情况下，高成长性企业对现金的持有量要明显大于低成长性企业。这一点从交互项 MC × RANKQ 的系数显著为正可以看出，因为高成长性企业现金持有水平受货币政策影响系数增加到 0.002 的水平。

表 17 - 3 货币政策与房地产企业现金持有变化

变量	模型 1	模型 2	模型 3	模型 4	模型 5	模型 6
α_0	0.001 (0.04)	− 1.09 *** (− 9.13)	− 1.07 *** (− 8.82)	− 1.07 *** (− 8.83)	− 0.947 ** (− 2.21)	− 0.930 ** (− 2.21)
MC	0.002 *** (6.85)	0.002 *** (5.39)	0.002 *** (4.52)	0.002 *** (5.39)	0.002 *** (6.57)	0.001 *** (3.02)
BMC	− 0.002 *** (− 4.42)	− 0.001 *** (− 3.02)	− 0.001 *** (− 3.00)	− 0.002 *** (− 3.53)	− 0.001 *** (− 3.92)	− 0.001 *** (− 2.75)
OWNER			− 0.038 * (− 1.81)	− 0.05 ** (− 2.35)		
MC × OWNER			0.0006 (1.24)			
BMC × OWNER				0.001 ** (1.99)		
RANKQ					0.002 (0.43)	− 0.039 ** (− 2.05)
MC × RANKQ						0.001 ** (2.23)

变量	模型1	模型2	模型3	模型4	模型5	模型6
CFO		0.375 *** (6.70)	0.378 *** (6.74)	0.378 *** (6.74)	0.360 *** (2.93)	0.360 *** (2.94)
SIZE		0.051 *** (9.07)	0.050 *** (8.92)	0.05 *** (8.96)	0.043 ** (2.26)	0.044 ** (2.27)
Hausman test	0.08	45.27 ***	46.53 ***	47.89 ***	45.39 ***	48.04 ***
F(prob)	13.4 (0.000)	44.36 (0.000)	29.98 (0.000)	30.69 (0.000)	156.67 (0.000)	31.76 (0.000)
R^2	0.198	0.2519	0.269	0.269	0.113	0.119
样本量	1317	1317	1317	1317	1317	1317

注：括号内为 t 统计量；*、**、*** 分别表示在10%、5%和1%的水平上显著。

在稳健性分析里，我们改变控制变量测度对现金持有增产率的影响。在回归模型中控制上一季度的现金持有水平、资产负债率等指标，主要结果保持不变。此外，我们采用（流通股份数×流通股价格＋非流通股份数×每股净资产＋总负债）/总资产的方法来计算 Tobin's Q。采用该方法后，本章主要回归结论并不受到影响。

二、不同实际控制人类型和企业成长性企业增加现金持有的路径选择

实际控制人类型和企业成长性是影响现金持有变化的两个重要因素，但由于企业特征的差异，不同的企业在货币政策态势发生逆转时增加现金持有的方式可能存在很大的差异。我们通过将企业的现金变化分解为经营活动现金净流量、筹资活动现金净流量和投资活动现金净流量三种，分析不同实际控制人类型和企业成长性企业增加现金持有的途径。设立的模型分别是：

$$DCASH = \alpha_0 + \alpha_1 MC + \alpha_2 BMC + \alpha_3 DCFF + \alpha_4 DCFI + \alpha_5 MC \times DCFO$$
$$+ \alpha_6 MC \times DCFF + \alpha_7 MC \times DCFI + \alpha_8 CFO + \alpha_9 SIZE + \varepsilon$$

$$(17.3)$$

表17-4中模型7和模型8报告了不同实际控制人类型下的企业增

加现金持有的路径选择。和的系数显著差异表明了国有企业在筹资活动现金净流量和投资活动现金净流量两种途径上获取资金具有优势，非国有企业在增加现金持有水平上要弱于国有企业，这正好印证了前面的分析。模型 7 中和显著为正，在紧缩性货币政策态势下，非国有企业积极通过增加经营活动现金净流量、筹资活动现金净流量等路径增加现金持有，而投资活动现金净流量没有起到增加现金持有的作用。模型 8 中除了显著外，且还是负值，说明国有企业现金持有对货币政策变化并不敏感。对比模型 7 和模型 8，可以看出非国有企业在货币政策态势逆转情况下增加现金持有的诉求要大于国有企业。

表 17－4　　　　　　房地产企业增加现金持有路径选择

变量	模型 7	模型 8	模型 9	模型 10
	OWNER = 0	OWNER = 1	RANKQ = 0	RANKQ = 1
α_0	− 0.359 ** (− 4.98)	− 0.224 ** (− 2.10)	− 0.526 *** (− 5.35)	− 0.248 *** (− 3.82)
MC	0.001 *** (4.86)	0.001 *** (2.62)	0.001 *** (3.46)	0.001 *** (3.88)
BMC	− 0.001 *** (− 2.76)	− 0.0002 (− 0.89)	− 0.001 *** (− 2.73)	− 0.001 (− 1.40)
DCFF	0.306 *** (6.43)	0.701 *** (1.24)	0.488 *** (9.38)	0.538 *** (17.36)
DCFI	0.30 *** (3.87)	0.489 *** (7.74)	0.220 ** (2.24)	0.773 *** (13.91)
MC × DCFO	0.011 *** (9.18)	0.01e − 12 (0.44)	− 2.20e − 13 (− 0.04)	0.007 *** (6.75)
MC × DCFF	0.006 *** (4.92)	− 0.003 ** (− 2.33)	− 0.002 (− 1.10)	0.003 *** (3.08)
MC × DCFI	0.003 (1.23)	− 0.001 (− 0.60)	− 0.003 (0.80)	− 0.008 *** (− 4.39)
CFO	0.165 *** (3.22)	0.801 *** (18.49)	0.509 *** (10.70)	0.419 *** (8.64)

变量	模型 7	模型 8	模型 9	模型 10
	OWNER = 0	OWNER = 1	RANKQ = 0	RANKQ = 1
SIZE	0.017 *** (5.15)	0.010 ** (2.08)	0.025 ** (5.50)	0.011 ** (3.79)
Hausman test	68.32	41.2	354.91	41.2
F (prob)	67.83 (0.000)	777.78 (0.000)	40.27 (0.000)	531.63 (0.000)
R^2	0.90	0.90	0.157	0.734
样本量	463	463	658	659

注：括号内为 t 统计量；*、**、*** 分别表示在 10%、5% 和 1% 的水平上显著。

表 17-4 中模型 9 和模型 10 报告了低成长企业组和高成长性企业组的回归结果。模型 9 中的交互项均不显著，这表明在货币政策态势逆转时，低成长企业相对于高成长性企业并不热衷增加现金持有水平。模型 10 中三个交互项均十分显著，和为正值，为负值说明高成长性企业在银根紧缩时现金持有水平非常敏感，经营活动现金净流量、筹资活动现金净流量是高成长性企业增加现金持有的重要途径，而投资活动现金净流量没有起到增加现金持有的作用。

三、主要结论分析

本章我们以我国 2005～2009 年房地产上市公司的季度面板数据为样本，实证分析了货币政策对房地产上市公司现金持有水平影响，以求从微观上获得房地产市场货币政策调控效果的证据。实证结果发现：至少在企业层面，我们可以拒绝那种认为中国房地产市场货币政策无效的结论。具体而言，当货币政策趋于从紧时，房地产企业将提高现金持有水平，当货币政策趋于宽松时，房地产企业将降低现金持有水平；对不同实际人控制类型来说，国有企业现金持有水平要低于非国有企业现金持有水平，前者受货币政策影响要小于后者；对成长性不同的企业而言，高成长性房地产企业手中持有的现金水平要低于低成长性的，而前者对货币政策灵敏度要高于后者。另外，企业规模越大，经营活动现金越充沛的企业，现金增加得越多。实际人控制人类型、企业成长性不同的企业在增加现金持有方式上存在持有。在紧缩性货币政策态势下，非国有企业、高成长性企业都会积极通过经营活动现金净流量、筹资活动现金净流量的增加实现现金持有，国有企业、低成长性企业并没有表现出增加现金持有的诉求。

尽管从微观上我们可以拒绝房地产市场货币政策无效的断言，但是房价高企的现实仍然离我们的期望值有一段相当长的距离。个中的机理在于，现实的房地产市场无法像实证研究中那样"保持其他条件不变"。如果在紧缩货币政策时，即使我们能证实紧缩货币政策会迫使房地产上市公司通过加快推盘以增加现金持有量，但同时房地产上市公司也可能会放慢开发进度减少土地购置，同时土地供应收紧或者房价预期上涨升温，这些都会削弱甚至完全抵消紧缩性货币政策对房价的影响。因此，政策当局考虑的重点应是货币政策如何与其他调控措施更紧密协调以形成合力。另外，实际控制人类型对上市房地产现金持有水平的影响差异预示着，一个公平和有序竞争的房地产市场环境有助于进一步提高房地产市场货币政策的效能。

第十八章 货币政策与房地产企业融资行为

　　宏观调控政策能否影响房价，实现房地产市场健康发展的预期目标？这是近年来学术界、政府部门和老百姓共同关心的敏感话题。自1998年房地产市场化改革以来，政府频繁运用调高贷款利率、存款准备金率等货币政策工具来抑制房地产投资过快增长，稳定房地产价格，促进房地产市场健康发展。然而，短期内房价上涨态势并没有明显改变，房地产企业"不差钱"的表现让我们难以确信货币政策是否达到了调控房价的目的。如果货币政策发挥着作用，那么为何每次调控的效果并不明显？如果货币政策没有发挥作用，那么为何在多轮调控政策出台后房地产市场运行趋于平稳？可见，在中国当前的房地产市场中存在着特定的内在机制，影响或改变了货币政策的预期效果。为了深入探究宏观货币政策的作用机制，本章将研究视角转向微观领域，试图从房地产企业投融资行为入手研究货币政策调控对房地产市场的影响（见图18-1）。本章重点从财务柔性角度检验货币政策是否影响了房地产企业的投融资行为、是否有效控制了房地产企业"银根"，分析房地产企业究竟为何"不差钱"。具体来说，本章利用倍差法（Difference-in-difference，DID）来分析现行货币政策能否有效影响房地产企业的融资行为，从而间接调控房地产市场运行。本章将为全面评价货币政策的实施效果和未来房地产市场的发展趋势提供科学依据。

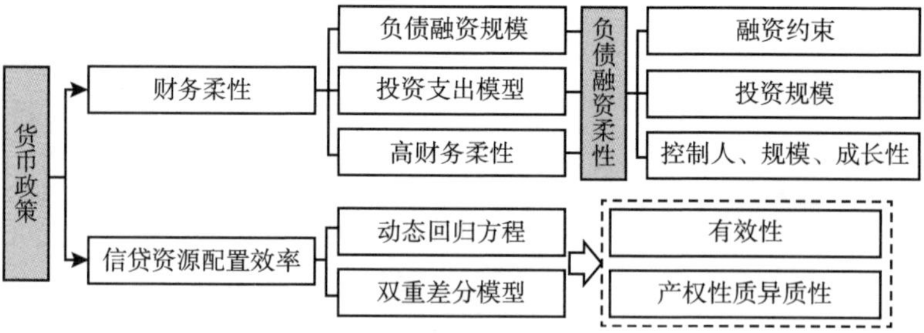

图 18-1　货币政策调控下的房地产企业融资行为

资料来源：笔者自行绘制。

第一节　货币政策与房地产企业"银根"的待证命题

理论上，货币政策是否有效关键在于其传导机制是否通畅，这在房地产市场也不例外。货币政策主要通过信贷渠道和货币渠道这两种途径影响房地产市场运行。实际上，无论是货币渠道还是信贷渠道，货币政策都是通过影响房地产企业的经济活动来间接调控房价。因此，通过考察房地产企业经济活动的变化来检验货币政策的有效性更有说服力。

一、房地产市场货币政策传导机制

要研究货币政策如何有效调控房地产市场，必须弄清楚货币政策影响房地产市场的主要途径及其具体作用机制。学者们认为货币政策存在复杂且多样的传导渠道，其中货币渠道和信贷渠道是两种普遍认可的传导途径。就我国经济运行而言，利率渠道发挥着重要作用，资本市场渠道的传导效应开始显现，总体而言信贷渠道占主导地位（周英章和蒋振声，2002；盛朝晖，2006）。

就房地产市场而言，学者们普遍关注货币政策传导过程中的异质性特征。例如，短期利率冲击对房地产投资的影响强烈且持续，而长期利率冲击的影响则较小且短暂（Bernanke & Gertler，1995）。同时，住房兼具消费品和抵押品的双重特性，相伴衍生的金融加速器效应进一步放大了货币政策对住房投资、住房价格和消费等的影响（Aoki et al.，

2002)。一个基本共识是，货币政策对房地产市场的冲击在态势、力度和持续时间上呈现差异化特征（况伟大，2010）。

无论是货币渠道还是信贷渠道，货币政策都是通过调节企业的融资成本和融资规模来实现调控目标。王先柱和刘洪玉（2011）发现，货币政策紧缩程度显著影响房地产企业的现金持有水平。冯科（2011）研究发现，货币政策传导到房地产市场的过程十分通畅，货币政策会对房地产企业的财务指标产生显著的影响，但对其投资行为的影响有限。然而，冯科（2011）的分析限于整个房地产市场，而没有厘清货币政策效应在房地产企业间的差异。因此，本章不仅考察货币政策对房地产企业的整体影响，还探究货币政策在不同特征房地产企业间的传导效应差异。

二、企业财务柔性的相关研究

财务柔性概念衍生于企业资本结构理论。目前有关财务柔性的研究主要围绕两个问题展开：一是研究财务柔性与企业价值之间的关系；二是研究财务柔性与企业投融资行为之间的关系。本章的研究重点在于后者。国外学者利（Lie，2005）发现，财务柔性水平较高的企业股东回报率往往较高，而且通常持有充足的现金，负债比率和经营风险也较低。阿尔斯兰等（Arslan et al.，2011）发现，高财务柔性企业的投资水平显著高于低财务柔性企业，财务柔性显著提升了企业未来的投资能力。近年来，国内学者对企业财务柔性的关注度也不断提高。如马春爱（2009），赵华和张鼎祖（2010）等研究指出，企业财务柔性有效提升了其财务综合调控能力。曾爱民等（2011）发现，财务柔性高的企业在金融危机时期具有更强的资金筹措能力，证实了在外部冲击下财务柔性能够为企业带来投资机会。

综上分析，财务柔性在应对外部冲击或风险时能够发挥重要作用，高财务柔性企业往往能够抓住未来投资机会以进一步发展壮大。那么，对我国房地产企业而言，财务柔性是否发挥了应有的作用以及财务柔性不同的企业投融资行为是否存在显著差异需要实证检验。基于上述分析，本章提出以下待证命题：

命题1：货币政策能够有效影响房地产企业的融资行为，从而达到间接调控房地产市场的目的。

命题2：与低负债融资柔性企业相比，高负债融资柔性企业能够借得较多资金。

命题3：与低财务柔性企业相比，高财务柔性企业具有较强的应对外部冲击的能力。

命题4：与低负债融资柔性企业相比，高负债融资柔性企业有较多的举债资金用于投资活动。

命题5：与低现金柔性企业相比，高现金柔性企业有较多的现金储备用于投资活动。

第二节　财务柔性视角下货币政策与房地产企业"银根"的关系

一、样本选取与模型设定

（一）样本选取与数据来源

本章研究对象为 2004～2011 年 A 股房地产上市公司，共收集 128 家上市公司的季度数据。为了保证所选样本的科学性，本章剔除总资产或所有者权益小于 0 的公司，剔除处于 *ST 或者 ST 状态的 T 类上市公司，剔除相关数据缺失的公司，最终得到 100 家公司的 800 个观测值。为了避免异常值对模型分析的影响，本章采用 Winsorize 的方法对异常值进行处理，对所有小于 1% 的分位数（大于 99% 分位数）的变量，令其值等于 1% 分位数（等于 99% 分位数）。本章所使用的上市公司财务数据来源于 Wind 金融证券数据库。

（二）模型设定

本章通过计量方法来考察货币政策是否对财务柔性企业的融资行为产生影响。以往的研究方法多侧重于纵向比较财务柔性企业本身在货币政策发生前后的财务指标差异。但是，这种方法没有考虑货币政策对非财务柔性企业或者低财务柔性企业的组间差异。另外一种做法是横向比较货币政策改变后财务柔性企业和非财务柔性企业积极举债等财务指标的差异。但是，这种方法又没有考虑两种不同类型企业在货币政策变化前后的时间差异。因此，本章采用政策研究中常用的方法——双重差分法（Difference – in – Difference），来同时考察政策的组间效应和时间效应。

（1）财务柔性与负债融资模型：继艾森菲特和卡特（Ashenfelter & Card，1985）的开创性研究之后，双重差分方法被广泛运用于评估某项政策或事件对实施对象的影响，在经济学领域亦得到了广泛运用。具体来说，该方法将某项政策或事件看作一个自然实验，通过引入一组未受该政策影响的参照物，来考察政策对某类群体所造成的净影响。在总样本中，未受到政策变化影响的参照物被称为对照组（control group），而受政策变化影响的被称为处理组（treatment group）。为此，本章构建了如下计量模型：

$$\Delta ALR_{it} = \alpha_0 + \alpha_1 MP_{it} + \alpha_2 Group_{it} + \alpha_3 MP_{it} \times Group_{it} + \lambda_i + \varepsilon_{it} \quad （18.1）$$

其中，因变量 ΔALR 表示企业的积极举债增量。考虑到偿债能力过低可能导致企业负债被动增加，同时借鉴曾爱民等（2011）的研究方法，本章采用新增积极举债来衡量企业的主动举债能力，即 $\Delta ALR_{it} = ALR_{it} - ALR_{i(t-1)}$。ALR 表示企业积极举债比率，等于当前银行借款（包括长期借款和短期借款）与应付债券之和占期末总资产的比重。λ_i 表示企业固定效应，ε_{it} 为误差项。

MP 为反映货币政策的虚拟变量。参考赵冬青等（2008），曾海舰和苏冬蔚（2010）等的度量方法，并鉴于 2003～2008 年对房地产市场的宏观调控都是采取上调贷款利率和存款准备金率的紧缩性货币政策，2008 年 9 月才开始下调贷款利率和存款准备金率，本章将 2008 年作为货币政策宏观调控的分水岭，2004～2007 年为货币政策紧缩期，2008 年及以后为宏观调控扩张期，因而 2004～2007 年 MP 取值为 0，2008 年及以后取值为 1。

Group 为反映企业财务柔性水平的虚拟变量。现有文献主要采用单一指标或多财务指标（马春爱，2009；曾爱民等，2011）来判定企业财务柔性水平的高低。本章将财务柔性分解为负债融资柔性和现金柔性两个维度，其中负债融资柔性被定义为行业平均负债比率减去企业负债比率，现金柔性被定义为企业现金持有量减去行业平均现金持有量。考虑到企业的财务柔性储备具有持续性而不是短期行为，同时借鉴阿尔斯兰等（Arslan et al.，2011）、曾爱民等（2011）的研究方法，本章将 2005~2007 年货币政策紧缩期样本中负债融资柔性或现金柔性始终处于最高 30% 之列的企业界定为高财务柔性企业。其中，负债融资柔性始终处于最高 30% 之列的企业界定为高负债融资柔性企业，现金柔性始终处于最高 30% 之列的企业界定为高现金柔性企业，负债融资柔性和现金柔性都始终处于最高 30% 之列的企业界定为同时具有高负债融资柔性和高现金柔性的企业。如果属于高负债融资柔性企业，则 GroupD 取 1，否则取 0；如果属于高现金柔性企业，则 GroupC 取 1，否则取 0；如果同时具有高负债融资柔性和高现金柔性，则 GroupCD 取 1，否则取 0。交叉项 $MP \times Group$ 的系数 α_3 反映货币政策对高财务柔性企业的净影响，具体的解释如下：

对于对照组 Group = 0，由 model（18.1）可知，上市公司在货币政策变化前后新增积极举债分别为：

$$\Delta ALR_{it} = \alpha_0 + \varepsilon_{it} \quad \text{当 } MP = 0，货币政策紧缩期}$$

$$\Delta ALR_{it} = \alpha_0 + \alpha_1 + \varepsilon_{it} \quad \text{当 } MP = 1，货币政策宽松期}$$

因此，货币政策变化前后，对照组新增积极举债的变动水平为：

$$Dif_1 = (\alpha_0 + \alpha_1 + \varepsilon_{it}) - (\alpha_0 + \varepsilon_{it}) = \alpha_1 \qquad (18.2)$$

对于处理组 Group = 1，由模型（18.1）可知，上市公司在货币政策变化前后的新增积极举债分别为：

$$\Delta ALR_{it} = \alpha_0 + \alpha_2 + \varepsilon_{it} \quad \text{当 } MP = 0，货币政策紧缩期}$$

$$\Delta ALR_{it} = \alpha_0 + \alpha_1 + \alpha_2 + \alpha_3 + \varepsilon_{it} \quad \text{当 } MP = 1，货币政策宽松期}$$

同理，货币政策变化前后，处理组新增积极举债的变动水平为：

$$Dif_2 = (\alpha_0 + \alpha_1 + \alpha_2 + \alpha_3 + \varepsilon_{it}) - (\alpha_0 + \alpha_2 + \varepsilon_{it}) = \alpha_1 + \alpha_3 \qquad (18.3)$$

因此，货币政策变化对处理组的新增积极举债的净影响为：

$$Dif_2 - Dif_1 = (\alpha_1 + \alpha_3) - \alpha_1 = \alpha_3 \quad \text{即双重差分系数 } \alpha_3$$

在实际经验分析中，为有效控制其他因素影响，我们在回归方程中添加了一些控制变量。因此模型（18.1）变化为：

$$\Delta ALR_{it} = \alpha_0 + \alpha_1 MP_{it} + \alpha_2 Group_{it} + \alpha_3 MP_{it} \times Group_{it} + \alpha_4 ALR_{it} + \alpha_5 CFO_{it}$$
$$+ \alpha_6 Lev_{it} + \alpha_7 ROA_{i(t-1)} + \alpha_8 TobinQ_{it} + \alpha_9 Cash_{it} + \alpha_{10} Size_{i(t-1)} + \varepsilon_{it}$$

$$(18.4)$$

本章中控制变量为企业的实际负债率。考虑到房地产企业的资金密

集型特点，本章使用实际负债率来衡量企业负债水平。实际负债率等于
负债总额减去预收账款再除以总资产。变量表示企业的托宾值，用于反
映企业的纵向价值成长能力，通常表示为企业市场价值与资产重置成本
的比例。由于企业市场价值体现为公司所有权的总市值，即包括股票市
值和负债总额，而实际上非流通股的市场价值往往很难确定，因此本章
用每股净资产来代替。另外，国内的公司财务报告中所揭示的资产总值
一般是按历史成本方法来估值，而并非按重置成本估值，因此本章以上
市公司总资产的账面价值来近似代替资产重置成本。所以，本章的托宾
值取上市公司股票年末收盘价乘以流通股股数、每股净资产乘以非流通
股股数、年末负债总额三者总和除以年末总资产的比值。

变量为企业资产收益率，用来衡量企业的盈利能力。资产收益率等
于净利润除以平均总资产，其中平均总资产等于年初和年末总资产之和
的均值。其他控制变量的具体测度方法汇报如表18－1所示。

表 18－1 控制变量定义

变量名称	变量符号	变量定义
积极举债	ALR	（银行借款＋应付债券）/年末总资产
现金持有量	Cash	（货币现金＋短期投资）/年末总资产
托宾 Q 值	TobinQ	（最后一个交易日收盘价×流通股股数＋每股净资产×非流通股股数＋年末总负债）/年末总资产
公司规模	Size	年末总资产的自然对数
实际负债率	Lev	（负债总额－预收账款）/年末总资产
盈利能力	ROA	净利润/平均总资产
经营活动现金流量	CFO	经营活动流量净额/年末总资产

（2）财务柔性与投资支出模型：房地产企业融资的主要目的是进
行生产性投资，所以本章还关注不同财务柔性企业投资行为的差异，构
建了如下计量模型：

$$\mathrm{Inv}_{it} = \alpha_0 + \alpha_1 \Delta\mathrm{Cash}_{it} + \alpha_2 \mathrm{Group}_{it} + \alpha_3 \Delta\mathrm{Cash}_{it} \times \mathrm{Group}_{it} + \alpha_4 \Delta\mathrm{ALR}_{it}$$
$$+ \alpha_5 \mathrm{TobinQ}_{it} + \alpha_6 \mathrm{Size}_{i(t-1)} + \alpha_7 \mathrm{CFO}_{it} + \alpha_8 \mathrm{ROA}_{it} + \varepsilon_{it} \quad (18.5)$$

其中，因变量 Inv 表示企业的投资支出，本章采用新增投资率来表示，即现金流量表中"购建固定资产、无形资产和其他长期资产所支付的现金"除以期初总资产。ΔCash 表示企业新增的现金持有量，是当期现金持有量与上期现金持有量的差额。交叉项 ΔCash × Group 的系数反映财务柔性水平高低不同企业现金持有量变化对其投资支出的影响差异。

二、变量描述性统计

描述性统计结果如表 18 - 2 所示，2008 年以后房地产行业整体的新增举债有所增加，而新增现金持有量和投资支出有所减少，这基本反映了房地产行业的现实状况。按现金柔性将企业分组后发现，2008 年以后高现金柔性企业新增的现金持有量大幅减少，而投资支出增加，低现金柔性企业的投资支出相对减少。我们猜测这可能与高现金柔性企业利用自身现金储备进行投资有关，后文将对此进行实证检验。按负债融资柔性分组后发现，2008 年以后无论是高负债融资柔性企业还是低负债融资柔性企业的新增积极举债都有所增加，这可能与货币政策宽松导致外部融资约束降低有关，而两类企业的投资支出都减少，这与房地产行业的现状相近。

表 18 - 2　　　　　　　　　按财务柔性分组的描述性统计

按 GroupC 分组					
2008 年以前			2008 年以后		
ΔALR	ΔCash	Inv	ΔALR	ΔCash	Inv
对照组	− 0.0160	− 0.0030	0.0240	− 0.0058	− 0.0008	0.0158
处理组	− 0.0016	0.0192	0.0178	0.0176	− 0.0248	0.0213
按 GroupCD 分组					
2008 年以前			2008 年以后		
ΔALR	ΔCash	Inv	ΔALR	ΔCash	Inv
对照组	− 0.0159	− 0.0001	0.0230	− 0.0039	− 0.0027	0.0163
处理组	0.0204	− 0.0128	0.0329	0.0139	− 0.0216	0.0193

按 GroupD 分组					
2008 年以前			2008 年以后		
ΔALR	ΔCash	Inv	ΔALR	ΔCash	Inv
对照组	− 0.0160	0.0039	0.0198	− 0.0075	− 0.0013	0.0173
处理组	− 0.0078	− 0.0195	0.0385	0.0152	− 0.0124	0.0123
总样本	− 0.0145	− 0.0006	0.0234	− 0.0032	− 0.0034	0.0164

注：栏目"2008 年以前"列的是 2004～2007 年的新增积极举债、新增现金持有量和投资支出的平均数值，栏目"2008 年以后"列的是 2008～2011 年的新增积极举债、新增现金持有量和投资支出的平均数值。

三、实证结果分析

1. 财务柔性与负债融资

本章采用固定效应估计方法，考虑到可能存在异方差，计算了 White 稳健标准误，而且模型中不含常数项，回归结果如表 18−3 所示。从中可以看到，变量 MP 的系数在 1% 的水平上显著为正，说明货币政策对房地产企业的负债融资具有显著的影响。当货币政策趋于宽松时，企业扩大了举债规模，借得了更多资金。其原因在于，在货币政策宽松期，外部融资约束有所缓解，企业的融资摩擦降低，融资规模增大。因此，命题 1 得到验证。

变量 Group 的系数在 1% 的水平上显著为正，第（2）和第（3）列中交叉项 MP × Group 的系数与 Group 的系数之和 $\alpha_2 + \alpha_3$ 也为正且在 5% 的水平上显著。这表明无论是货币政策紧缩期还是货币政策宽松期，负债融资柔性较高的房地产企业能够举借较多的资金，从而命题 2 得到验证。

第（1）列中交叉项 MP × Group 的系数不显著，说明现金柔性高对企业的负债融资没有产生显著影响。可能的原因是：高现金柔性企业的现金持有量较高，从而可以在外部融资约束增强时利用自身储备的现金进行投资，这将在后文进行分析。第（2）和第（3）列中交叉项 MP × Group 的系数为负且在 5% 的水平上显著。这表明，宽松的货币政策显著降低了高负债融资柔性企业以及同时具有高负债融资柔性和高现金柔性企业的新增积极举债。就低负债融资柔性企业而言，由于在货币政策紧缩期融资成本上升，它们的融资规模受到很大限制，从而不得不慎重考虑负债融资策略；而在货币政策宽松期，由于融资成本下降，它们可以举借更多的资金。基于此，我们认为高负债融资柔性企业能够更加从容地应对货币政策的变化，尤其是当货币政策偏紧缩时，它们更容易举借资金，而不会因资金过分短缺而错失投资机会。因此，命题 3 得到验证。

表 18 - 3   财务柔性与负债融资

变量	按 GroupC 分组	按 GroupCD 分组	按 GroupD 分组
	模型 1	模型 2	模型 3
ALR_t	0.667 *** (0.05)	0.667 *** (0.05)	0.667 *** (0.05)
Group	0.740 *** (0.16)	0.772 *** (0.16)	0.622 *** (0.16)
$MP \times Group$	-0.03 (0.02)	-0.059 ** (0.03)	-0.033 ** (0.02)
MP	0.044 *** (0.01)	0.043 *** (0.01)	0.047 *** (0.01)
$Cash_t$	0.122 *** (0.04)	0.115 ** (0.05)	0.121 *** (0.04)
Lev_t	-0.105 *** (0.03)	-0.106 *** (0.03)	-0.094 *** (0.04)
$TobinQ_t$	0.008 * (0.00)	0.009 * (0.00)	0.009 ** (0.00)
$Size_{t-1}$	-0.039 *** (0.01)	-0.039 *** (0.01)	-0.040 *** (0.01)
CFO_t	-0.171 *** (0.03)	-0.169 *** (0.03)	-0.172 *** (0.03)
ROA_{t-1}	0.296 *** (0.08)	0.306 *** (0.08)	0.308 *** (0.08)
N	700	700	700
Adj. R^2	0.345	0.346	0.347
F	4.474	4.501	4.544

注：* 、** 和 *** 分别表示在 10%、5% 和 1% 的水平上显著，括号内为稳健标准误。

2. 财务柔性与投资支出实证结果

为了检验财务柔性是否对企业的投资行为产生影响，本章进一步对式（17.5）进行广义最小二乘法（GLS）估计，估计结果见表18－4。从中可以看到，企业的新增积极举债（ΔALR）与投资支出在5%或10%的水平上显著正相关。这说明企业通过积极举债的方式为其投资活动筹集所需资金，负债越多，投资支出越多。命题4得到验证，即与低负债融资柔性企业相比，高负债融资柔性企业有较多的负债资金用于投资，这也与曾爱民等（2011）的研究结论相近。

表18－4　　　　　　　　　　财务柔性与投资支出

变量	按 GroupC 分组	按 GroupCD 分组	按 GroupD 分组
	模型1	模型2	模型3
ALR_t	0.011 ** (0.01)	0.010 * (0.01)	0.009 * (0.01)
Group	0.001 (0.00)	0.009 (0.01)	0.001 (0.00)
$\Delta Cash \times Group$	− 0.029 * (0.02)	0.018 (0.04)	− 0.012 (0.02)
$\Delta Cash_t$	− 0.013 * (0.01)	− 0.017 ** (0.01)	− 0.012 * (0.01)
$TobinQ_t$	− 0.002 * (0.00)	− 0.002 ** (0.00)	− 0.002 ** (0.00)
$Size_{t-1}$	− 0.002 *** (0.00)	− 0.002 *** (0.00)	− 0.002 *** (0.00)
CFO_t	0.012 ** (0.01)	0.010 * (0.01)	0.011 * (0.01)
ROA_{t-1}	0.036 ** (0.01)	0.035 ** (0.01)	0.038 *** (0.01)
con	0.054 *** (0.01)	0.054 *** (0.01)	0.053 *** (0.01)
N	700	700	700

注：括号内为t值；*、**、*** 分别表示在10%、5%和1%的水平上显著。

变量 ΔCash 的系数在 5% 或 10% 的水平上显著为负，说明企业投资支出与现金持有量之间存在此消彼长的关系。交叉项 ΔCash $\times$ Group 的系数在列（4）中显著为负，在列（5）和列（6）中则不显著，说明与低现金柔性企业相比，高现金柔性企业现金持有量的变化能够更加显著地影响其投资支出，而高负债融资柔性企业却未必如此。这是因为高现金柔性企业可以利用其现金优势把握投资机会，而不必过分依赖于负债融资，从而在应对货币政策调控等外部冲击时具有更强的适应能力，从而命题 5 得到验证。

为了保证上述结果的可靠性，本章针对高财务柔性企业的判定阈值进行了稳健性检验。借鉴曾爱民等（2011）、阿尔斯兰等（Arslan et al.，2011）等的研究设计，本章还分别选取 40% 和 50% 作为高财务柔性企业的判定阈值，对样本重新进行分组并进行回归分析，分析结果与前文基本一致。

3. 高财务柔性企业的主要特征

前文分析揭示了财务柔性对房地产企业投融资行为发挥着重要作用，并影响货币政策调控的有效性。接下来一个有意义的问题是，财务柔性水平较高的房地产企业通常具有哪些特征？为此，本章从实际控制人类型、公司规模和成长性三个方面进一步分析了高财务柔性企业的主要特征，尝试从企业层面探究制约货币政策调控效果的深层次原因。

借鉴曾海舰和苏冬蔚（2010），王先柱和刘洪玉（2011）等对企业资本结构和现金持有量的研究，本章构建了以下两个模型：

现金柔性模型：

$$CF_{it} = \alpha_0 + \alpha_1 Group + \alpha_2 MP + \alpha_3 MP \times Group_{it} + \gamma X_{it} + \varepsilon_{it} \qquad (18.6)$$

负债融资柔性模型：

$$DEF_{it} = \alpha_0 + \alpha_1 Group + \alpha_2 MP + \alpha_3 MP \times Group_{it} + \gamma X_{it} + \varepsilon_{it} \qquad (18.7)$$

其中，因变量 CF 和 DEF 分别表示企业的现金柔性和负债融资柔性。这里分别使用实际控制人类型（OWNER）、公司规模（DSIZE）和成长性（GROWTH）来定义虚拟变量 Group。具体来说，如果公司实际控制人为政府部门，则 OWNER 取 1，否则取 0；如果公司规模大于样本均值，则定义为大企业，DSIZE 取 1，否则取 0；如果公司托宾 Q 值大于样本均值，则定义为高成长性企业，GROWTH 取 1，否则定义为低成长性企业，GROWTH 取 0。X_{it} 代表控制变量，ε_{it} 为误差项。经过检验，按实际控制人分组时采用随机效应模型，其他则采用固定效应模型。回归结果见表 18－5。

表 18－5 财务柔性与企业特征

变量	现金柔性			负债融资柔性		
	实际控制人	公司规模	成长性	实际控制人	公司规模	成长性
MP	− 0. 012 *** （0. 00）	− 0. 012 *** （0. 00）	− 0. 013 *** （0. 00）	0. 008 *** （0. 00）	0. 007 *** （0. 00）	0. 014 *** （0. 00）
Group	0. 002 * （0. 00）	− 0. 002 （0. 00）	− 0. 002 （0. 00）	− 0. 000 （0. 00）	0. 001 （0. 00）	− 0. 001 （0. 00）
MP × Group	− 0. 002 * （0. 00）	− 0. 006 ** （0. 00）	− 0. 001 （0. 00）	0. 000 （0. 00）	0. 003 * （0. 00）	− 0. 003 * （0. 00）
Lev_t	− 0. 004 （0. 00）	− 0. 024 *** （0. 01）	− 0. 016 ** （0. 01）	− 0. 969 *** （0. 01）	− 0. 949 *** （0. 01）	− 0. 950 *** （0. 01）
CFO_{t-1}	0. 002 （0. 01）	0. 005 （0. 01）	0. 010 （0. 01）	0. 015 *** （0. 00）	0. 019 *** （0. 01）	0. 014 ** （0. 01）
$Cash_t$	0. 963 *** （0. 01）	0. 928 *** （0. 01）	0. 916 *** （0. 01）	0. 012 ** （0. 01）	0. 023 *** （0. 01）	0. 029 *** （0. 01）
ROA_{t-1}	0. 010 （0. 02）	0. 000 （0. 02）	0. 008 （0. 03）	0. 006 （0. 01）	0. 003 （0. 01）	0. 013 （0. 01）
$Size_{t-1}$	− 0. 005 *** （0. 00）		− 0. 004 ** （0. 00）			− 0. 006 *** （0. 00）
$TobinQ_t$	− 0. 012 *** （0. 00）	− 0. 015 *** （0. 00）		0. 003 *** （0. 00）	0. 004 *** （0. 00）	
$TANG_t$				0. 024 *** （0. 01）	0. 039 *** （0. 01）	0. 030 *** （0. 01）

变量	现金柔性			负债融资柔性		
	实际控制人	公司规模	成长性	实际控制人	公司规模	成长性
con	− 0.014 (0.01)	− 0.091 *** (0.00)	− 0.033 (0.03)	0.480 *** (0.01)	0.461 *** (0.01)	0.604 *** (0.03)
N	700	700	700	700	700	700
Adj. R²		0.938	0.923		0.984	0.984

注：括号内为 t 值；＊、＊＊、＊＊＊分别表示在 10%、5% 和 1% 的水平上显著。变量 TANG 表示企业有形资产比例，等于（固定资产总额 − 累计折旧 − 固定资产减值准备)/年末总资产。

表18 - 5 结果显示，当按实际控制人类型分组时，在现金柔性模型中交叉项 MP × Group 的系数在 10% 的水平上显著为负，在负债融资柔性模型中则不显著，表明房地产行业中国有企业现金柔性水平较低；当按公司规模分组时，在现金柔性模型中 MP × Group 的系数在 5% 的水平上显著为负，在负债融资柔性模型中则在 10% 的水平上显著为正，表明规模较小的企业现金柔性水平较高，而规模较大的企业负债融资柔性水平较高；当按公司成长性分组时，在现金柔性模型中 MP × Group 的系数不显著，在负债融资柔性模型中则在 10% 的水平上显著为负，表明低成长性企业的负债融资柔性水平较高。

在本章选取的 100 家房地产上市公司中，国有企业有 52 家，民营企业有 48 家，房地产行业中国有企业比例明显偏高。从图 18 - 2 中可以看出，在 2004 ~ 2007 年货币政策紧缩期，国有企业的投资额明显高于民营企业且呈上升趋势。从图 18 - 4 中可以明显看出，规模较大的房地产企业投资额远远大于规模较小的企业，并且呈上升趋势。前文分析得出，规模较大的房地产企业的负债融资柔性水平较高，负债融资柔性高能够减弱货币政策的调控效果，而在我国房地产行业中国有企业和规模较大的企业又占多数，这使当前货币政策调控房地产市场的效果大打折扣。这种现象可以用"船大好挡浪"来概括。由于规模较大的国有房地产企业对货币政策调控具有一定的"免疫力"，而这类企业的供给量又占据市场总量的大部分，这就不难理解为何我国会出现货币政策不断出台和房价不断上涨并存的现象。

不容忽视的是，无论是从图18－2中2008年以后国有企业投资额还是图18－3中样本企业投资总额增长率来看，未来房地产行业的新增投资将缓慢减少。从长期来看，房地产企业前期储备的财务柔性虽能延缓或者减弱货币政策的调控效果，但随着财务柔性储备的不断消耗，货币政策调控效果会逐渐显现，房地产市场将进入平稳期。

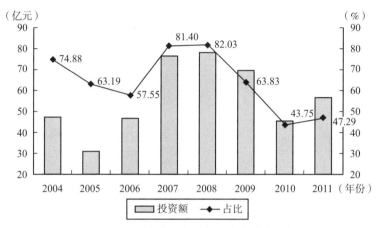

图18－2 国有企业投资额及占全样本比例

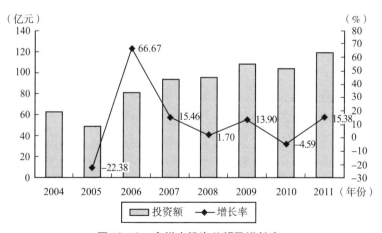

图18－3 全样本投资总额及增长率

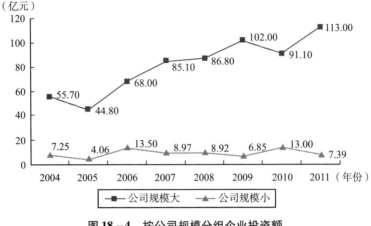

图 18 - 4　按公司规模分组企业投资额

四、结论与启示

本章基于财务柔性视角，研究了货币政策调控对房地产企业"银根"的影响，并解释了我国货币政策不断出台和房价不断上涨并存的现象。研究结果表明，现行货币政策能够有效影响房地产企业的融资行为，从而间接调控房地产市场运行。然而，财务柔性水平较高的房地产企业能够通过举借较多的资金或者调用较多的现金储备为其投资活动提供所需资金。因此，当货币政策发生变化时，高财务柔性企业能够从容面对，继续执行原定计划，并抓住有价值的投资机会。

本章进一步从实际控制人类型、公司规模和成长性三个方面分析了影响房地产企业财务柔性的主要因素，以探究货币政策调控效果大打折扣的深层次原因。研究发现，规模较大的房地产企业负债融资柔性水平较高，负债融资柔性高能够减弱货币政策的调控效果，而我国房地产行业中国有企业较多且规模较大，所以货币政策对当前房地产市场的调控效果大打折扣。但从长期来看，随着房地产企业财务柔性的逐渐消耗，货币政策的调控效果必将越来越明显。

本章的研究结论有助于加深我们对货币政策调控房地产市场有效性的认识，同时具有重要的政策含义：一方面，从长期来看，房地产行业整体的财务柔性水平会逐渐降低，货币政策的调控效果将逐步显现，因此，应坚持宏观调控的长期性和一致性；另一方面，货币政策调控效果在不同企业间的差异性应引起足够重视，未来需要根据企业财务柔性水平确定分类指导的实施方案，以增强宏观调控的公平性与时效性。

第三节 信贷资源配置效率视角下货币政策与房地产企业"银根"的关系

一、样本选取与模型设定

（一）样本选取与数据来源

选择 A 股房地产上市公司为研究对象，所使用的财务数据均来自国泰安数据库。根据研究惯例剔除了总资产或所有者权益小于 0 的公司以及相关数据缺失的公司，最终得到 127 家公司 2948 个有效观测值的非平衡面板数据，时间跨度为 1998 年至 2012 年上半年。为了研究结果的稳健性，对公司层面的变量进行 winsorize 缩尾处理，令所有小于 1% 分位数（大于 99% 分位数）的观测值等于 1% 分位数（等于 99% 分位数）。

（二）研究方案设计与变量选择

以往文献在实证研究贷款资源配置时往往以企业的业绩或者负债水平为因变量，而本章创造性地以企业业绩与负债的比值来衡量信贷资源配置效率。若仅考虑负债水平对企业业绩的影响时无法有效地顾及货币政策变化对其的影响。以企业业绩与负债水平的比值来衡量信贷资源配置的效率，一方面可以观测到货币政策变化对信贷资源配置效率的影响；另一方面也为进一步构建双重差分模型分析企业产权性质提供了基础。为了检验货币政策对房地产上市公司信贷资源配置效率的影响，同时考虑到上期的信贷资源配置效率可能对当期的影响，建立包含因变量滞后项的动态回归方程：

$$P/L_{i,t+1} = \alpha_0 + \alpha_1 P/L_{i,t} + \alpha_2 M_p + \alpha_3 \ln T_{Ai,t} + \alpha_4 T_{Qi,t+1}$$
$$+ \alpha_5 F_{Di,t+1} + \alpha_6 M_{Bi,t+1} + \varepsilon_{i,t} \tag{18.8}$$

其中，$P/L_{i,t+1}$ 表示 $t+1$ 期的信贷资源配置效率，而 $P/L_{i,t}$ 表示 t 期

的信贷资源配置效率。为了使结果更加稳健，本章分别采用两种不同方法度量房地产上市公司的信贷资源配置效率：（1）以企业的净利润与总负债的比值（P/L_1）；（2）以利润总额与总负债的比值（P/L_2）。变量 M_P 表示货币政策的虚拟变量。考虑到货币政策传导的时效性，主要研究当期的货币政策对房地产企业下一期信贷资源配置效率的影响。参照赵冬青等（2008）和曾海舰等（2010）的研究方法，将 2004～2007 年作为货币政策紧缩期（$M_P = 1$），2003 年以前以及 2008 年以后（含 2003，2008 年）作为宏观调控的扩张期（$M_P = 0$）。$\ln T_A$ 表示企业的资产规模，等于总资产的自然对数；T_Q 为托宾 Q 比率，衡量企业的成长性，等于总资产市值除以总资产账面值，其中总资产账面值 = 收盘价 × 流通股数 + 每股净资产 × 非流通股数 + 总负债（于蔚等，2012）；F_D 表示财务赤字，财务赤字 =（股息支付 + 投资支出 + 营运资本变化 – 净现金流）/总资产（Flannery & Rangan，2006）；M_B 为市账率（Market-to-BookRatio），在此作为市场择时的代理变量，市账率 =（总资产 – 账面权益 + 权益市值）/总资产（Billett et al.，2006）。

为了进一步研究不同产权性质对于货币政策房地产市场传导机制的影响，分析货币政策对国有化程度不同的房地产上市公司的信贷资源配置效率影响的差异，将衡量国有化程度的虚拟变量与货币政策变量的交互项引入方程（18.6）构建了如下双重差分模型：

$$P/L_{i,t+1} = \beta_0 + \beta_1 P/L_{i,t} + \beta_2 M_p + \beta_3 O_w + \beta_4 M_P \times O_w$$
$$+ \beta_5 \ln T_{Qi,t} + \beta_6 F_{Di,t+1} + \beta_7 M_{Bi,t+1} + \varepsilon_{i,t} \qquad (18.9)$$

其中，O_w 为组别变量，表示样本按照企业国有化程度进行分类的虚拟变量，当公司属于处理组时取 1（$O_w = 1$），属于对照组时取 0（$O_w = 0$）。本章使用国有股比例度量公司国有化程度。将样本公司按照国有股比例按大小进行排序，取处于最低的 1/3 分位的样本公司为处理组，最高 1/3 分位的样本公司为对照组。

二、实证结果分析

（一）基准回归结果分析

本章构建的回归方程中含有被解释变量的滞后项，考虑到潜在的内生性问题可能带来估计结果的偏差，常用的面板数据估计方法（固定效应或者随机效应模型）已经无法满足需要。因此，采用被广泛用于动态面板数据模型的系统广义矩估计（SYS – GMM）方法来进行参数估计。在对权重矩阵进行选择时，参照布伦德尔等（Blundell et al.，1998）的观点采用相对更有效的两步（two-step）估计。考虑到可能存在的异方差，所有回归方程的最终估计结果均采用 White 稳健性估计。

　　首先对公式（18.8）进行估计，回归结果汇总于表 18 – 6。模型 1 至模型 3 是以 P/L_1（净利润/总负债）为因变量分别采用动态混合估计、系统广义矩估计、动态固定效应进行估计的结果，而模型 4 至模型 6 则是以 P/L_2（利润总额/总负债）为因变量分别采用动态混合估计、系统广义矩估计、动态固定效应进行估计的结果。重点关注的是采用基于动态面板模型并且能够有效控制内生性问题的 SYS – GMM 方法对公式（18.6）进行估计的结果（模型 2 和模型 4）。从表 18 – 6 中可以看出，模型 2 和模型 4 的 AB 检验与 Hansen 检验均符合 GMM 估计的要求，即残差显著存在一阶自相关且不存在二阶自相关以及 Hansen 统计量不显著。这说明模型 2 和模型 4 中均不存在工具变量过度识别的问题，即工具变量是合理有效的。考虑其他因素（例如，样本偏小或者工具变量较弱）可能导致动态 GMM 估计量产生较大的偏倚，本章进一步采用邦德（Bond，2002）提出的判断是否发生偏倚的方法，即将包含被解释变量滞后项的混合估计和固定效应的估计量与 GMM 估计量进行比较，若被解释变量滞后项的 GMM 估计量小于混合估计估计量且大于固定效应估计量，则认为 GMM 估计量未产生较大的偏倚。从表 1 中可以发现模型 2 中的滞后一期的信贷资源配置效率的系数为 0.331 小于模型 1 中的 0.366、大于模型 3 中的 0.250；模型 5 中的滞后一期的信贷资源配置效率的系数为 0.381 小于模型 4 中的 0.413、大于模型 6 中 0.294。这说明本章的 SYS – GMM 估计结果并未因为工具变量的选择而产生明显的偏倚。所以，结合 AB 检验和 Hansen 检验的结果，可以认为本章采用 SYS – GMM 进行估计的模型 2 和模型 5 的结果是科学合理的。

　　模型 2 中货币政策变量（MP）的系数为 – 0.117 且在 1% 显著水平上显著，模型 5 中 MP 的系数为 – 0.139 亦在 1% 显著水平上显著。无论以哪种方式度量因变量（净利润除以总负债或者利润总额除以总负债），政策变量均与因变量显著负相关。这说明我国确实存在货币政策房地产传导机制，且货币政策能够显著地影响到房地产企业的信贷资源配置效率，紧缩的货币政策显著地降低房地产上市公司的信贷资源配置效率。

紧缩的货币政策增加了企业的融资成本，而当前过热的房地产市场使得众多房地产企业热衷于房地产开发，依旧设法从各种渠道举借资金。赵冬青（2008）就发现房地产上市公司负债水平在货币政策紧缩期依然有所增加。持续增加的融资成本导致了房地产上市公司信贷资源配置效率的降低。

为了进一步检验产权性质对于货币政策房地产市场传导的影响。参照前文的研究方法对公式（18.7）分别采用动态混合估计、系统广义矩估计、动态固定效应进行估计，结果汇总于表18-7。

首先观察表18-7中AB检验和Hansen检验的结果以确保本章研究的科学性，杜绝伪回归现象的产生。从模型8和模型11的AB检验与Hansen检验结果可以看出残差显著存在一阶序列相关、不存在二阶序列相关并且Hansen统计量不显著，两个模型均不存在工具变量过度识别的问题。进一步观察模型8和模型11中因变量滞后项（$P/L_{i,t}$）的系数，不难发现模型8中的系数介于模型7和模型9的对应系数之间，模型11中的系数介于模型10和模型12的对应系数之间，两个模型均不存在明显的偏倚。因此，可以认为表18-7中模型8和模型11的估计结果是科学合理的。

表18-6　　　　　　　　货币政策与信贷资源配置效率估计结果

变量	P/L1			P/L2		
	模型（1）	模型（2）	模型（3）	模型（4）	模型（5）	模型（6）
$P/L_{i,t}$	0.366 *** (4.57)	0.331 *** (3.84)	0.250 *** (2.69)	0.413 *** (5.04)	0.381 *** (4.30)	0.294 *** (3.08)
M_P	-0.120 *** (-3.59)	-0.117 *** (-4.20)	-0.092 ** (-2.35)	-0.143 *** (-3.86)	-0.139 *** (-4.33)	-0.095 ** (-2.18)
$lnT_{Ai,t}$	0.003 (0.79)	0.002 (0.47)	-0.008 (-1.17)	0.001 (0.38)	-0.000 (-0.02)	-0.009 (-1.33)
$T_{Qi,t}$	0.015 ** (2.23)	0.017 (1.44)	0.019 * (1.89)	0.016 ** (1.97)	0.018 (1.32)	0.021 * (1.79)

续表

变量	P/L1			P/L2		
	模型（1）	模型（2）	模型（3）	模型（4）	模型（5）	模型（6）
$M_{Bi,t+1}$	0.000 (0.47)	0.000 (0.23)	0.000 (1.14)	0.000 (0.67)	0.000 (0.47)	0.000 (1.25)
$F_{Di,t+1}$	0.243 *** (3.59)	0.217 *** (3.27)	0.216 *** (3.38)	0.252 *** (3.51)	0.228 *** (2.98)	0.220 *** (3.01)
时间效应	控制	控制	控制	控制	控制	控制
常数项	0.035 (0.44)	0.041 (0.39)	0.242 * (1.89)	0.075 (0.81)	0.103 (0.94)	0.292 ** (2.11)
估计方法	动态 POLS	SYS - GMM	动态 FE	动态 POLS	SYS - GMM	动态 FE
样本量	2689	2689	2689	2689	2689	2689
F 值	6.124	11.123	9.375	6.780	15.036	12.331
AR（1）_P	0.018			0.013		
AR（2）_P	0.110			0.130		
Hansen	105.97			112.69		

注：*、**、*** 分别表示在10%、5%和1%的显著水平上显著；括号内为t值；N、F分别表示样本数及变量的F检验值；AR（1）_P、AR（2）_P 分别为一阶序列相关、二阶序列相关检验的P值；Hansen 为 Hansen 检验。

表 18 - 7　　　　　　产权性质与信贷资源配置效率估计结果

变量	P/L1			P/L2		
	模型（7）	模型（8）	模型（9）	模型（10）	模型（11）	模型（12）
$P/L_{i,t}$	0.337 *** (3.72)	0.250 *** (3.56)	0.191 ** (2.14)	0.373 *** (4.21)	0.272 *** (3.56)	0.227 ** (2.59)
M_P	- 0.149 *** (- 3.41)	- 0.197 *** (- 3.16)	- 0.088 * (- 1.70)	- 0.179 *** (- 3.72)	- 0.273 *** (- 2.68)	- 0.106 * (- 1.91)
O_w	- 0.031 ** (- 2.36)	- 0.200 ** (- 2.24)	- 0.047 *** (- 2.68)	- 0.035 ** (- 2.47)	- 0.211 ** (- 2.08)	- 0.052 *** (- 2.76)
D	0.035 * (1.91)	0.139 * (1.74)	0.049 *** (2.71)	0.043 ** (2.09)	0.162 * (1.68)	0.058 *** (3.00)
$lnT_{Ai,t}$	0.005 (1.09)	0.002 (0.23)	- 0.002 (- 0.23)	0.004 (0.80)	0.025 (0.61)	- 0.003 (- 0.27)

续表

变量	P/L1			P/L2		
	模型（7）	模型（8）	模型（9）	模型（10）	模型（11）	模型（12）
$T_{Qi,t}$	0.021 ** (2.07)	0.039 ** (2.10)	0.034 ** (2.44)	0.023 * (1.81)	0.050 ** (2.04)	0.038 ** (2.28)
$M_{Bi,t+1}$	-0.000 (-0.35)	-0.000 (-0.77)	0.000 (0.17)	-0.000 (-0.35)	0.000 (0.09)	0.000 (0.36)
$F_{Di,t+1}$	0.304 *** (3.16)	0.263 *** (3.45)	0.268 *** (2.77)	0.317 *** (3.28)	0.457 *** (3.00)	0.277 *** (2.81)
时间效应	控制	控制	控制	控制	控制	控制
常数项	-0.014 (-0.12)	0.109 (0.50)	0.132 (0.62)	0.026 (0.19)	-0.351 (-0.41)	0.165 (0.68)
估计方法	动态 POLS	SYS – GMM	动态 FE	动态 POLS	SYS – GMM	动态 FE
样本量	1781	1781	1781	1781	1781	1781
F 值	4.509	5.878	6.692	5.017	11.748	8.736
AR（1）_P		0.060			0.038	
AR（2）_P		0.374			0.391	
Hansen		106.61			104.55	

注：括号内为 t 值；*、**、***分别表示在 10%、5% 和 1% 的水平上显著。

从表 18 - 7 汇总的结果可以看出：第一，模型 8 和模型 11 中政策变量（M_P）系数均在 1% 显著水平上显著为负，结论与表 18 - 6 中模型 2 和模型 4 一致，进一步证实了房地产市场货币政策传导机制的存在。第二，因变量为 P/L1 时，模型 8 中双重差分变量（$D = M_P \times O_w$）估计系数为 0.139 且在 10% 显著水平上显著；因变量为 P/L2 时，模型 11 中变量 D 系数为 0.162 亦在 10% 显著水平上显著。这说明房地产企业的产权性质确实能够影响到货币政策在房地产市场的传导，不同产权性质的房地产企业在应对货币政策变化时的反应不同。当货币政策趋于紧缩时，国有企业的信贷资源配置效率相对于非国有企业降低得更加明显。由于信贷歧视的存在，国有企业相对于非国有企业在货币政策紧缩时期更容易举借到足够的贷款，越多的贷款越容易出现过度投资，进而对企业价值产生了负面影响，影响到企业信贷资源配置的效率（张敏和黄继承，2009）。非国有企业在货币政策紧缩时间更难筹集资金，资金的限制使得非国有企业更加注重投资机会的选择，在进行投资的时候更加谨慎，投资效率也就相对更高。

（二）稳健检验

本章采用 2 种不同的方法度量房地产上市公司的信贷资源配置效率并且采用 3 种不同的估计方法进行分析，估计结果非常相似，表明本章所采用的因变量是稳健可靠的。为了进一步检验国有化程度判定阈值的稳定性，分别以 20% 和 40% 作为判定阈值，对样本进行重新分组，进行前面所有的回归分析（见表 18－8、表 18－9）。相关检验以及相关变量的估计结果基本与前文一致，表明本章的研究结论是科学稳健的。

表 18－8 　　　　　　　判定阈值为 20% 的估计结果

变量	P/L1			P/L2		
	模型（1）	模型（2）	模型（3）	模型（4）	模型（5）	模型（6）
$P/L_{i,t}$	0.313 *** (2.72)	0.216 *** (2.90)	0.214 (1.46)	0.359 *** (3.27)	0.293 *** (2.87)	0.276 * (1.93)
M_P	−0.118 *** (−4.02)	−0.139 *** (−3.03)	−0.111 *** (−3.20)	−0.142 *** (−4.26)	−0.171 *** (−3.62)	−0.133 *** (−3.29)
O_w	−0.017 (−0.99)	−0.078 (−1.22)	−0.026 (−1.31)	−0.014 (−0.78)	−0.061 (−0.90)	−0.025 (−1.22)
D	0.036 (1.61)	0.110 ** (2.08)	0.059 ** (2.11)	0.043 * (1.74)	0.117 ** (2.15)	0.070 ** (2.34)
$\ln T_{Ai,t}$	0.009 * (1.73)	0.009 (1.11)	−0.012 (−0.76)	0.009 (1.41)	0.011 (1.14)	−0.012 (−0.67)
$T_{Qi,t}$	0.009 (1.38)	0.015 ** (2.08)	0.012 (1.20)	0.008 (1.11)	0.014 ** (2.03)	0.013 (1.12)
$M_{Bi,t+1}$	0.001 (1.35)	0.000 (0.74)	0.001 (0.84)	0.001 (1.37)	0.000 (0.65)	0.001 (0.88)
$F_{Di,t+1}$	0.191 (1.39)	0.204 * (1.77)	0.226 * (1.86)	0.213 (1.53)	0.263 ** (2.21)	0.251 ** (2.02)

续表

变量	P/L1			P/L2		
	模型（1）	模型（2）	模型（3）	模型（4）	模型（5）	模型（6）
时间效应	控制	控制	控制	控制	控制	控制
常数项	-0.117 （-1.00）	-0.083 （-0.46）	0.335 （0.94）	-0.084 （-0.63）	-0.105 （-0.48）	0.346 （0.87）
估计方法	动态 POLS	SYS - GMM	动态 FE	动态 POLS	SYS - GMM	动态 FE
样本量	1056	1056	1056	1056	1056	1056
F 值	4.592	8.054	8.461	4.994	8.606	9.562
AR（1）_P		0.021			0.010	
AR（2）_P		0.777			0.467	
Hansen		105.886			96.300	

注：括号内为 t 值；* 、** 、*** 分别表示在 10% 、5% 和 1% 的水平上显著。

表 18 - 9　　　　　　　　　判定阈值为 40% 的估计结果

变量	P/L1			P/L2		
	模型（7）	模型（8）	模型（9）	模型（10）	模型（11）	模型（12）
$P/L_{i,t}$	0.383 *** （4.74）	0.318 *** （4.08）	0.251 *** （3.42）	0.409 *** （5.25）	0.275 ** （2.56）	0.272 *** （3.87）
M_P	-0.119 *** （-3.19）	-0.153 *** （-3.16）	-0.079 ** （-1.99）	-0.142 *** （-3.40）	-0.218 *** （-4.16）	-0.084 * （-1.92）
O_w	-0.026 ** （-2.50）	-0.101 * （-1.71）	-0.025 ** （-1.98）	-0.029 ** （-2.57）	-0.125 * （-1.94）	-0.027 * （-1.96）
D	0.025 （1.58）	0.093 * （1.77）	0.027 * （1.91）	0.029 * （1.68）	0.109 * （1.87）	0.031 * （1.98）
$\ln T_{Ai,t}$	0.003 （0.71）	0.007 （0.46）	-0.006 （-0.73）	0.002 （0.45）	-0.006 （-0.86）	-0.006 （-0.63）
$T_{Qi,t}$	0.016 ** （2.01）	0.039 （1.01）	0.022 ** （2.01）	0.017 * （1.72）	0.011 （0.76）	0.026 * （1.88）
$M_{Bi,t+1}$	-0.000 （-0.35）	-0.000 （-0.60）	0.000 （0.94）	-0.000 （-0.23）	-0.000 （-0.72）	0.001 （1.26）

变量	P/L1			P/L2		
	模型（7）	模型（8）	模型（9）	模型（10）	模型（11）	模型（12）
$F_{Di,t+1}$	0.240 *** (3.09)	0.199 ** (2.43)	0.210 *** (3.00)	0.256 *** (3.23)	0.747 *** (3.72)	0.221 *** (3.04)
时间效应	控制	控制	控制	控制	控制	控制
常数项	0.034 (0.36)	−0.056 (−0.15)	0.206 (1.17)	0.067 (0.61)	0.316 * (1.79)	0.218 (1.10)
估计方法	动态 POLS	SYS – GMM	动态 FE	动态 POLS	SYS – GMM	动态 FE
样本量	2139	2139	2139	2139	2139	2139
F 值	4.955	7.928	8.026	5.770	9.965	10.083
AR（1）_P	0.023			0.018		
AR（2）_P	0.111			0.100		
Hansen	103.288			100.236		

注：括号内为 t 值；* 、** 、*** 分别表示在 10%、5% 和 1% 的水平上显著。

三、结论

以房地产上市公司财务数据为研究对象，研究了我国货币政策房地产市场传导机制。基于我国特殊的经济环境，通过定义货币政策紧缩时期虚拟变量，构建双重差分模型，研究了产权性质对于货币政策在房地产市场传导的影响。

第一，从微观上拒绝了货币政策房地产市场传导无效的结论，货币政策能够显著地影响房地产上市公司的经济活动，紧缩的货币政策能够显著地降低房地产企业的信贷资源配置效率。紧缩的货币政策增加了房地产上市公司的融资成本，房地产企业本应该降低负债水平以应对过高负债成本所带来的经济负担，但是由于我国房地产市场的过猛过快发展，房地产企业为了追求眼前利益依然保持较高的负债水平以便为新的投资活动提供资金支持。只要房地产企业能够提供足够的担保并且房地产投资收益依然较高，金融机构就不会放弃提供信贷支持。与此同时政府部门持续加大了对房地产市场的宏观调控，虽然房价依然在上涨，但上涨的趋势基本被控制，房地产市场趋于平稳，房产开发的收益也趋于稳定。这样一来融资成本的增加也就导致了信贷资源配置效率的降低。信贷资源也会开始转向收益更高的领域。

第二，发现产权性质对于货币政策的传导有着重要的影响。在货币政策紧缩时期，国有企业的信贷资源配置效率下降的幅度要大于非国有企业。在我国存在着明显的信贷歧视，金融机构的这种信贷歧视导致非国有企业在货币政策紧缩时期较难筹集足够的资金，而国有企业却因为与政府、国有银行等存在着千丝万缕的联系往往不存在资金借贷困难的问题。这就导致了在货币政策紧缩时期国有企业能够相对容易的举借到资金，过多的资金容易造成过度投资的产生。而非国有企业由于信贷资源有限，在进行投资时必然会选择收益相对更高的项目，谨慎的投资行为使得非国有企业在整个行业信贷资源配置效率下降的背景下，依然能够保持相对较高的信贷资源配置效率，未来业绩也更加优异。

第十九章 货币政策与房地产企业资本结构

尽管央行为实现货币政策关注产出缺口与通胀、宏观审慎监管关注包含房价在内的金融稳定的长期目标而自 2017 年首次提出双支柱调控框架，但都无法回避货币政策变动对房地产市场产生冲击的基本事实。近年来形成的共识是，货币政策调整很难达到公众和中央政府稳房价的预期，继而导致货币政策调整和房价持续上涨陷入循环交替的尴尬境地。对此，本章以房地产上市公司资本结构作为研究对象，从供给层面研究货币政策在房地产市场的调控效果，解释房地产市场"船大好挡浪，浪大造大船"现象，提出房地产市场"供需兼顾、分类指导、市场政策竞争中性审查"的政策调控思路（见图 19 – 1）。

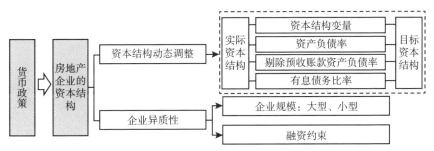

图 19 – 1 货币政策调控下的房地产企业资本结构

第一节 房地产企业应对货币政策调控的行为表现

为何货币政策未能在房地产市场产生预期调控效果？微观房企在供

给端的一个表现值得关注：不同规模房企应对货币政策调整的市场行为存在较大差异。数据分析发现，大型房地产企业基于融资规模和融资能力的互动支撑而更能灵活运用货币政策，具体表现为大型房企拥有相对更高的筹资现金流净额，且呈逐年递增趋势，而小规模企业的筹资现金流净额则呈递减趋势（见图19-2）。进一步地，前十大房企资产总额占比呈稳步增长趋势，且资产规模占比已超过50%（见图19-3），大型房地产企业具备更强的融资能力和盈利能力，使得其即便面对货币政策调控，也可以"不差钱"。然而，随着大规模企业筹资现金流净额增多，小规模企业的资金源被明显"挤占"，进而出现房企"强者越强，强者恒强"的单一生态。比如从市场集中度来看，前十大房地产企业销售金额与销售面积均呈逐年递增趋势，行业集中度不断增长，大规模企业的资源调动能力逐步增强、占据的市场份额越来越大，行业垄断程度加强，两极分化局面显现（见图19-4、图19-5）。产业结构理论认为，集中度高、规模大的企业在宏观政策变更期间能利用较灵活的市场行为熨平潜在风险，并能借市场"洗牌"效应继续稳固既有市场地位，该理论同样适用于解释以资本为支撑的房地产业。那么，货币政策未能在房地产市场起到预期的调控效果是否与房企的规模差异性及其应对政策干预的市场行为有关？或者说，"大船"是否能在政策调控中成功"破浪"，"大浪"又是否能造"大船"是明晰货币政策能否通过动摇房企"银根"，继而冲击房地产市场的待证命题。

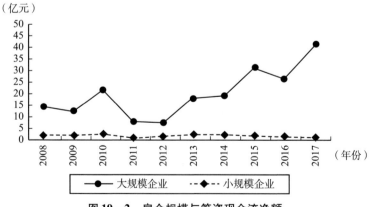

图 19-2　房企规模与筹资现金流净额

图 19 - 3 前十大房企资产总额占比

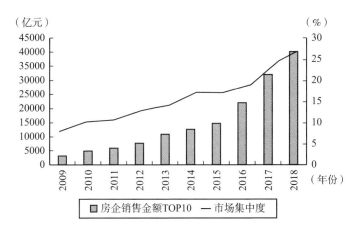

图 19 - 4 房地产行业销售金额与市场集中度

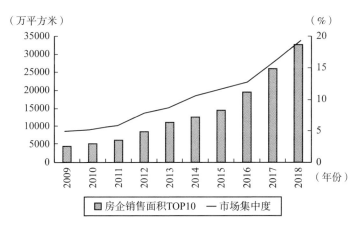

图 19 - 5 房地产行业销售面积与市场集中度

需要强调的是，资本结构反映了房企的"银根"，它既能界定企业的偿债和再融资能力，也能影响企业融资成本从而改变资金收益率。据此，本章从房企资本结构视角研究货币政策对房企融资行为的调控效果，并注重对不同规模房企的差异性影响，进而探讨货币政策对房地产市场调控的有效性。该研究既为政府从供给端调控房地产市场提供理论依据，也为建立健全房地产市场长效管理机制给出指导。

第二节　货币政策影响房地产企业资本结构的基本观点

现有文献中，直接从房地产上市公司资本结构的供给视角研究货币政策与房地产市场内在关联的文献还较为稀少，但从宏观视角或需求层面对此展开的分析及相关研究能为我们提供间接启示和丰富参考。

关于货币政策对房地产市场产生的影响，较早的研究侧重于判定货币政策是否会对房地产市场变动产生影响及差异性政策工具的实施效果。无论是理论分析还是实证研究，学界对此并未形成一致的结论。部分研究认为信贷、利率等货币政策工具皆能够显著影响房地产价格，如银行信贷规模扩大对房价的上涨具有明显的推动作用，而住房信贷政策对房价上涨则具有较好的平抑作用（孟宪春等，2017）。当然，也有学者研究得出利率对房地产价格的调控效应不显著的相异观点（顾海峰和张元娆，2014）。事实上，不同经济环境下的差异性政策工具未必皆会对房地产市场产生影响。不仅如此，差异性货币政策工具亦会导致调控效果呈现异质性，比如数量型货币政策会通过约束贷款规模，进而降低房地产市场购房需求的路径显著影响房价上涨，特别是在东部地区一、二线城市（余华义和黄燕芬，2015），而价格型货币政策则对房价波动并不敏感（谭政勋和王聪，2015）。

针对货币政策通过何种路径影响房地产市场的文献极大丰富了该问题的研究深度，许多学者从不同的机制路径出发对该问题进行了研究。一方面，短期内，限购政策对房地产价格具有显著的影响，可以减少人们的投机需求，进而减少市场购房期望（朱国钟和颜色，2014），提高贷款首付比例、税收政策变动等路径选择也会降低居民购房需求，抑制房价上涨。还有研究发现利率工具可以有效抑制房价波动，且"房价之谜"不复存在（沈悦等，2011），但也有学者指出，长期来看，中央银行的利率政策在抑制房价上是无效的（况伟大，2010；陈创练和戴明晓，2018）。另一方面，不少学者试图从供给端对此展开思考，发现提高当期利率能够抑制土地购置面积，而且在不考虑土地供给限制的情况下，扩大土地供给相比抑制住房需求更能调控房价（易斌，2015）。也有学者从微观企业角度来研究房地产市场的政策调控效果，认为货币政策会显著影响房地产企业的"银根"（王先柱和金叶龙，2013）、企业的成长性、持有现金流、盈利能力和营运能力等（蔡卫星等，2015；王朝阳等，2018）。显然，正向货币政策会通过外部融资溢价下降、劳动力成本上升以及银行的贷款意愿上升的路径驱动房价上涨（陈诗一和王祥，2016）。随着该领域研究的深入，不少学者聚焦到货币政策是否对不同规模房地产企业行为具有异质性影响的问题上，且侧重于从两个方向进行研究：一是风险抵御能力，比如中小企业的信贷约束紧、融资难，易受到宏观经济冲击（张成思和刘贯春，2018），而大规模企业信贷约束宽松，在货币紧缩时能够有效调整债务结构，从而能够抵御宏观经济政策和环境的负面冲击（马文超和胡思玥，2012）；二是融资门槛，融资约束大的上市公司在资本结构调整速度上具有更强的波动性，且在宽松的政策环境下，过高或过低的融资约束都会减缓企业的短期资本结构调整速度（闵亮和沈悦，2011；潜力和胡援成，2015）。可以发现，货币政策是否对不同规模房地产企业行为产生差异性影响这一问题的关键在于房地产上市公司的资本结构差异。

上述成果对深化认识货币政策变动对房地产市场的影响无疑具有重要的理论价值和参考意义，但仍可从以下方面做出拓展和丰富：一是研究货币政策影响房地产市场的相关文献侧重于宏观层面的需求端分析，鲜有从微观视角的供给端展开探讨；二是少有研究针对货币政策与房地产市场互动产生的"船大好挡浪，浪大造大船"效应，进而分析货币政策如何通过刺激企业融资行为来影响房地产市场；三是可以利用房地产上市公司财务报表数据，更加聚焦地把握房地产企业层面指标体系，这对揭开房地产企业融资行为的"黑箱"，进而丰富货币政策影响房地产市场的路径机制研究意义重大。

第三节　货币政策影响房地产企业
资本结构的实证研究

一、数据和样本

本章选取 A 股房地产上市企业的年度数据作为样本数据，时间范围为 2008 年至 2017 年。在这个样本区间内，我国出台了一系列房地产调控政策，既有宽松的调控政策又有紧缩的调控政策，这为更加准确、全面地探讨宏观经济政策与房地产企业资本结构之间的关系提供了现实基础。在样本处理方面，不考虑 ST 或 PT 企业，并剔除数据缺失严重的企业，最终得到 127 家上市样本企业。在数据方面，我们依据黄继承等（2016）、王朝阳等（2018）对数据处理的方法，对相关变量进行 1% 和 99% 的 winsorize 处理，以减少异常值的影响，并对部分缺漏值使用移动平均法进行补全。数据主要来源于 Wind 和 CSMAR数据库。

二、实证模型设定

（一）企业资本结构动态调整

在实践中，企业在经营活动中会不断朝其最优资本结构水平趋近。但由于企业内部特征因素以及调整成本的存在，企业资本结构很难达到最优水平，从而导致企业实际资本结构与最优水平存在一定的偏离，而企业也只能部分调整其资本结构。本章根据弗兰纳里和兰甘（Flannery & Rangan，2006）的研究，构建一个基准部分调整模型来描述企业资本结构动态调整过程：

$$MDR_{i,t} - MDR_{i,t-1} = \lambda(MDR_{i,t}^* - MDR_{i,t-1}) + \delta_{i,t} \qquad (19.1)$$

其中，$MDR_{i,t}$、$MDR_{i,t}^*$ 分别表示企业 i 在 t 年末的实际资本结构和目标资本结构。于是，$MDR_{i,t} - MDR_{i,t-1}$ 就表示企业资本结构的实际调整幅度。λ 为调整系数，表示在一个年度内企业资本结构向其目标资本结构调整的进度完成情况，即平均每年完成向目标资本结构调整进度的比例为 λ。若 λ 大于且趋向于 1，表明调整成本低于偏离目标时所带来的损失，也表明调整后所获得的收益高于调整成本，且在当期可以实现目标资本结构。若趋向于 0，则表明企业不调整资本结构。若调整系数 λ 在 0 和 1 之间，则表明企业部分调整资本结构。δ 表示随机干扰项。

由于目标资本结构无法直接获取，依据弗兰纳里和兰甘（Flannery & Rangan，2006）的设定，选择能够反映负债融资成本及收益的变量并设定企业目标资本结构函数：

$$\text{MDR}_{i,t}^* = \beta X_{i,t-1} \tag{19.2}$$

其中，$X_{i,t-1}$ 表示上一年末企业的特征变量，如企业规模、抵押能力、非债务税盾、盈利能力等；β 为参数。将模型（19.2）代入模型（19.1），整理后得到：

$$\text{MDR}_{i,t} = \lambda \beta X_{i,t-1} + (1-\lambda)\,\text{MDR}_{i,t-1} + \delta_{i,t} \tag{19.3}$$

从而将模型（19.1）调整为可以进行参数估计的模型，并通过模型（9.3）对企业资本结构进行估计。为了进一步研究货币政策对资本结构调整的影响，将货币政策表征变量引入部分调整模型（19.3）中，即：

$$\text{MDR}_{i,t} = (1-\lambda)\,\text{MDR}_{i,t-1} + \alpha \text{Policy}_{i,t-1} + \lambda \beta X_{i,t-1} + \delta_{i,t} \tag{19.4}$$

其中，Policy 变量表示货币政策的表征变量。

（二）企业异质性的设定

房地产企业的融资行为受多种因素的影响，如外部融资环境、企业自身财务特征等。为进一步研究货币政策对房地产企业的异质性影响，本章借鉴曾海舰和苏冬蔚（2010）的双重差分方法（DID），从企业规模、融资约束两个角度来分析货币政策对房地产企业的异质性影响。其中，企业规模依据中型综指的划分方法（中型综指的划分方法来源于上海证券交易所与中证指数有限公司发布的《上证中型企业综合指数编制方案》）。按照总股本、总资产与营业收入等指标划分为大型企业、中型企业与小型企业，并且将同时满足资产总额大于等于 25 亿元、营业收入大于等于 15 亿元和总股本大于等于 4 亿股的上市企业定义为大型企业。本章将样本企业划分为大型企业与小型企业，其中大型企业有

62 家，小型企业有 65 家，且当企业属于大规模时赋值为 1，属于小规模时赋值为 0。

对于企业融资约束程度的划分，我们参考于蔚等（2012）的设定，融资约束程度高的企业一般具有两个特点：一是有较多的资金留存比例；二是有较高的成长性（Korajczyk & Levy，2003）。因此，我们将不支付股利且成长性较高的房地产企业作为融资约束程度高的企业。借鉴杨兴全等（2016）的做法，我们以托宾 Q 值衡量企业成长性，并将托宾 Q 值高于平均水平的企业定义为具有较好成长性的企业。

于是，考虑到企业的异质性，我们将货币政策影响资本结构的模型调整为：

$$MDR_{i,t} = (1 - \lambda)MDR_{i,t-1} + \chi DID_i + \lambda \beta X_{i,t-1} + \delta_{i,t} \qquad (19.5)$$

其中，双重差分变量为滞后一期的资产负债率和货币政策表征变量的交乘项。参数用来衡量货币政策对大型房企资本结构的影响。则（19.5）式可写成：

$$MDR_{i,t} = (1 - \lambda)MDR_{i,t-1} + \chi (MDR_{i,t-1} \times Policy)_i + \lambda \beta X_{i,t-1} + \delta_{i,t}$$

$$(19.6)$$

这时，企业资本结构的调整速度可以表示为 $\lambda' = \lambda - \chi Policy$。一般情况下，Policy 对资本结构产生正向影响。如果 $\chi < 0$，则说明资本结构的调整速度会随着货币政策的促进而上升，反之亦然。

三、变量设定

（一）资本结构变量

现有研究中，通常以企业的市场负债比率（market debt ratio）作为资本结构的表征变量。本章研究上市房地产企业资本结构与货币政策之间的关系，充分考虑房地产行业影响因素，并选取符合房地产行业特殊性的资本结构代理变量，以减少研究偏差。我们发现，企业资产市值不仅可以很好地反映企业经营能力，也可以侧面反映该企业未来负债能力，属于一个综合性指标。因此，本章分别选取以下指标来度量企业资本结构：

（1）依据王朝阳等（2018）对资本结构衡量的方法，我们将资本结构设定为：MDR1 = 总负债/总资产市值×100%，其中总资产市值等于股权价值与总负债之和。同时参照于蔚等（2012）的方法，企业股权价值 = 收盘价×流通股数 + 每股净资产×非流通股数。

（2）房地产开发企业很大一部分资金来自预收账款，其占比约为23.1%，且预收账款在会计结转处理后，直接变为企业收入，而不会增加企业的负债压力。因此，在计算房地产企业实际负债率时，去除预收账款部分可能更为合理。因此，我们使用调整后的资产负债率：MDR2 =（总负债 − 预收账款）/（总资产市值 − 预收账款）×100%，衡量房地产这一特定行业的实际负债水平。

（3）由于有息债务可以给企业带来税盾效应，我们根据黄继承等（2016）衡量资本结构水平的方法，将其设定为：MDR3 = 有息债务/总资产市值×100%，衡量企业从银行和债券市场获得的债务资金比重。其中，有息债务 = 短期借款 + 长期借款 + 一年内到期的非流动负债 + 应付债券。

为了缓解内生性问题，在实证分析中使用公司账面负债比率（book debt ratio，BDR）作为市场负债比率的工具变量，其中依据马文超和胡思玥（2012）的方法将公司账面负债比率定义为 BDR1 = 总负债/总资产账面值×100%，并结合调整后的资产负债率设定 BDR2 =（总负债 − 预收账款）/（总资产账面值 − 预收账款）×100%，同时依据黄继承等（2016）衡量资产负债率的方法，使用 BDR3 = 有息债务/总资产账面值×100% 衡量资本结构，将 BDR1、BDR2、BDR3 分别作为 MDR1、MDR2、MDR3 的工具变量。

（二）企业特征变量

本章主要选取以下变量来刻画目标资本结构，如表19 − 1 所示。

表 19 − 1　　　　　　　　　　特征变量度量方法

变量名称	表示符号	度量方法	相关文献
企业规模	LnTA	总资产账面值的自然对数	钟凯等（2016）、王朝阳等（2018）
抵押能力	FA	固定资产/总资产账面值	于蔚等（2012）、黄继承等（2016）

401

变量名称	表示符号	度量方法	相关文献
非债务税盾	NDTS	累计折旧/总资产账面值	雒敏和聂文忠（2012）、黄继承等（2016）
盈利能力	Profit	利润总额/总资产账面值	宋献中等（2014）、王朝阳等（2018）
资产流动性	CR	流动资产/流动负债	宋献中等（2014）、朴哲范和肖赵华（2015）
财务赤字	FD	（股息支付＋投资支出＋营运资本变化－净现金流）/总资产账面值	弗兰纳里和兰甘（Flannery & Rangan，2006）

（1）企业规模（LnTA）：使用资产总额的自然对数来表示。大规模企业具有多元化经营模式，能有效地通过内部调节使用资金，同时凭借其较高的信用水平具有更强的融资能力和风险承载能力，能够比小规模企业承担更多的负债。于是，预期企业规模对资本结构的影响为正。

（2）抵押能力（FA）：采用企业固定资产与总资产的比值来衡量。固定资产具有很强的担保能力，在一定程度上可以提高企业信用水平，使企业获取更多的借债。于是，预期企业抵押能力与资本结构存在正相关的关系。

（3）非债务税盾（NDTS）：采用累计折旧值与总资产比值来表示。企业经常通过举债产生债务税盾来避免或减少企业税负，而企业的固定资产折旧、无形资产摊销及待摊费用摊销等非负债类费用同样具有抵税作用，可以在一定程度上降低通过举债而产生的债务税盾效应。于是，预期非负债类税盾与资本结构之间存在负相关关系。

（4）盈利能力（Profit）：采用企业利润总额与总资产的比值来衡量。企业的盈利越高，就能够运用越多的现金流来解决企业融资问题，从而降低负债水平。但根据权衡理论，在充足资金的保证下，企业更倾向于提高负债水平，更好地利用税盾效应减少税收成本。

（5）资产流动性（CR）：采用流动资产与流动负债的比值来度量。

资产流动性主要反映企业资产迅速变现能力，可以较好地衡量企业的偿债能力。

（6）财务赤字（FD）：财务赤字所体现的现金流缺口影响企业进入资本市场融资的交易成本，进而影响资本结构调整。当财务赤字较大时，企业主要通过外部融资来弥补赤字，以避免过高的财务赤字成本和资本结构偏离导致企业价值大幅度下降。

（三）货币政策变量

参考钟凯等（2016），本章采用"货币政策感受指数"中货币政策适度水平（Policy）作为货币政策的代理变量。货币政策适度水平表明银行家对货币政策较为直观的看法，在一定程度上能够反映为银行的信贷决策，这对房地产企业资金融通具有重要的意义。由于中国人民银行按季度发布货币政策适度水平，本章使用每年四个季度的平均值作为年度指数。如果该指数大于50%，表明货币政策处于宽松期，反之则处于紧缩期。

四、实证研究

（一）描述性统计

本章主要变量的描述性统计结果如表19－2所示。从资本结构度量值 MDR1 可以看出，企业资产负债率最大值为 0.9691，最小值为 0.0177，两者之间差距较大，这与企业特质有关。为了观察不同企业特质下资产负债率的差异，我们将企业年度平均负债率按照企业规模和融资约束程度进行分组比较，图19－6至图19－8分别显示了按企业规模和融资约束程度分组的企业年度平均负债水平变化情况。我们发现不同规模的企业具有相同的资产负债率变化趋势，但大规模企业相对具有更高的资产负债率。相对于小规模企业而言，大规模企业的资本结构调整更加迅速且调整幅度更大，表明大规模企业具有更好的资本结构调整能力。此外，融资约束低的企业也比融资约束高的企业拥有更高的资产负债率。

表 19-2　　　　　　　　　　变量描述性统计

变量	N	均值	标准差	最小值	最大值
MDR1	1270	0.4544	0.2187	0.0177	0.9691
MDR2	1270	0.4057	0.2184	0.0016	2.1791
MDR3	1270	0.2239	0.1403	0	0.6091
盈利能力	1270	0.0406	0.0513	-0.1655	0.2350
抵押能力	1270	0.1701	2.8112	0	77.3617
非债务税盾	1270	0.0059	0.0093	0.0002	0.0555
资产规模	1270	22.788	1.4743	18.3332	26.6253
资产流动性	1270	1.9698	0.9729	0.1599	6.1314
财务赤字	1270	0.4460	0.2987	-0.6634	1.1509
货币政策感受指数	1270	0.8	0.4002	0	1

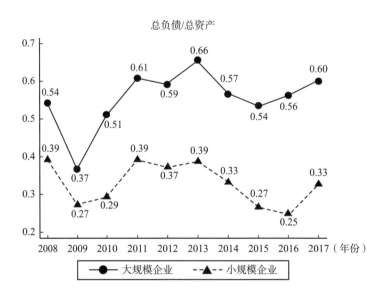

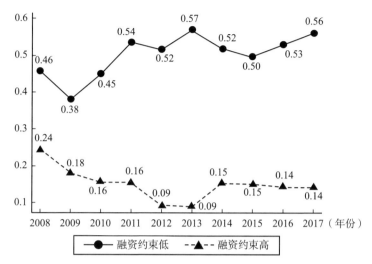

图 19 – 6　不同类别企业的 MDR1 年度变化情况

（总负债–预收账款）/（总资产–预收账款）

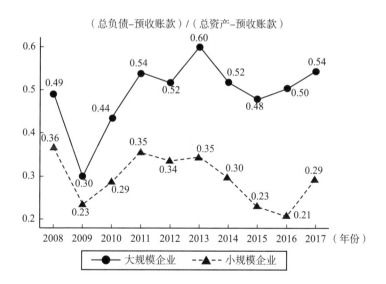

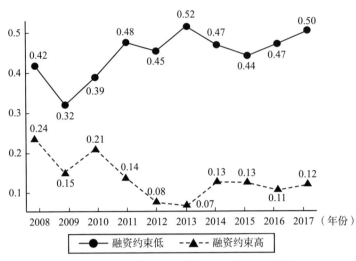

图 19 – 7　不同类别企业的 **MDR2** 年度变化情况

406

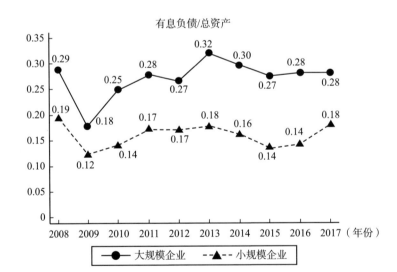

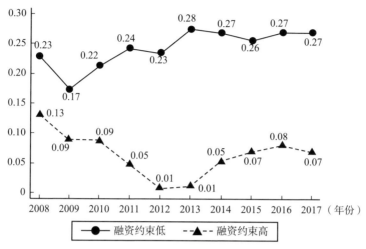

图 19 - 8　不同类别企业的 MDR3 年度变化情况

（二）资本结构动态调整

在实践中，企业会不断调整实际资本结构，以趋于目标资本结构。针对我国房地产上市企业而言，是否也存在实际资本结构向最优水平调整的现象？为了验证这一现象，我们参考弗兰纳里和兰甘（Flannery & Rangan，2006）、福肯德等（Faulkender et al.，2012）的研究做法，将目标资本结构和资本结构调整速度同时进行估计（黄继承等，2016）。首先，对资本结构模型（19.3）中参数 β 进行估计，再将向量 β 代入模型（19.2）中得到目标资本结构。然后将样本企业每期目标资本结构与实际资本结构的差值按大小分为四组，并取其平均值与中位数，再分析企业下一期账面负债率的变化，进而观察企业资本结构的调整情况。如图 19 - 9 所示，当企业在 t - 1 期目标负债率与实际负债率差值为正（过低负债）时，其在期会增加实际负债率以趋近于目标值；在过度负债时，下一期会减少企业负债率。由此可知，房地产上市企业的实际资本结构确实存在向最优水平调整的趋势，这为本章的后续研究奠定了基础。

（三）货币政策与资本结构调整

表 19 - 3 显示了货币政策影响下资本结构调整的参数估计结果以及稳健性检验结果。根据表 19 - 3，货币政策表征变量的系数都显著为

407

正，这表明货币政策对企业资本结构的动态调整具有显著的影响，且其影响具有滞后性。这也体现了在货币政策调控下，企业会及时作出资本结构调整，优化融资结构，不断提升市场竞争力。而且在宽松的货币政策调控下，房地产上市企业具有较低的负债成本，倾向于通过提高负债水平来获得更多的融资资金，进而提高企业经营利润。

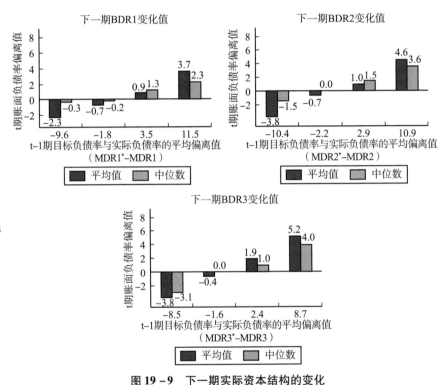

图 19 - 9　下一期实际资本结构的变化

注：数值均为百分比。

对比估计结果发现，MDR2 的系数为 0.499，小于 MDR1 的系数，说明房地产企业总负债和总资产分别减去预收账款后得到的实际负债率对货币政策的敏感性降低，去除预收账款的企业具有更快的资本结构调整速度，又由公式（19.3）可知，$1 - \lambda = 0.499$，即 $\lambda = 0.501$，则其调整速度平均可达到 50.1%，且预收账款对房地产企业经营存在显著的影响。MDR3 滞后一期的系数为 0.431，均低于 MDR1 和 MDR2 的系数，即调整速度 $\lambda = 0.569$，具有较快的资本结构调整速度，且在宽松的政策下企业可以从银行获得较多的贷款资金。对于企业特征变量而言，盈利能力、企业规模、抵押能力、财务赤字正向影响资本结构，而非债务税盾和现金流对资本结构具有负向的影响，这与预期基本一致。

表 19 - 3　　　　　　　　　　基本参数估计结果

变量	MDR1		MDR2		MDR3	
$MDR1_{t-1}$	0.533 *** (6.306)	0.533 *** (9.352)				
$MDR2_{t-1}$			0.499 *** (7.595)	0.499 *** (10.403)		
$MDR3_{t-1}$					0.431 *** (11.484)	0.431 *** (13.221)
$Policy_{t-1}$	0.066 *** (6.684)	0.066 *** (6.723)	0.064 *** (7.006)	0.064 *** (7.097)	0.037 *** (6.826)	0.037 *** (7.287)
$Profit_{t-1}$	0.171 * (1.728)	0.171 ** (2.275)	0.177 * (1.784)	0.177 ** (2.396)	0.095 * (1.675)	0.095 ** (2.060)
FA_{t-1}	0.101 (0.671)	0.101 (1.206)	0.416 ** (2.436)	0.416 *** (5.095)	0.016 (0.200)	0.016 (0.312)
$NDTS_{t-1}$	-1.446 (-1.123)	-1.446 * (-1.868)	-3.199 ** (-2.145)	-3.199 *** (-4.221)	0.170 (0.244)	0.170 (0.360)
$LnTA_{t-1}$	0.025 ** (2.488)	0.025 *** (3.079)	0.035 *** (4.329)	0.035 *** (5.233)	0.021 *** (5.021)	0.021 *** (6.113)
FD_t	0.109 *** (4.170)	0.109 *** (4.961)	0.166 *** (6.104)	0.166 *** (7.699)	0.084 *** (3.982)	0.084 *** (6.261)
CR_t	-0.047 *** (-5.940)	-0.047 *** (-7.354)	-0.048 *** (-6.601)	-0.048 *** (-7.909)	-0.007 (-1.470)	-0.007 ** (-1.978)

续表

变量	MDR1		MDR2		MDR3	
弱识别检验 F 统计量	188.917	421.450	228.992	565.071	1168.188	1958.773
识别不足检验	0.0000	0.0000	0.0000	0.0000	0.0000	0.0000
过度识别检验	0.0000	0.0000	0.0000	0.0000	0.0000	0.0000
Robust	是	否	是	否	是	否
N	1143	1143	1143	1143	1143	1143
Adj. R^2	0.359	0.359	0.365	0.365	0.286	0.286

注：*、**、***分别表示在10%、5%、1%的水平上显著；括号内为 z 值。下同。

（四）不同特征企业的资本结构调整情况

表19-4显示了货币政策对不同规模企业的影响。如表19-4所示，DID（$MDR_{i,t-1} \times Policy$）的系数在5%或1%的水平上显著为负，表明货币政策对资本结构动态调整具有显著的影响，且宽松的货币政策显著地增加了房地产上市企业的债务水平，结果与表19-3中相同。且表19-4中大规模企业的 MDR1、MDR2、MDR3 的系数均小于小规模企业，表明在货币政策宽松期，规模较大的房地产企业相对更快地调整其资本结构。由于大规模企业具有多种融资渠道且融资能力强，具有更强的担保能力与风险分散能力，其资本结构的调整能力更强；而小规模的房地产企业资金链较短且融资能力不足，其资本结构的调整能力较弱。

表19-4　　　　　　　　货币政策对不同规模企业影响结果

变量	MDR1		MDR2		MDR3	
	大规模	小规模	大规模	小规模	大规模	小规模
$MDR1_{t-1}$	0.316 * (1.830)	1.019 *** (6.195)				
$MDR2_{t-1}$			0.460 *** (3.771)	0.990 *** (5.491)		
$MDR3_{t-1}$					0.606 *** (8.711)	0.607 *** (5.444)

变量	MDR1		MDR2		MDR3	
	大规模	小规模	大规模	小规模	大规模	小规模
DID_1	− 0. 108 ** (− 2. 171)	− 0. 488 *** (− 4. 894)				
DID_2			− 0. 152 *** (− 3. 099)	− 0. 502 *** (− 4. 348)		
DID_3					− 0. 145 *** (− 3. 279)	− 0. 302 *** (− 4. 456)
$Profit_{t-1}$	− 0. 358 ** (− 2. 165)	0. 162 (1. 279)	− 0. 249 (− 1. 520)	0. 102 (0. 831)	− 0. 001 (− 0. 010)	0. 006 (0. 101)
FA_{t-1}	0. 454 ** (1. 988)	0. 085 (0. 679)	0. 493 ** (2. 032)	0. 452 *** (2. 890)	0. 086 (0. 702)	− 0. 017 (− 0. 208)
$NDTS_{t-1}$	− 3. 726 ** (− 2. 089)	− 1. 998 * (− 1. 821)	− 2. 742 (− 1. 365)	− 6. 127 *** (− 3. 832)	0. 289 (0. 318)	0. 175 (0. 208)
$LnTA_{t-1}$	0. 052 *** (4. 025)	0. 022 (1. 377)	0. 063 *** (5. 719)	0. 028 * (1. 729)	0. 036 *** (5. 848)	0. 038 *** (3. 800)
FD_t	0. 239 *** (5. 440)	0. 054 * (1. 765)	0. 331 *** (8. 257)	0. 104 *** (3. 214)	0. 231 *** (8. 145)	0. 058 ** (2. 330)
CR_t	− 0. 112 *** (− 6. 758)	− 0. 020 ** (− 2. 565)	− 0. 104 *** (− 7. 023)	− 0. 023 *** (− 2. 870)	− 0. 037 *** (− 3. 763)	− 0. 003 (− 0. 453)
弱识别检验 F 统计量	70. 619	74. 940	30. 098	77. 272	371. 628	128. 409
识别不足检验	0. 0000	0. 0000	0. 0000	0. 0000	0. 0000	0. 0000
过度识别检验	0. 0000	0. 0000	0. 0000	0. 0000	0. 0000	0. 0000
Robust	是	是	是	是	是	是
N	622	495	622	495	622	495
Adj. R^2	0. 364	− 0. 038	0. 412	0. 046	0. 362	0. 065

注：括号内为 t 值；* 、** 、*** 分别表示在 10% 、5% 和 1% 的水平上显著。

表 19 − 5 显示了货币政策对不同融资约束企业的影响。在货币政策调控下，融资约束程度不同的企业在资本结构调整方面存在显著的差

异。表中低融资约束企业的 MDR1、MDR2、MDR3 的系数也均小于高
融资约束的企业，说明当货币政策宽松时，房地产上市企业发展水平不
断提高，但由于融资约束较大的企业的融资渠道单一，更容易受融资成
本的影响。而融资约束低的企业具有较低的融资成本，融资能力更强，
所以这类房地产企业在货币政策调控下资本结构调整能力更强。

表 19 – 5　　　　　货币政策对不同融资约束程度企业影响结果

变量	MDR1		MDR2		MDR3	
	低融资约束	高融资约束	低融资约束	高融资约束	低融资约束	高融资约束
$MDR1_{t-1}$	0.643 *** (5.724)	1.037 *** (2.895)				
$MDR2_{t-1}$			0.742 *** (7.607)	1.139 ** (2.479)		
$MDR3_{t-1}$					0.630 *** (10.744)	0.976 *** (5.312)
DID_1	− 0.230 *** (− 5.997)	− 0.842 *** (− 2.711)				
DID_2			− 0.292 *** (− 6.701)	− 0.938 ** (− 2.338)		
DID_3					− 0.197 *** (− 5.239)	− 0.909 *** (− 5.506)
$Profit_{t-1}$	− 0.171 (− 1.479)	0.109 (1.046)	− 0.067 (− 0.607)	0.057 (0.481)	0.010 (0.133)	0.071 (1.328)
FA_{t-1}	0.562 ** (2.245)	− 0.006 (− 0.075)	0.668 *** (2.906)	0.558 *** (2.786)	0.182 (1.289)	− 0.077 (− 1.213)
$NDTS_{t-1}$	− 3.859 * (− 1.858)	− 0.397 (− 0.607)	− 3.575 * (− 1.896)	− 4.953 *** (− 2.980)	− 0.218 (− 0.167)	0.972 * (1.669)
$LnTA_{t-1}$	0.041 *** (4.552)	0.026 * (1.912)	0.058 *** (6.313)	0.033 ** (1.977)	0.036 *** (7.210)	0.018 * (1.671)

变量	MDR1		MDR2		MDR3	
	低融资约束	高融资约束	低融资约束	高融资约束	低融资约束	高融资约束
FD$_t$	0.139 *** (4.085)	−0.038 (−1.495)	0.209 *** (5.959)	0.000 (0.003)	0.149 *** (5.713)	−0.002 (−0.073)
CR$_t$	−0.063 *** (−6.321)	−0.002 (−0.377)	−0.060 *** (−5.967)	−0.002 (−0.330)	−0.022 *** (−3.410)	0.007 (1.464)
弱识别检验 F 统计量	161.167	11.903	149.818	9.785	456.037	7.574
识别不足检验	0.0000	0.0000	0.0000	0.0000	0.0000	0.0000
过度识别检验	0.0000	0.0000	0.0000	0.0000	0.0000	0.0000
Robust	是	是	是	是	是	是
N	967	153	967	153	967	153
Adj. R^2	0.302	−0.230	0.330	0.100	0.257	−0.017

注：括号内为 t 值；* 、** 、*** 分别表示在 10%、5% 和 1% 的水平上显著。

从表 19 - 4 和表 19 - 5 我们可以看出：首先，对规模大、融资约束低的企业而言，变量 DID 系数基本和规模小、融资约束高的企业的方向保持一致，这说明货币政策对规模不同或融资约束程度不同的企业都具有显著的影响；其次，规模大、融资约束低的企业中 DID 系数的绝对值均小于规模小、融资约束高的企业的绝对值，表明货币政策对规模小、融资约束高的企业的资本结构速度调整的影响程度更大。从而在货币政策调控下，大规模、融资约束低的企业比规模小、融资约束高的企业具有更好的资本结构调整能力，可以更快速地进行资本结构调整。由于我们使用不同方法度量企业资本结构，且经过表 19 - 3、表 19 - 4 和表 19 - 5 实证结果对比发现，本章实证结果具有稳健性。

（五）进一步讨论

根据表 19 - 4 和表 19 - 5 的估计结果，不难解释前面的发现，货币政策对房地产企业资本结构会产生异质性的影响。相对于小型房企，大型房企受到货币政策冲击的影响较小，具有更强的资本结构调整能力。且近几年上市房企财务数据显示（如图 19 - 2 和图 19 - 3 所示），大型房企拥有相对更高的筹资现金流净额，且资产规模占比也已超过 50%，具备更强的融资能力与政策冲击承受能力，呈现出"船大好挡浪"的现象。在宏观调控政策的冲击下，大规模企业受到政策调控影响较小，而小规模企业受到政策冲击较大，使得房地产市场集中度不断提高，导致行业垄断程度不断加强。具体表现为：大型房企的市场集中度较高，具有一定的市场垄断程度，其政策冲击抵御能力更强；而小型房企则可能被兼并重组甚至退出市场，这又进一步促使房地产行业集中度与市场垄断程度的提高，使得大企业越来越大、小企业越来越小，产生"浪大造大船"的现象。由此可见，房地产市场确实存在"船大好挡浪，浪大造大船"的效应，这势必将削弱房地产市场的货币政策调控效果，也造成我国货币政策不断出台、房价不断上涨这种亦步亦趋的现象。

五、结论与启示

基于房地产企业资本结构的视角，本章度量了货币政策对房地产企业调控的效果，并注重货币政策对大型房企和小型房企之间的差异性影响。本章的研究为房地产企业在应对货币政策调控时如何优化资本结构提供了理论参考，也有助于政府进一步明晰货币政策从房地产供给端调控的机制和路径。主要研究结论为：

第一，货币政策调控能够促进房地产上市企业资本结构的优化，凸显货币政策的政策效应。在货币政策调控下，货币政策会影响企业融资成本，使企业不断调整资本结构并趋近其最优水平，实现企业价值最大化。第二，货币政策对房地产企业具有异质性调控效果，呈现"船大好挡浪"的效应。在货币政策调控下，相对于规模小、融资约束高的房企而言，规模大、融资约束低的房地产上市企业具有更快的资本结构调整速度、更强的政策冲击承受能力。第三，货币政策调控能够增强大型房企的垄断竞争优势，产生"浪大造大船"的现象。在货币政策调控下，优胜劣汰的市场竞争机制更容易促使大型房企形成市场竞争力，增强房地产行业的市场集中度。

基于上述研究，本章提出以下针对性政策建议：第一，加强房地产市场"供需兼顾"，提升政策调控效果。例如，通过"限购、限贷、租购并举"、建立房地产税等政策引导消费者理性消费，同时优化房地产企业金融监管措施，推进房地产企业去库存管理，加快消化空置房，动态调整房地产企业开发项目审批管理制度要求，促使政策调控的房地产市场供求平衡。第二，加强异质性房企分类指导，加快大型房企向城市综合服务商转型。例如，实行大型房地产企业名单管理政策，规范其市场竞争行为，推行反垄断审查常态化，并推动大型房地产企业产业服务发展与金融创新，加速企业的转型升级，适应新时代城市发展需求。同时，需要扶持指导小型的房地产企业，引导小而精的产品开发、灵而活的管理模式、专而细的市场运营、实而新的配套设施，培育差异化住房开发市场主体。第三，加强房地产市场政策竞争中性审查，建立房地产市场长效管理机制。例如，制定房地产市场政策竞争中性原则，加强异质性房地产企业靶向性的审查机制和程序、审查标准、社会监督、责任追究等，完善房地产金融政策调控，优化房地产市场长效管理机制，促进房地产市场平稳健康发展。

第二十章 货币政策与房地产企业部门产出

党的二十大报告指出坚持房子是用来住的、不是用来炒的定位，加快建立多主体供给、多渠道保障、租购并举的住房制度。坚持"房住不炒"是关系金融稳定、守住不发生系统性风险、推动经济高质量发展的重要方面。近年来，历次中央经济工作会议都将"有效防范化解重大经济金融风险"作为讨论的重点，其中确保房地产市场平稳发展、有效防范化解头部房企风险更是重中之重。本章通过构建包含异质性房企的动态随机一般均衡模型，分析了货币政策调控对房地产供给结构均衡的影响（见图 20 – 1）。

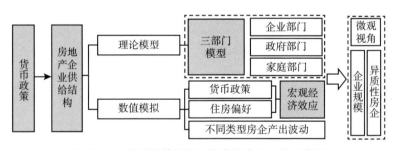

图 20 – 1　货币政策调控下的房地产企业部门产出

第一节　货币政策调控房地产企业供给结构的背景与重点

自 1998 年我国城镇住房全面市场化改革以来，中国房地产市场高速发展，过程中经历了多次房地产调控。现回首，历次房地产调整未能有效的控制房地产价格的大幅波动，一个重要原因是住房问题的复杂性在房地产市场高速发展过程中也快速增加，社会对住房问题复杂性的认识不够充分（高波，2017），使得历次房地产调控的主导模式是以"限购、限价、限贷、限售"为特征的行政性调控方式。新发展格局下，加强房地产市场供给侧结构性改革，厘清不同房企的行为模式，充分发挥货币政策对房地产市场的调控效应，是关系房地产市场平稳发展的一项重要举措。于是，本章基于异质性房企的微观视角下重点探讨以下两个问题：（1）我国当前的货币政策对房地产供给市场的影响；（2）供给结构均衡对房地产市场长效机制建立的重要意义。

为此，本章构建包含异质性房企的动态随机一般均衡模型，探讨货币政策调控对房地产供给结构的影响。梳理近年来我国针对房地产市场价格波动所实施的以调整利率、信贷规模和货币供给量为主的货币政策调控情况，不难发现我国以往针对房地产市场的货币政策调控，大多是从房地产需求端来进行调控，但收效甚微。近几年来我国房地产市场需求依旧呈现出旺盛的态势，如图 20-2 所示，2006~2020 年我国商品房销售面积逐步增长，年均增长率为 6.99%。其中，2008 年我国商品房销售面积增长率达到 42.10%，为有史以来最高水平。根据图 20-2，2006~2020 年我国个人住房贷款余额处于快速增长的态势，而 2020 年个人住房贷款余额更是达到 34.44 万亿元，较 2006 年上涨 7.31 倍。同时，我国个人住房贷款余额占国内生产总值的比重，也呈现出快速上升的趋势。

与此同时，以往采用货币政策调控房地产供给端却少有关注，这无疑给房地产企业的发展壮大提供了良好的市场机遇，并影响了房地产市场供需结构的均衡性。数据显示，我国房地产开发企业的总资产规模已经超过 62 万亿元。如表 20-1 所示，描述了 2003~2020 年我国房地产市场需求供给比（demand to supply，DTS）的变化①。结果显示，自 2003 年以来，我国房地产市场逐渐呈现出供不应求的状况，尤其是 2016 年开始，其需求供给比超过 2，2020 年受疫情影响，DTS 指数回落到 1.93。由此可见，我国房地产市场出现供给与需求不均衡的现状，且供给远小于需求，这容易导致房地产市场价格上涨，甚至滋生房地产企业的垄断行为，进而使得该市场的调控愈加被动。

417

---

①　针对我国房地产市场需求供给比（demand to supply，DTS），文章分别采用历年商品房销售面积和商品房竣工面积来反映房地产市场需求与供给。具体计算公式为：$DTS_t = s_t^{sale} / s_t^{completion}$。

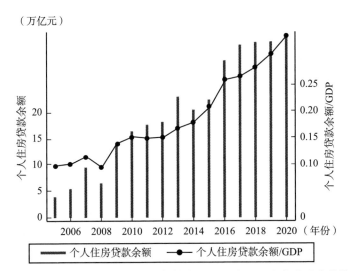

图 20 −2　房地产平均销售价格与销售面积（上图）和个人购房贷款余额占 GDP 比重（下图）

资料来源：《中国统计年鉴》和《中国人民银行金融机构贷款流向统计年鉴》。

表 20 - 1　　　　　2003 ~ 2020 年中国房地产市场需求供给比（DTS）

年份	2003	2004	2005	2006	2007	2008	2009	2010	2011
DTS	1.00	1.10	1.27	1.36	1.55	1.21	1.59	1.65	1.47
年份	2012	2013	2014	2015	2016	2017	2018	2019	2020
DTS	1.41	1.66	1.49	1.74	2.04	2.36	2.60	2.52	1.93

资料来源：《中国统计年鉴》。

　　目前，房地产企业个体之间的竞争越发激烈。在政策调控过程中，随着大型房地产企业不断壮大，房企集中度也在不断上升，这使得房地产市场供给结构逐渐失衡的问题日益凸显。如图 20 - 3 所示，描述了近十二年我国房地产销售额与房企集中度的变化。结果显示，我国房企的集中度从 2007 年的 6.68% 上升到 2020 年的 28.04%。可见，在房地产市场政策调控过程中，大型房地产企业不断发展壮大并在激烈的市场竞争中占有更高的市场销售额。其主要原因在于大型房地产企业具有多种融资渠道，资金来源比较宽松且受约束程度相对较低，在紧缩性货币政策调控下依然保有较强的融资能力。相对而言，中小型房地产企业的融资渠道单一，且大多依赖于信贷融资，因而在货币政策紧缩时出现融资成本上升，进而难以维持原有的融资节奏。由此可见，大型房地产企业在应对货币政策冲击方面具有较强的防御能力，正所谓"船大好挡浪"，并在一定程度上弱化货币政策的效果。因此，在构建房地产市场长效机制过程中，房地产供给市场的异质性特征对采用货币政策调节房地产市场供给结构均衡问题方面具有重要的作用。

　　因此，我国房地产调控给房地产市场需求与供给所带来的变化，在一定程度上验证了抑制需求端的政策调控策略不是构建房地产长效机制的单一因素，而更需关注"供需兼顾"的调控模式，这将成为我国房地产政策调控制度改革的一个方向。本章构建异质性房企的动态随机一般均衡模型来研究货币政策调控对异质性房企供给结构均衡的影响，对于深化住房供给侧结构性改革、加快建立多主体供给的住房制度、积极推进房地产长效机制建设，具有重要的理论意义与政策参考价值。

419

（万亿元）

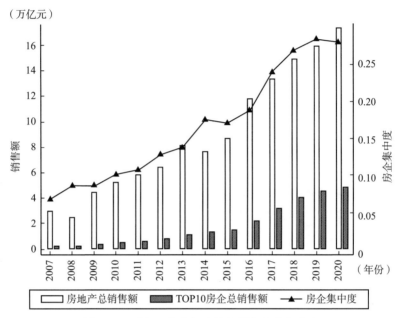

图 20 - 3　近 12 年房地产销售额与房企集中度

　　本章的贡献主要集中在以下两个方面：第一，从住房供给的视角着手，深入探讨货币政策对房地产市场供给结构均衡的影响，分析货币政策调控房地产市场的传导机制，并检验其作用效果。现有研究中，大多数从住房需求的角度进行探讨，包括基于需求者异质性模型研究政策对房地产市场调控效果的研究（杜冠德、杨晓光，2018）。而在强调住房供给侧结构性改革的背景下，本章的研究视角具有一定的新颖性。第二，考虑房地产企业的异质性特征，引入动态随机一般均衡模型来研究货币政策冲击与房地产市场供给结构调控之间的关系。尽管相关研究基于财务柔性的视角，探讨了货币政策调控对房地产企业"银根"的影响，并发现财务柔性水平较高的房地产企业能够较好地适应货币政策冲击，但这一研究仅仅区分不同财务柔性的房地产企业，没有完全区分房地产企业的异质性（王先柱等，2013）。而在本章中，根据房地产企业的融资成本、拿地成本和产出弹性不同，我们将房地产部门分为具有异质性差异的大型房地产企业和中小型房地产企业，深入分析货币政策对不同类型房企的作用效果。

　　货币政策对房地产市场波动的作用效果及主要机理，一直是学者们普遍关注的话题，也为此进行了很多有意义的探索性研究，且主要从货币政策工具、房地产需求与供给等三个方面展开。

基于货币政策工具的视角，学者们主要从利率、货币供给、信贷等视角来研究货币政策对房地产市场波动的影响。就利率渠道而言，多数学者的研究观点认为利率与房价之间存在负相关关系（André Christophe et al.，2022；刘金全等，2022），即认为降低利率能够促使房地产价格的上涨，但过低的利率却会加速房地产泡沫的形成（Ferrero et al.，2015）。一些学者却认为，随着金融创新水平的提高，利率对房价的负相关作用被弱化，使得两者之间逐渐呈现出正相关关系（Gupta & Kasai，2011）。此外，还有部分学者认为利率与房价之间并不存在显著的相关关系（顾海峰和张元姣，2014），因此利率的变动不能有效地解释房价的波动（Wheaton & Nechayev，2009）。就货币供给渠道而言，现有文献的观点较为一致，即货币供给与房价之间存在正相关关系，如斯奈德和亚谷（Tricia Coxwell Snyder & Sofia Vale，2022）、骆永民和伍文中（2012），倪鹏飞（2019），刘金全等（2022）研究发现货币供给对房地产价格具有显著的正向影响，但过度的货币供给会在一定程度上促使房地产泡沫的形成（Edelstein & Magin，2017）。就信贷渠道而言，学者们主要持有两种不同的观点。一种观点认为，信贷与房价之间存在正相关关系（Favara & Imbs，2012；Maggio et al.，2014），即信贷约束的放松在一定程度上会促进房价的上涨（Duca et al.，2011；赵胜民和何玉洁，2018；Zhang Xiaoyu & Pan Fanghui，2021），从而导致房价上涨通过信贷效应渠道影响到居民收入分配（张传勇等，2014）。另一种观点认为，信贷与房价之间不存在显著的相关关系（Gerlach & Peng，2005），因此信贷变化不能解释房价上涨这一现象。还有学者认为单靠货币政策难以有效调控，需实施货币政策与宏观审慎政策相结合的"双支柱"调控（马理和范伟，2021），从而防范系统性金融风险（李拉亚，2020）。

基于房地产需求的视角，既有文献实证研究了货币政策对房地产需求的影响，并发现紧缩性货币政策会导致房地产需求的下降。产生这一影响的内在作用机制，主要有三个方面：（1）紧缩性货币政策使利率水平提高导致购房成本的上升，从而对住房需求产生抑制效应。王先柱等（2011）研究发现，当利率上涨超过一定幅度之后，紧缩性的货币政策将会导致房地产需求下降，因为过高的利率会导致购房的成本提高，从而抑制房地产需求（Bruno Albuquerque et al.，2020）。（2）信贷规模收缩导致购房资金减少，从而对住房需求产生抑制效应。银行通过调整信贷杠杆率来影响信贷规模，进而对住房抵押贷款进行调整（Acharya et al.，2013）。因此，当信贷规模收缩时，将直接导致住房抵押贷款的减少，进一步导致购房资金减少，从而引起房地产需求下降（Kearl & Mishkin，2012；Zhang Xiaoyuand & Pan Fang-hui，2021）。（3）货币供给减少降低信贷杠杆，从而对住房需求产生抑制效应。银行调整贷款的供给规模，将通过货币供给来影响进入房地产市场的货币供给量。因此，当货币供给减少时，银行信贷杠杆下降并影响居民的购房行为，致使住房需求下降（陈创练和戴明晓，2018）。

2015年以来政府侧重使用影响供给端的工具对房地产市场进行调控（陈英楠等，2022），不少学者讨论了货币政策对房地产供给侧的影响，主要持有两种不同观点。一种观点认为紧缩性货币政策会导致房地产供给总体水平的下降，其内在作用机制为：一方面，紧缩性货币政策引起利率的提高，导致房地产企业融资成本过高、建设成本的增加，这在一定程度上可能减少房地产供给（杨帆和刘洪玉，2015）。另外，紧缩性货币政策也会导致房地产企业土地使用成本的上升（卢建新，2011），从而影响房地产的供给。另一方面，紧缩性货币政策会造成购房者的还贷压力增大，这可能会引发房地产企业的资金链问题（胡援成和张朝洋，2014），从而对房地产市场供给产生抑制效应。另一种观点认为紧缩性货币政策对房地产企业影响不明显，主要是因为房地产企业对紧缩性货币政策表现出高度免疫性（Li Yaoyao et al.，2022）。但是大多数是基于房地产供给侧中观层面的实证研究，没有考虑到房地产供给侧微观层面，尤其是房地产企业异质性的特征及其受政策影响的差异性。事实上，根据近年来对我国房地产企业的微观数据分析，我们认为货币政策对不同类型房地产企业造成的影响可能存在一定的差异。为了进一步验证这一论断，我们基于微观视角，考虑不同类型房地产企业的融资活动以及资金使用成本等特征，构建了一个包含异质性房企的动态随机一般均衡模型，将微观分析与宏观分析有机结合，研究货币政策对不同类型房地产企业的行为模式及房地产市场波动的影响。

第二节　货币政策调控房地产企业 供给结构的理论模型分析

一、模型设定

基于我国货币政策影响房地产市场波动的典型事实，本章构建了一个包含异质性房企的动态随机一般均衡模型。根据房地产企业的融资成本和要素投入的差异，将房地产部门分为大型房地产企业和中小型房地产企业，并从微观角度分析货币政策冲击对不同类型房地产企业所造成的影响。

图 20-4 中的箭头描绘了包含异质性房地产企业、居民、企业家、零售商、政府的动态随机一般均衡模型框架。房地产厂商提供住房消费服务；零售商提供一般性消费服务；企业家生产中间品，为零售商提供中间品服务；居民向房地产厂商和企业家提供资金、劳动、土地，获得资金回报、土地租金和劳动工资；政府调节政策，维持物价稳定和经济增长。

423

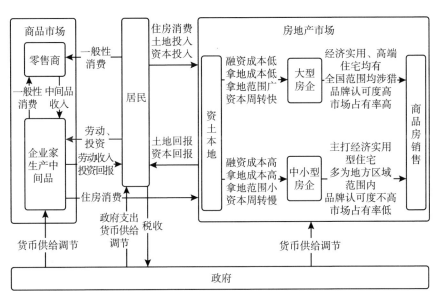

图 20-4　包含房产部门的动态随机一般均衡模型框架

资料来源：笔者自行绘制。

（一）房地产生产商

本章借鉴陈彦斌等（2015）的设定，考虑房地产属于资本密集型产业，因此在不影响本章模型研究机制的情况下，在房地产企业生产函数中忽略劳动要素。于是，异质性房地产企业通过投入资本和土地进行生产，并追求利润最大化。对于大型房地产企业和中小型房地产企业的供给差异主要体现在生产要素密集度的不同。房地产属于资本密集型产业，但我们分析发现，中小型房地产企业在生产函数中所呈现出的特征是资本在生产要素中的密集程度更高（见图20-5）。可能是由于中小型房地产企业融资成本较高，相应地拿地成本相对较高，所以，在单位面积土地下，尽可能多的投入资本来建造更多的商品房，从而实现利润最大化。本章选取 CSMAR 数据库 130 家上市房地产公司的季度数据，分别对不同类型房地产企业数据进行回归验证分析结论，得到大型房地产企业生产函数中土地所占份额 $\mu_h = 0.32$，中小型房地产企业生产函数中土地所占份额 $\upsilon_h = 0.20$，小于大型房地产企业的系数。证实中小型房地产企业与大型房地产企业在生产要素投入上的差异。

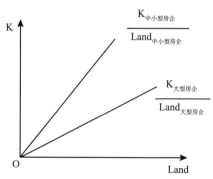

图 20-5　不同房企生产要素密集度

同时，需要说明的是，本章中关于"大型房地产企业"的称呼实际上结合当前国内房地产市场现状，对资本实力雄厚的大型房地产企业和国有房地产企业的统称。因为大型房地产企业由于自身的资金实力雄厚，面临的融资约束较小，凭借自身的实力能够以较低的成本获得融资的这一特点与国有企业有政府作为担保的能以较低成本获得融资一样。

所以，本章将大型房地产企业和国有房地产企业归属为同一类房地产企业，即"大型房地产企业"。同理，那些非国有同时又是中小型的房地产企业在融资的时候面临较高的成本，所以本章将这一类房地产企业统称为"中小型房地产企业"。

基于以上分析，本章对将大型房地产企业和中小型房地产企业的生产函数引入模型，具体如下：

对于大型房地产企业而言，其生产函数与利润最大化函数分别为：

$$H_t^s = A_{h,t} Land_{s,t-1}^{\mu_h} (U_{s,t-1} k_{s,t-1})^{(1-\mu_h)} \tag{20.1}$$

$$\max\{ q_t H_t^s - R_{land,t}^s Land_{s,t-1} - return_{s,t} U_{s,t-1} k_{s,t-1} \} \tag{20.2}$$

其中，一阶条件为

$$u_h q_t H_t^s = R_{land,t}^s Land_{s,t-1} \tag{20.3}$$

$$(1-u_h) q_t H_t^s = return_{s,t} k_{s,t-1} U_{s,t} \tag{20.4}$$

对于中小型房地产企业而言，其生产函数与利润最大化函数分别为：

$$H_t^p = A_{h,t} Land_{p,t-1}^{\nu_h} (U_{p,t-1} k_{p,t-1})^{(1-\nu_h)} \tag{20.5}$$

$$\max\{ q_t H_t^p - R_{land,t}^p Land_{p,t-1} - return_{p,t} U_{p,t-1} k_{p,t-1} \} \tag{20.6}$$

其中，一阶条件为

$$v_h q_t H_t^p = R_{land,t}^p Land_{p,t-1} \tag{20.7}$$

$$(1-v_h) q_t H_t^p = return_{p,t} k_{p,t-1} U_{p,t} \tag{20.8}$$

q_t 为 t 时期房地产价格，H_t 为房企供给的房屋数量，$Land_{s,t}$ 和 $Land_{p,t}$ 分别为居民向大型房地产企业和中小型房地产企业提供的土地供给；而 $R_{land,t}^s$，$R_{land,t}^p$ 均为土地的实际租金；$U_{s,t}$、$U_{p,t}$ 为资本利用率，而 $return_{s,t}$、$return_{s,t}$ 为资本回报率；$k_{s,t}$、$k_{s,t}$ 分别为居民在大型房地产企业和中小型房地产企业所投入的资本。大型房地产企业生产函数中土地所占份额 μ_h，中小型房地产企业生产函数中土地所占份额 υ_h。

（二）商品生产商

企业家投入资本、劳动和房地产生产中间品，并利用生产收入和贷款进行消费、购置房地产、投资并支付工人工资和贷款利息等，以获得效用最大化。

$$\max E_0 \sum_{t=0}^{\infty} \gamma^t \ln C_{e,t} \tag{20.9}$$

假设企业家生产中间品的生产函数满足以下拓展的柯布－道格拉斯（Cobb – Douglas）生产函数：

$$Y_t = A_{e,t} H_{e,t-1}^{\nu_e} (U_{c,t-1} k_{c,t-1})^{\mu_c} N_{c,t}^{(1-\mu_c-\nu_c)} \qquad (20.10)$$

于是，企业家面临的预算约束条件为：

$$\frac{Y_t}{X_t} + B_{c,t} = C_{e,t} + q_t(H_{c,t} - H_{c,t-1}) + \frac{R_{t-1}B_{c,t-1}}{\pi_t} + W_{c,t}N_{c,t} + return_{c,t}U_{c,t}k_{c,t-1}$$

$$B_{c,t} \leq m_t q_{t+1} H_{c,t} \pi_{t+1} / R_t \qquad (20.11)$$

其中，γ^t 为企业家的折现因子，$A_{c,t}$ 为企业家生产中间品的生产技术水平，$H_{c,t}$ 为企业家为生产中间品投入的房地产数量，$X_t = P_t/P_t^w$ 为价格加成，P_t 为零售价格，P_t^w 为批发价格，m_t 为厂商的贷款价值比（Loan-to – Value Ratio）。于是，企业家的效用最大化一阶条件为：

$$\frac{1}{C_{e,t}} = \gamma^t E_t \frac{R_t}{\pi_{t+1} C_{e,t+1}} + \lambda_t R_t \qquad (20.12)$$

$$\frac{q_t}{C_{e,t}} = m E_t \lambda_t q_{t+1} \pi_{t+1} + \lambda_t E_t \frac{1}{C_{e,t+1}} \left(\frac{v_j Y_{t+1}}{X_{t+1} H_{c,t}} + q_{t+1} \right) \qquad (20.13)$$

$$u_c Y_t = X_t k_{c,t-1} return_{c,t} U_{c,t} \qquad (20.14)$$

$$(1 - u_c - v_c) Y_t = X_t W_{c,t} N_{c,t} \qquad (20.15)$$

零售商以价格 P_t^w 从企业家购得中间品，并以价格 P_t 销售。零售商由标准化为 1 的个体组成，其最终产品的产出为 $Y_t^f = \left(\int_0^1 Y_t(z)^{\varepsilon-1/\varepsilon} dz \right)^{\varepsilon/\varepsilon-1}$，$z$ 表示单个零售商，$\varepsilon > 1$。假定零售商每期有 $1 - \theta$ 的概率调整到最优价格 P_t^*，则最终销售价格 P_t 满足动态方程 $P_t = (\theta P_{t-1}^\varepsilon + (1 - \theta)(P_t^*)^{1-\varepsilon})^{1/(1-\varepsilon)}$。由此得到最优销售价格 P_t^* 的一阶条件为：

$$\sum_{k=0}^{\infty} \theta^k E_t \left\{ \Lambda_{t,k} \left(\frac{P_t^*(z)}{P_{t+k}} - \frac{X}{X_{t+k}} \right) Y_{t+k}^*(z) \right\} = 0 \qquad (20.16)$$

$X = \dfrac{\varepsilon}{\varepsilon - 1}$ 是稳态情况下对价格加成。由式（19.11）和价格动态方程，可得到 Phillips 曲线 $\hat{\pi}_t = \beta E_t \hat{\pi}_{t+1} - [(1-\theta)(1-\beta\theta)/\theta]\hat{X}_t$。

（三）居民

假设市场中存在着无差异的居民，并通过付出劳动来获得收入。在支出方面，主要将所得收入进行一般性消费、房地产消费和储蓄。而居民所获得的效用，是根据消费、持有货币数量和房地产以及付出的劳动来衡量。本章参考雅科维罗（Iacoviello，2005）的设定，将居民效用函数设定为：

$$E\sum_{t=0}^{\infty}\beta^t\left(\log C_t+\log M_t+j_t\log H_t-\frac{(N_t)^\eta}{\eta}\right) \quad (20.17)$$

其中，β^t 为折现因子，C_t 为 t 时期居民一般性消费，M_t 为居民所拥有的货币数量，H_t 为居民所拥有的房屋数量，j_t 为居民部门的房地产偏好，N_t 为居民提供的劳动，而 η 为劳动弹性。

于是，居民面临的约束条件为：

$$C_t+q_t(H_t-H_{t-1})+B_t+M_t+Inv_{c,t}+Inv_{s,t}+Inv_{p,t}+cost_{c,t}k_{c,t-1}+cost_{s,t}k_{s,t-1}$$
$$+cost_{p,t}k_{p,t-1}+p_{land,t}^s Land_{s,t}+p_{land,t}^p Land_{p,t}=W_t N_t+\frac{R_{t-1}B_{t-1}}{\pi_t}+\frac{M_{t-1}}{\pi_t}$$
$$+return_{c,t}U_{c,t}k_{c,t-1}+return_{s,t}U_{s,t}k_{s,t-1}+return_{p,t}U_{p,t}k_{p,t-1}+(p_{land,t}^s$$
$$+R_{land,t}^s)Land_{s,t-1}+(p_{land,t}^p+R_{land,t}^p)Land_{p,t-1}+Div_t-T_t \quad (20.18)$$

其中，W_t 为劳动力价格；B_t 为居民在银行的储蓄；R_t 为当期银行利率；π_t 为通货膨胀率；$p_{land,t}^s$，$p_{land,t}^p$ 均为土地价格，$Inv_{c,t}$、$Inv_{s,t}$、$Inv_{p,t}$ 分别为消费品部门、大型房地产部门和中小型房地产部门的投资；$U_{c,t}$（$U_{s,t}$、$U_{p,t}$）为资本利用率，而 $return_{c,t}$（$return_{s,t}$、$return_{p,t}$）为资本回报率，$cost_{c,t}$（$cost_{s,t}$、$cost_{p,t}$）为资本使用成本；Div_t 为居民从零售商获得的实际利润，T_t 为居民所缴纳的税收。$k_{c,t}$（$k_{s,t}$、$k_{p,t}$）分别为居民在消费品部门和房地产部门所拥有的资本，其积累过程满足如下的动态方程：

$$k_{i,t}=(1-\delta)k_{i,t-1}+\left[1-S\left(\frac{Inv_{i,t}}{Inv_{i,t-1}}\right)\right]Inv_{i,t}\quad i=c,s,p \quad (20.19)$$

其中，$S(\cdot)$ 为居民投资的资本调整成本，且在稳态时满足 $S(a)=a$，$S'(a)=1$。为简化分析，本章假设消费品部门和房地产部门的资本折旧率均为 δ。于是，居民部门效用最大化得到其一阶条件为：

$$\frac{1}{C_t}=\beta E_t\frac{R_t}{\pi_{t+1}C_{t+1}};\quad \frac{q_t}{C_t}=\frac{j_t}{H_t}+\frac{\beta E_t q_{t+1}}{C_{t+1}};\quad \frac{W_t}{C_t}=N_t^{\eta-1};\quad \frac{p_{land,t}^p}{C_t}=\frac{\beta(p_{land,t}^p+R_{land,t}^p)}{C_{t+1}};$$
$$\frac{p_{land,t}^s}{C_t}=\frac{\beta(p_{land,t}^s+R_{land,t}^s)}{C_{t+1}}$$

（四）中央银行

对于中央银行的货币政策规则，依据雅科维罗等（Iacoviello et al.，

2010）等的设定，本章引入满足泰勒规制的货币政策冲击，设定如下：

$$R_t = R_{t-1}^{\rho_R} \left[(\pi_{t-1})^{1+\rho_\pi} (GDP_t / GDP_{t-1})^{\rho_{gdp}} \right]^{(1-\rho_R)} e_{R,t} \qquad (20.20)$$

其中，ρ_R 为利率平滑系数；ρ_π、ρ_{gdp} 分别为利率对通货膨胀和产出缺口的反应系数；$GDP_t = C_t + C_{e,t} + Inv_{c,t} + Inv_{s,t} + Inv_{p,t} + q_0 H_t^s + q_0 H_t^p + G_t$；$e_{R,t}$ 为利率冲击，服从 $N(0, \sigma_R^2)$。

（五）一般均衡系统

对于一般均衡系统，在给定稳定的货币政策调控下，居民效用最大化、中间品厂商和房地产部门（大型和中小型）利润最大化，最终市场出清。其均衡条件为：

$$Y_t = c_t + c_{e,t} + Inv_{c,t} + Inv_{s,t} + Inv_{p,t} + cost_{c,t} k_{c,t} + cost_{s,t} k_{s,t} + cost_{p,t} k_{p,t} + G_t$$
$$(20.21)$$

同时，假定土地供给量正规化为单位 1，即 $L_{s,t} + L_{p,t} = 1$。房地产市场、信贷市场和劳动力市场也都实现出清。其均衡条件为：

$$h_t = H_t + H_{c,t}; \quad H_t^s + H_t^p = h_t + (1 - \delta_h) h_{t-1}; \quad b_t + b_{c,t} = 0; \quad N_t + N_{c,t} = 0$$
$$(20.22)$$

二、参数校准与估计

（一）部分参数的校准

本模型按照季度频率进行校准，需要校准的参数为 $\{\beta$、η、δ、δ_h、γ、v_c、u_c、m、X、θ、u_h、$v_h\}$。表 20 - 2 列出了参数的校准值，以下依次详细说明。

表 20 - 2　　　　　　　　部分参数校准值

参数名	经济含义	校准值	数值设定参考
β	居民贴现因子	0.994	根据年化存款利率水平设定
δ	资本折旧率	0.035	刘斌（2008）
δ_h	房屋折旧率	0.01	根据房屋使用年限设定
γ	厂商贴现因子	0.98	Iaclviello（2005）

参数名	经济含义	校准值	数值设定参考
m	贷款价值比	0.66	谭政勋和王聪（2011）
θ	价格粘性概率	0.75	谭政勋和王聪（2011）
u_c	资本产出弹性	0.4	陈昆亭和龚六堂（2004）
v_c	地产产出弹性	0.1	陈昆亭和龚六堂（2004）
X	最终品对中间价格加成	1.05	谭政勋和王聪（2011）
u_h	大型房地产企业土地产出弹性	0.32	上市房地产公司数据估计
v_h	中小型房地产企业土地产出弹性	0.20	上市房地产公司数据估计

对于居民部门的相关参数，根据居民消费最优条件，稳态时，折现因子与稳态利率的关系为 $\beta = 1/R$，本章设定居民的贴现因子为 $\beta = 0.994$，由此使得稳态下的年化存款利率水平为 2.4%，符合中国 2019年的两年和三年期存款利率平均水平。本章设定资本折旧率 $\delta = 0.035$，则年资本折旧率为 0.14，这一取值位于中国经济增长相关文献的常见取值范围内，例如刘斌（2008）。考虑到房屋的折旧率要小于资本折旧率，因此，不失一般性，本章设定房屋折旧率 $\delta_h = 0.01$，介于国内相关文献的常见取值范围内。参考梁露露（2014）的估计，设定劳动供给弹性 $\eta = 1.03$。

对于房地产部门生产函数中的相关参数，本章根据房地产部门的生产函数，结合中国的实际数据进行校准。本章选取 CSMAR 数据库 2012年至 2017 年中国 130 家上市房地产公司的季度数据，分别对不同类型房地产企业数据进行回归，获得校准参数[①]。经分析，得到大型房地产企业生产函数中土地所占份额 $u_h = 0.32$，这一取值与雅科维罗（Iaclviello，2005）的数值设定相仿，同时也符合房地产属于资本密集型企

---

① 本章对房地产企业的 CD 生产函数变形，两边同除以资本投入，取对数，得到含有房企生产函数中土地占比份额参数的线性方程。然后，利用 2012 年至 2017 年 130 家中国上市房地产上市公司季度数据，对方程线性回归。根据前文注明，大型房企指代国有房企和大型房企，中小型房企指代非国有且中小型的房地产企业。所以，在数据处理时，将上市公司根据其是否国有的属性和资产规模进行分类，而后进行线性回归，得到土地占比份额的系数。最后，将国有和大型两类房企的回归系数平均，作为文中大型房企的土地占比份额的校准参数，将非国有且中小型地产企业的回归系数，作为文中中小型房企的土地占比份额的校准参数。

业的属性（陈彦斌，2015）；得到中小型房地产企业生产函数中土地所占份额 $v_h = 0.20$，小于大型房地产企业的系数，反应中小型房地产企业在拿地实力上要弱于大型房地产企业。

（二）部分参数的贝叶斯估计

对于其他参数，本章采用贝叶斯方法进行估计（见表 20-3）。样本区间选用 1996Q1～2019Q1 的季度数据，数据来源于国家统计局、中国人民银行以及 CSMAR 数据库；估计使用的样本数据包含实际产出、通货膨胀率和利率。根据国家统计局公布的 GDP 同比增长率，以 1995年为基期，测算出实际 GDP；通货膨胀率选用 CPI 数据，同样以 1995年为基期，测算出实际通货膨胀率；利率选用银行间 7 天同业拆借利率均值；在进行季节性调整后，运用 HP 滤波分别得到实际产出缺口、通胀缺口和利率波动数据。

表 20-3　　　　　　　部分参数的贝叶斯估计结果

参数	含义	先验分布			后验分布	
		均值	分布	数值设定参考	事后均值	事后区间
η	劳动供给弹性	1.03	gamma	梁璐璐（2014）	1.0846	[1.0173, 1.1622]
ρ_G	政府购买冲击的 AR（1）系数	0.8	beta	刘斌（2008）	0.7912	[0.6485, 0.9483]
ρ_j	房地产消费偏好冲击的 AR（1）系数	0.85	beta	Iaclviello（2005）	0.8671	[0.7396, 0.9958]
ρ_{Ah}	房地产技术冲击的 AR（1）系数	0.8	beta	Iaclviello（2005）	0.7051	[0.5908, 0.8082]
ρ_{Ac}	技术冲击的 AR（1）系数	0.8	beta	刘斌（2008）	0.5968	[0.4950, 0.6883]
ρ_y	产出反应系数	0.6	normal	梁斌（2010）	1.0099	[0.8635, 1.1452]
ρ_R	利率平滑系数	0.75	beta	李成（2010）	0.8381	[0.8037, 0.8703]

续表

参数	含义	先验分布			后验分布	
		均值	分布	数值设定参考	事后均值	事后区间
ρ_π	通货膨胀平滑系数	0.9	gamma	庄子罐 (2016)	0.6252	[0.5086, 0.7414]
s_dd	投资调整成本二阶导稳态值	5.4	normal	王云清 (2013)	5.4778	[3.0467, 7.7904]
sig_a	资本使用成本二阶导稳态值	0.456	normal	王云清 (2013)	0.4397	[0.3113, 0.5607]
σ_G	政府购买的冲击标准差	0.01	inv_gamma	冲击实验设定	0.0452	[0.0023, 0.0896]
σ_{Ac}	技术冲击的标准差	0.01	inv_gamma	冲击实验设定	0.1399	[0.1196, 0.1592]
σ_{Ah}	房地产技术冲击的标准差	0.01	inv_gamma	冲击实验设定	0.2349	[0.1817, 0.2841]
σ_{eR}	货币政策的利率冲击标准差	0.01	inv_gamma	冲击实验设定	0.0092	[0.0078, 0.0105]
σ_j	房地产消费偏好的冲击标准差	0.01	inv_gamma	冲击实验设定	0.0076	[0.0026, 0.0138]

　　关于待估计参数的先验均值和分布，本章参考已有文献的经验值对其进行赋值。根据李成（2010）的设定，将 ρ_R 的先验均值设定为0.75，均服从 Beta 分布；ρ_j、ρ_{Ah} 的先验均值依照雅科维罗（Iaclviello，2005）设定为0.85和0.8，均服从 Beta 分布；参考刘斌（2008）的研究，ρ_G、ρ_{Ac} 的先验均值都设为0.8且服从 Beta 分布；ρ_y 根据梁斌（2010）的研究设定为0.6，服从正态分布；η 参考梁璐璐（2014）设定为1.03，服从 Gamma 分布。不失一般性的，本章将 s_dd、sig_a 的先验均值设定为5.4和0.456，均服从正态分布，与王云清（2013）设定的4和0.2相接近；将 ρ_π 的先验均值设定为0.9，服从正态分布，与庄子罐（2016）设定的0.8相接近。

第三节 货币政策调控房地产企业 供给结构的数值模拟分析

一、货币政策冲击下的宏观经济效应

如图 20-6 所示，描述了给予 1 个标准差的紧缩性货币政策（符合泰勒规则的利率冲击）冲击对各经济变量的影响。当货币政策收紧时，居民的消费受到影响，有所下降。这是因为当利率提高时，居民的储蓄意愿提高，从而主动地降低了居民消费水平。紧缩性货币政策也导致社会融资成本的提高，进一步影响到房地产部门的产出以及总产出。所以，可以看到在紧缩性货币政策下，房地产部门的产出和总产出都受到负向的影响。

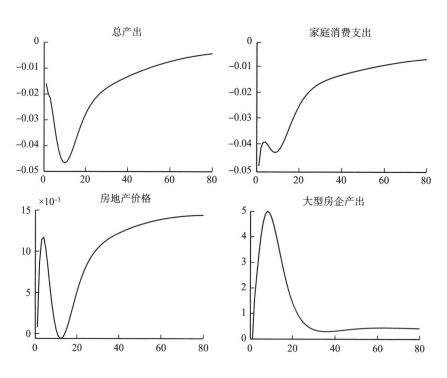

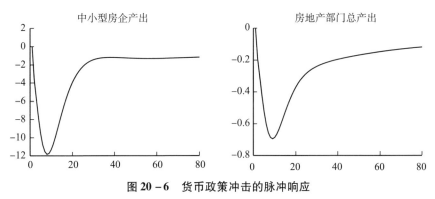

图 20 – 6　货币政策冲击的脉冲响应

注：图中各子图横坐标为脉冲响应期，纵坐标表示各变量的脉冲响应变化量。图 10 – 7、图 10 – 8、图 10 – 9 与此含义相同。

　　对于房地产部门产出的影响，进一步分析发现，在面对紧缩性货币政策冲击时，大型房地产企业与中小型房地产企业的产出受到不同程度的影响，且差异特征非常显著。当货币政策趋紧时，资本规模较小的中小型房地产企业的融资成本迅速增加，产出受到明显抑制；而自身实力较强的大型房地产企业产出受到的影响则较小。在消费惯性的作用下，市场需求在短时间内基本保持不变，大型房地产企业的优势逐渐凸显，产出进一步扩大，而中小型房地产企业的产出表现出明显下降的态势。

　　对于房地产价格的波动，在紧缩性货币政策冲击初期，房地产价格表现出先上升后微弱下跌的态势，但随后房地产价格呈现出上涨的趋势，引起这一波动的可能原因是：在货币政策收紧初期，中小型房企产出大幅下降，市场中大型房企的商品房占比提升，又由于大型房企的价格存在品牌溢价等因素，价格普遍较高，同时因为消费惯性等存在，需求短期变化不大，所以导致短期房价上升；此后由紧缩政策引起的需求减少，使得供给大于需求，房价开始下降；最后大型房企与中小型房企逐步达到新的均衡，由图 20 – 3 可知，房企集中度是不断上升的，在新的均衡点，大型房企实际市占率要高于旧均衡时的市占率，由此导致大型房企根据市场需求调整供给的能力增强，进而使房价存在上涨的潜在动力增强。

　　由此可见，当大型房地产企业在得到有利发展机会，并占据越来越大的市场份额时，市场波动更受这类房企行为的影响，从而使得货币政策工具对房地产市场价格的调控效果降低。

二、住房偏好冲击下的宏观经济效应

我们关注的另一个重要问题是：中小型房地产企业的生存状况改善，使得房地产市场供给结构趋于均衡时，房地产市场有何变化？我们假定给予1个正向标准差的住房偏好冲击，来反映中小型房地产企业经营状况改善，来研究在此情况下不同经济变量的变化（见图20-7）。

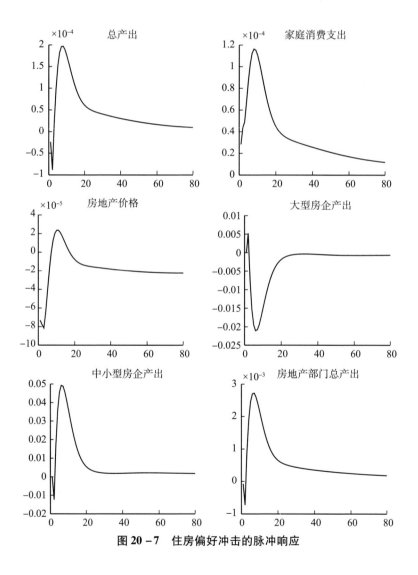

图20-7　住房偏好冲击的脉冲响应

住房偏好冲击是模拟房地产政策放松后，居民购房阻力减小，房地产需求增加的过程。根据模拟结果显示，中小型房企产出增加，大型房企产出基本保持不变。两种不同类型房企的产出响应表明，在需求转变过程中，中小型房企表现出"船小好调头"的优势，迅速响应市场需求转变，快速提高产出水平以满足房地产需求的增加；而大型房企则面临"船大难调头"的局面，产出水平变化非常小，基本维持不变。与此同时，我们发现房地产价格的冲击响应表现为先下降后平稳的特征，分析其可能的原因是中小型房企的产出增加促使了房地产市场供给结构趋于均衡，尤其在冲击响应初期，收到房企产出供给的大幅增加，房地产价格出现了下降的情况，此后，在中小型房企与大型房企供给均衡的情况下，房地产价格趋于平稳，没有出现大幅波动。表明中小型房企经营状况的改善不仅有利于促进房地产供给结构均衡，还有利于防止房地产价格出现较大波动，进而促进房地产市场健康平稳发展。

三、不同类型房企产出波动的进一步研究

紧缩性货币政策对不同类型的房地产企业产生不同的作用效果，前文也结合现实背景进行合理的推断哪些因素造成了紧缩性货币政策对不同类型房企的差异化作用效果。其中，具有不同规模的房地产企业的拿地成本差异和房地产市场垄断程度是造成货币政策作用效果差异的不可忽视的两个关键影响因素。

（一）中小型房企拿地成本加成率①对房企产出影响的比较静态分析

在房地产市场中，具有不同规模和不同属性（大型或中小型）的房地产企业，在融资渠道和融资成本上具有显著的差异，这些差异在房地产企业生产过程中扮演这极其重要的角色。其中，融资成本对房地产企业在拿地过程中的影响最为直接，融资成本的高低直接影响到房企拿地成本的高低。基于此，本章进一步将拿地成本这一决定房企生产的关键影响因素引入模型，主要考虑中小型房企相对于大型房企拿地成本的

---

① 本章利用中小型房企相对于大型房企拿地成本的差距来计算中小型房企拿地成本加成率，具体公式为 $\epsilon_{\text{中小型房企拿地成本加成率}} = (c_{\text{中小型房企拿地成本}} - c_{\text{大型房企拿地成本}})/c_{\text{中小型房企拿地成本}}$

差异对房地产企业产出的影响。

对于具有相对较高的拿地成本的中小型房地产企业而言，其生产函数与利润最大化函数分别为：

$$H_t^p = A_{h,t} Land_{p,t-1}^{\nu_h} (U_{p,t-1} k_{p,t-1})^{(1-\nu_h)} \qquad (20.23)$$

$$\max\{q_t H_t^p - (1 + e_t^{pl}) R_{land,t}^p Land_{p,t-1} - return_{p,t} U_{p,t-1} k_{p,t-1}\}$$

$$(20.24)$$

其中，e_t^{pl} 为中小型房企拿地成本加成率，当中小型房企拿地成本增加时，会直接导致中小型房企的利润减少，进而扭曲中小型房企的产出决策，使得中小型房企受到一定程度的约束。

本章分别对中小型房企拿地成本加成率取不同数值进行数值模拟分析，结果如图 20 - 8 所示。对于大型房企的产出波动，在中小型房企拿地成本加成率冲击从 10% 到 50% 的模拟过程中呈现出产出逐渐扩大的趋势；也就是说，中小型房企拿地成本越大，大型房企的产出越大。对于中小型房企的产出波动，在其拿地成本加成率冲击从 10% 到 50% 的模拟过程中呈现出产出缩减幅度逐渐扩大的趋势；也就是说，中小型房企拿地成本越大，中小型房企的产出缩减越严重。不难理解，较大的拿地成本使得中小型房企的拿地能力减小，同时生产利润也出现下降，进而影响到产出波动。而在中小型房企拿地减少，产出下降的情形下，大型房企得到有利的发展机遇，凭借自身的实力优势，能够轻松拿到更多的土地进行生产，从而促进其产出的进一步扩大。

（二）垄断程度变化对各关键变量影响的比较静态分析

现有研究表明，我国不同类型房地产企业规模与垄断程度均存在显著的差异性，在应对货币政策调控时会表现出不同程度的反应（王先柱和金叶龙，2013）。在房企供给竞争背景下，考虑大型房地产企业和中小型房地产企业的异质性特征，并分析货币政策调控对这两类房地产企业的影响效应及其内在机制的差异性，就显得尤为重要。现实中，在货币政策调控下，房地产市场价格不但没有得到有效抑制，反而出现越调越涨现象。为了解释这一现象，我们采取比较静态分析方法，进一步剖析了房地产垄断程度对货币政策调控房地产供给结构均衡的影响。

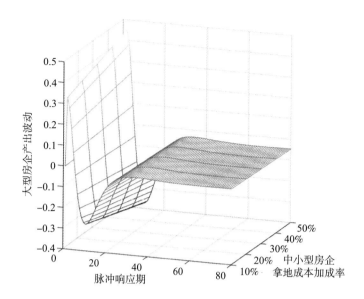

437

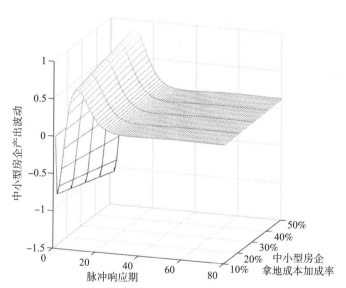

图 20 - 8　不同中小型房企拿地成本下房企产出波动的脉冲响应图

注：由于 Matlab 在画三维图时，做出的图形默认为一个平面，所以在不同脉冲反映曲线之间出现了连线，没有实际含义。下同。

在表 20 - 4 不同垄断程度情景下，利率波动对两类房企的产出波动的影响程度，两类房企的产出波动和房地产价格分别与两类房企产出的协方差的比较静态分析结果。首先，在紧缩性货币政策作用下，针对不同程度的房地产市场垄断情形，利率波动对大型房地产企业的产出波动影响系数的绝对值都小于其对中小型房地产企业的产出波动影响系数的绝对值，表明大型房地产企业受到货币政策的影响要小于中小型房地产企业受到货币政策的影响。这一研究结果再次验证了前文的分析，即大型房地产企业因较大的资本规模、较强的融资能力以及较低的融资成本等优势，使得其受到货币政策的冲击要小，而中小型房地产企业则受到较大的冲击。

表 20 - 4　　　　垄断程度变化对各关键变量影响的比较静态分析

类别	垄断程度	R 波动对 HS 波动影响系数绝对值	R 波动对 HP 波动影响系数绝对值	大型房企产出波动绝对值	中小型房企产出波动绝对值	Cov(HS, q)	Cov(HP, q)
紧缩性货币政策	高	0.05364	0.07494	14.28480	105.88760	0.39650	− 0.44700
	中高	0.06795	0.09494	16.44530	61.05890	0.42300	− 0.47360
	中	0.07887	0.11020	18.61020	46.13090	0.44320	− 0.49380
	中低	0.08748	0.12223	20.77890	38.67620	0.45920	− 0.50980
	低	0.09413	0.13151	22.84230	34.39000	0.47150	− 0.52200
	高	0.05364	0.07494	14.28480	105.88760	0.39650	− 0.44700

注：R 为利率水平，H^s 为大型房企的产出水平，H^P 为中小型房企的产出水平，q 为房地产价格水平。

根据大型房地产企业和中小型房地产企业所拥有的资金规模，测算房地产市场垄断程度，将其划分为五个等级，即高、中高、中、中低、低。

基于上述分析发现，相对于大型房地产企业而言，中小型房地产企业的产出受外界因素的影响程度更大，其主要原因在于中小型房地产企业自身规模有限，尤其受到资金规模及成本的限制以及人力资本成本的影响，使其在受到外部冲击时产生更加剧烈的波动。因此，中小型房地产企业对房地产市场供给结构均衡具有重要的意义，也对通过货币政策工具来调控房地产价格及其波动方面同样具有显著的促进作用。在建立房地产市场长效调控机制以及货币政策工具实施时，相关部门也应关注中小型房地产企业的状况及其应对能力。

其次，本章根据房地产市场不同垄断程度的设定，对不同类型房地产企业产出波动进行数值模拟，模拟结果如图20-9所示，垄断程度越高，大型房企出波动越小，而中小型房企产出波动越大，这一波动特征与我国房地产市场真实波动比较符合。这再一次验证了本章研究结论，即大型房企降低了货币政策对企业自身的冲击程度，具有"船大好挡浪"效应；而中小型房企在货币政策冲击下的产出波动更为剧烈，也即面临更高的融资成本、企业营业利润下降，甚至部分企业出现亏损或破产。

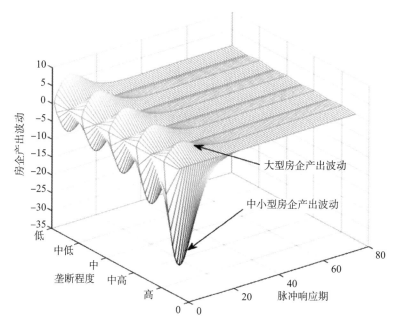

图20-9　不同垄断程度下房企产出波动的脉冲响应图

针对房地产企业的异质性特征，本章构建了一个反映我国大型房地产企业和中小型房地产企业对外部冲击响应的动态随机一般均衡模型，用以分析房地产供给结构受货币政策调控的效应。通过数值模拟分析，本章研究发现：紧缩性货币政策调控，促使中小型房企产出下降，大型房企产出、市占率、垄断程度提升，逐步形成"船大好挡浪"的供给侧垄断格局；市场垄断程度越高，大型房地产企业对货币政策调控的反应越小，中小型房地产企业的反应越大，导致房地产市场供给结构出现失衡，反向弱化了政策调控效力。

本章的政策启示主要有如下三点。

第一，加强房地产市场"供需兼顾"的调控思路。若不兼顾房地产市场供给侧调控，则房价越调越涨的现象可能依旧存在；同时，由头部房企产生的金融风险也将不断积聚，对防范化解头部房企金融风险造成阻碍。因此，既要通过"限购、限贷、租购并举"等行政措施和房地产税等政策积极引导需求侧回归并保持理性住房消费；也要通过区分不同类型房企具体状况，从企业融资、土地开发、金融监管措施等方面加强分类指导。

第二，加大中小型房地产企业政策支持力度。本章模拟结果显示，中小型房地产企业对房地产市场平稳健康发展起到关键作用。基于此，对于中小型房地产企业的政策支持力度应适度加大，合理满足中小房企融资需求，引导中小房企结合自身专精特新优势，提升专业化、精细化管理能力，研发特色化、新颖化产品，鼓励企业创新及差异化发展。

第三，加快大型房地产企业创新发展与转型升级。本章模拟结果显示，大型房地产企业的"船大好挡浪，浪大船造大"特征在一定程度上弱化了调控政策效果。基于此，对于大型房地产企业，应严格监管大型房企融资"三条红线"，常态化大型房企反垄断审查，实行因企施策的大型房企名单制管理，规范其市场竞争行为；其次，还应积极推动大型房企守正创新，加速其转型升级，促进其高质量发展。

参 考 文 献

［1］白鹤祥、刘社芳、罗小伟等：《基于房地产市场的我国系统性金融风险测度与预警研究》，载于《金融研究》2020 年第 8 期。

［2］卞志、胡恒强：《中国货币政策工具的选择：数量型还是价格型？——基于 DSGE 模型的分析》，载于《国际金融研究》2015 年第6 期。

［3］布兰查德、罗默、斯宾塞等：《金融危机的教训：反思当代政策》，浙江大学出版社 2013 年版。

［4］蔡卫星、曾诚、胡志颖：《企业集团、货币政策与现金持有》，载于《金融研究》2015 年第 2 期。

［5］常海滨、徐成贤：《我国货币政策传导机制区域差异的实证分析》，载于《经济科学》2007 年第 5 期。

［6］陈斌开、黄少安、欧阳涤非：《房地产价格上涨能推动经济增长吗?》，载于《经济学（季刊）》2018 年第 3 期。

［7］陈斌开、金箫、欧阳涤非：《住房价格、资源错配与中国工业企业生产率》，载于《世界经济》2015 年第 4 期。

［8］陈斌开、徐帆、谭力：《人口结构转变与中国住房需求：1999 ~ 2025——基于人口普查数据的微观实证研究》，载于《金融研究》2012 年第 1 期。

［9］陈斌开、赵扶扬、谭小芬等：《杠杆分化、资源错配与高质量增长——防范金融风险的结构性视角》，载于《经济社会体制比较》2022 年第 6 期。

［10］陈崇、葛扬：《房地产价格波动的储蓄效应研究：1997—2008——基于省际面板数据的实证检验》，载于《产业经济研究》2011 年第 3 期。

［11］陈创练、戴明晓：《货币政策、杠杆周期与房地产市场价格

波动》，载于《经济研究》2018 年第 9 期。

[12] 陈创练、郑挺国、姚树洁：《时变参数泰勒规则及央行货币政策取向研究》，载于《经济研究》2016 年第 8 期。

[13] 陈飞、赵昕东、高铁梅：《我国货币政策工具变量效应的实证分析》，载于《金融研究》2022 年第 10 期。

[14] 陈国进、李威、周洁：《人口结构与房价关系研究——基于代际交叠模型和我国省际面板的分析》，载于《经济学象》2013 年第 10 期。

[15] 陈淮、郑翔：《利率政策调整的经济背景及其对房地产市场的影响》，载于《新金融》2005 年第 3 期。

[16] 陈建华、程杞国：《金融危机与金融监管有效性研究》，载于《金融研究》2000 年第 1 期。

[17] 陈杰：《以供给侧结构性改革实现"房住不炒"》，载于《人民论坛》2018 年第 6 期。

[18] 陈杰：《中国住房模式选择向何处去》，载于《探索与争鸣》2012 年第 1 期。

[19] 陈俊华、王志峰：《德国房地产价格为何没有疯涨》，载于《人民论坛》2016 年 18 期。

[20] 陈昆亭、龚六堂、邹恒甫：《什么造成了经济增长的波动，供给还是需求：中国经济的 RBC 分析》，载于《世界经济》2004 年第 4 期。

[21] 陈昆亭、周炎：《防范化解系统性金融风险——西方金融经济周期理论货币政策规则分析》，载于《中国社会科学》2020 年第 11 期。

[22] 陈英楠、莫东翠、唐思华等：《测量中国房地产政策不确定性研究》，载于《经济学（季刊）》2022 年第 2 期。

[23] 陈诗一、王祥：《融资成本、房地产价格波动与货币政策传导》，载于《金融研究》2016 年第 3 期。

[24] 陈小亮、李三希、陈彦斌：《地方政府激励机制重构与房价调控长效机制建设》，载于《中国工业经济》2018 年第 11 期。

[25] 陈彦斌、郭豫媚、陈伟泽：《2008 年金融危机后中国货币数量论失效研究》，载于《经济研究》2015 年第 4 期。

［26］程名望、贾晓佳、俞宁：《农村劳动力转移对中国经济增长的贡献（1978～2015 年）：模型与实证》，载于《管理世界》2018 年第10 期。

［27］楚尔鸣、曹策、李逸飞：《结构性货币政策：理论框架、传导机制与疏通路径》，载于《改革》2019 年第 10 期。

［28］崔光灿：《房地产信贷、价格及市场供求关系研究》，载于《金融论坛》2008 年第 12 期。

［29］崔光灿：《资产价格、金融加速器与经济稳定》，载于《世界经济》2006 年第 11 期。

［30］崔广亮、高铁梅：《房地产投资、居民消费与城市经济增长》，载于《系统工程理论与实践》2020 年第 7 期。

［31］邓富民、王刚：《货币政策对房地产价格与投资影响的实证分析》，载于《管理世界》2012 年第 6 期。

［32］邓国营、冯倩宇、朱芳菲等：《货币政策与资本流入对房地产价格影响的实证分析》，载于《统计与决策》2012 年第 15 期。

［33］邓伟、宋清华：《我国货币政策非线性调控模式研究》，载于《当代财经》2021 年第 5 期。

［34］丁如曦、倪鹏飞：《房地产市场调控优化及深化改革：目标原则与路径找寻》，载于《改革》2018 年第 10 期。

［35］董纪昌、何静、李秀婷等：《公众房价预期形成机理分析与实证研究——基于社会学习视角》，载于《管理评论》2020 年第 10 期。

［36］董纪昌、于勇、林睿等：《我国房地产价格波动对通货膨胀影响的实证研究》，载于《现代管理科学》2012 年第 7 期。

［37］董凯、许承明：《利率扭曲、房产价格与汇率波动》，载于《世界经济研究》2017 年第 10 期。

［38］杜传文、黄节根：《货币政策、融资约束与企业投资》，载于《财经科学》2018 年第 4 期。

［39］杜冠德、杨晓光：《基于一般均衡的不同税制对住房价格影响的比较分析》，载于《系统科学与数学》2018 年第 8 期。

［40］杜敏杰、刘霞辉：《人民币升值预期与房地产价格变动》，载于《世界经济》2007 年第 1 期。

［41］杜修立、郑鑫：《人口结构、产业结构与中国经济潜在增长

率》，载于《统计与信息论坛》2017 年第 3 期。

[42] 杜雪君、黄忠华、吴次芳：《中国土地财政与经济增长——基于省际面板数据的分析》，载于《财贸经济》2009 年第 1 期。

[43] 范小云、张景松、王博：《金融危机及其应对政策对我国宏观经济的影响——基于金融 CGE 模型的模拟分析》，载于《金融研究》2015 年第 9 期。

[44] 范志勇、徐赟：《中国货币政策冲击的真实利率渠道：国际比较与政策含义》，载于《世界经济》2008 年第 11 期。

[45] 方军雄：《政府干预、所有权性质与企业并购》，载于《管理世界》2008 年第 9 期。

[46] 方意：《货币政策与房地产价格冲击下的银行风险承担分析》，载于《世界经济》2015 年第 7 期。

[47] 冯长春：《房地产市场形势分析与展望》，载于《城市开发》2019 年第 2 期。

[48] 冯春平：《货币供给对产出与价格影响的变动性》，载于《金融研究》2002 年第 7 期。

[49] 冯科、何理：《我国银行上市融资、信贷扩张对货币政策传导机制的影响》，载于《经济研究》2011 年 S2 期。

[50] 冯科：《中国房地产市场在货币政策传导机制中的作用研究》，载于《经济学动态》2011 年第 4 期。

[51] 冯萍、刘建江、罗双成：《房价、劳动力成本与制造业区位布局：理论与证据》，载于《产业经济研究》2019 年第 2 期。

[52] 冯贞柏：《行业技术效率测度与全要素生产率增长的分解》，载于《经济评论》2019 年第 3 期。

[53] 傅东平：《房价上涨、泡沫化程度与消费挤出》，载于《当代财经》2017 年第 9 期。

[54] 甘犁、尹志超、贾男等：《中国家庭资产状况及住房需求分析》，载于《金融研究》2013 年第 4 期。

[55] 高波、毛中根：《汇率冲击与房地产泡沫演化：国际经验及中国的政策取向》，载于《经济理论与经济管理》2006 年第 7 期。

[56] 高波、王辉龙、李伟军：《预期、投机与中国城市房价泡沫》，载于《金融研究》2014 年第 2 期。

［57］高波、王辉龙、赵奉军：《转型期中国房地产市场成长：1978～2008》，经济科学出版社 2009 年版。

［58］高波、王先柱：《中国房地产市场货币政策传导机制的有效性分析：2000－2007》，载于《财贸经济》2009 年第 3 期。

［59］高波：《我国城市住房制度改革研究：变迁、绩效与创新》，经济科学出版社 2017 年版。

［60］耿中元、朱植散：《货币政策、企业家信心与上市公司投资效率》，载于《经济理论与经济管理》2018 年第 12 期。

［61］龚朴、张兆芹：《资本结构动态调整速度的异质性研究》，载于《管理评论》2014 年第 9 期。

［62］辜胜阻、杨嵋、郑超：《房地产基础性制度和长效机制的战略思考》，载于《江淮论坛》2018 年第 2 期。

［63］顾海峰、杨立翔：《货币政策、银行规模差异与信贷传导特征——来自 2006—2015 年中国银行业的证据》，载于《国际金融研究》2017 年第 12 期。

［64］顾海峰、张元姣：《货币政策与房地产价格调控：理论与中国经验》，载于《经济研究》2014 年第 S1 期。

［65］顾乃康、孙进军：《现金的市场价值——基于中国上市公司的实证研究》，载于《管理评论》2008 年第 4 期。

［66］顾笑雪、李向阳、金洪飞等：《房产税、信贷政策与房价波动》，载于《科学决策》2023 年第 12 期。

［67］关禹、王雪标、孙光林：《货币政策对国债利率期限结构的影响机制——基于预期渠道和溢价渠道双重视角的实证分析》，载于《当代财经》2019 年第 1 期。

［68］郭菲、冯长春：《宏观调控政策下我国住房市场周期变化的影响分析》，载于《地域研究与开发》2020 年第 6 期。

［69］郭杰、饶含：《土地资产价格波动与经济中的流动性供给——基于以地融资视角的研究》，载于《金融研究》2022 年第 7 期。

［70］郭克莎、黄彦彦：《从国际比较看中国房地产市场发展的问题及出路》，载于《财贸经济》2018 年第 1 期。

［71］郭克莎、沈少川：《中国房地产市场调控中的预期管理——一个理论判断与实证研究》，载于《学术研究》2023 年第 6 期。

[72] 郭克莎：《中国房地产市场的需求和调控机制——一个处理政府与市场关系的分析框架》，载于《管理世界》2017 年第 2 期。

[73] 郭娜：《房价粘性、系统性风险与货币政策调控》，载于《财经科学》2019 年第 2 期。

[74] 郭娜、李政：《我国货币政策工具对房地产市场调控的有效性研究——基于有向无环图的分析》，载于《财贸经济》2013 年第 9 期。

[75] 郭娜、周扬：《房价波动、宏观审慎监管与最优货币政策选择》，载于《南开经济研究》2019 年第 2 期。

[76] 郭培利、沈悦：《中国住宅价格调控效应：区域差异与时序波动》，载于《大连理工大学学报（社会科学版）》2016 年第 2 期。

[77] 郭田勇：《资产价格、通货膨胀与中国货币政策体系的完善》，载于《金融研究》2006 年第 10 期。

[78] 郭豫媚、陈伟泽、陈彦斌：《中国货币政策有效性下降与预期管理研究》，载于《经济研究》2016 年第 1 期。

[79] 韩蓓、蒋东生：《房地产调控政策的有效性分析—基于动态一致性》，载于《经济与管理研究》2011 年第 4 期。

[80] 韩冬梅、屠梅曾、曹坤：《房地产价格泡沫与货币政策调控》，载于《中国软科学》2007 年第 6 期。

[81] 韩立彬、陆铭：《供需错配：解开中国房价分化之谜》，载于《世界经济》2018 年第 10 期。

[82] 何青、钱宗鑫、郭俊杰：《房地产驱动了中国经济周期吗?》，载于《经济研究》2015 年第 12 期。

[83] 何珊珊、徐长生、朱乾宇：《中国房地产行业存在过度进入和投资吗》，载于《当代财经》2019 年第 4 期。

[84] 何鑫、朱宏泉：《货币政策、住房需求与地价的动态关系研究》，载于《经济体制改革》2012 年第 6 期。

[85] 何杨、满燕云：《地方政府债务融资的风险控制——基于土地财政视角的分析》，载于《财贸经济》2012 年第 5 期。

[86] 何玉洁、赵胜民：《房地产审慎监管的有效性及与货币政策协调性分析——基于中国 2002—2017 年数据的实证研究》，载于《当代经济科学》2019 年第 1 期。

[87] 侯成琪、龚六堂：《货币政策应该对住房价格波动作出反应

吗——基于两部门动态随机一般均衡模型的分析》，载于《金融研究》2014 年第 10 期。

[88] 侯成琪、肖雅慧：《住房价格与经济增长：基于中间品需求渠道及其乘数效应的分析》，载于《经济研究》2022 年第 4 期。

[89] 胡援成、张朝洋：《政策调控下房地产开发企业的资金循环与债务危机识别》，载于《当代财经》2014 年第 2 期。

[90] 胡志鹏：《中国货币政策的价格型调控条件是否成熟？——基于动态随机一般均衡模型的理论与实证分析》，载于《经济研究》2012 年第 6 期。

[91] 黄飞雪、王云：《基于 SVAR 的中国货币政策的房价传导机制》，《当代经济科学》2010 年第 3 期。

[92] 黄继承、阚铄、朱冰等：《经理薪酬激励与资本结构动态调整》，载于《管理世界》2016 年第 11 期。

[93] 黄静：《"地王"频现、信号传递与房价上涨——基于双重差分的实证检验》，载于《管理评论》2021 年第 4 期。

[94] 黄静、屠梅曾：《房地产财富与消费：来自家庭微观调查数据的证据》，载于《管理世界》2009 年第 7 期。

[95] 黄拓夫、贺清云、朱翔：《基于断点回归分析的长沙市住宅限购政策对成交面积影响的评估》，载于《经济地理》2021 年第 9 期。

[96] 黄徐亮、徐海东、倪鹏飞：《带动还是挤出？房地产投资对其他固定资产投资的影响研究》，载于《经济学家》2023 年第 6 期。

[97] 黄燕芬、李志远、张超：《坚持"房住不炒"深入推进房地产市场供给侧结构性改革——2017 年房地产政策回顾与 2018 展望》，载于《价格理论与实践》2018 年第 1 期。

[98] 黄奕淇、曲卫东：《住宅用地"两集中"供应对土地出让价格影响机制分析》，载于《中国土地科学》2022 年第 11 期。

[99] 黄益平、曹裕静、陶坤玉等：《货币政策与宏观审慎政策共同支持宏观经济稳定》，载于《金融研究》2019 年第 12 期。

[100] 黄忠华、杜雪君：《两岸房地产市场发展与调控政策：经验、比较与启示》，载于《台湾研究》2014 年第 3 期。

[101] 黄忠华、吴次芳、杜雪君：《房地产投资与经济增长——全国及区域层面的面板数据分析》，载于《财贸经济》2008 年第 8 期。

［102］贾庆英、孔艳芳：《资产价格、经济杠杆与价格传递——基于国际 PVAR 模型的实证研究》，载于《国际金融研究》2016 年第1 期。

［103］贾生华、陆嘉玮：《房地产企业过度投资行为成因、后果及治理研究》，载于《现代管理科学》2017 年第 12 期。

［104］江振龙：《房地产市场波动、宏观审慎政策有效性与双支柱调控》，载于《统计研究》2023 年第 2 期。

［105］姜国华、饶品贵：《宏观经济政策与微观企业行为——拓展会计与财务研究新领域》，载于《会计研究》2011 年第 3 期。

［106］蒋益民、陈璋：《SVAR 模型框架下货币政策区域效应的实证研究：1978～2006》，载于《金融研究》2009 年第 4 期。

［107］蒋瑛琨、刘艳武、赵振全：《货币渠道与信贷渠道传导机制有效性的实证分析》，载于《金融研究》2005 年第 5 期。

［108］金春雨、张龙：《探析货币政策冲击的异质性：基于纯粹"量化"分析的视角》，载于《世界经济研究》2018 年第 1 期。

［109］靳庆鲁、孔祥、侯青川：《货币政策、民营企业投资效率与公司期权价值》，载于《经济研究》2012 年第 5 期。

［110］景刚、王立国：《房地产投资对经济增长空间溢出效应研究——基于31 省市数据的面板空间模型》，载于《经济问题探索》2020 年第 3 期。

［111］鞠方、夏麒、杨玉婷：《"人才特区"政策对房价的影响研究》，载于《财经理论与实践》2022 年第 4 期。

［112］卡尔·E·沃什：《货币理论与政策》，上海财经大学出版社 2004 年版。

［113］孔丹凤，王永冲：《"双循环"背景下城市房价如何影响经济增长——基于链式多重中介效应的分析》，载于《济南大学学报（社会科学版)》2022 年第 6 期。

［114］孔煜：《行为经济学视角下的房价波动研究述评》，载于《重庆大学学报（社会科学版)》2017 年第 1 期。

［115］况伟大：《房地产相关产业与中国经济增长》，载于《经济学动态》2010 年第 2 期。

［116］况伟大：《利率对房价的影响》，载于《世界经济》2010 年

第 4 期。

[117] 况伟大、王湘君：《土地市场波动、限购与地方债交易市场风险——来自中国城投债交易市场的证据》，载于《中国软科学》2019年第 10 期。

[118] 况伟大、朱勇、刘江涛：《房产税对房价的影响：来自OECD 国家的证据》，载于《财贸经济》2012 年第 5 期。

[119] 赖文炜、陈云：《我国房价波动对货币政策有效性的影响研究——基于面板 VAR 模型的实证分析》，载于《现代管理科学》2015年第 1 期。

[120] 兰峰、焦成才：《基于 TVP – SV 模型的商品住房价格波动机理研究——以深圳市为例》，载于《数理统计与管理》2018 年第3 期。

[121] 兰峰、张毅：《城市房价小周期波动下的空间溢出效应研究——以长江中游城市群 25 个城市为例》，载于《郑州大学学报（哲学社会科学版)》2018 年第 4 期。

[122] 黎蔺娴、边恕：《经济增长、收入分配与贫困：包容性增长的识别与分解》，载于《经济研究》2021 年第 2 期。

[123] 李斌、张所地：《住房供给调控中异质环境的作用效果研究》，载于《中国管理科学》2015 年第 2 期。

[124] 李斌：《中国货币政策有效性的实证研究》，载于《金融研究》2001 年第 7 期。

[125] 李成、马文涛、王彬：《通货膨胀预期、货币政策工具选择与宏观经济稳定》，载于《经济学（季刊）》2011 年第 10 期。

[126] 李慧敏、李达、李群：《汇率与房价只是硬币两面——基于DSGE 和中日数据的实证分析》，载于《中国经济问题》2021 年第 4 期。

[127] 李健飞、史晨昱：《我国银行信贷对房地产价格波动的影响》，载于《上海财经大学学报》2005 年第 2 期。

[128] 李健：《结构变化："中国货币之谜"的一种新解》，载于《金融研究》2007 年第 1 期。

[129] 李江一：《"房奴效应"导致居民消费低迷了吗?》，载于《经济学（季刊）》2018 年第 1 期。

[130] 李拉亚：《双支柱调控框架的新目标制研究》，载于《管理

世界》2020 年第 10 期。

[131] 李英、马文超：《行业特征、金融加速与企业债务融资》，载于《审计研究》2020 年第 2 期。

[132] 李猛：《对中国房地产调控措施的反思：基于货币政策的视角》，载于《云南社会科学》2011 年第 1 期。

[133] 李四海、邹萍、宋献中：《货币政策、信贷资源配置与金融漏损——来自我国上市公司的经验证据》，载于《经济科学》2015 年第 3 期。

[134] 李涛、陈斌开：《家庭固定资产、财富效应与居民消费：来自中国城镇家庭的经验证据》，载于《经济研究》2014 年第 3 期。

[135] 李涛、史宇鹏、陈斌开：《住房与幸福：幸福经济学视角下的中国城镇居民住房问题》，载于《经济研究》2011 年第 9 期。

[136] 李通屏、彭博、邵红梅：《人口老龄化推高了中国房价吗？——基于省际动态面板数据的实证分析》，载于《中国地质大学学报》2017 年第 5 期。

[137] 李伟军：《住房公积金政策性金融功能：定位、挑战与改革思路》，载于《江苏行政学院学报》2019 年第 3 期。

[138] 李小林、司登奎：《地方政府债务治理的收入效应》，载于《财经研究》2024 年第 7 期。

[139] 李言、毛丰付：《货币政策应该对房价波动做出反应吗——基于中国房地产市场衰退情境的模拟分析》，载于《当代经济科学》2017 年第 5 期。

[140] 李智、李伟军、高波：《紧缩性货币政策与房地产市场的价格之谜——基于 VAR 模型和符号约束 VAR 模型的比较》，载于《当代经济科学》2013 年第 6 期。

[141] 李忠富、姜永生：《基于偏最小二乘回归分析的我国地区住房价格差异的实证研究》，载于《系统管理学报》2011 年第 1 期。

[142] 李仲飞、于守金、曹夏平：《产业信贷政策对于房地产企业债务的影响——基于银行业 359 号"限贷"文件的准自然实验分析》，载于《经济学（季刊）》2019 年第 4 期。

[143] 梁斌、李庆云：《中国房地产价格波动与货币政策分析——基于贝叶斯估计的动态随机一般均衡模型》，载于《经济科学》2011 年

第 3 期。

［144］梁璐璐、赵胜民、田昕明等：《宏观审慎政策及货币政策效果探讨：基于 DSGE 框架的分析》，载于《财经研究》2014 年第 3 期。

［145］梁云芳、高铁梅、贺书平：《房地产市场与国民经济协调发展的实证分析》，载于《中国社会科学》2006 年第 3 期。

［146］梁云芳、高铁梅：《我国商品住宅销售价格波动成因的实证分析》，载于《管理世界》2006 年第 8 期。

［147］梁云芳、高铁梅：《中国房地产价格波动区域差异的实证分析》，载于《经济研究》2007 年第 8 期。

［148］林朝颖、黄志刚、杨广青等：《基于企业微观的货币政策风险承担渠道理论研究》，载于《国际金融研究》2015 年第 6 期。

［149］刘斌：《我国 DSGE 模型的开发及在货币政策分析中的应用》，载于《金融研究》2008 年第 10 期。

［150］刘超、李江源、王超等：《房地产发展、经济增长动力要素、外部环境与经济增长效应研究——来自 2000—2016 年经济运行数据实证》，载于《管理评论》2018 年第 8 期。

［151］刘冲、刘莉亚：《财政金融政策的协同效应——基于小微贷款利息收入增值税减免的研究》，载于《中国社会科学》2022 年第 9 期。

［152］刘宏、明瀚翔、赵阳：《财富对主观幸福感的影响研究——基于微观数据的实证分析》，载于《南开经济研究》2013 年第 4 期。

［153］刘洪玉、徐跃进、姜沛言：《房地产企业投资的资本成本敏感性》，载于《清华大学学报（自然科学版）》2015 年第 6 期。

［154］刘洪玉、张宇：《从紧货币政策下房地产市场的发展》，载于《中国金融》2008 年第 11 期。

［155］刘华、胡思妍、王姣：《房地产税纳税能力及经济社会影响研究进展》，载于《经济学动态》2021 年第 12 期。

［156］刘桦、汪海津、马骥：《货币政策对住宅供应结构的影响》，载于《商业研究》2013 年第 6 期。

［157］刘建江、石大千：《高房价对企业创新的影响：是挤出还是挤入？——基于双边随机前沿模型的测算》，载于《中国软科学》2019 年第 9 期。

［158］刘建江、杨玉娟、袁冬梅：《从消费函数理论看房地产财富效应的作用机制》，载于《消费经济》2005 年第 2 期。

［159］刘金全、刘志强：《中国货币政策非中性－产出－货币的因果关系和影响关系检验》，载于《吉林大学社会科学学报》2003 年第 4 期。

［160］刘金全、张运峰、毕振豫：《房地产价格波动、经济周期与货币政策效应》，载于《当代经济研究》2022 年第 1 期。

［161］刘兰凤、袁申国：《住房价格、住房投资、消费与货币政策：基于金融加速器效应的 DSGE 模型研究》，载于《广东金融学院学报》2011 年第 3 期。

［162］刘林、朱孟楠：《货币供给、广义货币流通速度与物价水平——基于非线性 LSTVAR 模型对我国数据的实证研究》，载于《国际金融研究》2013 年第 10 期。

［163］刘皖青：《新经济态势下经济增长对房地产投资依赖度的变化分析——基于 2000－2018 数据的格兰杰因果关系检验》，载于《企业经济》2019 年第 11 期。

［164］刘晓东、欧阳红兵：《中国金融机构的系统性风险贡献度研究》，载于《经济学（季刊）》2019 年第 4 期。

［165］刘晓星、石广平：《杠杆对资产价格泡沫的非对称效应研究》，载于《金融研究》2018 年第 3 期。

［166］刘星、张超、郝颖：《货币政策对企业投资存在需求影响吗？——一项投资－现金流敏感性的研究》，载于《经济科学》2014 年第 4 期。

［167］刘一楠：《信贷约束、房地产抵押与金融加速器——一个 DSGE 分析框架》，载于《财经科学》2017 年第 2 期。

［168］刘泽琴、蔡宗武、方颖：《货币政策和宏观审慎政策双支柱调控框架效应研究》，载于《经济研究》2022 年第 4 期。

［169］刘哲希、郭俊杰、陈伟泽：《经济增长与宏观杠杆率变动研究——一个"债务—资产价格"新机制》，载于《经济研究》2022 年第 10 期。

［170］刘贞平：《房地产投资与城市化水平实证关系研究》，载于《兰州学刊》2014 年第 10 期。

［171］刘中显、荣晨：《房地产市场调控长效机制的建立与完善》，载于《宏观经济研究》2017 年第 12 期。

［172］卢建新、苗建军：《中国城市住房价格动态特征及其影响因素》，载于《投资研究》2011 年第 7 期。

［173］卢建新：《市场化进程中区域住房价格的动态特征》，载于《经济问题探索》2014 年第 1 期。

［174］卢现祥，滕宇法：《土地财政依赖异质性如何影响地区经济发展?》，载于《学习与探索》2020 年第 7 期。

［175］陆子含、陈锡康、高翔：《固定资本形成内生化的房地产投入占用产出局部闭模型及其应用》，载于《管理评论》2018 年第 5 期。

［176］吕萍、邱骏、丁富军等：《住房属性困境、产权残缺与住房制度改革——基于中国住房政策演变和调整讨论》，载于《公共管理与政策评论》2021 年第 5 期。

［177］罗知、张川川：《信贷扩张、房地产投资与制造业部门的资源配置效率》，载于《金融研究》2015 年第 7 期。

［178］骆永民、伍文中：《房产税改革与房价变动的宏观经济效应——基于 DSGE 模型的数值模拟分析》，载于《金融研究》2012 年第 5 期。

［179］骆祚炎：《住房支出、住房价格、财富效应与居民消费增长》，载于《财经科学》2010 年第 5 期。

［180］雒敏、聂文忠：《财政政策、货币政策与企业资本结构动态调整——基于我国上市公司的经验证据》，载于《经济科学》2012 年第 5 期。

［181］马春爱：《中国上市公司资本结构调整行为研究：一个财务弹性的视角》，载于《财经论丛》2009 年第 6 期。

［182］马红、王元月：《投资规模、投资效率与宏观经济环境——基于我国上市公司经验数据的分析》，载于《商业研究》2017 年第 3 期。

［183］马理、范伟：《促进"房住不炒"的货币政策与宏观审慎"双支柱"调控研究》，载于《中国工业经济》2021 年第 3 期。

［184］马文超、胡思玥：《货币政策、信贷渠道与资本结构》，载于《会计研究》2012 年第 11 期。

［185］马文涛：《预期管理理论的形成、演变与启示》，载于《经济理论与经济管理》2014 年第 8 期。

［186］马鑫媛、赵天奕：《非正规金融与正规金融双重结构下货币政策工具比较研究》，载于《金融研究》2016 年第 2 期。

［187］孟庆玺、宫晓云、林恺：《"限房令"可以促进企业技术创新吗？—基于中央企业的准自然实验》，载于《财经研究》2018 年第 9 期。

［188］孟宪春、张屹山、李天宇：《有效调控房地产市场的最优宏观审慎政策与经济"脱虚向实"》，载于《中国工业经济》2018 年第 6 期。

［189］闵亮、沈悦：《宏观冲击下的资本结构动态调整——基于融资约束的差异性分析》，载于《中国工业经济》2011 年第 5 期。

［190］倪鹏飞：《货币政策宽松、供需空间错配与房价持续分化》，载于《经济研究》2019 年第 8 期。

［191］倪鹏飞、徐海东：《面向 2035 年的中国城镇化》，载于《改革》2022 年第 8 期。

［192］聂卓、刘松瑞、玄威：《从"主动负债"到"被动负债"：中央监管转变下的隐性债务扩张变化》，载于《经济学（季刊）》2023 年第 6 期。

［193］彭方平、王少平：《我国利率政策的微观效应——基于动态面板数据模型研究》，载于《管理世界》2007 年第 1 期。

［194］彭路、张练：《房地产业对经济增长的贡献拐点是否已经到来？——基于服务业"成本病"的视角》，载于《经济与管理》2024 年第 1 期。

［195］朴哲范、肖赵华：《中小板上市公司增长与盈利能力动态相互影响研究——基于资本结构变动视角》，载于《管理世界》2015 年第 5 期。

［196］齐杨、江雯倩、王浩宇：《不同货币政策工具对企业融资约束及绩效的影响研究》，载于《宏观经济研究》2017 年第 8 期。

［197］潜力、胡援成：《经济周期、融资约束与资本结构的非线性调整》，载于《世界经济》2015 年第 12 期。

［198］瞿强：《资产价格与货币政策》，载于《经济研究》2001 年

第 7 期。

[199] 曲卫东、於洋：《基于蒙特卡洛模拟假设开发法对土地出让底价评估的改进》，载于《中国土地科学》2014 年第 11 期。

[200] 任木荣、苏国强：《货币政策工具调控房地产价格的传导机制分析》，载于《中央财经大学学报》2012 年第 4 期。

[201] 荣昭、徐娜娜、袁燕：《信贷扩张如何影响家庭房地产投资？——以信用卡的扩散为例》，载于《经济科学》2020 年第 4 期。

[202] 阮健弘、刘西、叶欢：《我国居民杠杆率现状及影响因素研究》，载于《金融研究》2020 年第 8 期。

[203] 沈悦、李计国、袁伟：《房价冲击系统性风险的机理、影响及防范：一个文献综述》，载于《华东经济管理》2018 年第 10 期。

[204] 沈悦、刘洪玉：《房地产资产价值与国家财富的关系研究》，载于《清华大学学报》2006 年第 1 期。

[205] 沈悦、刘洪玉：《住宅价格与经济基本面：1995－2002 年中国 14 个城市的实证研究》，载于《经济研究》2004 年第 6 期。

[206] 沈悦、周奎省、李善燊：《基于 FAVAR 模型的货币政策的房价传导机制研》，载于《当代经济科学》2011 年第 3 期。

[207] 沈悦、周奎省、李善燊：《利率影响房价的有效性分析——基于 FAVAR 模型》，载于《经济科学》2011 年第 1 期。

[208] 盛朝晖：《中国货币政策传导渠道效应分析：1994－2004》，载于《金融研究》2006 年第 7 期。

[209] 盛松成、谢洁玉：《社会融资规模与货币政策传导——基于信用渠道的中介目标选择》，载于《中国社会科学》2016 年第 12 期。

[210] 司登奎、葛新宇、曾涛等：《房价波动、金融稳定与最优宏观审慎政策》，载于《金融研究》2019 年第 11 期。

[211] 宋勃：《房地产市场财富效应的理论分析和中国经验的实证检验：1998－2006》，载于《经济科学》2007 年第 5 期。

[212] 宋勃、高波：《利率冲击与房地产价格波动的理论与实证分析：1998－2006》，载于《经济评论》2006 年第 4 期。

[213] 宋芳秀、王一江、任颋：《利率、实际人控制人类型和房地产上市公司的投资行为》，载于《管理世界》2010 年第 4 期。

[214] 宋旺、钟正生：《我国货币政策区域效应的存在性及原因——

基于最优货币区理论的分析》，载于《经济研究》2006 年第 3 期。

[215] 宋献中、吴一能、宁吉安：《货币政策、企业成长性与资本结构动态调整》，载于《国际金融研究》2014 年第 11 期。

[216] 苏剑、杨盈竹：《房地产行业最优规模探讨》，载于《社会科学研究》2024 年第 1 期。

[217] 孙聪、刘霞、姚玲珍：《新时代住房供应如何契合租购群体的差异化需求？——以上海市为例》，载于《财经研究》2019 年第 1 期。

[218] 孙飞：《中西方个人所得税人性化差异透视》，载于《税务研究》2004 年第 3 期。

[219] 孙明华：《我国货币政策传导机制的实证分析》，载于《财经研究》2004 年第 3 期。

[220] 孙伟增、张思思：《房租上涨如何影响流动人口的消费与社会融入——基于全国流动人口动态监测调查数据的实证分析》，载于《经济学（季刊）》2022 年第 1 期。

[221] 孙秀林、周飞舟：《土地财政与分税制：一个实证解释》，载于《中国社会科学》2013 年第 4 期。

[222] 谭政勋、王聪：《房价波动、货币政策立场识别及其反应研究》，载于《经济研究》2015 年第 1 期。

[223] 唐飞鹏、霍文希：《防范"脱实向虚"的另一面：契税税率下调与企业房产投机》，载于《数量经济技术经济研究》2024 年第 1 期。

[224] 唐齐鸣、熊洁敏：《中国资产价格与货币政策反应函数模拟》，载于《数量经济技术经济研究》2009 年第 11 期。

[225] 屠佳华、张洁：《什么推动了房价的上涨：来自上海房地产市场的证据》，载于《世界经济》2005 年第 5 期。

[226] 万晓莉：《我国货币政策能减小宏观经济波动吗？——基于货币政策反应函数的分析》，载于《经济学（季刊）》2011 年第 2 期。

[227] 万晓莉、严予若、方芳：《房价变化、房屋资产与中国居民消费——基于总体和调研数据的证据》，载于《经济学（季刊）》2017 年第 2 期。

[228] 万志宏、曾刚：《中央银行沟通：理论、策略与效果》，载

于《金融评论》2013年第5期。

[229] 汪利娜：《货币政策在房地产调控中的不确定性》，载于《财经科学》2008年第5期。

[230] 王爱俭、沈庆：《人民币汇率与房地产价格的关联性研究》，载于《金融研究》2007年第6期。

[231] 王宝璐、宋培、郭艳红：《不同市场状态下行业投资时钟的构建——基于中国股票市场行业月份效应的研究》，载于《投资研究》2023年第7期。

[232] 王超发、孙静春：《货币政策、不同企业的信贷约束和研发生产项目投资决策》，载于《管理评论》2017年第11期。

[233] 王朝阳、闵逸杰、代伟：《结构性货币政策如何缓解中小企业融资困境——基于异质性银行视角的解释》，载于《数量经济技术经济研究》2024年第11期。

[234] 王朝阳、张雪兰、包慧娜：《经济政策不确定性与企业资本结构动态调整及稳杠杆》，载于《中国工业经济》2018年第12期。

[235] 王国松：《通货紧缩下我国货币政策传导的信贷渠道实证分析》，载于《统计研究》2004年第5期。

[236] 王鹤，谭理：《房价上涨对实体企业债务融资的"挤出"与"挤入"效应》，载于《湖南科技大学学报（社会科学版）》2023年第2期。

[237] 王辉龙、高波：《住房消费与消费结构升级——理论假说与实证检验》，载于《财经科学》2016年第1期。

[238] 王金营、李天然：《CECD国家人口变动对经济发展方式转变的影响》，载于《中国人口科学》2018年第6期。

[239] 王来福：《预期、不可置信的承诺与政策失效——来自房地产行业的实证检验》，载于《财经问题研究》2008年第9期。

[240] 王丽莉：《土地供给、房价与劳动力空间配置效率》，载于《经济学（季刊）》2023年第2期。

[241] 王频、侯成琪：《预期冲击、房价波动与经济波动》，载于《经济研究》2017年第4期。

[242] 王擎、韩鑫韬：《货币政策能盯住资产价格吗？——来自中国房地产市场的证据》，载于《金融研究》2009年第8期。

［243］王仁曾、刘程：《房价上涨对企业经营投资的影响研究——来自中国非房地产上市公司的经验证据》，载于《价格理论与实践》2018年第7期。

［244］王维安、贺聪：《房地产价格与货币供求：经验事实和理论假说》，载于《财经研究》2005年第5期。

［245］王维安、贺聪：《房地产价格与通货膨胀预期》，载于《财经研究》2005年第12期。

［246］王文春、荣昭：《房价上涨对工业企业创新的抑制影响研究》，载于《经济学（季刊）》2014年第2期。

［247］王先柱：《VAR模型框架下房地产业与经济增长关系的实证检验》，载于《经济问题》2007年第7期。

［248］王先柱、陈梦凯：《货币政策、住房供给与房地产市场健康发展长效机制》，载于《江苏行政学院学报》2023年第1期。

［249］王先柱：《房地产市场货币政策区域效应：基于我国31个省市的实证分析》，载于《山西财经大学学报》2011年第10期。

［250］王先柱、高波：《中国货币政策房地产行业效应的实证分析》，载于《广东社会科学》2009年第5期。

［251］王先柱、谷元超、赵建鸣：《"消失的货币"去哪了？——基于房地产视角的研究》，载于《南京财经大学学报》2018年第2期。

［252］王先柱、金叶龙：《货币政策能有效调控房地产企业"银根"吗？——基于财务柔性的视角》，载于《财经研究》2013年第11期。

［253］王先柱、刘洪玉：《货币政策、实际控制人类型和房地产上市公司现金持有水平变化》，载于《当代经济科学》2011年第5期。

［254］王先柱、毛中根、刘洪玉：《货币政策的区域效应——来自房地产市场的证据》，载于《金融研究》2011年第9期。

［255］王先柱、屠纪清、胡根华：《"船大好挡浪，浪大造大船"——基于货币政策影响房地产企业资本结构的视角》，载于《经济科学》2020年第2期。

［256］王先柱、赵晨：《货币政策抑制了房地产需求吗？——基于消费需求和投资需求比较视角》，载于《财贸研究》2014年第4期。

［257］王先柱、赵奉军：《房地产市场货币政策效应：基于我国35个大中型城市的实分析》，载于《经济体制改革》2010年第3期。

［258］王彦平、陶慧芳、李政等：《积极的货币财政政策促进"国民共进"的效应研究》，载于《管理评论》2024 年。

［259］王岳龙、蔡玉龙、唐宇晨：《房价升值预期、财富幻觉与家庭消费——基于〈国六条〉的证据》，载于《数量经济技术经济研究》2023 年第 9 期。

［260］王云清、朱启贵、谈正达：《中国房地产市场波动研究——基于贝叶斯估计的两部门 DSGE 模型》，载于《金融研究》2013 年第 3 期。

［261］王振山、王志强：《我国货币政策传导途径的实证研究》，载于《财经问题研究》2000 年第 12 期。

［262］王振霞、闫冰倩、王蕾：《能源价格与房地产市场波动——来自中国地级市层面的经验证据》，载于《金融研究》2023 年第 2 期。

［263］王重润，杨妍，赵昶：《住房资产、债务与家庭消费》，载于《投资研究》2024 年第 1 期。

［264］魏兰叶：《收入水平、人口流动与房价波动——基于省级面板数据的 IV – 2SLS 估计》，载于《统计与信息论坛》2019 年第 1 期。

［265］魏玮、陈杰：《加杠杆是否一定会成为房价上涨的助推器？——来自省际面板门槛模型的证据》，载于《金融研究》2017 年第 12 期。

［266］魏玮：《货币政策对房地产市场冲击效力的动态测度》，载于《当代财经》2008 年第 8 期。

［267］魏玮、王洪卫：《房地产价格对货币政策动态响应的区域异质性——基于省际面板数据的实证分析》，载于《财经研究》2010 年第 6 期。

［268］吴迪、张楚然、侯成琪：《住房价格、金融稳定与宏观审慎政策》，载于《金融研究》2022 年第 7 期。

［269］吴璟、郭尉：《中国城市住房开发投资的理论与实证》，载于《清华大学学报（自然科学版）》2017 年第 10 期。

［270］吴璟、徐曼迪：《中国城镇新增住房需求规模的测算与分析》，载于《统计研究》2021 年第 9 期。

［271］吴立元、龚六堂：《异质性与货币政策传导机制研究进展》，载于《经济学动态》2018 年第 11 期。

[272] 吴培新：《以货币政策和宏观审慎监管应对资产价格泡沫》，载于《国际金融研究》2011年第5期。

[273] 吴晓瑜、王敏、李力行：《中国的高房价是否阻碍了创业？》，载于《经济研究》2014年第9期。

[274] 伍戈：《对中国通货膨胀的实证研究——从一般到特殊的建模方法》，载于《数量经济技术经济研究》2011年第6期。

[275] 伍戈：《货币政策与资产价格：经典理论、美联储实践及现实思考》，载于《南开经济研究》2007年第4期。

[276] 伍志文：《"中国之谜"——文献综述和一个假说》，载于《经济学（季刊）》2003年第4期。

[277] 伍中信、张娅、张雯：《信贷政策与企业资本结构——来自中国上市公司的经验证据》，载于《会计研究》2013年第3期。

[278] 武康平、皮舜：《中国房地产市场与金融市场共生性的一般均衡分析》，载于《数量经济技术经济研究》2004年第10期。

[279] 夏明：《从投入产出数据看房地产发展对我国经济的影响》，载于《经济学动态》2009年第11期。

[280] 项卫星、李宏瑾、白大范：《银行信贷扩张与房地产泡沫：美国、日本及东亚各国和地区的教训》，载于《国际金融研究》2007年第3期。

[281] 肖本华：《投资成本、信贷扩张与资产价格》，载于《世界经济》2008年第9期。

[282] 肖璞、刘轶、杨苏梅：《相互关联性、风险溢出与系统重要性银行识别》，载于《金融研究》2012年第12期。

[283] 肖筱林：《发达经济体货币政策演变述评：2008—2022》，载于《经济管理学刊》2023年第1期。

[284] 肖忠意、黄玉、陈志英等：《货币政策影响居民住房投资参与的非线性特征分析》，载于《经济经纬》2017年第5期。

[285] 谢洁玉、吴斌珍、李宏彬等：《中国城市房价与居民消费》，载于《金融研究》2012年第6期。

[286] 谢军、黄志忠：《宏观货币政策和区域金融发展程度对企业投资及其融资约束的影响》，载于《金融研究》2014年第11期。

[287] 辛波、于淑俐：《对土地财政与地方经济增长相关性的探

讨》，载于《当代财经》2010 年第 1 期。

[288] 徐光伟、孙铮：《货币政策信号、实际干预与企业投资行为》，载于《财经研究》2015 年第 7 期。

[289] 徐辉、荣晨：《"十四五"时期中国住房需求变化及对策建议》，载于《宏观经济研究》2021 年第 8 期。

[290] 徐建炜、徐奇渊、何帆：《房价上涨背后的人口结构因素：国际经验与中国证据》，载于《世界经济》2012 年第 1 期。

[291] 徐明东、陈学彬：《中国工业企业投资的资本成本敏感性分析》，载于《经济研究》2012 年第 3 期。

[292] 徐涛：《中国货币政策的行业效应分析》，载于《世界经济》2007 年第 2 期。

[293] 徐亚平：《公众学习、预期引导与货币政策的有效性》，载于《金融研究》2009 年第 1 期。

[294] 许宪春、贾海、李皎等：《房地产经济对中国国民经济增长的作用研究》，载于《中国社会科学》2015 年第 1 期。

[295] 许祥云、施宇、邹彤彤：《什么导致了金融危机后的我国"货币迷失"现象——国内原因分析与国际经验借鉴》，载于《经济学家》2016 年第 10 期。

[296] 颜色、朱国钟：《"房奴效应"还是"财富效应"？——房价上涨对国民消费影响的一个理论分析》，载于《管理世界》2013 年第 3 期。

[297] 杨朝军、廖士光、孙洁：《房地产业与国民经济协调发展的国际经验及启示》，载于《统计研究》2006 年第 9 期。

[298] 杨帆、刘洪玉：《房地产开发企业供给决策理论模型与行为分析》，载于《系统工程理论与实践》2015 年第 4 期。

[299] 杨刚、张铭铭、徐俊杰：《我国货币政策调控房地产市场的阶段划分及效果评价》，载于《技术经济与管理研究》2019 年第 9 期。

[300] 杨恒：《我国房地产调控有效性分析》，载于《宏观经济研究》2014 年第 3 期。

[301] 杨华磊、温兴春、何凌云：《出生高峰、人口结构与住房市场》，载于《人口与经济》2015 年第 3 期。

[302] 杨继红、王流尘：《我国货币政策是否响应股市泡沫的实证

分析》，载于《财贸经济》2006 年第 3 期。

[303] 杨晓冬、王要武：《基于神经网络的房地产泡沫预警研究》，载于《中国软科学》2008 年第 2 期。

[304] 杨晓冬、武永祥：《协调发展视角下的商品住宅价格模型研究——以上海市为例》，载于《中国软科学》2014 年第 1 期。

[305] 杨兴全、齐云飞、吴昊旻：《行业成长性影响公司现金持有吗?》，载于《管理世界》2016 年第 1 期。

[306] 杨兴全、吴昊旻：《行业特征、产品市场竞争与公司现金持有量——来自中国上市公司的经验证据》，载于《经济评论》2009 年第 1 期。

[307] 杨洋：《我国货币政策的银行风险承担机制——基于动态面板模型的实证研究》，载于《金融理论与实践》2016 年第 6 期。

[308] 杨源源、张晓林、于津平：《异质性预期、宏观经济波动与货币政策有效性——来自数量型和价格型工具的双重检验》，载于《国际金融研究》2017 年第 9 期。

[309] 杨赞、张欢、赵丽清：《中国住房的双重属性：消费和投资的视角》，载于《经济研究》2014 年第 S1 期。

[310] 杨子晖、陈雨恬：《财政金融统一框架下的金融风险测度与分析——基于非线性网络关联的方法》，载于《中国社会科学》2022 年第 11 期。

[311] 姚玲珍：《利用市场化手段筹措公共租赁住房房源》，载于《科学发展》2016 年第 9 期。

[312] 姚余栋、谭海鸣：《通胀预期管理和货币政策——基于"新共识"宏观经济模型的分析》，载于《经济研究》2013 年第 6 期。

[313] 叶剑平、李嘉：《"住房－土地－财税－金融"四位一体房地产调控长效机制构建研究——基于 DSII 政策分析框架和 ITS 模型》，载于《中国软科学》2018 年第 12 期。

[314] 易斌：《住房需求抑制还是土地供给调节：房地产调控政策比较研究》，载于《财经研究》2015 年第 2 期。

[315] 易成栋、樊正德、王优容等：《收入不平等、多套房购买决策与中国城镇家庭杠杆率》，载于《中央财经大学学报》2022 年第 3 期。

[316] 易成栋、黄友琴：《中国城市自有多套住宅家庭的空间模式

实证研究》，载于《经济地理》2010 年第 4 期。

［317］易纲：《中国的利率体系与利率市场化改革》，载于《金融研究》2021 年第 9 期。

［318］于蔚、金祥荣、钱彦敏：《宏观冲击、融资约束与企业资本结构动态调整》，载于《世界经济》2012 年第 3 期。

［319］余华义、黄燕芬：《货币政策效果区域异质性、房价溢出效应与房价对通胀的跨区影响》，载于《金融研究》2015 年第 2 期。

［320］余华义、黄燕芬：《货币政策影响下收入和房价的跨区域联动》，载于《中国软科学》2015 年第 10 期。

［321］余华义：《经济基本面还是房地产政策在影响中国的房价》，载于《财贸经济》2010 年第 3 期。

［322］余凯：《论我国房地产宏观调控的长效机制的构建》，载于《城市发展研究》2008 年第 5 期。

［323］余凯：《我国寡头垄断下的房地产价格形成机制研究》，载于《城市发展研究》2007 年第 3 期。

［324］余泳泽、张少辉：《城市房价、限购政策与技术创新》，载于《中国工业经济》2017 年第 6 期。

［325］俞乔：《亚洲金融危机与我国汇率政策》，载于《经济研究》1998 年第 10 期

［326］虞晓芬：《加快供给侧改革，加速房地产去库存》，载于《浙江经济》2016 年第 2 期。

［327］虞晓芬、曾辉、任天舟：《保障房对商品住宅的挤出效应：理论与经验研究——基于浙江省 11 地市面板数据的分析》，载于《学术月刊》2015 年第 7 期。

［328］袁志刚、樊潇彦：《房地产市场理性泡沫分析》，载于《经济研究》2003 年第 3 期。

［329］曾爱民、傅元略、魏志华：《金融危机冲击、财务柔性储备和企业融资行为——来自中国上市公司的经验证据》，载于《金融研究》2011 年第 10 期。

［330］曾国安、胡钢剑：《中国货币政策对商品住房需求量影响的理论分析及实证检验》，载于《经济与管理评论》2018 年第 1 期。

［331］曾国祥：《税收管理学》，中国财政经济出版社 2003 年版。

[332] 曾海舰：《房产价值与公司投融资变动——抵押担保渠道效应的中国经验证据》，载于《管理世界》2012 年第 5 期。

[333] 曾海舰、苏冬蔚：《信贷政策与公司资本结构》，载于《世界经济》2010 年第 8 期。

[334] 战明华、李欢：《金融市场化进程是否改变了中国货币政策不同传导渠道的相对效应?》，载于《金融研究》2018 年第 5 期。

[335] 战明华、李帅、姚耀军等：《投资潮涌、双重金融摩擦与货币政策传导——转型时期货币政策的结构调控功能探究》，载于《金融研究》2021 年第 3 期。

[336] 战明华、卢垚：《数字经济、价格粘性与货币政策利率渠道传导效果》，载于《经济研究》2023 年第 10 期。

[337] 战明华、卢垚：《中国货币政策存在跨周期调控吗》，载于《财贸经济》2023 年第 5 期。

[338] 张成思、刘贯春：《中国实业部门投融资决策机制研究——基于经济政策不确定性和融资约束异质性视角》，载于《经济研究》2018 年第 12 期。

[339] 张成思、唐火青、陈贞竹：《货币政策冲击对实体企业投资选择影响的"宿醉效应"》，载于《金融研究》2022 年第 9 期。

[340] 张传勇、刘学良：《房价对地区经济收敛的影响及其机制研究》，载于《统计研究》2017 年第 3 期。

[341] 张传勇、张永岳、武霁：《房价波动存在收入分配效应吗——一个家庭资产结构的视角》，载于《金融研究》2014 年第 14 期。

[342] 张大永、曹红：《家庭财富与消费：基于微观调查数据的分析》，载于《经济研究》2012 年第 S1 期。

[343] 张红、李洋：《房地产市场对货币政策传导效应的区域差异研究——基于 GVAR 模型的实证分析》，载于《金融研究》2013 年第 2 期。

[344] 张洪、金杰、全诗凡：《房地产投资、经济增长与空间效应——基于 70 个大中城市的空间面板数据实证研究》，载于《南开经济研究》2014 年第 1 期。

[345] 张吉鹏、葛鑫、毛盛志：《家庭住房需求和资产配置——基于包含人力资本和禀赋异质性的生命周期模型》，载于《经济研究》

2021 年第 7 期。

[346] 张杰、杨连星、新夫：《房地产阻碍了中国创新么？——基于金融体系贷款期限结构的解释》，载于《管理世界》2016 年第 5 期。

[347] 张凯、沈吉、许鸿明等：《溢出效应与城市商业用地开发策略：基于出让方式的研究》，载于《经济研究》2021 年第 10 期。

[348] 张来明、赵昌文、蒋希蘅等：《携手应对危机共享发展机遇——亚洲金融危机 25 年来中国—东盟经济金融合作的启示和未来重要方向》，载于《管理世界》2023 年第 1 期。

[349] 张莉、魏鹤翀、欧德赟：《以地融资、地方债务与杠杆——地方融资平台的土地抵押分析》，载于《金融研究》2019 年第 3 期。

[350] 张凌、温海珍：《我国大中城市住房市场的价量相关性》，载于《统计研究》2013 年第 10 期。

[351] 张龙、申瑛琦、尹韦琪：《货币政策量价工具的房地产市场效应分析》，载于《财贸研究》2021 年第 10 期。

[352] 张龙、申瑛琦：《中国房价稳定性测度、影响因素识别与货币政策"跨周期"设计》，载于《财经科学》2023 年第 8 期。

[353] 张清源、梁若冰、朱峰：《货币政策加剧城市房价的冷热不均吗？》，载于《统计研究》2018 年第 5 期。

[354] 张世伟、林嵩淇、郭凤鸣：《城市住房成本对异质技能劳动力的两期筛选效应》，载于《财贸经济》2023 年第 11 期。

[355] 张思思、刘诗濛：《我们从美国房地产市场学到了什么？》，载于《经济资料译丛》2017 年第 4 期。

[356] 张炜：《预期、货币政策与房地产泡沫——来自省际房地产市场的经验验证》，载于《中央财经大学学报》2017 年第 8 期。

[357] 张西征、刘志远、王静：《货币政策影响公司投资的双重效应研究》，载于《管理科学》2012 年第 5 期。

[358] 张小宇、刘永富：《货币政策的权衡：推高房价还是刺激消费》，载于《财经科学》2019 年第 5 期。

[359] 张晓晶、孙涛：《中国房地产周期与金融稳定》，载于《经济研究》2006 年第 1 期。

[360] 张一林、林毅夫、朱永华：《金融体系扭曲、经济转型与渐进式金融改革》，载于《经济研究》2021 年第 11 期。

［361］张屹山、陈健：《房地产投资对经济周期的影响》，载于《社会科学战线》2021 年第 9 期。

［362］张屹山、孟宪春、李天宇：《房地产投资对经济增长的空间效应分析》，载于《西安交通大学学报（社会科学版）》2018 年第 1 期。

［363］张屹山、张代强：《前瞻性货币政策反应函数在我国货币政策中的检验》，载于《经济研究》2007 年第 3 期。

［364］张永岳、胡金星、王盛：《中国房地产业快速发展奇迹：驱动因素与可持续性研究》，载于《华东师范大学学报（哲学社会科学版）》2018 年第 6 期。

［365］张祚、卢新海、罗翔等：《高房价背景下大中城市商品住宅库存压力——基于 PSR 框架的评价与分析》，载于《经济地理》2018 年第 8 期。

［366］赵丙奇：《产业链视角下房地产市场风险溢出效应研究》，载于《社会科学战线》2023 年第 5 期。

［367］赵冬青、朱武祥、王正位：《宏观调控与房地产上市公司资本结构调整》，载于《金融研究》2008 年第 10 期。

［368］赵奉军、高波：《新时代住房问题内涵与长效机制建设》，载于《江苏行政学院学报》2018 年第 3 期。

［369］赵扶扬、陈斌开、傅春杨：《动态量化空间均衡模型的理论进展与中国应用》，载于《中国工业经济》2022 年第 9 期。

［370］赵华、张鼎祖：《企业财务柔性的本原属性研究》，载于《会计研究》2010 年第 6 期。

［371］赵静：《执行协商的政策效果：基于政策裁量与反馈模型的解释》，载于《管理世界》2022 年第 4 期。

［372］赵胜民、何玉洁：《影子银行对货币政策传导与房价的影响分析——兼论宏观审慎政策与货币政策协调》，载于《经济科学》2018 年第 1 期。

［373］赵胜民、罗琦：《金融摩擦视角下的房产税、信贷政策与住房价格》，载于《财经研究》2013 年第 12 期。

［374］赵玮、李勇：《需求结构、异质性预期和房价波动——兼论限购限贷政策与货币政策效果》，载于《南开经济研究》2022 年第 7 期。

[375] 赵杨、张屹山、赵文胜：《房地产市场与居民消费、经济增长之间的关系研究——基于 1994－2011 年房地产市场财富效应的实证分析》，载于《经济科学》2011 年第 6 期。

[376] 赵永升、黄燕芬：《房地产市场宏观调控的长效机制研究》，载于《现代管理科学》2017 年第 12 期。

[377] 郑思齐、任荣荣、符育明：《中国城市移民的区位质量需求与公共服务消费——基于住房需求分解的研究和政策含义》，载于《广东社会科学》2012 年第 3 期。

[378] 郑思齐、孙伟增、吴璟等：《"以地生财，以财养地"——中国特色城市建设投融资模式研究》，载于《经济研究》2014 年第 8 期。

[379] 郑挺国、赵丽娟、宋涛：《房地产价格失调与时变货币政策立场识别》，载于《金融研究》2018 年第 9 期。

[380] 郑贤、金铭、陈中飞：《金融改革如何影响银行业利差：综合考量国际经验数据的实证》，载于《产经评论》2019 年第 2 期。

[381] 郑玉歆：《克服我国房地产业的市场失灵和调控失灵——从马克思政治经济学视角的若干思考》，载于《数量经济技术经济研究》2016 年第 10 期。

[382] 郑忠华、邱俊鹏：《房地产与中国宏观经济波动——基于信贷扩张视角的 DSGE 模拟研究》，载于《中国经济问题》2015 年第 4 期。

[383] 中国人民银行上饶市中心支行课题组：《资产价格泡沫与转型期最优货币政策研究：一个房地产市场案例》，载于《金融研究》2005 年第 11 期。

[384] 中国银监会统计部专题分析组：《中国房地产资金来源状况分析报告》，载于《中国金融》2005 年第 18 期。

[385] 钟凯、程小可、张伟华：《货币政策适度水平与企业"短贷长投"之谜》，载于《管理世界》2016 年第 3 期。

[386] 钟庭军：《论住房的刚性需求》，载于《经济理论与经济管理》2009 年第 9 期。

[387] 周飞舟：《分税制十年：制度及其影响》，载于《中国社会科学》2006 年第 6 期。

[388] 周广仁：《中国税收征管能力问题研究》，中国税务出版社

2006 年版。

[389] 周广肃、王雅琦：《住房价格、房屋购买与中国家庭杠杆率》，载于《金融研究》2019 年第 6 期。

[390] 周建军、鞠方：《强化主体监管与资金监管：房地产行业的可持续发展之路》，载于《人民论坛》2024 年第 5 期。

[391] 周建军，任娟娟，鞠方：《房产税能否抑制实体经济"脱实向虚"——来自上海和重庆的经验分析》，载于《财经科学》2021 年第 2 期。

[392] 周京奎：《住宅市场风险、信贷约束与住宅消费选择：一个理论与经验分析》，《金融研究》2012 年第 6 期。

[393] 周密、刘秉镰：《供给侧结构性改革为什么是必由之路？——中国式产能过剩的经济学解释》，载于《经济研究》2017 年第 2 期。

[394] 周祥、孔刘柳：《我国货币政策工具对房地产价格的冲击影响研究——基于 Markov 区制转换 VAR 模型的实证研究》，载于《价格理论与实践》2013 年第 7 期。

[395] 周小川：《新世纪以来中国货币政策的主要特点》，载于《中国金融》2013 年第 2 期。

[396] 周英章、蒋振声：《货币渠道、信贷渠道与货币政策有效性——中国 1993—2001 年的实证分析和政策含义》，载于《金融研究》2002 年第 9 期。

[397] 朱波、陈平社：《债务融资方式对房地产企业系统重要性的影响》，载于《财经科学》2022 年第 2 期。

[398] 朱国钟、颜色：《住房市场调控新政能够实现"居者有其屋"吗？——一个动态一般均衡的理论分析》，载于《经济学（季刊）》2014 年第 1 期。

[399] 朱庄瑞：《经济新常态背景下我国房地产市场长效机制建设研究》，载于《现代管理科学》2016 年第 10 期。

[400] 祝继高、李天时、尤可畅：《房地产价格波动与商业银行贷款损失准备——基于中国城市商业银行的实证研究》，载于《金融研究》2017 年第 9 期。

[401] 祝继高、陆正飞：《货币政策、企业成长与现金持有水平变

化》，载于《管理世界》2009 年第 3 期。

　　[402] 庄子罐、崔小勇、赵晓军：《不确定性、宏观经济波动与中国货币政策规则选择——基于贝叶斯 DSGE 模型的数量分析》，载于《管理世界》2016 年第 11 期。

　　[403] 邹旭、马贤磊、石晓平：《保障性住房供应如何影响商品房价——挤出供给抑或分流需求?》，载于《财经研究》2021 年第 11 期。

　　[404] Acerbi C, Tasche D, *On the coherence of expected shortfall*, *Journal of Banking & Finance*, 2002, Vol. 26, pp. 1487 – 1503.

　　[405] Acharya V V, Schnabl P and Suarez G, *Securitization without Risk Transfer*, *Journal of Financial Economics*, 2013, Vol. 107, pp. 515 – 536.

　　[406] Adrian T, Shin H S, *Procyclical leverage and value-at-risk*, *The Review of Financial Studies*, 2014, Vol. 27, pp. 373 – 403.

　　[407] Agarwal V B and Phillips R A, *Mortgage Rate Buy Downs Implications for Housing Price Indexes*, *Social Science Quarterly*, 1984, Vol. 65, pp. 868 – 875.

　　[408] Albuquerque B, Iseringhausen M and Opitz F, *Monetary policy and US housing expansions*: *The case of time-varying supply elasticities*, *Economics Letters*, 2020, Vol. 195.

　　[409] Allen F, Gale D, *Bubbles and Crises*, *Royal Economics Society*, 2000, Vol. 110, pp. 356 – 391.

　　[410] Allen F, Gale D, *Bubbles*, *Crises*, *and Policy*, *Oxford Review of Economic Policy*, 1999, Vol. 15, pp. 9 – 17.

　　[411] André C, Caraiani P, Clin A C and Gupta R, *Can monetary policy lean against housing bubbles?*, *Economic Modelling*, 2022, Vol. 110.

　　[412] Anginer D A, Deniz K, *Corporate governance of banks and financial stability*, *Journal of Financial Economics*, 2018, Vol. 130, pp. 27 – 346.

　　[413] Aoki K, Proudman J and Vlieghe G, *Houses as collateral*: *has the link between house prices and consumption in the UK changed?*, *Federal Reserve Bank of New York Economic Policy Review*, 2002, Vol. 1, pp. 163 – 177.

　　[414] Aoki K, Proudman J and Vlieghe J, *House prices*, *consump-*

tion, *and monetary policy*: *A financial accelerator approach*, *Journal of Financial Intermediation*, 2004, Vol. 13, pp. 414 – 435.

[415] Aoki, Proudman and Vileghe, *House price consumption and monetary policy*: *a financial accelerator approach*, *Bank of England working paper*, 2002, Vol. 169, pp. 5 – 41.

[416] Aregger N, Brown M and Rossi E, *Can a Transaction Tax or Capital Gains Tax Smooth House Prices?*, *SSRN Electronic Journal*, 2012.

[417] Ariccia M G, Garibaldi M P, *Bank Lending and Interest Rate Changes in a Dynamic Matching Model*, *International Monetary Fund*, 1998, Vol. 98.

[418] Arslan O, Florackis C and Ozkan A, *Financial flexibility*, *corporate investment and performance*: *evidence from financial crises*, *Review of quantitative finance and accounting*, 2014, Vol. 42, pp. 211 – 250.

[419] Badarinza C, Ramadorai T, *Home away from home? Foreign demand and London house prices*, *Journal of Financial Economics*, 2018, Vol. 130, pp. 532 – 555.

[420] Bakshi G S, Chen Z, *Baby Boom*, *Population Aging and Capital Markets*, *Journal of Business*, 1994, Vol. 67, pp. 165 – 202.

[421] Barnett S, Brooks R, *What's driving investment in China?*, *International Monetary Fund*, 2006, Vol. 265, pp. 39.

[422] Barot B, Yang Z, *Housing prices and housing investment in Sweden and the United Kingdom – Econometric Analysis for the Period* 1970 – 1998, *Review of Urban and Regional Development Studies*, 2003, Vol. 14, pp. 189 – 216.

[423] Bean C, *Asset Prices*, *Financial Stability and Monetary Policy*, *American Economic Review*, 2004, Vol. 94, pp. 14 – 18.

[424] Beaudry, Oevereux, *Monopolistic Competition Price Setting and the Effects of Real and Monetary Shocks*, *University of British Columbia*, 1995.

[425] Beaudry P, Schiantarelli C F, *Monetary Instability*, *the Predictability of Prices*, *and the Allocation of Investment*: *An Empirical Investigation Using U. K. Panel Data*, *American Economic Review*, 2001, Vol. 91,

pp. 648 – 662.

[426] Benson, Hansen, *Canadian/U. S. Exchange Rates and Nonresident Investors: Their Influence on Residential Property Values*, *Journal of Real Estate Research*, 1999, Vol. 18, pp. 433 – 463.

[427] Berlemann M, Freese J, *Monetary Policy and Real Estate Prices: A Disaggregated Analysis for Switzerland*, *International Economics and Economic Policy*, 2013, Vol. 10, pp. 469 – 490.

[428] Bernanke and Gertler, *Should Central Banks Respond to Movements in Asset Prices*, *American Economic Review*, 2001, Vol. 91, pp. 253 – 257.

[429] Bernanke B, Gertler M and Gilchrist S, *The Financial Accelerator and the Flight to Quality*, *The Review of Economics and Statistics*, 1996, Vol. 78, pp. 1 – 15.

[430] Bernanke, Blinde, *Credit Money and Aggregate Demand*, *American Economic Review*, Vol. 78, pp. 435 – 439.

[431] Bernanke B S, Blinder A S, *Credit, money, and aggregate demand*, *American Economic Review*, 1988, Vol. 78, pp. 435 – 439.

[432] Bernanke B S, Blinder A S, *The federal funds rate and the channels of monetary transmission*, *American Economics Review*, 1992, Vol. 82, pp. 901 – 921.

[423] Bernanke B S, Blinder A S, *The Federal Funds Rate and the Channels of Monetary Transmission*, *The American Economic Review*, 1992, Vol. 82, pp. 901 – 921.

[434] Bernanke B S, Gertler M, *Inside the Black Box: The Credit Channel of Monetary Policy Transmission*, *Journal of Economic Perspectives*, 1995, Vol. 9, pp. 27 – 48.

[435] Bernanke B S, Gertler M, *Monetary Policy and Asset Prices Volatility*, *Economic Review of Fed of Kansas*, 1999.

[436] Bernanke B S, Gertler M, *Monetary policy and asset price volatility*, *NBER working paper*, 2000, pp. 1 – 74.

[437] Betts C, Devereux M B, *Exchange Rate Dynamics in a Model with Pricing to Market*, *Journal of International Economics*, 2000, Vol. 50,

pp. 215 – 244.

[438] Bing Zhu, Michael Betzinger and Steffen Sebastian, *Housing market stability, mortgage market structure, and monetary policy: Evidence from the euro area*, Journal of Housing Economics, 2017, Vol. 37, pp. 1 – 21.

[439] Bjørnland H C, Jacobsen D H, *The role of house prices in the monetary policy transmission mechanism in small open economies*, Journal of Financial Stability, 2010, Vol. 6, pp. 218 – 229.

[440] Bordo M D, Jeanne O, *Boom – Busts in Asset Price, Economics Instability and Monetary Policy*, NBER Working Paper, 2002.

[441] Bostandzic D, Wei G N, *Why do some banks contribute more to global systemic risk?* Journal of Financial Intermediation, 2018, Vol. 35, pp. 17 – 40.

[442] Bryan M F, Cecchetti S G and O'Sullivan R, *Asset prices in the measurement of inflation*, De Economist, 2001, Vol. 149, pp. 405 – 431.

[443] Callan Windsor, Jarkko P, Jääskelä and Richard Finlay. *Housing Wealth Effects: Evidence from an Australian Panel*, Economica, 2015, Vol. 82, pp. 552 – 577.

[444] Campbell J Y, Cocco J F, *How do house prices affect consumption? Evidence from micro data*, Journal of Monetary Economics, 2007, Vol. 54, pp. 591 – 621.

[445] Campello M, Graham J R and Harvey C R, *The Real Effects of Financial Constraints: Evidence from a Finance Crisis*, Journal of Financial Economics, 2010, Vol. 97, pp. 470 – 487.

[446] Carroll C D, *Macroeconomic Expectations of Households and Professional Forecasters*, Quarterly Journal of Economies, 2003, Vol. 118, pp. 269 – 298.

[447] Case Karl E, *The Real Estate Cycle and the Economy Consequences of the Massachusetts Boom of 1984 – 1987*, Urban Studies, 1995, Vol. 29, pp. 171 – 183.

[448] Case, Karl, *The Market for Single – Family Homes in Boston*, New England Economic Review, 1986, pp. 38 – 48.

472

［449］Case K E, Quigley J M and Shiller R J, *Comparing Wealth Effects The Stock Market Versus the Housing Market*, *Advances in Macroeconomics*, 2005, Vol. 5, www. bepress. com/bejm/advances/vol5/iss1/art1.

［450］Case K E, Shiller R J, *Is There a Bubble in the Housing Market?*, *Brookings Papers on Economic Activity*, 2003, pp. 299 – 342.

［451］Cecchetti S, Genberg H, Lipsky J and Wadhwani S, *Asset Prices and Central Bank Policy Geneva Reports on the World Economy*, *London Centre for Economic Policy Research*, 2000.

［452］Cecchetti Stephen G, Genberg Hans and Wadhwani Sushil, *Asset Prices in a Flexible Inflation Targeting Framework*, *NBER Working Paper*, 2002.

［453］Chaney T, Sraer D and Thesmar D, *The Collateral Channel: How Real Estate Shocks Affect Corporate Investment*, *American Economic Review*, 2012, Vol. 102, pp. 2381 – 2409.

［454］Chari V V, Mcgrattan K E R, *Sticky Price Models of the Business Cycle: Can the Contract Multiplier Solve the Persistence Problem*, *Econometrica*, 2000, Vol. 68, pp. 1151 – 1179.

［455］Chen, N, *Asset price fluctuations in Taiwan: evidence from stock and real estate prices 1973 to 1992*, *Journal of Asian Economics*, 2002, Vol. 12, pp. 215 – 232.

［456］Chen, N K, *Asset price fluctuations in Taiwan: Evidence from stock and real estate prices 1973 to 1992*, *Journal of Asian Economics*, 1995, Vol. 12, pp. 215 – 232.

［457］Chirinko R S, *Business Investment and Tax Policy: A Perspective on Existing Models and Empirical Results*, *National Tax Journal*, 1986, Vol. 39, pp. 137 – 155.

［458］Cho Dongchul, *Interest Rate Inflation and Housing Price: with an Emphasis on Chonsei Price in Lorea*, *Fifteenth NBER East Asian Seminar on Economics at Tokyo*, 2004.

［459］Choi W G, Kim Y, *Trade and the Effect of Macro – Financial Shocks Evidence from U. S. Panel Data*, *IMF Working Paper*, 2004.

［460］Christopher, Kent and Philips, Lowe, *Asset price bubbles and*

473

Monetary Policy, *Reserve Bank of Australia Research Discussion Paper*, 1997.

[461] Ciccarelli M, Maddaloni A and Peydró J L, *Trusting the bankers: a new look at the credit channel of monetary policy*, *European Central Bank Working Paper Series*, 2010, No. 1128.

[462] Clarida, Gali and Gertler, *A Simple Framework for International Monetary Policy Analysis*, *Journal of Monetary Economics*, 2002, Vol. 49, pp. 877 – 904.

[463] Cooper Adrian, *The Impact of Interest Rates and the Housing Market on the UK Economy*, *Economic Outlook*, 2004.

[464] Coulson N E, Kim M S, *Residential Investment, Non-residential Investment and GDP*, *Real Estate Economics*, 2000, Vol. 28, pp. 233 – 247.

[465] Custodio C, Ferreira M A and Raposo C, *Cash holdings and Business conditions*, *Corporate Finance: Governance*, 2005.

[466] Davis E P, Zhu H, *Bank lending and commercial property cycles: Some cross-country evidence*, *Journal of International Money & Finance*, 2011, Vol. 30, pp. 1 – 21.

[467] Davis M A, Heathcote J, *Housing and business cycle*, *International Economic Review*, 2005, Vol. 46, pp. 751 – 784.

[468] Davis, Philip and Zhu Haibin, *Bank lending and commercial property cycles: some cross-country evidence*, *BIS Working Papers*, 2004, Vol. 150, pp. 1 – 37.

[469] Dedola L, Lippi F, *The monetary transmission mechanism: evidence from the industry data of five OECD countries*, *Forthcoming European Economic Review*, 2005, Vol. 49, pp. 1543 – 1569.

[470] Deng Y, Liao L, Yu J, Zhang Y, Capital Spillover, House Prices, and Consumer Spending: Quasi Experimental Evidence from House Purchase Restrictions, The Review of Financial Studies, 2022, Vol. 35, pp. 3060 – 3099.

[471] Deokho Cho, Ma Seimgryul, *Dynamic Relationship between Housing Values and Interest Rates in the Korean Housing Market*, *Journal of Real Estate Finance and Economics*, 2006, Vol. 32, pp. 169 – 184.

[472] Diamond P, *Money in Search Equilibrium*, *Ecomometrica*, 1983, Vol. 52, pp. 1 – 20.

[473] Dichey D A, Fuller W A, *Likelihood Ratio Statistic for Autoregressive Time Series with a Unit Root*, *Econometrica*, 1981, Vol. 49, pp. 1057 – 1072.

[474] Dipasquale D, Wheaton W C, *Housing market dynamics and the future of housing Prices*, *Journal of Environ mental Economics and Management*, 1994, Vol. 1, pp. 1 – 27.

[475] Disyatat, *The Bank Lending Channel Revisited*, *Journal of Money, Credit and Banking*, 2011, Vol. 43, pp. 711 – 734.

[476] Dittmar A, Mahrt S and Servaes H, *International corporate governance and corporate cash holdings*, *Journal of Financial and Quantitative Analysis*, 2003, Vol. 1, pp. 111 – 134.

[477] Dodson J, *The 'Roll' of the state: government, neoliberalism and housing assistance in four advanced economies*, *Housing Theory and Society*, 2006, Vol. 23, pp. 224 – 244.

[478] Dong Lu, Huoqing Tang and Chengsi Zhang, *China's monetary policy surprises and corporate real investment*, *China Economic Review*, 2023, Vol. 77.

[479] Duca J V, Muellbauer J and Murphy A, *House Prices and Credit Constraints: Making Sense of the US Experience*, *Economic Journal*, 2011, Vol. 121, pp. 533 – 551.

[480] Edelstein R H, Magin K, *Using the CCAPM with Stochastic Taxation and Money Supply to Examine US REITs Pricing Bubbles*, *Journal of Real Estate Research*, 2017, Vol. 39, pp. 441 – 465.

[481] Eichenbaum M, *Comment in monetary policy*, *Studies in Business Cycles*, 1994, Vol. 29, pp. 256 – 261.

[482] Eichenbaum M, *Comments: Interpreting the Macroeconomics Time Series Facts: The effects of Monetary Policy*, *European Economics Review*, 1992, Vol. 36, pp. 1001 – 1011.

[483] Elbourne A, *The UK housing market and the monetary policy transmission mechanism: An SVAR approach*, *Journal of Housing Economics*,

2008, Vol. 17, pp. 65 – 87.

[484] Elliott J W, *Wealth and Wealth Proxies in a Permanent Income Model*, *Quarterly Journal of Economics*, 1980, Vol. 95, pp. 509 – 535.

[485] Elod Takats., *Aging and House Prices*, *Journal of Housing Economics*, 2012, Vol. 21, pp. 31 – 141.

[486] Engelhardt G V, *House Prices and the Decision to Save for Down Payments*, *Journal of Urban Economics*, 1994, Vol. 36, pp. 209 – 237.

[487] Engle, *The Responsiveness of Consumer Prices to Exchange Rates an d the Implications for Exchange rate Policy: A Survey of a Few Recent New Open Economy Macro Models*, *NBER Working Paper*, 2002.

[488] Erceg C, Levin A, *Optimal monetary policy with durable consumption goods*, *Journal of Monetary Economics*, 2006, Vol. 53, pp. 1341 – 1359.

[489] Ermisch J, *The Demand for Housing in Britain and Population Ageing: Microeconometric Evidence*, *Economica*, 1996, Vol. 63, pp. 383 – 404.

[490] Escanciano, Juan and Carlos, *Backtesting Expected Shortfall: Accounting for Tail Risk*, *Management Science Journal of the Institute of Management Sciences*, 2017, Vol. 39, pp. 122 – 156.

[491] Fama E F, *Stock returns real activity inflation and money*, *American Economic Review*, 1981, Vol. 71, pp. 545 – 565.

[492] Faulkender M, Flannery M J, Hankins K W and Smith J M, *Cash Flows and Leverage Adjustments*, *Journal of Financial Economics*, 2012, Vol. 103, pp. 632 – 646.

[493] Favara G, Imbs J, *Credit Supply and the Price of Housing*, *The American Economic Review*, 2015, Vol. 105, pp. 958 – 992.

[494] Fazzari S M, Petersen B C, *Working Capital and Fixed Investment: New Evidence on Financing Constraints*, *The RAND Journal of Economics*, 1993, Vol. 24, pp. 328 – 342.

[495] Filardo Andrew J, *Monetary Policy and Asset price*, *Economic Review*. Federal Reserve Bank of Kansas, 2000, Vol. 85, pp. 11 – 38.

[496] Filardo Andrew J, *Should monetary policy respond to asset price*

476

bubbles?, Some experimental results, Federal Reserve Bank of Kansas City Research Working Paper, 2001.

[497] Flannery M J, Rangan K P, *Partial Adjustment Toward Target Capital Structures, Journal of Financial Economics*, 2006, Vol. 79, pp. 469 – 506.

[498] Fratantoni M, Schuh S. *Monetary Policy, Housing, and Heterogeneous Regional Markets, Journal of Money, Credit and Banking*, 2003, Vol. 35, pp. 557 – 589.

[499] Gailotti E, Generale A, *Does monetary policy have asymmetric effects? a look at the investment decisions of italian firms, Giornale degli Economisti*, 2002, Vol. 1, pp. 29 – 59.

[500] Gali J, *How well does the IS – LM fit post war data?, Quarterly Journal of Economics*, 1992, Vol. 107, pp. 709 – 738.

[501] GAN J, *Housing Wealth and Consumption Growth: Evidence from a Large Panel of Households, The Review of Financial Studies*, 2010, Vol. 23.

[502] Ganley J, Salmon C, *The industrial impact of monetary policy shocks: some stylized facts, Bank of England*, 1997, Vol. 68.

[503] Garriga C, Kydland F E and Šustek R, *Mortgages and Monetary Policy, The Review of Financial Studies*, 2017, Vol. 30, pp. 3337 – 3375.

[504] Gentle C, Dorling D, Cornford J, *Negative Equity and British Housing in the 1990s: Cause and Effect*, Urban Studies, 1994, Vol. 31, pp. 181 – 199.

[505] Gerlach S, Peng W, *Bank lending and property prices in Hong Kong, Journal of Banking & Finance*, 2005, Vol. 29, pp. 461 – 481.

[506] Gertler M, Gilchrist S, *Monetary policy business cycles and the behavior of small manufacturing firms, Quarterly Journal of Economics*, 1994, Vol. 59, pp. 309 – 340.

[507] Geske R, Roll R, *The fiscal and monetary linkage between stock returns and inflation, Journal of Finance*, 2001, Vol. 38, pp. 1 – 33.

[508] Gilchrist S, Leahy J V, *Monetary Policy and Asset prices, Review of Economic Dynamics*, 2007, Vol. 10, pp. 761 – 779.

[509] Giuliodori M, *The role of house prices in the monetary transmission mechanism across european countries*, Scottish Journal of Political Economy, 2005, Vol. 52, pp. 519 – 543.

[510] Goetz M R, Laeven L and Levine R, *Does the geographic expansion of banks reduce risk?*, Journal of Financial Economics, 2016, Vol. 120, pp. 346 – 362.

[511] Goodhart C, Hofmann B, *Financial variables and the conduct of monetary policy*, Sveriges Riksbank Working Paper Series, 2000, pp. 1 – 23.

[512] Goodmam J L, *Interest Rates and Housing Demand 1993 – 1995*, Common Sense versus Econometrics Paper, 1995.

[513] Granger C W, Newbold P, *Spurious regressions in econometrics*, Journal of Econometrics, 1974, Vol. 2, pp. 111 – 120.

[514] Greenspan A, *New Challenges for Monetary Policy*, Opening Remarks at a Symposium, Fed of Kansas, 1999.

[515] Gregory Mankiw N, *Ricardo Reis. and Justin Wolfers*, Disagreement about Inflation Expectations, NBER Working Paper, 2003.

[516] Gruen D, Plumb M and Stone A, *How Should Monetary Policy Respond to Asset Price Bubbles?*, International Journal of Central Banking, 2005, pp: 1 – 31.

[517] Gupta R, Jurgilas M and Kabundi A, *The effect of monetary policy on real house price growth in South Africa: A factor-augmented vector autoregression (FAVAR) approach*, Economic Modelling, 2010, Vol. 27, pp. 315 – 323.

[518] Gupta R, Jurgilas M, Kabundi A et al., *Monetary policy and housing sector dynamics in a large-scale Bayesian vector autoregressive model*, International Journal of Strategic Property Management, 2012, Vol. 16, pp. 1 – 20.

[519] Gupta R, Kasai N, *Financial Liberalisation and the Effectiveness of Monetary Policy on House Prices in South Africa*, The IUP Journal of Monetary Economics, 2011, Vol. 8, pp. 59 – 74.

[520] Haan L D, *Microdata Evidence on the Bank Lending Channel in the Netherlands*, De Economist, 2003, Vol. 151, pp. 293 – 315.

[521] Hansen S, Mcmahon M and Velasco Rivera C, *Preferences or private assessments on a monetary policy committee?*, *Journal of Monetary Economics*, 2014, Vol. 67, pp. 16 – 32.

[522] Hanushek E A, Quigley J M, *What is the Price Elasticity of Housing Demand?*, *Review of Economics and Statistics*, 1980, Vol. 62, pp. 449 – 454.

[523] Han Y, Zhang H and Zhao Y, *Structural evolution of real estate industry in China*: 2002 – 2017, *Structural Change and Economic Dynamics*, 2021, Vol. 57, pp. 45 – 56.

[524] Harford J, Mansi S A and Maxwell W F, *Shareholder rights and corporate cash holdings*, *Entrepreneurs (Finance) (Topic)*, 2006.

[525] Harris, J, *The Effect of Real Rates of Interest on Housing Prices*, *Journal of Real Estate Finance and Economics*, 1989, Vol. 2, pp. 47 – 60.

[526] Hasan M S, Taghavi M, *Residential investment, macroeconomic activity and financial deregulation in the UK*: and empirical investigation, *Journal of Economics and Business*, 2002, Vol. 54, pp. 447 – 462.

[527] Hasan M S, Taghavi M, *Residential investment, macroeconomic activity and financial deregulation in the UK*: An empirical investigation, *Journal of Economics and Business*, 2002, Vol. 54, pp. 447 – 462.

[528] Hatzius J, *Housing Holds the Key to Fed Policy*, *Goldman Sachs Global Economics Paper*, 2005.

[529] Hau H, Rey and Hélène. *Exchange Rates, Equity Prices, and Capital Flows*, *Review of Financial Studies*, 2006, Vol. 19, pp. 273 – 317.

[530] Hau H, Rey H, *Exchange Rate Equity prices and Capital Flows*, *NBER Working Papers*, 2005.

[531] Haushalter D, Klasa S and Maxwell W F, *The Influence of product market dynamics on a firm's cash holdings and hedging behavior*, *Journal of Financial Economics*, 2007, Vol. 84, pp. 797 – 825.

[532] Hayo B, Uhlenbrock B, *Industry Effects of Monetary Policy in Germany*, *Regional Aspects of Monetary Policy in European*, 2000, Vol. 1, pp. 127 – 158.

[533] Hendershott P H, Bosworth B P and Jaffee D M, *Real user costs*

and the demand for single-family housing, *Brookings Papers in Economic Activity*, 1980, Vol. 11, pp. 401 – 452.

[534] Herring R, Wachter S, *Real Estate Booms and Banking Busts*, *The Wharton School*, *University of Pennsylvania Occasional Papers*, *Group of Thirty*, 1999.

[535] Himmelberg C, Mayer C and Sinai T, *Assessing high house prices*: *bubbles fundamentals and misperceptions*, *The Journal of Economic Perspectives*, 2005, Vol. 19, pp. 67 – 92.

[536] Holland A S, *The Baby Boom and the Housing Market*: *Another Look at the Evidence*, *Regional Science and Urban Economics*, 1991, Vol. 21, pp. 565 – 571.

[537] Hong Y L, Park Y W and Zheng S Q, *The Interaction between Housing Investment and Economic Growth in China*, *International Real Estate Review*, 2002, Vol. 5, pp. 40 – 60.

[538] Howenstine E J, *Appraising the Role of Housing in Economic Development*, *International Labour Review*, 1957, Vol. 75, pp. 21 – 33.

[539] Hoynes, Hilary, W and McFadden D L, *The Impact of Demographics on Housing and Nonhousing Wealth in the United States in Michael D. Hurd and Yashiro Naohiro, eds.*, *The Economic Effects of Aging in the United States and Japan Chicago University of Chicago Press for NBER*, 1997, pp. 153 – 194.

[540] Huang Z, Du X and Yu X, *Home ownership and residential satisfaction*: *Evidence from Hangzhou*, *Habitat International*, 2015, Vol. 49.

[541] Huang Z, Du X, *Government intervention and land misallocation*: *Evidence from China*, *Cities*, 2017, Vol. 60, pp. 323 – 332.

[542] Hu Y, Oxley L, *Bubble contagion*: *Evidence from Japan's Asset Price Bubble of the 1980 – 90s*, *Journal of the Japanese and International Economies*, 2018, Vol. 50, pp. 89 – 95.

[543] Iacoviello M, *House Prices, Borrowing Constraints, and Monetary Policy in the Business Cycle*, *American Economic Review*, 2005, Vol. 95, pp. 739 – 764.

[544] Iacoviello M, Minetti R, *The Credit Channel of Monetary Poli-*

cy: *Evidence from the Housing Market*, Journal of Macroeconomics, 2008, Vol. 1, pp. 69 – 96.

[545] Iacoviello M, Minetti R, *The Credit Channel of Monetary Policy: Evidence from the Housing Market*, Journal of Macroeconomics, 2007, Vol. 30, pp. 1 – 28.

[546] Iacoviello M, Neri S, *Housing Market Spillovers: Evidence from an Estimated DSGE Model*, American Economic Journal: Macroeconomics, 2010, Vol. 2, pp. 125 – 164.

[547] Iacoviello M, Pavan M, *Housing and debt over the life cycle and over the business cycle*, Journal of Monetary Economics, 2013, Vol. 60, pp. 221 – 238.

[548] Jensen M, *Agency cost of free cash flow, corporate finance and takeovers*, The American Economic Re view, 1986, Vol. 76, pp. 323 – 329.

[549] Jensen M, Mecking, *Theory of the firm: managerial behavior, agency costs, and ownership structure*, Journal of Financial Economics, 1976, Vol. 4, pp. 305 – 360.

[550] Jim Clayton. , *Rational Expectations, Market Fundamentals and Housing Price Volatility*, Journal of Real Estate Economics, 1996, Vol. 24, pp: 441 – 470.

[551] Joe Peek, *Capital Gains and Personal Saving Behavior*, Journal of Money Credit and Banking, 1983, Vol. 15, pp. 1 – 23.

[552] John L, Goodman J, *A Housing Market Matching Model of the Seasonality in Geographic Mobility*, Journal of Real Estate Research, 1993, Vol. 8, pp. 117 – 138.

[553] Jones R A, *The Origin and Development of Media of Exchange*, Journal of Political Economy, 1976, Vol. 84, pp. 757 – 775.

[554] Jorgenson D, *Capital theory and investment behavior*, American Economic Review, 1963, Vol. 53, pp. 247 – 259.

[555] J R Kearl, Frederic S Mishkin, *Illiquidity, the demand for residential housing, and monetary policy*, The Journal of Finance, 1977, Vol. 32, pp. 16 – 24.

[556] Kajuth F, Schmidt T, *Seasonality in House Prices*, Deutsche

Bundesbank Discussion Paper Series, 2011, Vol. 8.

[557] Kakes J, Sturm J E, *Monetary policy and bank lending. Evidence from German banking groups*, *Journal of Banking & Finance*, 2002, Vol. 26, pp. 2077 – 2092.

[558] Kaminsky G L, Reinhart C M, *The Twin Crises The Causes of Banking and Balance of Payments Problems*, *American Economic Review*, 1999, Vol. 89, pp. 473 – 500.

[559] Kashyap A K, Stein J C and Wilcos D W, *Monetary Policy and Credit Conditions Evidence from the Composition of External Finance*, *American Economic Review*, 1993, Vol. 83, pp. 78 – 98.

[560] Kashyap A K, Stein J C and Wilcox D W, *Monetary Policy and Credit Conditions: Evidence from the Composition of External Finance*, *American Economic Review*, 1996, Vol. 86, pp. 300 – 309.

[561] Kashyap A K, Stein J C, *Impact of monetary policy on bank balance sheets*, *NBER Working Papers*, 1994, Vol. 42, pp. 197 – 202.

[552] Kashyap A K, Stein J C, *The Impact of Monetary Policy on Bank Balance Sheets*, *Carnegie – Rochester Conference Series on Public Policy*, 1995.

[563] Kashyap A, Stein J, *Monetary policy and bank lending*, *Business Cycles*, 1994, Vol. 29, pp. 221 – 256.

[564] Kashyap A, Stein J, *What Do a Million Observations on Banks Say about the Transmission of Monetary Policy?*, *American Economic Review*, 2000, Vol. 90.

[565] Kau J B, Keenan D, *The Theory of Housing and Interest Rates*, *Journal of Financial and Quantitative Analysis*, 1980, Vol. 6, pp. 833 – 847.

[566] Kearl J R, Mishkin F S, *Illiquidity, the Demand for Residential Housing, and Monetary Policy*, *The Journal of Finance*, 1977, Vol. 32, pp. 1571 – 1586.

[567] Keenan K D, *The Theory of Housing and Interest Rates*, *The Journal of Financial and Quantitative Analysis*, 1980, Vol. 15, pp. 833 – 847.

［568］Kenny G, *Modelling the Demand and Supply Sides of the Housing Market Evidence from Irelan*, *Economic Modelling*, 1999, Vol. 16, pp. 389 – 409.

［569］Kent C, Lowe R, *Asset Price Bubbles and Monetary Policy*, *Research Discussion Paper of Reserve Bank of Australia*, 1997, Vol. 12, pp. 218 – 234.

［570］King R G, Watson M W, *Money Prices Interest Rates and the Business Cycle*, *Review of Economics and Statistics*, 1996, Vol. 78, pp. 35 – 53.

［571］Kollmann R, *The exchange rate in a dynamic-optimizing business cycle model with nominal rigidities: a quantitative investigation*, *Journal of International Economics*, 2001, Vol. 55, pp. 243 – 262.

［572］Korajczyk R A, Levy A, *Capital Structure Choice: Macroeconomic Conditions and Financial Constraints*, *Journal of Financial Economics*, 2003, Vol. 68, pp. 75 – 109.

［573］Kramer C, *Macroeconomic Seasonality and the January Effect*, *Journal of Finance*, 1994, Vol. 49, pp. 1883 – 1891.

［574］Kwon E, *Monetary Policy, Land Prices, and Collateral Effects on Economic Fluctuations: Evidence from Japan*, *Journal of the Japanese & International Economies*, 1998, Vol. 12, pp. 175 – 203.

［575］Lacoviello M, Minetti R, *The Credit Channel of Monetaiy Policy: Evidence from the Housing Market*, *Journal of Macroeoconomics*, 2008, Vol. 30, pp. 69 – 96.

［576］Lagos, R, *Asset prices liquidity and monetary policy*, *Federal Reserve Bank of Minneapolis*, 2005.

［577］Lagos R, *Credit Cycles*, *Journal of Political Economy*, 1997, Vol. 105, pp. 211 – 248.

［578］Lamont O, Stein J C, *Leverage and House – Price Dynamics in U. S. Cities*, *RAND Journal of Economics*, 1999, Vol. 30, pp. 498 – 514.

［579］Lane, *The New Open Economy Macroeconomics: A Survey*, *Journal of International Economics*, Vol. 54, pp. 235 – 266.

［580］Leeper E M, Sims C A, Zha T, *What Does Monetary Policy*

Do?, *Brooking Paper on Economics Activity*, 1996, Vol. 2, pp. 1 – 63.

[581] Levin and Laurence, *Are Assets Fungible? Testing the Behavioral Theory of Life – Cycle Savings*, *Journal of Economic Organization and Behavior*, 1998, Vol. 36, pp. 59 – 83.

[582] Lie E, *Financial Flexibility*, *Performance*, *and the Corporate Payout Choice*, *The Journal of Business*, 2005, Vol. 78, pp. 2179 – 2202.

[583] Liu X, Wu Y, Zhang H, *Collateral-based monetary policy and corporate employment: evidence from Medium-term Lending Facility in China*, *Journal of Corporate Finance*, 2023, Vol. 78.

[584] Li Y, Song Y and Liu C, *Exploring the Increasing Role of the Real Estate Sector in the Chinese Economy: 1997 – 2002*, *Pacific Rim Property Research Journal*, 2015, Vol. 14, pp. 279 – 297.

[585] Li Y Y, Qi Y and Liu L C, *Monetary policy and corporate financing: Evidence from different industries*, *Cities*, 2022, Vol. 122.

[586] Lucas R E, *Liquidity and interest rates*, *Journal of Economic Theory*, 1990, Vol. 50, pp. 237 – 264.

[587] Ludwig A, Sloek T M, *The Impact of Changes in Stock Prices and House Prices on Consumption in OECD Countries*, *IMF Working Papers*, 2002.

[588] MaCallum, Nelson, *Monetary Policy for an Open Economy: An Alternative Framework with Optimizing Agents and Sticky Prices*, *Oxford Review of Economic Policy*, 2000, Vol. 16, pp. 74 – 91.

[589] Maclennan D, Muellbauer J and Stephens M, *Asymmetries in housing and financial market institutions and EMU*, *Oxford Review of Economy*, 2000, Vol. 3, pp. 54 – 80.

[590] Maggio M D, Kermani A and Ramcharan R, *Monetary Policy Pass – Through: Household Consumption and Voluntary Deleveraging*, *Social Science Electronic Publishing*, 2014.

[591] Manchester J, *The Baby Boom*, *Housing and Loanable Funds*, *The Canadian Journal of Economies*, 1989, Vol. 22, pp. 128 – 149.

[592] Mankiw N G, Weil D N, *The Baby Boom*, *the Baby Bust*, *and the Housing Market*, *Regional Science and Urban Economics*, 1989, Vol.

19, pp. 235 – 258.

[593] Manuel Adelino, Antoinette Schoar and Felipe Severino, *House prices, collateral, and self-employment*, *Journal of Financial Economics*, 2015, Vol. 117, pp. 288 – 306.

[594] Marcel Fratzscher, Malte Rieth, *Monetary policy, bank bailouts and the sovereign-bank risk nexus in the euro area*, *Review of Finance*, 2019, Vol. 23, pp. 745 – 775.

[595] Martha López, *House Prices and Monetary Policy in Colombia*, *Revista ensayos sobre política económica*, 2006, Vol. 24.

[596] Matousek R, Panopoulou E and Papachristopoulou A, *Policy uncertainty and the capital shortfall of global financial firms*, *Journal of Corporate Finance*, 2020, Vol. 62.

[597] Matteo Iacoviello, *Consumption, house prices, and collateral constraints: a structural econometric analysis*, *Journal of Housing Economics*, 2004, Vol. 13, pp. 304 – 320.

[598] Matteo Iacoviello, Raoul Minetti, *Financial Liberalization and the Sensitivity of House Prices to Monetary Policy: Theory and Evidence*, *The Manchester School*, 2003, Vol. 71, pp. 20 – 34.

[599] McCandless G T, Weber W E, *Some monetary facts*, *Federal Research of Minneapolis Quarterly Review*, 1995, Vol. 19, pp. 2 – 11.

[600] McCandless G T, Weber W E, *Some monetary facts*, *Quarterly Review*, 1995, Vol. 19, pp. 13 – 27.

[601] McCarthy J, Peach R, *Monetary Policy Transmission to Residential Investment*, *Economic Policy Review*, 2002, Vol. 8, pp. 139 – 158.

[602] Meltzer, Allan H, *Monetary, credit and (other) transmission processes: a monetarist perspective*, *Journal of Economic Perspectives*, 1995, Vol. 9, pp. 49 – 72.

[603] Michael M, *Hutchison asset price fluctuation in japan: what role for monetary policy*, *BOJ Monetary and Economic Studies*, 1994, Vol. 12, pp. 61 – 83.

[604] Mikkelson W, Partch M, *Do persistent large cash reserves hinder performance?*, *Journal of Financial and Quantitative Analysis*, 2003,

485

Vol. 38, pp. 275 – 294.

[605] Miles D, *Housing, Financial Markets and the Wider Economy*, *John Wiley and Sons, New York*, 1994.

[606] Miller M H, Orr D, *A model of the demand for money by firms*, *The Quarterly Journal of economics*, 1966, Vol. 80, pp. 413 – 435.

[607] Miller N, Sklarz M and Real N, *Japanese purchases, exchange rates and speculation in residential real estate markets*, *Journal of Real Estate Research*, 1988, Vol. 3, pp. 39 – 49.

[608] Ming – Chi Chen, Kanak Patel, *House price dynamics and granger causality: an analysis of taipei new dwelling market*, *International Real Estate Review*, 1998, Vol. 1, pp. 101 – 126.

[609] Mishkin F S, *Housing and the Monetary Transmission Mechanism*, *Finance and Economics Discussion Series, Federal Reserve Board, Washington*, 2007, pp. 1 – 53.

[610] Mishkin F S, *Housing and the monetary transmission mechanism*, *NBER Working Papers*, 2007, Vol. 11, pp. 359 – 413.

[611] Mishkin F S, *Housing and the Monetary Transmission Mechanism*, *paper presented at the Federal Reserve Bank of Kansas City 31, Economic Policy Symposium*, 2007.

[612] Mishkin F S, Kearl J R, *Illiquidity, the demand for residential housing, and monetary policy*, *The Journal of Finance*, 1977, Vol. 32, pp. 1571 – 1586.

[613] Mishkin F S, *The transmission mechanism and the role of asset prices in monetary policy*, *NBER Working Paper*, 2001, pp. 86 – 117.

[614] Modigliani F, *Consumer Spending and Monetary Policy: The Linkages, Federal Reserve Bank of Boston Conference Series*, 1971, pp. 229 – 279.

[615] Modigliani F, *The channels of monetary policy in the Federal Reserve—MIT University of Pennsylvania econometric model of the United States, Modelling the Economy, Heinemann Educational Books*, 1983, pp. 240 – 267.

[616] Modiglianni F, *The Life Cycle Hypothesis of Saving, the Demand*

for Wealth and the Supply of Capital, Social Research, 1966, Vol. 33, pp. 160 – 217.

［617］Mojtahedzadeh V, Emami S, *The comparison of capital assets pricing model (CAPM) and capital assets pricing model under inflation (CAPMUI)*, Media Culture & Society, 2011, Vol. 36, pp. 1141 – 1144.

［618］Morris C S, Sellon G H, *Bank lending and Monetary Policy: Evidence on a credit channel*, FRBKC Economic Review, 1995, Vol. 2, pp. 43 – 52.

［619］Muellbauer J and Murphy A, *Booms and Busts in the UK Housing Market*, Economic Journal, 1997, Vol. 107, pp. 1701 – 1727.

［620］Myers S C, Majluf N S, *Corporate financing and investment decisions when firms have information that investors do not have*, Journal of Financial Economics, 1984, Vol. 13, pp. 187 – 221.

［621］Myers S C, *The capital structure puzzle*, Journal of Finance, 1984, Vol. 39, pp. 575 – 592.

［622］Negro M D, Otrok C and Eichenbaum M, *monetary policy and the house price boom across U. S*, Social Science Electronic Publishing, 2005, Vol. 54, pp. 1962 – 1985.

［623］Ngai R L, Tenreyro S, *Hot and Cold Seasons in Housing Markets*, CEPDiscussion Paper, 2008.

［624］Nong H, *Analyzing the Role of the Real Estate Sector in the Sectoral Network of the Chinese Economy*, Structural Change and Economic Dynamics, 2024, Vol. 70, pp. 567 – 580.

［625］Obstfeld M, Rogoff K, *Exchange Rate Dynamics Redux*, Journal of Political Economy, 1995, Vol. 103, pp. 624 – 660.

［626］Ogawa K, *Monetary policy, credit, and real activity: evidence from the balance sheet of Japanese firms*, Journal of the Japanese & International Economies, 2000, Vol. 14, pp. 385 – 407.

［627］Ogden J P, *Turn-of – Month Evaluations of Liquid Profits and Stock Returns: A Common Explanation for the Monthly and January Effects*, Journal of Finance, 1990, Vol. 45, pp. 1259 – 1272.

［628］Opler T, Pinkowitz L, Stulz R and Williamson R, *The determi-*

nants and implications of corporate cash holdings, Journal of Financial Economics, 1999, Vol. 52, pp. 3 – 46.

[629] Owyang M, Wall H J, *Structural breaks and regional disparities in the transmission of monetary policy*, Social Science Electronic Publishing, 2004.

[630] Pascal Paul, *Banks, maturity transformation, and monetary policy*, Journal of Financial Intermediation, 2023, Vol. 53.

[631] Peersman G, Smets F, *The Industry Effect of Monetary policy in the Eruo Area*, The Economic Journal, 2005, Vol. 4, pp. 319 – 342.

[632] Phillips P C, *Understanding spurious regressions in econometrics*, Journal of Econometrics, 1986, Vol. 33, pp. 311 – 340.

[633] Poole W, *Optimal choice of monetary policy instruments in a simple stochastic macro model*, Quarterly Journal of Economics, 1970, Vol. 84, pp. 197 – 216.

[634] Poterba J, *Tax subsidies to owner-occupied housing: an asset market approach*, Quarterly Journal of Economics, 1984, Vol. 99, pp. 72 – 75.

[635] Qiu Shi Deng, Rafael Alvarado, Fang Nan Cheng et al. , *Long-run mechanism for house price regulation in China: Real estate tax, monetary policy or macro-prudential policy?*, Economic Analysis and Policy, 2023, Vol. 77, pp. 174 – 186.

[636] Quigley J M, *Real Estate and the Asian Crisis*, Journal of Housing Economics, 2001, Vol. 10, pp. 129 – 161.

[637] Rabanal P, Crowe C W, Dell'Ariccia G and Igan D, *How to deal with real estate booms: lessons from country experiences*, Journal of Financial Stability, 2013, Vol. 9, pp. 300 – 319.

[638] Raddatz C, Rigobon R, *Monetary Policy and Sectoral Shocks: Did the FED React Properly to the High – Tech Crisis?*, Federal Reserve Monetary Policy (Topic), 2003.

[639] Ramey V A, *How Important is the Credit Channel in the Transition of Monetary Policy*, Camegie Rochester Series on Public Policy, 1993.

[640] Randall J P, *Do Interest Rates Still Affect Housing?*, Federal Re-

serve Bank of San Francisco Summer, 1990, Vol. 3, pp. 2 – 14.

［641］ Richardson S, *Over-investment of Free Cash Flow*, *Review of Accounting Studies*, 2006, Vol. 11, pp. 159 – 189.

［642］ Ritter J A, *The Transition from Barter to Fiat Money*, *American Economic Review*, 1995, Vol. 85, pp. 134 – 149.

［643］ Rogoff K, Yang Y, *Peak China Housing*, *Economic Research Journal*, 2020.

［644］ Rosen H, *Housing Decisions and the U. S. Income Tax：An Econometric Analysis*, *Journal of Public Economics*, 1973, Vol. 11, pp. 1 – 23.

［645］ Rosen S, *Markets and Diversity*, *American Economic Review*, 2002, pp. 1 – 15.

［646］ Roubini N, *Why Central Banks Should Burst Bubbles*, *International Finance*, 2006, Vol. 9, pp. 87 – 107.

［647］ Rubio M, J A Carrasco-Gallego, *Macroprudential and monetary policies：implications for financial stability and welfare*, *Journal of Banking & Finance*, 2014, Vol. 49, pp. 326 – 336.

［648］ Safaei J, Cameron, N E, *Credit Channel and Credit Shocks in Canadian Macro dynamics：A Structural VAR Approach*, *Applied Financial Economics*, 2003, Vol. 13.

［649］ Sato K, *Bubbles in Japan's urban land market：an analysis*, *Journal of Asian Economics*, 1995, Vol. 6, pp. 153 – 176.

［650］ Sébastien Frappa, Jean – Stéphane Mésonnier, *The housing price boom of the late 1990s：did inflation targeting matter?*, *Journal of Financial Stability*, 2010, Vol. 6, pp. 243 – 254.

［651］ Senhadji A S, Collyns C, *Lending booms, real estate bubbles and the Asian crisis wind*, *IMF working papers*, 2002.

［652］ Shi S, *Money and Prices：A Model of Search and Bargaining*, *Journal of Economic Theory*, 1995, Vol. 67, pp. 467 – 496.

［653］ Sims C A, *Comparison of Interwar and Postwar Business Cycles*, *American Economic Review*, 1980, Vol. 2, pp. 250 – 257.

［654］ Sims C A, *Interpreting the Macroeconomic Time Series Facts：The Effects of Monetary Policy*, *European Economic Review*, 1992, Vol. 4,

489

pp. 975 – 1000.

［655］Sims C A, *Money*, *Income and Causality*, *American Economic Review*, 1972, Vol. 4, pp. 540 – 542.

［656］Skinner J, *Housing Wealth and Aggregate Saving*, *Regional Science and Urban Economics*, 1989, Vol. 19, pp. 305 – 324.

［657］Snyder T C, Vale S, *House prices and household credit in the Eurozone: A single monetary policy with dissonant transmission mechanisms*, *The Quarterly Review of Economics and Finance*, 2022, Vol. 84, pp. 243 – 256.

［658］Sommer K, Sullivan P and Verbrugge R, *Run-up in the house price-rent ratio: how much can be explained by fundamentals?*, *Bureau of Labor Statistics Working Papers*, 2011, pp. 135 – 142.

［659］Stock J H, Watson M W, *A Simple Estimation of Cointegrating Vectors in Higher Order Integrated Systems*, *Econometrica*, 1993, Vol. 61, pp. 783 – 820.

［660］Su C W, Cai X Y, Qin M and Tao R, *Can bank credit withstand falling house price in China?*, *International Review of Economics and Finance*, 2021, Vol. 71, pp. 257 – 267.

［661］Swan C, *Demography and the Demand for Housing: A Reinterpretation of the Mankiw – Weil Demand Variable*, *Regional Science and Urban Economics*, 1995, Vol. 25, pp. 41 – 58.

［662］Thaler Richard H, *Saving Fungibility and Mental Account*, *Journal of Economic Perspectives*, 1990, Vol. 4, pp. 193 – 205.

［663］Thomas I Palley, *Currency Unions, the Phillips Curve, and Stabilization Policy: Some Suggestions for Europe*, *European Journal of Economics and Economic Policies*, 2006, Vol. 3, pp. 351 – 369.

［664］Tobin J, *A General equilibrium approach to monetary theory*, *Journal of Money Credit & Banking*, 1969, Vol. 1, pp. 15 – 29.

［665］Topel R, Rosen, *Housing investment in the United States*, *Journal of Political Economy*, 1988, Vol. 96, pp. 718 – 740.

［666］Wachtel S B, *Certain Observations on the Seasonal Movement in Stock Prices*, *Journal of Business*, 1942, Vol. 15, pp. 184 – 193.

［667］Wadud I K M M, Bashar O H M N and Ahmed H J A, *Monetary policy and the housing market in Australia*, Journal of Policy Modeling, 2012, Vol. 34, pp. 849 – 863.

［668］Wagner W, *Diversification at financial institutions and systemic crises*, Journal of Financial Intermediation, 2010, Vol. 19, pp. 373 – 386.

［669］Waldron R, *Capitalizing on the State*: The political economy of real estate investment trusts and the 'resolution' of the crisis, Geoforum, 2018, Vol. 90, pp. 206 – 218.

［670］Wang X, and Wen Y, *Can Rising Housing Prices Explain China's High Household Saving Rate?*, Ssrn Electronic Journal, 2010, Vol. 93, pp. 67 – 88.

［671］Waston S J, *A simple MLE of cointegrating vectors in higher order integrated systems*, National Bureau of Economic Research, 1989.

［672］Wei S J, Zhang X B, *The competitive saving motive*: evidence from rising sex ratios and saving rates in China, Journal of Political Economy, 2011, Vol. 119, pp. 511 – 564.

［673］Wei Y, Lam P T I, Chiang Y H et al. *The effects of monetary policy on real estate investment in China*: a regional perspective, International Journal of Strategic Property Management, 2014, Vol. 18, pp. 368 – 379.

［674］Wheaton W C, *Land capitalization, tiebout mobility, and the role of zoning regulations*, Journal of Urban Economics, 1993, Vol. 34, pp. 102 – 117.

［675］Wheaton W C, Nechayev G, *The 1998 – 2005 housing "bubble" and the current "correction"*: whatâs different this time?, Journal of Real Estate Research, 2008, Vol. 30, pp. 1 – 26.

［676］Wheaton W C, Nechayev G, *What Will it Take to Restore the Housing Market?*, Social Science Electronic Publishing, 2009.

［677］William D Lastrapes, *The Real Price of Housing and Money Supply Shocks*: Time Series Evidence and Theoretical Simulations, Journal of Housing Economics, 2002, Vol. 11, pp. 40 – 74.

［678］Woodford Michael, *Comment on*: multiple-solution indeterminacies in monetary policy analysis, Journal of Monetary Economics, 2003,

491

Vol. 50, pp. 1177 – 1188.

[679] Xu X E, Chen T, *The effect of monetary policy on real estate price growth in China*, *Pacific – Basin Finance Journal*, 2011, Vol. 20, pp. 62 – 77.

[680] Yang Z, Wang S and Campbell R, *Monetary policy and regional price boom in Sweden*, *Journal of Policy Modeling*, 2010, Vol. 32, pp. 865 – 879.

[681] Yoshikawa H, Ohtaka F, *An analysis of female labor supply, housing demand and the saving rate in Japan*, *European Economic Review*, 2006, Vol. 33, pp. 997 – 1023.

[682] Yoshikawa Ohtake, *An Analysis of Female Labor Supply Housing Demand and the Saving Rate in Japan*, *European Economic Review*, Vol. 33, pp. 997 – 1030.

[683] Yu H, Huang Y, *Regional heterogeneity and the trans-regional interaction of housing prices and inflation*: *Evidence from China's* 35 *major cities*, *Urban Studies*, 2016, Vol. 53, pp. 113 – 118.

[684] Zhang X Y, Pan F H, *Asymmetric effects of monetary policy and output shocks on the real estate market in China*, *Economic Modelling*, 2021, Vol. 103.

后　记

　　一代人有一代人的使命，一代人有一代人的担当。房地产关乎国民经济和国计民生，凝结着太多的中国故事，映射着太多的改革缩影。回首我在房地产经济与金融领域近20年的研究探索，筚路蓝缕，实属不易。一路走来，深得恩师的指导和帮助，以及学术同仁的关心和支持，使得我能够持续聚焦宏观政策尤其是货币政策与房地产行业发展的关联和互动。

　　知往鉴来，住房制度改革和房地产市场发展是一个历久弥新的话题。中国住房制度改革和房地产市场调控是经济体制改革的生动写照，是从计划经济体制转向中国特色社会主义市场经济体制的典型案例。从各国的发展实践看，货币政策调控在世界各个国家或地区都是作为宏观调控的重要有力抓手。中国住房制度经历了从计划到市场的根本性变革，房地产市场从无到有快速发展和不断转型，从某种意义上说，改革开放以来我国房地产市场的发展历程就是一部宏观政策调控史，货币政策扮演着极其关键的调控作用，这也使得中国房地产市场为研究宏观调控政策特别是货币政策调控提供了很好的研究场景，也为阐述有为政府和有效市场这"两只手"的关系提供了绝佳语境。

　　房地产业是中国经济的支柱产业，是中国经济社会发展的重要动力源，也是国计民生的重要物质源。新中国成立75年来，特别是改革开放以来，我国房地产市场从无到有，住房二级市场、租赁市场、专业化的物业服务和中介市场等快速发育，房地产金融制度和政策工具不断创新，市场规则不断完善，市场体系逐步健全，房地产业为国民经济平稳健康发展、城市面貌改善、人民生活水平提高做出了重要贡献。而且，中国城镇化进程驱动的人口大规模、大范围、高频率流动，助力和加速了中国房地产业的蓬勃发展；另外，蓬勃发展的房地产业也为"人、房、地、钱"等要素的流动提供了牵引力。

　　优化资源配置是经济学研究的永恒主题，在社会主义市场经济体制下，房地产市场在住房资源配置中起决定性作用，但市场机制瑕疵与失灵一度导致我国房地产业不平衡不充分的发展矛盾愈发凸显，货币政策等各项调控措施成为促进房地产市场平稳健康发展、建立房地产发展长效机制的必选项。但是，怎么使用货币政策工具、如何评价调控效果、如何进行精准调控等问题一直都是政策制定部门和学术界共同关心的话题。面对未知，不断总结我国房地产市场货币政策调控成效的正反两方面经验，从我国的基本国情和各地发展实际出发，把握不同阶段的历史性特征，进行富有智慧的实践探索，及时上升为思想理论，更为科学地指导实践，从实践认识到再实践、再认识，是不断优化和完善房地产市场货币政策调控策略的关键之举，也是本书创作的初心。

　　中国房地产市场有冷有热，这也对货币政策逆周期和跨周期调节不断提出新要求。在我国城镇住房制度全面市场化改革后的近二十年中，经济房地产化、房地产金融化一度导致经济脱实向虚，房地产企业高负债、高杠杆、高周转的"三高"模式甚至形成了自我加速的循环。然而，百年未有之大变局下的历史周期车轮裹挟着内外部因素呼啸而来，房地产市场传统的"三高"模式再也难以为继，资金链断裂导致的"爆雷"问题，使得诸多头部房地产企业从神坛跌落。我国房地产市场供求关系发生了重大变化，从供不应求到结构性区域性供过于求，房地产市场价格从一路狂飙到回归平稳甚至遇冷回调。而且，美国次贷危机引发的全球经济危机曾向世界再次表明，房地产市场是金融领域的重要风险源。因此，从长周期视角系统性剖析货币政策对房地产供求关系的影响机理，厘清房地产市场的货币政策区域效应，揭开货币政策在房地产企业的传导黑箱，是深刻理解货币政策调控对我国房地产行业发展影响的必然要求。

　　构建一套良好的货币政策调控机制是促进房地产市场平稳健康发展的重要前置条件。2006年，我进入南京大学攻读博士研究生，师从高波教授，入学之后就有幸参与了高波教授的国家社会科学基金项目"中国房地产业：周期波动、宏观调控与健康发展"与教育部社科规划项目"中国房地产市场：泡沫、调控与效应"，尝试从宏观经济的视角分析中国房地产市场的发展规律与调控政策，也开启了我的房地产领域研究之路。

　　"九层之台，起于累土"，任何一篇宏大叙事都要选择一个合适的切口展开。得益于博士期间的学术积累，2009年，我获批了人生中第一个国家社科基金项目"货币政策在房地产市场传导机制研究"。从这个课题开始，我将研究视角聚焦到货币政策，尝试回答货币政策是否起到调控房价的作用，从货币渠道和信贷渠道揭示货币政策在房地产市场中传导的黑箱。研究发现在货币渠道的传导过程中，货币供给量的增加既推动了房地产投资的增长，也促进了商品房销售额的增长，其效应是助长了房地产价格的上涨。而在信贷渠道的传导过程中，提高利率对控制商业银行在整个国民经济中贷款供给是有效的，但对抑制商业银行在房地产市场的贷款供给效果不明显。提高房地产贷款利率，抑制了房地产开发企业从银行的融资行为，但货币政策在房地产市场具有显著的区域效应，不同地区房地产供需对利率调控的敏感性存在差异。围绕上述相关研究，有20多篇学术论文先后发表在《金融研究》《财贸经济》《财经研究》《经济理论与经济管理》等期刊。第一个国家级课题顺利结项和同行专家认可为我后期专注货币政策与房地产市场研究注入了强大信心和动力。

　　2010年，我进入清华大学房地产研究所开展博士后研究，师从刘洪玉教授，有幸参与了刘洪玉教授的国家自然科学基金项目"中国城市住房价格短期波动规律及其驱动力研究"，使得我对房地产与国民经济的运行逻辑有了更为系统和深入的研究，同时也启发了我采用自然科学的思维解决经济社会的现实问题。

　　当时，住房价格的快速上涨无疑是中国房地产市场的最突出现象，在货币政策等如此调控之下，房价缘何屡调屡涨等一系列问题引发了我持久思考。2011年我获得了国家自然科学基金青年项目资助，开启了"城市住宅价格空间扩散规律研究"，选取单城市中心、多城市中心的典型城市，以住宅价格作为研究对象，运用特征价格模型和空间 Durbin 模型，分析住宅所涵盖的区位特征、建筑特征、邻里特征等对住宅价格的影响程度。课题还引入了货币政策与房地产企业银根、房价变动与财政政策、房价的季节性变化等非空间因素探讨房价的变化规律。我们发现不论是单中心圈城市还是多中心圈城市，区位对房价都有影响，并且是影响房价的重要因素。一个城市内部的不同区位对住宅价格的影响程度不同，且住宅价格空间扩散规律是随着到市中心距离的增加呈非平稳性递减；城市住宅价格不仅呈现明显的空间分布规律，而且还呈现随时间变化而变化的特征。同时，我国城市房价存在显著的空间关联但也存在明显的地区差异，相对于东中部城市，西部城市间房地产市场至少在现阶段还缺乏城市间的关联机制。围绕上述相关内容，先后有20多篇学术论文发表在《财经研究》《中国土地科学》等期刊。除了理论成果之外，我们还采用优化的特征价格模型，运用"价格分区"设立区域虚拟变量，有效地提高房地产计税价格的精准度。2012年以来，该计税方法已成功运用在安徽省亳州、马鞍山、铜陵、淮南、池州、滁州、安庆、宿州等8个城市及下辖县域中，有效打击了存量房交易中大量存在的逃避交易税费的行为。

随着研究的深入，单从供给侧分析还无法对中国房地产供求关系作出系统回答，与宏观维度的货币政策相对应的是，科学解释居民家庭的住房需求和住房消费行为，是进一步理解中国房地产市场的又一关键因素。为此，我关注到需求侧的金融制度——住房公积金，这是一项十分具有中国特色的政策性住房金融制度，在教育部哲学社会科学研究重大课题攻关项目"建立公开规范的住房公积金制度研究"以及国家自然科学基金重大研究计划培育项目"应用大数据识别和控制住房公积金扩面风险研究"的资助下，我从顶层设计、制度实践、社会评价、国际经验等维度，回答了公积金制度要不要改革、为谁改革、怎样改革等一系列科学命题，剖析了住房公积金的内在逻辑及其对房地产市场的影响，这些研究为评估房地产市场货币政策效应提供了有益启发。

变化总在发生，实践呼唤理论。进入新时代、新阶段，房地产市场供求关系逐渐发生重大变化，这也对理论研究提出了更高的要求。加快构建房地产发展新模式，是适应我国房地产市场供求关系发生重大变化的新形势，着眼于破解房地产发展难题和防范风险、促进房地产市场平稳健康发展的治本之策。2020年，我获批了国家自然科学基金面上项目"货币政策、住房供给与房地产市场长效机制研究"，聚焦于房地产市场供需矛盾背景下货币政策对住房供给的影响及传导机制，探索完善住房供给端货币政策的调控方案。在视角上，主要着眼于货币政策对住房供给的影响效应、作用机制与结构性差异，揭示货币政策对住房供给的异质性。从宏观层面明确了货币政策调控与住房供给的关系及演化机制，从"成本驱动""预期驱动""回报—预期驱动"三条驱动路径分析不同类型城市住房供给的时空演化特征。从区域层面探析了货币政策对住房供给的区域结构影响效应，从理论分析、模型构建和实证检验三个角度探讨了城市住房投资弹性的差异。从企业层面证明了货币政策对企业住房供给的结构异质性影响，揭示了房地产市场"船大好挡浪，浪大船造大"效应，对于规模大、融资约束低的房地产企业对货币政策调控更具有敏感性和较强的承受能力。围绕上述相关内容，有10余篇学术论文发表在《经济科学》、Cities、Housing Policy Debate 等期刊。此外，我们还充分将研究成果应用实践，结合房地产市场状况，积极撰写资政报告。撰写的《紧抓全国房地产调控政策窗口期，加快推进全省房地产市场平稳健康发展》2022年获安徽省委主要领导批示；《稳妥实施政策调控，促进房地产平稳健康发展》2022年获教育部采纳；《健全住房公积金制度提升住房公积金对住房租赁的支持力度》2022年获教育部采纳，并在《教育部简报（高校智库专刊）》刊发；理论文章《我国住房市场的四大转变》见刊于《学习时报》等。

人民对美好生活的向往就是我们的奋斗目标，近年来部分房地产企业出现的资金链断裂等问题，不仅暴露了房地产领域金融风险隐患，也触及了老百姓的切身利益。那么，如何通过科学精准的货币政策调控，引导房地产企业转型发展，促进房地产业行稳致远，是时代赋予我们的思考题。在国家自然科学基金面上项目"货币政策、房企投融资决策与房地产行业转型发展"的资助下，我对之前的研究作了进一步延伸和深化。立足于多年来房地产企业"高负债、高杠杆、高周转"传统模式弊端，以及房地产企业转型发展等现实需求，分析房企间的风险关联现象，为改善资产负债状况、推动房地产业向新发展模式平稳过渡提供路径参考。从项目维度上，剖析货币政策对房企项目投资的空间分化和关联效应，挖掘房地产项目投资在空间上的演化规律，厘清项目资金链断裂及项目间风险传染的发生机制。从企业维度上，揭示货币政策对房企融资行为的作用机制和周期性特征，聚焦房地产企业的融资行为，厘清货币政策调控在房企土地开发和销售环节中的传导机制。从行业维度上，刻画货币政策调控下行业"高负债、高杠杆、高周转"模式形成的内在机理及企业兼并重组的具体逻辑，揭示房地产市场"高负债、高杠杆、高周转"现象及背后原因，解析房地产企业间的风险关联现象。目前，课题的阶段性成果已在《系统管理学报》《华东师范大学学（哲学社会科学版）》《安徽日报（理论版）》等期刊发表。

　　房子是用来住的、不是用来炒的，朴实而深刻地指明了房地产市场的理性发展之路。构建房地产发展新模式，成为破解房地产发展难题、促进房地产平稳健康发展的治本之策。党的二十届三中全会是我国全面深化改革的实践续篇，也是新征程推进中国式现代化的时代新篇。本书的内容是对我和研究团队长期以来围绕货币政策与房地产市场发展相关研究成果的一个系统回顾、总结和凝练，从宏观维度的房地产市场运行、区域维度的房地产市场差异，以及企业维度的投融资决策等方面系统地分析了货币政策影响房地产业发展的机制以及政策效应。在加快构建房地产发展新模式的道路上，期望本书能够为学术界和实务界带来有益的参考，同时也期望本书能够为更多的学者带来启发，共同推动我国房地产市场平稳健康发展。

　　中国式现代化，民生为大。推动我国房地产业高质量发展，是保障和改善民生、推动经济社会高质量发展的应有之义。加快建立租购并举的住房制度，加快构建房地产发展新模式，需要在理念上深刻领会"房住不炒"定位，建设适应人民群众新期待的好房子；需要在体系上以政府为主满足刚性住房需求，以市场为主满足多样化改善性住房需求；需要在制度上改革完善房地产开发、交易和使用制度，为房地产转型发展夯实制度基础；需要在要素配置上建立"人、房、地、钱"要素联动新机制。显然，实现这些改革目标更加需要依靠构建科学精准有力有效的货币政策调控机制。这也启迪着我们探索无止境，研究再出发。

王先柱

2024 年 10 月